HEYNE BÜCHER

ESOTERISCHES WISSEN

Osho

Das Buch der Heilung

Durch Meditation
zur Quelle von Gesundheit und Leben

Mit einer Einführung von
Dr. Rüdiger Dahlke

Deutsche Erstausgabe

WILHELM HEYNE VERLAG
MÜNCHEN

HEYNE ESOTERISCHES WISSEN
Herausgegeben von Michael Görden
08/9658

2. Auflage

Aus dem Englischen übertragen von Ma Prem Raje
(Hannelore Müller)

Originaltitel: FROM MEDICATION TO MEDITATION

Printed in Germany 1995
Umschlaggestaltung: Atelier Adolf Bachmann, Reischach
Umschlagillustration: Rainbow Design, München
Foto: Osho International Foundation, Zürich
Satz: MPM, Wasserburg
Druck und Bindung: Presse-Druck, Augsburg

ISBN 3-453-08097-1

Inhalt

Einführung

Wohl kein Denker hat in dieser Hälfte des Jahrhunderts so viele Menschen provoziert wie Bhagwan Shree Rajneesh, der sich in seinen letzten Lebensjahren Osho nannte. Es gehörte geradezu zu seiner Lehrmethode, zu schockieren, zum Lachen zu bringen und in andere Bewußtseinszustände zu führen. Noch heute – Jahre nach seinem Tod – ist es nicht leicht, ein Buch über ihn in einem renommierten Verlag herauszubringen. Zu groß sind noch immer die Ressentiments, viele hat er wohl für eine ganze Inkarnation beleidigt, und man darf vermuten: Es hat ihm nichts ausgemacht.

Der endgültigen und völligen Befreiung des menschlichen Bewußtseins verpflichtet, hat er alle Regeln, Gesetze und Einengungen als Gegner angenommen, und es dürfte keine Religion auf dieser Erde geben, mit deren Vertretern er sich nicht verbal angelegt hätte. Politiker, aber überhaupt Würdenträger, gleichgültig welcher Couleur, eigentlich alle, die etwas zu verlieren hatten, kamen schlecht bei ihm weg, und so dürfte es kaum einen Menschen geben, der allein durch Worte seinen Ruf in vergleichbarer Zeit ähnlich ruinierte. Osho kümmerte sich nie um die Erwartungen seiner Umwelt, und nicht einmal um die seiner vor allem westlichen Anhänger. Vielmehr spielte er außerordentlich einfallsreich mit allen Vorstellungen und nutzte Paradoxien und Witze, um immer wieder feste Positionen in Frage zu stellen und seine Zuhörer erst einmal gehörig zu verwirren, bevor er sie in der Tiefe seiner Gedanken auf die eine Wahrheit stieß.

Er geht radikal von seinem jeweiligen Standpunkt aus, fürchtet Widersprüche in keiner Weise, sondern spielt geradezu genüßlich mit ihnen. Aus materieller Sicht verdammt er die Homöopathie, nur um gleich darauf festzustellen, daß sie aus einer umfassenden Sicht das viel tiefer gehende Therapiekonzept darstellt als etwa die Schulmedizin. Ähnlich kann er die christliche Dreifaltigkeit schlicht als Quatsch hinstellen, während er im nächsten Exkurs auf die ewigen Wahrheiten von Christi Lehre eingeht. Das mag erschreckend und jedenfalls ungewohnt und verwirrend für den westlichen Verstand sein, aber um den geht es Osho am wenigsten, im Gegenteil, er ist dessen erklärter Feind. Immer und überall sieht er das Heil als Maß.

Dem phänomenologischen westlichen Denken ist er nicht verpflichtet, sondern er zielt immer radikal auf die Wurzeln. So können seine Reden dazu führen, Vorurteile zu durchschauen oder in Vorurteilen gegenüber ihm selbst steckenzubleiben. Hier unterscheidet sich das »Buch der Heilung« kaum von der Wirkung des Sprechers. Diese Art der Rede, und es handelt sich ganz eindeutig um ein gesprochenes Buch, ist an sich schon Therapie. Für den Genuß beim Lesen ist es zwingend, das mit einzubeziehen.

Fangen wir an, Oshos Äußerungen in unserem intellektuellen Sinn auf die Goldwaage zu legen, kommen wir nicht weit mit ihm. Um zu provozieren, schreckt er vor kaum einer Übertreibung zurück. Wenn er mit dem Brustton selbstverständlicher Überzeugung behauptet, in Indien könne es keine Aids-Epidemie geben, scheint ihn die Zeit bereits schrecklich widerlegt zu haben. Andererseits kann man an anderer Stelle lesen, daß Indien für ihn viel mehr als ein geographischer Ort ist. Er sieht in seiner Heimat ein mythologisches Land, das Kernland des Orients und der *Orient*ierung damit. An diesem mythischen Ort kann es allerdings kein Aids geben. Was auf den ersten Blick wie jenes dumme Vorurteil vieler Inder aussieht, das gerade dazu beiträgt, daß sich Aids kaum irgendwo schneller ausbreitet, erscheint auf den zweiten tieferen Blick in einem neuen Licht. Und darum vor allem ging es Osho, neues Licht auf alte Dinge zu werfen und seinen Schülern (das) ein(e) Licht aufgehen zu lassen. Zu diesem Zweck scheut er auch vor haarsträubenden Widersprüchen nicht zurück. Er schlüpft in die Rolle des Heyokas der Indianer, eines Hofnarren des Mittelalters oder vielleicht auch des göttlichen Narren im Tarot und erlaubt sich alles, was verspricht, die Menschen aus ihren eingefahrenen Gleisen zu werfen, um eine neue Richtung ins Spiel zu bringen. All diese Narren hatten die Aufgabe, Gegenpole zu beziehen und den Menschen den oft unangenehm ehrlichen Spiegel vorzuhalten. Das häßliche Grinsen darin als das eigene zu erkennen, wäre der Sinn des vorliegenden Buches. Es auf Osho zu projizieren, ist die übliche gutbürgerliche Abwehrreaktion. So wie der mittelalterliche Herrscher oder der Indianerhäuptling am meisten von seinem Narren hätte lernen können, könnten wir heute von Osho lernen, der sich freiwillig und mit spürbarem Genuß zum Narren machte und sich nicht die Bohne um anerkannte Regeln, Gesetze oder gar Moral kümmerte.

Wie leicht man in das angenehmere Muster des Projizierens rutscht, habe ich bei der Lektüre des Manuskripts selbst erlebt. Der Fastenarzt in mir schluckte schwer, als seine Methode durch den Kakao gezogen und erst hundert Seiten später rehabilitiert wurde. So ging es auch noch dem Psychotherapeuten und Homöopathen und noch einigen meiner Persönlichkeitsteile. So wird es hoffentlich jedem Leser gehen, und dann ist dieses Frage-und-Antwortspiel zwischen Meister und Schülern mehr als ein Buch. Es wird dazu zwingen, eigene Standpunkte zu hinterfragen und manche davon auf Dauer fahrenzulassen. Selbst dort, wo man auch nach reichlicher Prüfung nicht mit Osho konform gehen kann oder will – für mich etwa sein Ausblick auf den wissenschaftlich programmierten Übermenschen der Zukunft –, wird ein innerer Prozeß in Gang gesetzt, der zur fruchtbaren Auseinandersetzung zwingt. Selbst nachdem ich viele seiner Reden gehört, seine Meditationen erfahren und außerdem das Glück hatte, ihn live und lebendig in Poona zu erleben, haben mich seine Gedanken wieder von neuem irritiert und animiert.

Dort, wo Osho dem Thema *Heil*ung wieder zu Tiefe verhilft und ihm mit philosophischem Denken begegnet, kann das Buch Therapeuten und überhaupt Menschen in helfenden Berufen Anstöße und Hilfen liefern. Nichts fehlt unserer modernen Medizin so sehr wie eine Philosophie vom *Heil*(en). Und wenige liefern sie so kompromißlos wie Osho. Schulmedizin und -psychologie rudern ziemlich hilflos in einem Meer aus Pragmatismus und oberflächlicher Symptomkosmetik. Ihnen ist wie dieser Gesellschaft alles Radikale, d. h. an die Wurzeln gehende, verhaßt, und so orientieren sie sich am phänomenalen Geschehen der Oberfläche. Dort aber liegen weder Lösungen noch Perspektiven. Wer sich dort ansiedelt, kann den einfachsten Grundfragen nicht gerecht werden. Wenn es nicht so erbärmlich wäre, könnte man fast darüber lachen, daß die Schulmedizin nach vielen Jahrzehnten immer noch nicht begriffen hat, was Vorbeugung, von der sie so gern redet, eigentlich ist. Sie verwechselt sie ständig und konsequent mit Früherkennung. Das wird sich auch nicht ändern, solange sie sich den Gedanken einer esoterischen Medizin verschließt.

Osho geht in diesem Buch noch weit darüber hinaus und behandelt in den Antworten auf die Fragen seiner Schüler eine Fülle von Themen, die im Zusammenhang mit den Themen Gesundheit und Heil stehen. So wird dem Leser bewußt, wie schließlich alle Fragen auf diese Thematik zielen und es letztlich nur ein Ziel geben kann. Daß Osho immer wieder darauf zurückkommen muß, liegt in der Natur der Wirklichkeit: Es gibt zwar unzählige Gegensatzpaare in der polaren Welt, aber nur ein Ziel: die Einheit.

Rüdiger Dahlke
November 1994

1. KAPITEL

Was ist Gesundheit?

Welcher Zusammenhang besteht zwischen Medizin und Meditation?

Das Wort »Meditation« und das Wort »Medizin« stammen beide aus derselben Wurzel. Medizin betrifft die körperliche Heilung, und Meditation betrifft die spirituelle Heilung. Beide sind heilende Kräfte.

Außerdem ist zu beachten, daß das Wort »heilen« und das Wort »heil« ebenfalls aus der gleichen Wurzel stammen. Geheilt zu werden bedeutet nichts anderes, als daß man heil und ganz wird und daß einem nichts fehlt. Eine weitere Bedeutung: Auch das Wort »heilig« kommt aus dieser Wurzel. Heilen, heil, heilig haben alle den gleichen Ursprung.

Meditation heilt. Sie macht dich heil – und heil zu sein bedeutet, heilig zu sein. Heiligkeit hat nichts mit der Zugehörigkeit zu einer Religion oder Kirche zu tun. Es bedeutet einfach, daß du innen vollständig und ganz bist. Nichts fehlt dir, du bist erfüllt. Du bist so, wie die Existenz dich haben wollte. Du hast dein Potential verwirklicht.

Religion ist eine Reise nach innen, und Meditation ist der Weg dorthin.

Tatsächlich bewirkt Meditation eines: Sie führt dich, dein Bewußtsein so tief wie möglich nach innen. Selbst dein Körper ist für dich dann außen. Selbst dein Verstand ist außen, und selbst dein Herz – dem Zentrum deines Seins so nahe – ist dann außen. Wenn alle drei – Körper, Verstand und Herz – als etwas Äußerliches erfahren werden, bist du im innersten Zentrum deines Seins angekommen.

Dieses Erreichen deines Zentrums ist eine ungeheure, alles transformierende Explosion. Danach bist du nie mehr derselbe, denn dann weißt du: Dein Körper ist nur die äußere Hülle, dein Verstand, auch wenn er ein wenig tiefer reicht, ist nicht dein wahrer Kern, und dein Herz, obwohl es noch etwas tiefer innen liegt, ist nicht dein innerstes Zentrum. Du bist nicht mehr identifiziert – mit keinem von den dreien.

Zum ersten Mal fühlst du, daß sich in dir etwas kristallisiert hat. Du bist nicht mehr dieser alte halbherzige Mensch, der du immer warst. Zum ersten Mal spürst du eine ungeheure, unerschöpfliche Energie, von deren Existenz du bisher keine Ahnung hattest. Zum ersten Mal weißt du, daß der Tod nur deinem Körper, deinem Verstand und deinem Herzen passieren wird, aber nicht *dir*.

Du bist ewig. Du bist immer schon dagewesen, und du wirst immer dasein – in unterschiedlichen Formen und letztlich in einem Zustand der Formlosigkeit. Aber du kannst niemals zerstört werden, du bist unzerstörbar. Damit verschwindet alle Angst, und das Verschwinden der Angst bedeutet das Auftauchen der Freiheit. Das Verschwinden der Angst bedeutet das Auftauchen der Liebe. Jetzt kannst du mit anderen teilen. Du kannst so viel geben, wie du willst, denn jetzt bist du mit der unerschöpflichen Quelle des Lebensstromes verbunden.

Meditation macht dich heil, sie macht dich heilig, und sie macht dich zur unerschöpflichen Quelle für alle, die da hungern und dürsten, die suchen und streben und im Dunkeln tappen. Du wirst zu einem Licht.

Meditation ist der Weg zur Meisterschaft über dein eigenes Sein.

Du brauchst dazu keinen Gott, keinen Katechismus, kein heiliges Buch. Niemand braucht Christ oder Jude oder Hindu zu werden – all das ist blanker Unsinn.

Alles, was du brauchst, ist, dein Zentrum zu finden. Und Meditation ist der einfachste Weg dorthin. Sie wird dich ganz machen, spirituell gesund. Und sie wird dich so reich machen, daß du aller spirituellen Armut dieser Welt ein Ende setzen kannst – und das ist die wahre Armut.

Die Armut der physischen Körper an Nahrung, Kleidung und Obdach läßt sich durch Wissenschaft und Technik leicht beseitigen, aber weder die Wissenschaft noch die Technik kann Glückseligkeit bringen. Das liegt jenseits ihrer Reichweite. Und selbst wenn du alles besitzt, was die Welt zu bieten hat: Solange du nicht Frieden, Heiterkeit, Stille und Ekstase besitzt, bleibst du dennoch arm. Ja, du wirst deine Armut sogar noch stärker spüren als je zuvor, durch den Kontrast. Du lebst in einem goldenen Palast und weißt doch, daß du ein Bettler bist. Der goldene Palast zeigt dir den Kontrast: Du kannst sehen, daß du innen gar nichts besitzt. Du bist leer.

So kommt es, daß in dem Maße, wie die Menschheit intelligenter und reifer wird, immer mehr Menschen die Sinnlosigkeit zu spüren beginnen. Immer mehr Menschen haben das Gefühl, daß das Leben etwas Zufälliges ist und daß es keinen Sinn hat weiterzuleben.

Die neueren Strömungen der westlichen Philosophie weisen alle in diese Richtung: Vielleicht ist Selbstmord die einzige Lösung. Natürlich, wenn man seine innere Welt nicht kennt, aber alles besitzt, was die äußere Welt zu geben hat, dann scheint Selbstmord die einzige Lösung zu sein.

Meditation kann dich innerlich reich machen. Dann kommt Selbstmord nicht mehr in Frage, denn selbst wenn du dich zerstören wolltest – es geht nicht! Dein Sein ist unzerstörbar.

Diese Unsterblichkeit zu erkennen bedeutet eine große Freiheit – von Tod, Krankheit und Alter. Diese Dinge werden kommen und gehen, aber du bleibst davon unberührt, unversehrt. Deine innere Gesundheit liegt jenseits aller Krankheit. Sie ist eine Gegebenheit und wartet nur darauf, entdeckt zu werden.

Die Medizin, die Physiologie, die Psychologie sind noch sehr unreif in dem Sinne, daß ihre Arbeit sich nur an der Peripherie des Menschseins abspielt. Sie haben den Zugang zum Zentrum des Menschen noch nicht gefunden. Da sie die Existenz eines Bewußtseins, das über den Verstand hinausgeht, nicht akzeptieren, und die Existenz eines Bewußtseins, das über den Tod hinausgeht, leugnen, sind sie völlig verschlossen und voreingenommen gegenüber dem unschätzbaren Beitrag der Mystiker, die bis zum Zentrum des Bewußtseins vorgedrungen sind.

In vielen Fällen wird die Diagnose eines Physiologen oder eines anderen Arztes allein aus dem Grund absolut falsch sein, weil seine Sichtweise nicht umfassend genug ist. Er begreift den Menschen nur als Materie und das Denken nur als Nebenprodukt der Materie, als ein Schattenphänomen. Darüber hinaus gibt es für ihn nichts – nichts Ewiges, nichts, was ewig weiterbestehen wird.

Die Medizin hat ein Bild vom Menschen geschaffen, das bei den intelligenten Leuten Verzweiflung erweckt. Aufgrund seiner totalen Leugnung des Ewigen ist der medizinische Ansatz nicht wirklich wissenschaftlich. Er ist genauso abergläubisch wie der Ansatz aller religiösen und politischen Fanatiker.

Die Wissenschaftler haben nicht das Recht, das Bewußtsein zu leugnen, solange sie nicht den inneren Horizont des menschlichen Bewußtseins erforscht haben und den Nachweis erbringen, daß es sich nur um ein Traumgebilde handelt, einen Schatten ohne jegliche Realität. Sie haben es nicht erforscht – sie gehen bloß von einer Hypothese aus.

Die Hypothese der Wissenschaft ist der Materialismus. Er ist der Aberglaube der wissenschaftlichen Welt – so wie Gott, Himmel und Hölle der Aberglaube der religiösen Welt sind.

Die Wissenschaft ist noch keine reine Wissenschaft und kann es noch nicht sein, weil der Wissenschaftler noch nicht unschuldig, noch nicht unvoreingenommen ist, weil er noch nicht bereit ist, sich der Wahrheit zu stellen – auf die Gefahr hin, daß sie ihn selbst und seine Konditionierung in Frage stellt. (1)*

Du hast davon geredet, daß es für die westliche Medizin nötig wäre, den Menschen als ganzheitlichen Organismus zu verstehen, und daß es nicht genügt, die kranken Teile des Körpers zu behandeln. Kannst du das bitte näher ausführen?

Ein Beispiel: Du hast Kopfweh. Man wird dir ein Aspirin geben. Aspirin ist kein Heilmittel; es bewirkt nur, daß das Symptom aus deinem Bewußtsein verschwindet. Aspirin beseitigt nicht das Kopfweh, sondern bewirkt nur, daß du es

* Quellennachweis auf Seite 477 ff.

nicht mehr spürst. Es verwirrt dich nur. Die Kopfschmerzen bleiben, nur bist du dir dessen nicht mehr bewußt. Das Aspirin erzeugt eine Art Unbewußtheit.

Warum aber ist es überhaupt zu den Kopfschmerzen gekommen? Die gewöhnliche Medizin fragt nicht danach. Wenn du zu einem Arzt gehst, wird es ihn nicht interessieren, warum du Kopfschmerzen hast. Du hast Kopfweh? Das ist für ihn eine einfache Sache: »Das Symptom ist vorhanden. Nimm dieses Medikament« – irgendeine Droge, eine chemische Substanz – »und das Symptom wird verschwinden.« Vielleicht wird das Kopfweh verschwinden, aber am nächsten Tag hast du dann möglicherweise eine Magenverstimmung. Ein anderes Symptom ist aufgetreten.

Der Mensch ist eins, der Mensch ist eine Ganzheit – eine organische Einheit. Man kann ein Problem an einer Stelle wegschieben, aber dann wird es an einer anderen Stelle wieder auftauchen. Es wird vielleicht etwas länger dauern, bis es zur anderen Stelle gelangt, bis es in einen anderen Körperteil gewandert ist, aber es wird zwangsläufig wieder auftauchen. Und wenn man es von dort ebenfalls wegdrängt, wandert es wieder an eine andere Stelle – und es gibt so viele Teile im menschlichen Körper! So kann man das Problem ständig von einer Stelle zur nächsten weiterschieben, mit dem Resultat, daß du immer kränker wirst statt gesünder. Und manchmal wird so aus einem kleinen Wehwehchen eine schwere Krankheit.

Wenn man zum Beispiel kein Kopfweh zuläßt, und keine Magenschmerzen oder Rückenschmerzen, wenn überhaupt kein Schmerz jemals zugelassen wird, weil man, sobald irgendwo ein Schmerz auftaucht, sofort etwas dagegen unternimmt, um ihn loszuwerden ... wenn man jahrelang mit dieser Verdrängung fortfährt – denn genau das ist es, eine Verdrängung –, dann wird eines Tages all die verdrängte Krankheit sich summieren und auf besser organisierte Weise zum Ausdruck kommen, möglicherweise als Krebs. Dann wird sich alles Angestaute beinahe explosionsartig Ausdruck verschaffen.

Warum ist es uns bisher nicht gelungen, ein Mittel gegen

den Krebs zu finden? Vielleicht weil der Krebs nur ein Ausdruck für sämtliche verdrängten Krankheiten des Menschen ist. Wir haben gelernt, einzelne Krankheiten zu unterdrücken.

Krebs ist keine einzelne Krankheit, sondern eine kollektive Attacke, ein Totalangriff. Sämtliche Krankheiten haben sich zusammengetan, sie haben sich verbündet und eine Armee aufgestellt ... und jetzt blasen sie zum Angriff. Deshalb versagen alle Medikamente. Es scheint derzeit unmöglich, daß jemals ein wirksames Mittel gefunden wird.

Krebs ist eine neue Krankheit. Sie existiert nicht in den primitiven Gesellschaften. Warum nicht? Man muß sich fragen, warum sie in primitiven Gesellschaften nicht existiert. Weil der primitive Mensch nichts unterdrückt! Er hat es nicht nötig. Krebs ist eine Rebellion des ganzen Systems. Wenn man nichts unterdrückt, ist keine Rebellion nötig. Die Dinge passieren im kleinen und sind gleich vorbei.

Die religiöse Haltung sucht nicht nach dem Symptom, sondern nach der Ursache. Ich nenne das »die Psychologie der Buddhas«. Wenn du Kopfschmerzen hast, ist es keine Krankheit, keine Störung, sondern ein Signal deines Körpers, daß etwas an der Quelle nicht stimmt. Du solltest dich beeilen, den Ursprung zu finden. Finde heraus, was falsch läuft! Der Kopf gibt dir nur ein Signal, ein Gefahrensignal, einen Alarmruf: »Hör auf deinen Körper. Etwas läuft falsch! Du tust etwas, was nicht richtig ist, was die Harmonie deines Körpers stört. Hör auf damit, sonst wird das Kopfweh dich ständig daran erinnern!«

Kopfschmerzen sind keine Krankheit, und das Kopfweh ist nicht dein Feind, sondern dein Freund. Es steht zu deinen Diensten. Für dein Leben ist es absolut wesentlich, daß dein Körper dich alarmiert, wenn etwas falsch läuft. Aber statt zu ändern, was falsch läuft, stellst du nur das Alarmsignal ab und nimmst ein Aspirin. Das ist absurd!

Aber das geschieht heute in der Medizin, das geschieht in der Psychotherapie: symptomatische Behandlung. Es fehlt das Wesentliche, und das Wesentliche besteht darin, den Ursprung zu suchen.

Wenn du das nächste Mal Kopfweh hast, probiere ein kleines Experiment, eine kleine Meditationstechnik. Später kannst du sie auch bei größeren Krankheiten, bei schwerwiegenderen Symptomen ausprobieren.

Wenn du Kopfweh hast, mach dieses kleine Experiment: Setz dich still hin und beobachte deinen Kopfschmerz. Schau ihn dir von innen an – aber nicht so, wie du einen Feind beobachtest, nein. Wenn du ihn so beobachtest, als wäre er dein Feind, wirst du nicht fähig sein, richtig hinzuschauen. Du wirst ausweichen, denn wer schaut schon dem Feind direkt ins Gesicht? Man weicht ihm aus, man neigt dazu, ihm auszuweichen.

Betrachte den Schmerz als deinen Freund, denn er *ist* dein Freund. Er arbeitet für dich. Er sagt dir: »Etwas ist nicht in Ordnung – schau es dir an!« Setz dich einfach still hin und schau dir den Kopfschmerz an – ohne Absicht, ihn loszuwerden, ohne den Wunsch, er solle verschwinden, ohne Konflikt, ohne Kampf, ohne Ablehnung. Schau ihn dir einfach an und finde heraus, worin er eigentlich besteht.

Beobachte ihn, und wenn es eine innere Botschaft gibt, kann der Kopfschmerz sie dir mitteilen. Er enthält eine verschlüsselte Botschaft. Wenn du ihn still beobachtest, wirst du dich wundern! Wenn du ihn still beobachtest, werden drei Dinge geschehen. Erstens, je länger du ihn beobachtest, um so stärker wird er. Das wird dich verwirren: »Wie soll mir das helfen, wenn es schlimmer wird?« Der Schmerz wird stärker, weil du ihm vorher ausgewichen bist. Er war da, doch du bist ihm ausgewichen. Du hattest ihn bereits verdrängt – sogar ohne Aspirin hattest du ihn verdrängt. Wenn du ihn jetzt beobachtest, hört das Verdrängen auf. Der Kopfschmerz wird seine natürliche Intensität erreichen. Dann erst kannst du ihn, gleichsam ohne Ohrenstöpsel, ohne Watte in den Ohren, vernehmen – und er wird sehr laut sein.

Das erste ist: Er wird schlimmer werden. Wenn er schlimmer wird, kannst du sicher sein, daß du ihn richtig beobachtest. Wenn er nicht schlimmer wird, dann schaust du noch nicht richtig hin, dann weichst du ihm noch aus. Schau in ihn hinein, dann wird er schlimmer werden. Das ist der erste Hinweis, daß du ihn richtig im Visier hast.

Das zweite ist: Er wird lokalisierter sein; er wird sich nicht mehr auf einen so großen Bereich erstrecken. Zuerst dachtest du: »Mir tut der ganze Kopf weh.« Jetzt siehst du, daß es nicht der ganze Kopf ist. Es ist nur ein kleiner Bereich. Auch das ist ein Hinweis, daß du jetzt tiefer schaust. Die Empfindung des ausgedehnten Schmerzes war ein Trick, eine Möglichkeit, ihm auszuweichen. Wenn der Schmerz auf eine bestimmte Stelle lokalisiert ist, wird er intensiver. Deshalb erzeugst du lieber die Illusion, daß dir der ganze Kopf weh tut und der Schmerz über den ganzen Kopf verteilt ist. Dadurch ist er an keiner Stelle zu stark und zu intensiv. Das sind die Tricks, mit denen wir ständig spielen.

Schau dir den Schmerz an, dann wird der zweite Schritt sein, daß er kleiner und immer kleiner wird. Schließlich kommt der Moment, wo er nur noch so groß ist wie eine Nadelspitze – sehr scharf, äußerst scharf und überaus schmerzhaft. Noch nie hast du einen solchen Schmerz im Kopf verspürt! Aber jetzt ist er auf eine winzige Stelle begrenzt. Schau weiter in ihn hinein!

Und dann passiert das dritte und wichtigste: Wenn du weiter diese Stelle beobachtest, wo der heftige, begrenzte Schmerz sich in einem Punkt konzentriert, dann wirst du erleben, daß er verschwindet. Wenn du intensiv genug beobachtest, wird er verschwinden. Und bei seinem Verschwinden wird gleichzeitig die Erkenntnis in dir aufleuchten, woher er kommt und was seine Ursache ist.

Das wird sich oft wiederholen. Der Schmerz wird wiederkommen. Wenn deine Beobachtung nicht mehr so wachsam und konzentriert, nicht mehr so aufmerksam ist, wird der Schmerz wiederkommen. Aber jedesmal, wenn du wirklich total beobachtest, wird er verschwinden, und bei seinem Verschwinden taucht die dahinter versteckte Ursache auf. Du wirst dich wundern, denn dein Verstand ist durchaus bereit, dir die Ursache zu enthüllen.

Es können tausenderlei Ursachen sein; die unterschiedlichsten Ursachen sind möglich. Das Alarmzeichen wird das gleiche sein, denn unser Alarmsystem ist einfach. Der Körper hat nicht mehrere Alarmsysteme. Für verschiedene Ursachen wird immer der gleiche Alarm gegeben.

Vielleicht bist du in letzter Zeit wütend gewesen und hast es nicht ausgedrückt. Plötzlich wird es dir wie Schuppen von den Augen fallen: Du wirst all die Wut sehen können, die sich in dir angesammelt hat, wie Eiter in deinem Inneren. Schließlich ist es zuviel geworden, und die Wut will sich entladen. Sie braucht eine Katharsis. Wenn du sie rausläßt, wirst du sehen, wie der Kopfschmerz verschwindet. Es bestand überhaupt keine Notwendigkeit für ein Aspirin. Es war überhaupt nicht nötig, irgend etwas zu behandeln.

Sobald die Wut verschwunden ist, wirst du ein Wohlbefinden von einer völlig neuen Qualität verspüren, wie du es niemals erlebst, wenn du ein Aspirin nimmst. Das Aspirin verdrängt nur, aber die Wut bleibt in deinem Inneren verborgen, die Aggression wütet weiter in dir. Du hast nur das Alarmsignal abgestellt, sonst nichts. Nichts ändert sich, nur der Alarm bleibt stumm.

So kann es immer weitergehen, und immer mehr sammelt sich an. Das kann zu Geschwüren führen, zu Tuberkulose – und eines Tages kann es sogar Krebs in dir hervorrufen. Wenn sich zu viel angesammelt hat, kommt es zu qualitativen Veränderungen. Es gibt eine gewisse Grenze, wie weit der Körper etwas tolerieren kann, aber jenseits dieser Grenze beginnt man sich krank zu fühlen. Dasselbe gilt für das Denken, für den Geist. Denke nie, daß Körper und Geist zwei getrennte Dinge wären – das sind sie nicht. Der Mensch ist eine Einheit von Körper und Geist, eine psychosomatische Einheit. (2)

Die Dynamische Meditation

Die Dynamische Meditation dauert eine Stunde lang und hat fünf Phasen. Man kann sie alleine machen, aber die Energie wird viel stärker, wenn du sie mit einer Gruppe von Leuten machst. Sie ist eine ganz persönliche Erfahrung, deshalb solltest du während der ganzen Meditation alle anderen um dich herum total vergessen und deine Augen geschlossen halten; am besten ist eine Augenbinde. Mache die Dynamische mit nüchternem Magen und trage dabei bequeme, weite Kleidung.

Erste Phase: 10 Minuten
Atme chaotisch durch die Nase; konzentriere dich auf das Ausatmen. Für die Einatmung sorgt der Körper von selbst. Atme so schnell und so heftig, wie du nur kannst – und dann noch ein bißchen heftiger, so lange, bis du buchstäblich selbst das Atmen bist. Nutze deine natürlichen Körperbewegungen dazu, deine Energie aufzubauen. Fühle, wie sie zunimmt, aber erlaube ihr nicht, sich schon in der ersten Phase auszutoben.

Zweite Phase: 10 Minuten
Explodiere! Lasse alles raus, was ausbrechen will. Werde total verrückt, schreie, kreische, heule, hüpfe, schüttle dich, tanze, singe, lache, tobe herum. Halte nichts zurück, halte deinen ganzen Körper in Bewegung. Ein bißchen Schauspielerei kann dir anfangs helfen, hineinzukommen. Erlaube deinem Kopf auf keinen Fall, in das Geschehen einzugreifen. Sei total.

Dritte Phase: 10 Minuten
Springe mit erhobenen Armen auf und ab und rufe dabei das Mantra HUH! HUH! HUH! HUH!, so tief aus dem Bauch heraus, wie es nur geht. Jedesmal, wenn du auf deinen Füßen landest, und zwar mit ganzer Sohle, lasse diesen Ton tief in dein Sexzentrum hineinhämmern. Gib alles, was du hast, erschöpfe dich total.

Vierte Phase: 15 Minuten
Stop! Friere auf der Stelle ein, haargenau in der Position, in der du dich gerade befindest. Mach keinerlei Körperkorrekturen. Ein Husten, die kleinste Bewegung oder sonst etwas, und schon fließt die Energie ab und alle Mühe war umsonst. Beobachte alles, was dir passiert.

Fünfte Phase: 15 Minuten
Sei ausgelassen, gehe mit der Musik, tanze, drücke deinen Dank an die Schöpfung aus und nimm dein Glücksgefühl mit in den Tag.

Dies ist eine Meditation, bei der du ununterbrochen aufmerksam, bewußt und wach sein mußt bei allem, was du tust. Bleib ein Zeuge, verliere dich nicht. Es ist leicht, sich zu verlieren. Während du atmest, kannst du es vergessen; du kannst so sehr im Atmen aufgehen, daß du den Zeugen vergißt. Aber dann hast du das Wesentliche verpaßt. Atme so schnell und so tief, wie du nur kannst, bring deine ganze Energie ein, aber bleibe dennoch ein Zeuge. Beobachte, was geschieht, so als ob du nur ein Zuschauer wärst, als ob das ganze jemand anderem passiert, als ob das ganze im Körper passiert und das Bewußtsein ist zentriert und schaut zu.

Dieses Zeugesein muß in allen drei Phasen aufrechterhalten werden. Und wenn alles stoppt und du in der vierten Phase völlig passiv und bewegungslos geworden bist, erreicht diese Wachheit ihren Höhepunkt.

Wenn du Schmerz fühlst, beobachte ihn aufmerksam, versuche nicht, etwas dagegen zu tun. Aufmerksamkeit ist das große Schwert – es durchschlägt alles. Richte ganz einfach deine Aufmerksamkeit auf den Schmerz.

Ein Beispiel: Du sitzt während der letzten Phase einer Meditation still da, ganz unbeweglich, und spürst viel Unbehagen im Körper. Du spürst, wie dein Bein einschläft, spürst ein Jucken in der Hand, hast das Gefühl, daß Ameisen auf dir herumkrabbeln. Wie oft hast du schon nachgeschaut, aber keine Ameisen gefunden. Das Krabbeln ist innen, nicht außen. Was sollst du tun? Du spürst, wie dein Bein einschläft? Beobachte, richte einfach deine ganze Aufmerksamkeit darauf. Du fühlst einen Juckreiz? Kratze nicht; das hilft nicht. Widme ihm ganz einfach deine Aufmerksamkeit. Öffne noch nicht einmal deine Augen. Wende deine Aufmerksamkeit nur innerlich darauf, warte und beobachte. Innerhalb von Sekunden wird der Juckreiz verschwunden sein.

Was auch immer geschieht – etwa wenn du Schmerzen hast, starke Schmerzen im Magen oder im Kopf –, das kommt vor, weil sich beim Meditieren der ganze Körper verändert. Die gesamte Körperchemie verändert sich. Neues kommt hoch, und der Körper ist in einem Chaos. Manchmal ist der Magen betroffen, denn im Magen sitzen viele unterdrückte Emotionen, die bei der Meditation aufgewühlt werden. Manchmal kann dir schlecht werden, und du glaubst, du mußt dich übergeben. Es kann auch sein, daß du starke Kopfschmerzen bekommst, weil die Meditation die innere Struktur deines Gehirns verändert. Wenn du den Meditationsprozeß durchmachst, wirst du ein ganz schönes Chaos erleben. Bald wird sich alles wieder einrenken, aber fürs erste gerät alles in Aufruhr.

Was sollst du also tun? Du schaust dir einfach den Schmerz im Kopf an, du beobachtest ihn. Sei ein Beobachter. Vergiß, daß du der Agierende bist, und nach und nach löst sich der Schmerz auf, und zwar auf eine so wunderschöne und anmutige Weise, daß du es nicht glauben wirst, wenn du es nicht selbst erlebt hast. Aber nicht nur, daß der Schmerz im Kopf verschwindet ... die Energie, die den Schmerz erzeugt hat, löst sich auf, sobald du sie beobachtest, und dieselbe Energie wird zur Freude. Es ist dieselbe Energie.

Schmerz und Freude sind Dimensionen der gleichen Energie. Wenn du still sitzenbleiben kannst und auf alle Ablenkungen achtgibst, verschwinden die Ablenkungen. Und wenn alle Ablenkungen fort sind, wird dir plötzlich bewußt, daß der ganze Körper nicht mehr da ist. (3)

Hinweis

Osho hat davor gewarnt, das Beobachten des Schmerzes in Fanatismus ausarten zu lassen. Wenn unangenehme körperliche Symptome – Schmerzen oder Übelkeit – nach drei oder vier Tagen Meditation weiter bestehen, sei kein Masochist, sondern gehe zum Arzt. Dies gilt für alle Meditationstechniken Oshos.

Was bedeutet es deinem Verständnis nach, wirklich gesund zu sein?

Wahre Gesundheit ist etwas, was in deinem Inneren geschehen muß, in deiner Subjektivität, in deinem Bewußtsein, denn das Bewußtsein kennt weder Geburt noch Tod, es ist ewig.

Gesund im Bewußtsein zu sein bedeutet erstens, wach zu sein, zweitens, harmonisch zu sein, drittens, ekstatisch zu sein, und viertens, mitfühlend zu sein. Wenn diese vier Bedingungen erfüllt sind, ist man innerlich gesund.

Meditation vermag alle vier Bedingungen zu erfüllen. Sie kann dich bewußter machen, denn sämtliche Meditationstechniken sind Methoden, dich bewußter zu machen, Mittel, dich aus deinem metaphysischen Schlaf aufzuwecken.

Singen, Tanzen und Feiern kann dich harmonischer machen. In dem Augenblick, in dem der Tänzer verschwindet und nur noch der Tanz übrigbleibt, in diesem kostbaren Zustand fühlst du Harmonie. Wenn der Sänger sich völlig vergißt und nur noch das Lied übrigbleibt, wenn es kein Zentrum mehr gibt, das als »Ich« fungiert, weil das »Ich« absolut abwesend ist und du im Fluß bist ... dieses strömende Bewußtsein ist harmonisch.

Wach und harmonisch zu sein, schafft die Voraussetzungen für Ekstase. Ekstase ist die höchste Freude; sie läßt sich nicht aussprechen. Worte reichen nicht aus, etwas darüber zu sagen.

Wenn man zur Ekstase gelangt ist, wenn man den höchsten Gipfel der Freude kennt, stellt sich Mitgefühl als Ergebnis von selbst ein. Wenn diese höchste Freude dein ist, möchtest du sie teilen. Du kannst gar nicht anders, als sie mit anderen zu teilen. Das Teilen wird unvermeidlich. Es ist eine logische Konsequenz dieser Freude. Sie fängt an überzufließen, ohne dein Zutun. Es passiert ganz von allein.

Dies sind die vier Grundpfeiler innerer Gesundheit. Trachte sie zu erlangen, denn sie ist unser Geburtsrecht, das es zu verwirklichen gilt! (4)

Was bedeutet Gesundheit? – Wir müssen versuchen, das zu verstehen. Fragt man einen Arzt nach der Definition von Gesundheit, so wird er normalerweise sagen: »Gesundheit ist die Abwesenheit von Krankheit.« Das ist aber eine negative Definition. Es ist unglücklich, daß wir Gesundheit durch Krankheit definieren müssen. Gesundheit ist doch etwas Positives, ein positiver Zustand, während Krankheit negativ ist. Gesundheit ist unsere wahre Natur, Krankheit hingegen eine Beeinträchtigung der Natur.

Ist es demnach nicht sehr merkwürdig, daß wir Gesundheit durch Krankheit definieren müssen? Daß wir den Gastgeber durch den Gast definieren, ist sehr merkwürdig. Gesundheit wohnt ständig in uns, Krankheit kommt nur gelegentlich zu Besuch. Gesundheit begleitet uns von Geburt an, Krankheit hingegen ist nur ein oberflächliches Phänomen. Fragen wir jedoch einen Arzt nach der Bedeutung von Gesundheit, dann kann er nur sagen, daß Gesundheit vorliegt, wenn keine Krankheit besteht.

Schon Paracelsus sagte, diese Interpretation sei falsch, man müsse den Begriff der Gesundheit positiv definieren. – Aber wie können wir zu einer positiven Definition gelangen, zu einer schöpferischen Interpretation des Begriffes »Gesundheit«?

Paracelsus sagt: »Solange wir den Zustand innerer Harmonie nicht kennen, können wir euch höchstens von eurer Krankheit befreien – doch die Quelle eurer Gesundheit ist innere Harmonie. Wenn wir euch aber von der einen Krankheit befreit haben, werdet ihr sogleich eine andere bekommen, denn in bezug auf eure innere Harmonie ist nichts geschehen. Tatsächlich ist es notwendig, eure innere Harmonie zu unterstützen.« (5)

Es gibt nur *eine* Gesundheit – man braucht sie nicht näher zu bezeichnen.

Wenn man dich fragt: »Wie geht es deiner Gesundheit?«, wirst du vielleicht sagen: »Ich bin völlig gesund.« Keinem wird es einfallen, dich zu fragen: »Wie gesund bist du?« Wenn jemand dich fragte: »Wie gesund bist du?«, wärest du erstaunt und würdest sagen: »Na, eben gesund! Ich fühle mich wohl, nichts fehlt mir, alles läuft bestens und ich bin glücklich. Es könnte mir wirklich nicht besser gehen.« Gibt es demnach verschiedene Arten von Gesundheit? – Nein, es gibt nur eine einzige Art von Gesundheit, aber Millionen von Krankheiten.

Das gleiche gilt für die Wahrheit. Es gibt nur eine Wahrheit, aber millionenfache Lügen, denn die Lügen hängen von dir ab. Du kannst so viele Lügen erfinden, wie du Lust hast. Auch die Krankheiten hängen von dir ab. Du kannst falsch leben, die falschen Dinge essen, die falschen Dinge tun – und du kannst ständig neue Krankheiten kreieren.

Gesundheit ist immer gleich – immer neu und dennoch immer gleich. Man könnte sagen, sie ist das älteste und gleichzeitig jüngste, neueste Phänomen. Denkst du, da ist ein Unterschied, ob ein Mensch vor fünftausend Jahren gesund war oder ob du heute gesund bist? Der andere hatte vielleicht eine andere Hautfarbe, sprach eine andere Sprache, und seither sind fünftausend Jahre vergangen. Aber wenn je ein Mensch gesund war – egal, wer es war, egal, welcher Sprache, welcher Hautfarbe, ob Mann oder Frau, jung oder alt – wenn er gesund war, dann weiß man von ihm zumindest eines ganz genau: Er war gesund. Genau dasselbe Gefühl von Gesundheit kannst du heute erleben. Du brauchst gar nichts über diesen Menschen zu wissen – ob er schön oder häßlich, klein oder groß war, spielt keine Rolle. In einer Hinsicht seid ihr gleich: Er war gesund, und du bist gesund. Die Erfahrung ist genau dieselbe.

Mit Krankheiten ist es anders. Jeden Tag tauchen neue Krankheiten auf. Es gibt Millionen von Krankheiten, und es werden noch viele hinzukommen, weil der Mensch immer erfinderischer wird.

Du gehst nie zum Arzt, wenn du dich gesund fühlst. Oder würdest du etwa sagen: »Seit vierzehn Tagen fühle ich mich so gesund. Da stimmt doch was nicht mit mir!«?

Aber im alten China gab es eine erstaunliche Regelung.

Vielleicht wird sie irgendwann in der Zukunft wieder einmal aufgegriffen. Der Einfluß des Konfuzius war in China sehr groß, und eine seiner Ideen hat man jahrhundertelang praktiziert und beibehalten. Es war folgende Idee: Der Arzt wird dafür bezahlt, daß er den Patienten gesund erhält, und nicht dafür, daß er ihn kuriert.

Wenn der Arzt dafür bezahlt wird, daß er dich kuriert, dann ist es grundsätzlich sein größtes Interesse, daß du krank bleibst. Je öfter du krank bist, um so besser, und je mehr Leute krank sind, um so besser. So entsteht im Denken des Arztes ein Zwiespalt.

Zuerst lehrt man ihn, daß seine Arbeit darin besteht, die Menschen gesund zu erhalten: »Deine Funktion ist es, das Leben, die Vitalität, die Jugend der Menschen zu stärken.« Aber auf diese Weise, wenn alle gesund und jung bleiben und keiner je krank wird, wird der Arzt selbst verhungern. Wenn alle gesund sind, dann werden die Ärzte krank, sterbenskrank, denn es geht um ihr Überleben. Was sollen sie also tun?

Das Hauptinteresse des Arztes widerspricht der Philosophie, die man ihm beigebracht hat. Sein Interesse besteht darin, daß die Menschen krank bleiben, und je mehr sie krank sind, desto besser.

Daraus entsteht ein seltsames Phänomen: Ein armer Mensch wird schneller wieder gesund als ein reicher. Komisch! Warum wird ein Armer schneller gesund? Weil der Arzt ihn schneller loswerden will; er vergeudet nur unnötig seine Zeit.

Die Idee des Konfuzius ist sehr bedeutsam. Er sagt, jeder sollte dem Arzt ein monatliches Einkommen bezahlen, solange dieser ihn bei Gesundheit hält. Bleibt er den ganzen Monat gesund, dann muß er dem Arzt einen bestimmten Betrag bezahlen. Wird er krank, dann reduziert sich das Einkommen entsprechend.

Das mag zunächst etwas befremdlich wirken, denn auf der ganzen Welt machen wir es genau umgekehrt – aber es ist ganz und gar einleuchtend und durchaus vernünftig. Konfuzius war in vieler Hinsicht ein sehr vernünftiger Mann. Jeder hat seinen eigenen Arzt und bezahlt ihn dafür, daß er ihn gesund erhält, und nicht dafür, daß er ihn kuriert. Wird er krank, so trägt der Arzt die Kosten für die Medikamente und alle Ausgaben, und außerdem reduziert sich sein Einkommen, denn er hat sich nicht gut genug um seinen Patienten gekümmert.

So wurde es jahrhundertelang praktiziert, und das hat für beide Teile sehr gut, ja hervorragend funktioniert: Für die Ärzte ebenso wie für die Patienten – für beide hat es gut funktioniert. Die Ärzte waren nicht so stark überlastet, und die Patienten waren auch sehr zufrieden, denn ihr Arzt war wirklich für sie da und handelte in ihrem Sinne.

Der Arzt hatte überhaupt kein Interesse daran, daß jemand krank wurde und Medizin brauchte. Statt dessen verschrieb er mehr Übungen – Spazierengehen, Schwimmen, Sport –, damit seine Patienten gesund blieben. Und mehrere Jahrhunderte lang – solange der Einfluß des Konfuzius vorherrschte – scheint China das gesündeste Land der Welt gewesen zu sein! (6)

Die westliche Gesellschaft verfügt heute über das aufwendigste Gesundheitssystem aller Zeiten. Jährlich werden Milliarden dafür ausgegeben, und auf einigen Gebieten, wie zum Beispiel in der Chirurgie, in der Transplantationsmedizin und bei der Verhütung von Infektionskrankheiten, werden große Erfolge verzeichnet. Dennoch scheinen die Menschen heute mehr krank zu sein als je zuvor. – Was ist Gesundheit?

Die westliche Medizin betrachtet den Menschen als separate Einheit, als etwas von der Natur Getrenntes. Damit begeht sie einen der größten Fehler überhaupt. Der Mensch ist ein Teil der Natur, und Gesundheit bedeutet nichts anderes, als in Harmonie mit der Natur zu leben.

Die westliche Medizin hat ein mechanistisches Bild vom Menschen, und überall dort, wo Mechanik Erfolg verspricht, ist die Medizin wirklich erfolgreich. Der Mensch ist aber keine Maschine. Der Mensch ist eine organische Einheit, und es genügt nicht, nur den kranken Körperteil zu behandeln. Der kranke Teil ist nur ein Symptom dafür, daß es Probleme mit dem Gesamtorganismus gibt; das Symptom tritt nur an dem kranken Teil zutage, weil er der schwächste ist.

Man mag Erfolg damit haben, den kranken Teil zu behandeln, aber dann tritt die Krankheit irgendwo anders auf. Man hat nur verhindert, daß die Krankheit sich durch den kranken Teil Ausdruck verschaffen kann. Dadurch hat man sie stärker gemacht, aber man hat nicht begriffen, daß der Mensch ein Ganzes ist. Er kann nur entweder krank oder gesund sein; ein Zwischenstadium gibt es nicht. Er muß als ganzheitlicher Organismus verstanden werden. Ich will euch ein paar Beispiele geben, um es deutlich zu machen.

Die Akupunktur wurde vor beinahe siebentausend Jahren in China rein zufällig entdeckt. Ein Jäger stellte einem Hirsch nach, und während sein Pfeil auf den Hirsch zuflog, trat ein Mann nichtsahnend dazwischen und wurde von dem Pfeil ins Bein getroffen. Dieser Mann hatte sein ganzes Leben lang unter Migräne gelitten. Als der Pfeil ihn ins Bein traf, verschwand die Migräne. Das war sehr seltsam! Niemand hätte das je für möglich gehalten.

Auf dieser zufälligen Entdeckung beruht die Akupunktur, die sich zu einer umfassenden Wissenschaft entwickelte. Wenn du zu einem Akupunkteur gehst und ihm erzählst: »Etwas stimmt nicht mit meinen Augen«, oder: »Etwas stimmt nicht mit meinem Kopf«, oder: »Etwas stimmt nicht mit meiner Leber«, dann wird er sich möglicherweise überhaupt nicht um deine Leber, deinen Kopf oder deine Augen kümmern. Er wird den gesamten Organismus betrachten. Er wird versuchen, *dich* zu heilen und nicht nur den kranken Körperteil.

Die Akupunktur hat siebenhundert Punkte im Körper des Menschen entdeckt. Der menschliche Körper ist ein bioelektrisches Phänomen, das heißt, er ist lebendig und besitzt seine eigene Elektrizität. Darum nennen wir sie Bioelektrizität. Es sind siebenhundert Körperpunkte, und jeder Punkt stellt Verbindungen zwischen Teilen des Körpers her, die sehr weit auseinanderliegen können. So geschah es auch bei jenem

Unfall: Der Pfeil traf einen bioelektrischen Punkt, der eine Verbindung zum Kopf hat – und die Migräne verschwand.

Die Akupunktur arbeitet ganzheitlicher, holistischer. Man muß diesen Unterschied verstehen. Wenn man den Menschen wie eine Maschine betrachtet, sieht man ihn nur stückweise. Wenn eine Hand krank ist, wird nur die Hand behandelt und man kümmert sich nicht um den übrigen Körper, dessen Teil sie ist. Diese mechanistische Betrachtungsweise ist partiell. Sie mag Erfolg haben, aber es ist nur ein scheinbarer Erfolg, denn die Krankheit, die in der Hand durch Medikamente, Operationen und andere Methoden unterdrückt wird, beginnt sich anderswo auf schlimmere Art und Weise zu zeigen.

Die Medizin hat sich ungeheuer weiterentwickelt; die Chirurgie ist zu einer bedeutenden Wissenschaft geworden, aber die Menschen leiden heute mehr unter Krankheiten und körperlichen Beschwerden als je zuvor.

Dieses Dilemma ist verständlich. Der Mensch muß als ein Ganzes angesehen werden, er muß als eine organische Einheit behandelt werden.

Das Problem mit der modernen Medizin, mit der westlichen Medizin, besteht darin, daß sie meint, wir hätten keine Seele, wir seien nicht mehr als ein Mechanismus von Körper und Geist.

Auch du bist nur eine Maschine: Deine Augen können ersetzt werden, deine Hände können ersetzt werden, deine Beine können ersetzt werden, und früher oder später wird man auch in der Lage sein, Gehirne zu ersetzen.

Wir machen es bereits: Wir übertragen Blut und ersetzen bestimmte Körperteile. Wir verwenden künstliche Herzen, aber ein Mensch mit einem künstlichen Herzen kann nicht derselbe sein wie ein Mensch mit einem wirklichen, echten Herzen. Der Mensch mit dem künstlichen Herzen wird so etwas wie Liebe nicht kennen. Selbst wenn er liebt, wird er nur über den Kopf lieben. Seine Liebe wird darin bestehen, daß er denkt, er liebt. Sie wird nicht direkt vom Herzen kommen, denn er hat gar kein Herz.

In Indien entwickelte sich die Medizin vor nahezu fünftausend Jahren. Ihr werdet staunen, wenn ich euch sage, daß unsere ganze heutige Chirurgie bereits von Sushrut, einem der größten Chirurgen des Ostens, in uralten Schriften, die fünf- bis siebentausend Jahre alt sind, exakt beschrieben worden ist. Aber man hat sie wieder aufgegeben.

Das ist der Punkt, auf den ich euch hinweisen möchte. Warum wurde eine hochentwickelte Wissenschaft wieder aufgegeben? Weil man erkannte, daß die Chirurgie den Menschen als Maschine betrachtet, aber der Mensch ist keine Maschine. So hat man lieber die Chirurgie wieder aufgegeben, als den Menschen zu zerstören.

All die Präzisionsinstrumente, die in der Chirurgie verwendet werden, beschrieb Sushrut in seinen Schriften. Sämtliche Operationen, sogar Gehirnoperationen, sind darin mit allen Details beschrieben, wie in einem modernen Lehrbuch der Chirurgie. Nur daß es siebentausend oder mindestens fünftausend Jahre alt ist! Man kam in der Entwicklung an den gleichen Punkt, an dem wir uns heute befinden, und man muß vor demselben Problem gestanden haben wie wir heute. Man muß erkannt haben, daß etwas grundlegend verkehrt war.

Es wird so intensiv daran gearbeitet ... und dennoch sind die gesundheitlichen Probleme und Krankheiten heute immer mehr auf dem Vormarsch.

Selbst wenn es uns gelänge, einen Menschen hervorzubringen, der ganz ohne Krankheit ist, würde das noch nicht bedeuten, daß er gesund ist.

Das Fehlen von Krankheit bedeutet noch keine Gesundheit, das wäre eine zu negative Definition. Gesundheit sollte etwas Positiveres bedeuten, denn Gesundheit ist der positive Pol und Krankheit der negative Pol. Bisher hat sich das Positive durch das Negative definiert.

Gesundheit ist ein Gefühl des Wohlbefindens – wenn der ganze Körper auf dem Gipfel seiner Leistungsfähigkeit ist und ohne jede Störung funktioniert. Man fühlt ein bestimmtes Wohlbefinden, ein Einssein mit der Existenz.

Das ließ sich mit der Chirurgie nicht erreichen, und darum

hat man in Indien diese ganze Wissenschaft aufgegeben und einen völlig neuen Ansatz entwickelt: *ayurveda* – die »Wissenschaft vom Leben«. Das ist bedeutsam.

Der Westen bezeichnet diese Wissenschaft als »Medizin«, aber »Medizin« deutet bloß auf Krankheit hin. Gesundheit hat jedoch mit »Medizin« nichts zu tun. »Medizin« weist darauf hin, daß das Ziel dieser ganzen Wissenschaft nur die Heilung von Krankheiten ist.

Ayurveda hat einen anderen Ansatz: Es ist die Wissenschaft vom Leben. Sie dient *dir* – nicht, um Krankheiten zu heilen, sondern um das Auftreten von Krankheit überhaupt zu verhindern, um dich so gesund zu erhalten, daß Krankheit unmöglich wird. Die Wege des Ostens und des Westens gehen an diesem Punkt weit auseinander: der Mensch als Maschine – oder als spirituelle Einheit, als Ganzes.

Die zweite Sache: Die westliche Medizin hat die Immunität des Menschen herabgesetzt. Wahre Medizin sollte aber Immunität verleihen, statt sie zu schwächen. Sie sollte den Menschen stärken und in die Lage versetzen, jeder Infektion standzuhalten, statt ihn so sehr zu schwächen, daß er für alle Arten von Infektionen anfällig wird.

Der berühmte Psychologe Delgado hat viel mit Tieren experimentiert. Er war sehr überrascht, als er feststellte, daß Ratten, die nur einmal am Tag zu fressen bekamen, doppelt so lang lebten wie Ratten, die zweimal am Tag gefüttert wurden. Das erstaunte ihn sehr: Weniger Nahrung verlängert das Leben, mehr Nahrung verkürzt das Leben! Daraus leitete er die Theorie ab, daß eine Mahlzeit pro Tag vollkommen ausreicht, ansonsten wird das Verdauungssystem überlastet, was eine Reduzierung der Lebensdauer zur Folge hat. Wie ist das nun aber mit Leuten, die fünf Mahlzeiten am Tag zu sich nehmen? Die Medizin wird sie nicht sterben lassen, aber sie läßt sie auch nicht leben. Sie werden höchstens dahinvegetieren.

Die Menschheit müßte sämtliche Traditionen, all die vielen vorhandenen Quellen neu unter die Lupe nehmen. Sämtliche uns heute zugänglichen Informationen müßten neu betrachtet werden. Ein völlig neuer medizinischer Ansatz müßte entwickelt werden, der auch die Akupunktur, Ayurveda, die griechische Medizin berücksichtigt, der auch Delgado und dessen Forschungsergebnisse mit einbezieht. Ein neuer Ansatz, der die Tatsache berücksichtigt, daß der Mensch keine Maschine ist. Der Mensch ist ein multidimensionales spirituelles Wesen, und so sollte man auch mit ihm umgehen.

Gesundheit darf nicht negativ definiert werden: »Gesund ist, wer keine Krankheit hat.« Gesundheit muß eine positive Definition bekommen. Ich kann verstehen, warum man es bisher nicht geschafft hat, eine positive Definition zu finden – weil Krankheit etwas Objektives ist und das Gefühl des Wohlbefindens etwas Subjektives.

Die westliche Medizin akzeptiert dich nicht als Subjekt. Sie akzeptiert nur deinen Körper, aber sie akzeptiert nicht *dich.* Der Mensch muß aber in seiner Totalität akzeptiert werden.

All die verschiedenen Heilmethoden, die auf der ganzen Welt angewendet worden sind, müßten zu einer Synthese vereinigt werden; sie widersprechen sich nicht. Bisher hat man sie so eingesetzt, als ob sie sich widersprächen. Sie müßten zu einer Synthese vereinigt werden. Dadurch würden wir ein besseres Bild vom Menschen bekommen und ein besseres Leben für die Menschheit verwirklichen können.

Es ist heute eine wohlbekannte Tatsache, insbesondere in der Gehirnchirurgie, daß für alles ein Zentrum im Gehirn vorhanden ist. Wenn eine Hand gelähmt wird, ist es sinnlos, die Hand zu behandeln. Sie läßt sich nicht behandeln, und so bietet sich als einzige Lösung die mechanistische Idee an, die Hand abzutrennen und eine künstliche Hand anzufügen, die zumindest beweglich ist, so daß man damit etwas tun kann. So wie die Hand jetzt ist, erscheint sie absolut nutzlos, sie ist wie tot. Aber sie ist gar nicht tot! Sie wird von einem bestimmten Zentrum im Gehirn gesteuert, und dieses Zentrum muß man heilen. Die Hand sollte überhaupt nicht angerührt werden! Es ist das Gehirnzentrum, das nicht funktioniert. Dort, in diesem Zentrum liegt das Problem.

Früher oder später wird die gesamte Medizin über die

Gehirnzentren arbeiten. Diese Zentren steuern alles im Körper. Wenn in einem der Zentren etwas verkehrt läuft, wird es von einem äußeren Körperteil nur symbolisch repräsentiert. Wenn man anfängt, den äußeren Teil zu behandeln, geht man nicht tief genug.

Die moderne westliche Medizin ist oberflächlich. Man muß bis an die Wurzel gehen: Warum ist diese Hand plötzlich gelähmt? Weil es Probleme in dem Zentrum im Gehirn gibt. Das Zentrum ließe sich leicht heilen, es ist ein bioelektrisches Zentrum.

Wenn du dich nicht wohl fühlst, ist es vielleicht nur, weil deine Batterie schwächer wird – du mußt neu aufgeladen werden. Wenn deine Hand gelähmt ist, hat vielleicht das Zentrum seine Elektrizität verloren; man kann es aufladen. Kein Medikament, keine Operation ist nötig.

Es ist uns heute möglich, den Menschen von den verschiedensten Blickwinkeln her zu betrachten: Wie haben andere Gesellschaften, andere Kulturen zu anderen Zeiten den Menschen behandelt? Und wenn manchmal seltsame Methoden zu helfen scheinen, dann sollte man sie übernehmen, statt sie abzulehnen.

Beispielsweise existieren siebzig Prozent all eurer Krankheiten nur im Kopf. Ihr habt sie gar nicht, ihr denkt nur, ihr habt sie. Gegen diese Krankheiten allopathische Mittel zu verschreiben, ist gefährlich, denn die Allopathie, die Schulmedizin, arbeitet mit vielerlei Giften. Wenn eine Krankheit real ist, sind Medikamente gut, aber wenn eine Krankheit nicht wirklich, sondern nur eine Idee ist, dann ist die Homöopathie am besten, weil sie niemandem schadet. Sie enthält keine Substanz, aber sie ist ein großer Segen für die Menschheit. Tausenden von Menschen wird durch die Homöopathie geholfen.

Die Frage ist nicht, ob die Homöopathie eine wirkliche Medizin ist oder nicht. Die Frage ist: Wenn die Krankheiten der Menschen unwirklich sind, braucht man dann nicht auch ein »unwirkliches« medizinisches System, um sie zu behandeln?

Die homöopathischen Mittel enthalten keine Substanz. Es gibt aber Menschen, die gar keine Krankheit haben und sich mit dem Gedanken quälen, krank zu sein. Ihnen wird die Homöopathie sofort helfen. Sie heilt viele, aber schadet niemandem. Sie ist eine Pseudomedizin, aber was soll man machen mit einer Pseudomenschheit?

Der indische Ayurvede und seine ärztlichen Helfer benutzen keine Instrumente, keine komplizierten Apparate, keine Röntgengeräte oder ähnliches. Sie verwenden nicht einmal ein Stethoskop. Sie fühlen nur den Puls, und das funktioniert schon seit Tausenden von Jahren sehr gut. Sie prüfen den Herzschlag, weil er das Lebenszentrum reflektiert. Wenn etwas mit dir nicht in Ordnung ist, gibt ihnen der Puls Hinweise, was zu tun ist. Statt deine Krankheit zu behandeln, werden sie versuchen, deinen Herzschlag harmonischer zu machen. Ihre Medizin wird deinen Herzschlag harmonisieren helfen, und damit verschwindet deine Krankheit. Du denkst, sie hätten die Krankheit behandelt – aber die Krankheit war nur ein Symptom.

Aus diesem Grund konnte die ayurvedische Medizin ganz auf die Chirurgie verzichten, durch die der Mensch zur Maschine reduziert worden war. Wenn sich mit Mineralen und Kräutern, mit natürlichen Mitteln etwas erreichen läßt, ohne das menschliche System zu vergiften, warum sollte man dann unnötigerweise weiterhin Gifte verabreichen, die ihre Nebenwirkungen haben?

Vielleicht ist das einer der Gründe, warum parallel zu den Entwicklungen und Fortschritten der heutigen Medizin die Krankheiten immer weiter auf dem Vormarsch sind. Man behandelt eine bestimmte Krankheit, aber man behandelt sie mit Gift; die Krankheit verschwindet, aber das Gift bleibt im System zurück und wird seine eigenen Auswirkungen haben. Aus diesem Grund sollte man Heilkräuter, Minerale, die Homöopathie und ähnliche Methoden alle miteinander kombinieren.

Es sollte eine einzige, umfassende ärztliche Wissenschaft mit verschiedenen Zweigen geben, und Aufgabe des Mediziners sollte es sein, zu entscheiden, welcher Zweig für einen bestimmten Patienten am besten geeignet ist.

Jemandem zu sagen, daß er gar nicht wirklich krank sei, wird ihm nicht helfen. Das bringt überhaupt nichts. Das bewirkt höchstens, daß er sich einen anderen Arzt sucht, und am liebsten wird ihm derjenige Doktor sein, der ihm sagt: »Du hast eine Krankheit.«

Manche Menschen haben den Lebenswillen verloren. Ihnen kann keine Medizin helfen, weil der Grundwille zu leben nicht mehr vorhanden ist. Sie sind bereits tot, sie warten nur noch auf ihre Beerdigung. Solche Menschen brauchen keine Medizin, sie brauchen eine andere Art von Therapie, die ihren Lebenswillen wiederherstellt. Das ist ihr grundlegendes Manko – erst dann werden ihnen andere Mittel helfen.

All diese Dinge müssen zu einer Synthese, zu einem Ganzen kombiniert werden, dann könnten die Menschen völlig frei werden von Krankheit. Die Menschen könnten, wissenschaftlichen Schätzungen zufolge, mindestens dreihundert Jahre alt werden. Der menschliche Körper hat die Fähigkeit, sich dreihundert Jahre lang selbst zu erneuern. Darum ist alles, was wir bisher vollbracht haben, grundlegend falsch, denn die Menschen sterben mit siebzig …

Die Medizin braucht eine völlige Neuorientierung. Das ist heute möglich, weil uns alle Informationen aus der ganzen Welt zugänglich sind. Wir dürfen nur nicht länger an unserer Voreingenommenheit festhalten. (7)

2. KAPITEL

Verschiedene Zweige der Medizin

Nach meinem Verständnis hat der Mensch in der Wissenschaft des Yoga nicht einen, sondern mehrere Arten von Körpern. Wenn das der Fall ist, folgt daraus, daß für verschiedene Menschen bestimmte Heilverfahren wirksamer sind als andere – je nachdem, wo die Krankheit ihren Ursprung hat?

Die Wissenschaft vom Menschen existiert noch nicht. Der Yoga Patanjalis ist diesem Ziel bisher am nächsten gekommen. Er teilt den Körper in fünf Ebenen oder fünf Körper ein. Ihr habt nicht einen Körper, ihr habt fünf Körper; und hinter diesen fünf Körpern liegt euer Sein.

Aber in der Psychologie ist genau das gleiche passiert wie in der Medizin. Die Schulmedizin glaubt nur an den physischen Körper, den grobstofflichen Körper. Es ist eine Parallele zum Behaviorismus. Die Schulmedizin ist die grobstofflichste Medizin. Darum ist sie so wissenschaftlich geworden, denn wissenschaftliche Instrumente lassen sich nur auf sehr grobstoffliche Dinge anwenden. Man muß aber tiefer gehen.

Die Akupunktur, die chinesische Medizin, geht eine Ebene tiefer. Sie arbeitet mit dem Vitalkörper, *pranamayakos.* Wenn etwas im physischen Körper falsch läuft, so befaßt sich die Akupunktur überhaupt nicht mit dem physischen Körper, sondern versucht, mit dem Vitalkörper zu arbeiten. Sie versucht, mit der Bioenergie, dem Bioplasma zu arbeiten. Bringt sie dort etwas in Ordnung, dann beginnt sogleich der grobstoffliche Körper wieder gut zu funktionieren. Wenn etwas mit dem Vitalkörper nicht stimmt, wird die Schulmedizin am physischen Körper, am grobstofflichen Körper ansetzen. Natürlich ist das für die Schulmedizin wie ein Schwimmen gegen den Strom. Für die Akupunktur ist es ein Schwimmen mit dem Strom; es ist leichter, denn der Vitalkörper ist etwas höher als der physische Körper. Wenn der Vitalkörper in Ordnung gebracht wird, folgt der physische Körper ganz von selbst nach, weil die Blaupause im Vitalkörper existiert. Der physische Körper ist nur eine Implementierung des Vitalkörpers.

Die Akupunktur gewinnt heute allmählich mehr und mehr an Ansehen, seit die Kirlian-Fotografie, ein hochempfindliches fotografisches Verfahren aus der Sowjetunion, auf die siebenhundert Vitalpunkte im menschlichen Körper gestoßen ist, deren Existenz die Akupunkteure schon immer, und zwar seit mindestens fünftausend Jahren, behauptet haben. Sie hatten keinerlei Instrumente, die ihnen zeigten, wo sich die Vitalpunkte im Körper befinden, haben aber nach und nach im Laufe der Jahrhunderte einfach durch Herumexperimentieren siebenhundert Punkte entdeckt. Nun hat Kirlian dieselben siebenhundert Punkte mit Hilfe wissenschaftlicher Instrumente nachgewiesen.

Die Kirlian-Fotografie hat eines gezeigt: Der Versuch, den Vitalkörper durch den physischen Körper zu beeinflussen, ist absurd. Es ist so, als wollte man den Herrn verändern, indem man den Diener ändert. Das ist nahezu unmöglich, denn der Herr hört nicht auf den Diener. Wenn du den Diener verändern willst, ändere den Herrn, dann wird der Diener sogleich nachfolgen. Statt jeden einzelnen Soldaten zu ändern, ist es besser, den General zu ändern. Und der Körper hat Millionen von Soldaten – Zellen, die nach einem bestimmten System und nach einem bestimmten Kommando arbeiten. Verändere den Kommandeur, und die ganze Körperstruktur wird sich verändern.

Die Homöopathie geht noch ein wenig tiefer. Sie arbeitet mit dem Mentalkörper, *manomayakos*. Hahnemann, der Begründer der Homöopathie, machte eine der bisher größten Entdeckungen überhaupt: Je geringer die Menge der Heilsubstanz, desto tiefer die Wirkung. Er nannte die Methode der Herstellung von homöopathischen Mitteln »Potenzierung«. Die Menge des Wirkstoffes wird immer weiter reduziert. Er arbeitete zum Beispiel so: Er nahm eine bestimmte Menge eines Heilmittels und mischte sie mit einer vielfachen Menge

Milchzucker oder mit Wasser. Ein Teil des Arzneimittels zu neun Teilen Wasser, und das mischte er zusammen. Dann nahm er wieder einen Teil dieser neuen Lösung und mischte ihn wieder mit neun Teilen Wasser oder Milchzucker. Und so fuhr er fort, nahm wiederum von der neuen Lösung einen Teil und mischte ihn mit neun Teilen Wasser, und indem er so weitermachte, nahm die Potenz zu.

So erreicht das Heilmittel allmählich die atomare Ebene. Es wird so feinstofflich, daß man gar nicht glauben kann, daß es wirkt; es ist fast nichts oder gar nichts mehr davon vorhanden. Auf den homöopathischen Mitteln steht die Verdünnung als Potenz angegeben. Je höher die Potenz, desto geringer die Menge. Bei den höheren Potenzen ist nur noch ein Millionstel der ursprünglichen Wirkstoffsubstanz übriggeblieben, also beinahe nichts mehr. Sie ist nahezu verschwunden, aber dadurch kann sie in den tiefsten Kern des *manomayakos* eindringen; sie geht in den Mentalkörper ein. Die Homöopathie geht tiefer als die Akupunktur. Es ist beinahe so, als ob die atomare oder gar subatomare Ebene erreicht würde. Der physische Körper wird überhaupt nicht mehr berührt, und auch der Vitalkörper wird nicht berührt. Das Mittel ist so feinstofflich, daß es auf keine Hindernisse stößt. So kann es ganz leicht in den *manomayakos,* in den Mentalkörper eindringen und beginnt von dort aus zu wirken. Damit ist eine noch höhere Instanz ins Spiel gekommen als der *pranamayakos.*

Die ayurvedische Medizin der Inder ist eine Synthese von all diesen dreien. Sie stellt unter den medizinischen Richtungen eine der größten Synthesen dar.

Noch tiefer geht die Hypnotherapie. Sie berührt den *vigyanmayakos,* den vierten Körper, den Bewußtseinskörper. Sie benutzt überhaupt keine Heilmittel. Sie braucht überhaupt keine Mittel. Sie arbeitet ausschließlich mit Suggestionen. Sie gibt dem Verstand einfach nur eine Suggestion – man kann es auch animalischen Magnetismus, Mesmerismus, Hypnose oder wie auch immer nennen –, aber sie wirkt durch die Macht der Gedanken und nicht durch die Macht der Materie. Die Hypnotherapie läßt die Materie völlig hinter sich, sie spricht einfach die Gedankenenergie an – *vigyanmayakos,* den Bewußtseinskörper. Wenn dein Bewußtsein einen bestimmten Gedanken akzeptiert, beginnt dieser zu wirken.

Die Hypnotherapie hat eine große Zukunft. Sie wird die Medizin der Zukunft sein, denn wenn es möglich ist, den Verstand zu verändern, einfach indem man die Gedankenmuster verändert, und wenn man durch den Verstand den Vitalkörper, und durch den Vitalkörper den grobstofflichen Körper ändern kann, warum sollte man sich dann mit Giften abgeben, warum sollte man sich mit grobstofflichen Arzneien abgeben? Warum nicht gleich mit der Gedankenkraft arbeiten?

Habt ihr schon einmal einem Hypnotiseur bei seiner Arbeit mit einem Medium zugeschaut? Falls ihr es noch nie gesehen habt, lohnt es sich, zuzuschauen. Es wird euch einige Einsichten vermitteln.

Ihr habt bestimmt schon von den Feuerläufern gehört, oder vielleicht habt ihr sie selbst gesehen; in Indien kann man es sehen ... Es ist nichts anderes als Hypnotherapie. Der Gedanke, daß sie von einem bestimmten Gott oder einer Göttin besessen sind und ihnen das Feuer deshalb nichts anhaben kann – dieser Gedanke allein genügt. Dieser Gedanke kontrolliert und verändert die normale Funktionsweise ihres Körpers. Sie bereiten sich vor, indem sie vierundzwanzig Stunden lang fasten. Wenn du fastest und dein ganzer Körper gereinigt und frei von Exkrementen ist, fällt die Brücke zwischen dir und dem Grobstofflichen weg. Vierundzwanzig Stunden verbringen sie in einem Tempel oder einer Moschee, sie singen und tanzen und stimmen sich auf Gott ein. Und dann kommt der Augenblick, wo sie über das Feuer laufen. Sie kommen tanzend, besessen. Sie kommen in dem vollen Vertrauen, daß das Feuer sie nicht verbrennen wird; das ist das ganze Geheimnis. Die Frage ist, wie man dieses Vertrauen herstellen kann. Sie tanzen auf dem Feuer, und das Feuer verbrennt sie nicht.

Es ist schon öfter vorgekommen, daß jemand unter den Zuschauern ebenfalls besessen wurde. Weil zwanzig Leute über das Feuer gingen und nicht verbrannt wurden, faßte plötzlich jemand ein solches Vertrauen – »Wenn diese Leute über das Feuer gehen, warum sollte ich es nicht können?« –, daß er auch hineinsprang, und das Feuer verbrannte ihn nicht. In einem Augenblick entstand plötzlich dieses Vertrauen. Gelegentlich kommt es auch vor, daß Leute, die vorbereitet sind, sich verbrennen, und manchmal geht ein völlig unvorbereiteter Zuschauer über das Feuer und verbrennt sich nicht. Wie ist das möglich? – Die Leute, die sich vorbereitet hatten, müssen noch Zweifel gehabt haben, sie müssen Gedanken darüber gehabt haben, ob es möglich ist oder nicht. Ein subtiler Zweifel muß noch in ihrem *vigyanmayakos,* in ihrem Bewußtsein, bestanden haben. Ihr Vertrauen war nicht absolut. Sie kamen mit einem Zweifel, und wegen des Zweifels konnte der Körper die Botschaft der höheren Seele nicht empfangen. Der Zweifel trat dazwischen, und der Körper funktionierte weiter wie gewohnt: Sie bekamen Brandwunden. Dies ist auch der Grund, warum alle Religionen so sehr auf dem Vertrauen bestehen.

Vertrauen ist Hypnotherapie. Ohne Vertrauen kannst du nicht in die feinstofflichen Bereiche deines Seins eindringen, denn schon ein kleiner Zweifel wirft dich auf das Grobstoffliche zurück. Die Wissenschaft arbeitet mit dem Zweifel. Der Zweifel ist eine Methode der Wissenschaft, denn die Wissenschaft arbeitet mit dem Grobstofflichen. Den Schulmediziner kümmert es nicht, ob du Zweifel hast oder nicht. Er verlangt nicht von dir, daß du seinen Heilmethoden vertraust; er gibt dir einfach das Medikament. Aber ein Homöopath wird dich fragen, ob du daran glaubst, denn ohne deinen Glauben wird es für den Homöopathen schwieriger sein, mit dir zu arbeiten. Und ein Hypnotherapeut wird deine völlige Hingabe verlangen; sonst kann er nichts machen. Religion ist Hingabe, Religion ist Hypnotherapie.

Aber es gibt noch einen Körper, den *anandmayakos,* den Körper der Seligkeit. Die Hypnotherapie geht bis zum vierten, Meditation bis zum fünften.

Meditation – das Wort selbst ist schön, denn es hat dieselbe Wurzel wie »Medizin«. Beide stammen aus derselben Wurzel. Medizin und Meditation sind Abkömmlinge desselben Wortes.

Medizin ist das, was heilt, was dich heil und ganz macht – und auf der tiefsten Ebene ist das Meditation.

Meditation gibt dir nicht einmal Suggestionen, denn Suggestionen müssen von außen gegeben werden. Jemand anderer muß dir die Suggestionen geben. Mit Suggestionen bist du von jemand abhängig. Sie können dich nicht vollkommen bewußt machen, weil ein anderer benötigt wird, und ein Schatten fällt auf dein Sein.

Meditation macht dich vollkommen bewußt, ohne jeden Schatten – absolutes Licht ohne Dunkelheit. Hier wird sogar die Suggestion zu etwas Grobem. Jemand suggeriert dir etwas – das bedeutet, etwas kommt von außen, und letzten Endes ist alles, was von außen kommt, materiell. Nicht nur die Materie – alles, was von außen kommt, ist materiell. Sogar ein Gedanke ist eine subtile Form von Materie. Selbst die Hypnotherapie ist noch materialistisch.

Die Meditation läßt alle Stützen und alle Hilfen hinter sich. Darum ist es die schwierigste Sache von der Welt, Meditation zu verstehen, weil nichts übrigbleibt – nur ein reines Verstehen, ein Zeugesein. (8)

Kannst du noch mehr über die Akupunktur sagen?

Die Akupunktur ist etwas durch und durch Östliches. Wenn man an eine östliche Wissenschaft mit dem westlichen Denken herangeht, entgeht einem vieles. Euer ganzes Vorgehen im Westen ist anders: Es ist methodisch, es ist logisch, analytisch.

Die östlichen Wissenschaften sind aber in Wirklichkeit keine Wissenschaften, sondern Künste. Es hängt alles davon ab, ob ihr eure Energie vom Intellekt zur Intuition hin verlagern könnt, ob ihr vom Männlichen zum Weiblichen, vom Yang zum Yin umschalten könnt, weg vom aktiven, aggressiven Vorgehen. Könnt ihr passiv, könnt ihr rezeptiv werden? Denn nur dann funktionieren diese Dinge. Ansonsten könnt ihr alles über Akupunktur lernen, aber es wird überhaupt nichts mit Akupunktur zu tun haben. Ihr werdet alles *über* die Akupunktur wissen, aber ihr werdet sie nicht kennen. Gelegentlich kommt es vor, daß jemand nicht viel über Akupunktur weiß, aber er kennt sie, und dann ist es eine Kunst, ein Kniff, Intuition.

So ergeht es vielen Dingen aus dem Osten: Der Westen fängt an, sich dafür zu interessieren – denn sie sind sehr tiefgründig. Der Westen beginnt sich für eine Sache aus dem Osten zu interessieren, aber dann bringt er sein eigenes Denken ein und versucht, alles damit zu verstehen. In dem Augenblick, wo der westliche Verstand mit ins Spiel kommt, ist die grundlegende Basis schon zerstört. Dann sind nur noch Fragmente übrig, und diese Fragmente können niemals funktionieren. Dabei ist es nicht so, daß die Akupunktur nicht funktioniert. Die Akupunktur *kann* funktionieren – aber nur mit einer östlichen Einstellung.

Wenn du also wirklich Akupunktur lernen willst, ist es gut, genau darüber Bescheid zu wissen, aber vergiß nicht: Das ist nicht das Wichtigste. Lerne alles, was du an Informationen bekommen kannst, und dann vergiß alles Wissen und fang an, dich im Dunkeln voranzutasten. Fang an, auf dein Unbewußtes zu hören, fang an, dich auf den Patienten einzustimmen. Das ist etwas völlig anderes.

Wenn ein Patient im Westen zum Arzt geht, fängt dieser an, zu überlegen, zu diagnostizieren, zu analysieren, um herauszufinden, wo die Krankheit liegt, worin sie besteht und wie man sie heilen kann. Er benutzt dazu einen Teil seines Verstandes, den rationalen Teil. Er nimmt den Kampf gegen die Krankheit auf und versucht, sie zu überwinden.

Zwischen der Krankheit und dem Arzt beginnt ein Kampf. Der Patient selbst ist dabei ganz aus dem Spiel – der Arzt kümmert sich nicht um ihn. Er fängt an, gegen die Krankheit zu kämpfen, und der Patient wird dabei völlig übergangen.

Wenn du zu einem Akupunkteur gehst, ist die Krankheit nicht wichtig – der Patient ist wichtig, denn es ist der Patient, der die Krankheit erzeugt hat. Die Ursache liegt im Patienten. Die Krankheit ist nur ein Symptom. Man kann das Symptom ändern, dann wird ein anderes Symptom auftauchen. Man kann die Krankheit durch Medikamente bezwingen, man kann ihren Ausdruck aufhalten, aber dann wird sie sich woanders zeigen – gefährlicher, machtvoller, rachsüchtiger. Die nächste Krankheit wird schwieriger zu behandeln sein als die erste. Und wenn man auch sie mit Medikamenten behandelt, dann wird die dritte Krankheit noch schwieriger sein.

So hat die Allopathie den Krebs erzeugt. Je mehr man die Krankheit auf der einen Seite zurückdrängt, um so mehr behauptet sie sich auf einer anderen. Und wenn man sie auch dort bezwingt, wird sie anfangen, sich sehr zornig zu gebärden. Im Patienten hat sich überhaupt nichts verändert, der Patient bleibt der gleiche, und da die Ursache weiterbesteht, erzeugt die Ursache weiterhin ihre Wirkung.

Die Akupunktur befaßt sich mit der Ursache. Befaßt euch nie mit der Wirkung, geht immer zur Ursache. Und wie könnt ihr zur Ursache gehen? Der Verstand kann nicht zur Ursache gehen – die Ursache ist zu groß für den Verstand. Der Verstand kann nur die Wirkung angehen. Nur Meditation kann zur Ursache vordringen. Darum wird der Akupunkteur den Patienten fühlen. Er wird sein Wissen vergessen und einfach nur versuchen, sich auf den Patienten einzustimmen. Er wird sich mit ihm in Einklang bringen, er wird anfangen, eine Verbindung mit dem Patienten zu spüren. Er wird die Krankheit des Patienten in seinem eigenen Körper, seinem eigenen Energiesystem zu fühlen beginnen. Das ist der einzige Weg, wie er intuitiv erfassen kann, wo die Ursache liegt, denn die Ursache ist verborgen. Er wird zu einem Spiegel und findet die Reflexion in sich selbst.

Das ist die ganze Methode, aber das wird nicht gelehrt, denn es läßt sich nicht lehren. Aber es lohnt sich wirklich, sich darauf einzulassen. Darum empfehle ich, zuerst zwei Jahre im Westen zu lernen und dann mindestens für sechs Monate in ein fernöstliches Land zu gehen und mit einem Akupunkteur zusammenzusein. Sei einfach in seiner Gegenwart und schau ihm bei seiner Arbeit zu. Absorbiere nur seine Energie, erst dann wirst du fähig sein, es selbst zu machen, sonst ist es schwierig.

Wenn du allmählich anfängst, deine eigene Energie zu spüren und die Wirkungsweise der Energie in deinem Körper, dann wird die Akupunktur keine bloße Technik bleiben, sondern wird zu einem Instrument.

Sie ist Intuition – man kann die Technik erlernen, aber nichts wird dabei herauskommen. Es ist mehr eine Eingebung als eine Kunst.

Das ist eine der größten Schwierigkeiten mit sehr alten Techniken: Sie sind nicht wissenschaftlich, und wenn du sie mit einer wissenschaftlichen Einstellung angehst, kannst du höchstens eine Ahnung davon bekommen, aber das Wichtigste wird fehlen. Und selbst wenn es dir gelingt, etwas davon zu erfassen, so wird es nicht viel sein, und es wird dich frustrieren.

Der ganze östliche Ansatz war von jeher völlig anders: überhaupt nicht logisch, mehr feminin, mehr intuitiv, eher unlogisch. Man dachte nicht in Syllogismen wie beim wissenschaftlichen Denken. Statt dessen nahm man zutiefst teil an der Existenz – mehr wie in einem Traumzustand, einer Trance – und erlaubte der Natur, ihre Geheimnisse und Mysterien freizugeben. Es ist keine Aggression gegen die Natur – bestenfalls eine Überredung. Diese Vorgehensweise setzt im Inneren an.

Man muß sich dem eigenen Körper von innen, vom Zentrum her nähern. Jene siebenhundert Punkte wurden nicht auf objektive Weise entdeckt, sie wurden in tiefer Meditation erfahren. Wenn man tief in sich hineingeht und von innen her schaut – eine überwältigende Erfahrung –, dann kann man all die Akupunkturpunkte um sich herum sehen wie eine Nacht voller Sterne. Und erst wenn man die Energiepunkte so wahrgenommen hat, ist man wirklich bereit. Jetzt hat man eine innere Befähigung, und allein durch die Berührung eines anderen Körpers kann man fühlen, wo es ihm an Energie mangelt und wo nicht, wo sie sich bewegt und wo sie sich nicht bewegt, wo sie kalt und wo sie warm ist, wo sie lebendig und wo sie tot ist. Es gibt Punkte, wo sie reagiert, und es gibt Punkte, wo es überhaupt keine Reaktion gibt.

Du kannst die Akupunktur nur in dem Maße kennen, in dem du fähig wirst, dich selbst zu kennen – und wenn beides zusammenfällt, gibt es ein helles Licht. In diesem Licht kannst du alles sehen – nicht nur über dich selbst, sondern über die Körper von anderen. Eine neue Sicht tut sich auf, als hätte sich ein drittes Auge geöffnet. (9)

Die Akupunktur ist keine Wissenschaft, sondern eine Kunst, und jede Kunst verlangt von dir eine tiefe Hingabe. Sie ist nicht wie irgendeine Technik, die jeder Techniker anwenden kann. Sie verlangt, daß du dein ganzes Herz hineingibst.

Du mußt dich selbst vergessen, wie ein Maler beim Malen sich selbst vergißt, wie ein Dichter beim Schreiben sich selbst vergißt, wie ein Musiker beim Spielen sich selbst vergißt. Sie ist von dieser Art. Ein Techniker kann Akupunktur praktizieren, aber er kann nie das sein, was eigentlich nötig wäre – er kann es niemals sein. Wohl wird er einigen Leuten helfen können, doch es ist eine große Kunst, eine große Gabe; man muß darin aufgehen. Das Geheimnis liegt in der Hingabe. Wenn du dich ganz hingeben kannst, wenn du ihr dein ganzes Leben weihen kannst ... Und das ist möglich, wenn du dich darauf einläßt, wenn du dich von ganzem Herzen freudig darauf einläßt.

Fang an, dich auf dich selbst zu verlassen. Du mußt selbst den Dreh herausfinden. Die Akupunktur ist ein Kniff und eine Kunst. Es ist nicht nötig, irgend jemandem wie einer Regel zu folgen; es gibt keine. Regeln gibt es nicht, nur Eingebungen. Darum fang an, allein zu arbeiten. Am Anfang wirst du dich ein wenig unsicher fühlen und dir oft Sorgen machen, ob es richtig ist, was du tust, oder nicht, aber so muß man beginnen. Es ist eine Art von blindem Herumtasten. Früher oder später wirst du die Tür finden. Und wenn du einmal begonnen hast, die Tür zu finden, dann wird immer weniger Tasten nötig sein, denn dann kennst du die Tür. Fang an, so zu arbeiten.

Wenn du den Körper eines Menschen berührst oder mit Nadeln an ihm arbeitest, berührst du Gott. Man muß voller Achtung und sehr zögernd vorgehen. Man darf nicht aus Wissen arbeiten, sondern man muß aus Liebe arbeiten. Wissen ist niemals ausreichend, es ist nicht genug. Darum fühle mit dem Menschen. Und fühle dich immer unzulänglich, denn dein Wissen ist begrenzt, und der andere ist eine ganze Welt – nahezu unendlich.

Andere berühren dich, aber sie berühren niemals *dich,* sondern nur deine Oberfläche. Du aber bist irgendwo tief innen im Zentrum, wo nichts dich erreicht außer Liebe. Der Mensch ist ein Mysterium und wird es immer sein. Es ist kein Zufall, daß der Mensch ein Mysterium ist. Das Mysterium ist sein eigentliches Sein.

Wenn man heutzutage Medizin studiert, ist der Ansatzpunkt außen. Man seziert den toten Körper – er dient als Objekt. Man kann ihn studieren, aber man studiert eine Leiche – und ein toter Körper ist etwas qualitativ anderes als ein lebendiger Körper. In einem lebenden Körper existiert etwas von unermeßlichem Wert, das im toten Körper nicht mehr vorhanden ist. Ein toter Körper sieht nur noch aus wie ein Körper, doch er ist kein Körper mehr. Auch sprachlich ist es falsch, denn es wird nichts mehr »verkörpert«.

Es ist so, als habe Gott den Tempel verlassen, aber das Gebäude wird immer noch Tempel genannt; es ist jedoch kein Tempel mehr. Es war nur so lange ein Tempel, wie Gott darin wohnte. Wenn man Leichen zerlegt, lernt man bestimmte Tatsachen kennen, die zum toten Körper gehören. Auch die moderne Medizin wird sich heute der Tatsache bewußt, daß sie einen Weg finden muß, um mehr über den lebendigen Körper zu erfahren. Es ist allerdings leichter, von außen an die Sache heranzugehen. Die Studenten können um einen Tisch herumstehen, und der Professor kann sie unterrichten.

In der Akupunktur ist das anders. Und Meditation kann dabei von ungeheuerem Wert sein – die Entwicklung muß parallel gehen. (10)

Wie siehst du die Schulmedizin im Vergleich zu alternativem Heilwesen?

Von den vielen medizinischen »Pathien«, die auf der ganzen Welt entwickelt wurden – ob Homöopathie oder Ayurveda oder Akupunktur – hat keine die inneren Funktionsweisen der Natur im menschlichen Körper und Verstand exakt verstanden – mit Ausnahme der Allopathie, der Schulmedizin.

Ich sage, mit Ausnahme der Schulmedizin, denn all diese anderen Richtungen sind nicht wissenschaftlich, wiewohl sie in vielen Fällen sehr hilfreich sein können. Sie sind in gar nicht geringem Maße hilfreich, und genauer betrachtet, ist ihr Beitrag sogar enorm.

In beinahe siebzig Prozent aller Fälle wird die ayurvedische Medizin Erfolg haben, kann die Akupunktur Erfolg haben, kann die Homöopathie Erfolg haben, kann die Naturheilkunde Erfolg haben. Aber erstaunlicherweise sind es immer siebzig Prozent und nicht mehr, weil siebzig Prozent aller Krankheiten unecht sind; sie existieren nur im Kopf, sie existieren nicht wirklich.

Darum braucht man dafür auch keine richtige Medizin; jeder beliebige Hokuspokus würde genügen. Und siebzig Prozent ist kein geringer Prozentsatz! Darum fände ich es nicht wünschenswert, wenn all diese »Pathien« aus der Welt verschwinden würden. Ich würde mir wünschen, daß sie anerkannt werden, denn siebzig Prozent ist ein hoher Prozentsatz.

Und seltsamerweise sind es gerade diese siebzig Prozent der Fälle, die für die Schulmedizin die schwierigsten sind.

Die Schulmedizin befindet sich in einer schwierigen Lage: Wie behandelt man jemanden, der überhaupt nicht krank ist, sich aber einbildet, krank zu sein? Die Schulmedizin hat keine Möglichkeit, einem solchen Menschen zu helfen. Darum bleiben der Schulmedizin nur dreißig Prozent, denen sie helfen kann.

Diese Welt ist schon seltsam! Dreißig Prozent für die wissenschaftlichste Vorgehensweise und siebzig Prozent für alle

Arten von Hokuspokus – abergläubische Methoden, die nicht wirklich etwas bewirken, die aber helfen.

Der wissenschaftlichste Ansatz, die wissenschaftlichste Methode – die der Schulmedizin – beruht auf einem tiefgehenden Verständnis der Natur, nämlich der Erkenntnis, daß es eine körpereigene Resistenz gibt.

Das ist aber genau der Grund, warum die Naturheilkunde die Schulmedizin verurteilt. In der Schulmedizin wird zum Beispiel den Patienten ein Virus injiziert, weil sie davon ausgeht, daß der Körper sofort Antikörper zu erzeugen beginnt, sobald ein Virus in ihn gelangt. Er nimmt sofort den Kampf dagegen auf – durch die körpereigene Resistenz. Der ganze Körper geht sofort in Alarmbereitschaft, um die Krankheit abzuwehren. Die Naturheilkunde lehnt dies ab, weil sie der Auffassung ist, daß die Menschen dadurch mit Krankheiten vergiftet werden. Ihrer Meinung nach sollte die Medizin Krankheiten beseitigen, und hier geschieht das Gegenteil: Giftige Viren werden in den menschlichen Körper injiziert.

Die Naturheilkunde reinigt den menschlichen Körper durch Fasten und die eigentümlichsten Methoden. Aber damit kann sie nur denen helfen, die nicht an einer wirklichen Krankheit leiden. (11)

Eine neue Art von Therapie tritt heute in Erscheinung, die sogenannte Placebo-Therapie. Ein Placebo ist ein unechtes, ein Pseudo-Medikament, das keine medizinische Wirkung hat, aber in einer Art und Weise gegeben wird, daß der Patient es für ein Heilmittel hält. Nicht nur der Patient hält es für ein Heilmittel, auch der Arzt muß es für ein Heilmittel halten, weil sonst sein Verhalten ihn verraten und die Wahrheit preisgeben könnte. Selbst der Arzt wird in Unwissenheit gehalten. Man gibt ihm reines Wasser zum Injizieren oder Zuckerpillen, auf denen die gleichen Aufschriften, Namen und Etiketten wie bei einem echten Medikament daraufstehen. Er nimmt an, daß es sich um ein Medikament handelt, und auch der Patient nimmt an, daß es sich um ein Medikament handelt.

Und das Wunder ist: Es hilft! – und doch ist kein Heilmittel darin enthalten. Der Patient wird geheilt. Der Glaube des Arztes, daß es sich um ein Heilmittel handelt, und das ganze Drumherum im Krankenhaus erzeugen eine bestimmte Atmosphäre, eine Psychologie, eine Art Hypnose. Der Patient will seine Krankheit loswerden, und wenn ein berühmter Arzt ihm diese Arznei gibt, muß es ihm helfen – dabei spielt es keine Rolle, ob die Arznei echt ist oder nicht.

Man hat herausgefunden, daß die Anwendung von echten oder unechten Medikamenten fast im selben Verhältnis wirksam ist. Werden siebzig Prozent der Patienten durch Medikamente, durch echte Heilmittel geheilt, so werden ebenfalls siebzig Prozent der Patienten durch unechte Placebo-Medikamente geheilt. Das hat in der medizinischen Welt großes Aufsehen erregt. Wie ist das möglich?

Tatsächlich geschieht folgendes: Erstens ist die Krankheit ein vom Verstand* hervorgerufenes Phänomen, und zweitens, wenn der Verstand überzeugt ist, daß die Krankheit geheilt wird, dann wird sie auch geheilt.

Wenn das Honorar des Arztes nicht hoch genug ist, wird die Medizin nicht viel bewirken. Je höher das Honorar, desto besser die Medizin. Wenn der Therapeut ein hohes Honorar verlangt und man ein Vermögen bezahlt, wird es einem eher helfen, weil man will, daß es einem hilft. Wäre es gratis, dann wäre es egal, ob es funktioniert oder nicht. Funktioniert es – gut, funktioniert es nicht – auch gut! Es hat ja nichts gekostet. Wenn man etwas dafür bezahlt, ist man auch in-

* Das englische Wort *mind* bezeichnet den ganzen Komplex des denkenden, fühlenden, wertenden Bewußtseins. Es beinhaltet demnach weit mehr als die deutschen Begriffe »Verstand«, »Denken« oder »Intellekt«, da es auch die psychischen Funktionen des Fühlens und Empfindens mit einbezieht. Beim Hinausgehen über den Verstand geht es nicht darum, die Fähigkeit zum Denken und die Tätigkeit des Verstandes schlechthin aufzugeben, sondern die zur Gewohnheit gewordene Identifikation mit den Gedanken, Gefühlen und Empfindungen aufzulösen. Im folgenden habe ich, je nach Zusammenhang, *mind* mit »Verstand«, »Denken«, »Psyche«, »Geist«, »Intellekt« oder »Gemüt« übersetzt. – *Anm. d. Übers.*

teressiert, daß es funktioniert – und dann funktioniert es auch!

Buddha sagt, der Verstand ist ein Zauberer; er kreiert Krankheiten und er kann Heilungen kreieren. Der Verstand kreiert alle Arten von Illusionen – Schönheit und Häßlichkeit, Erfolg und Niederlage, Reichtum und Armut ...

Der Verstand ist ständig damit beschäftigt, etwas zu kreieren. Und sobald sich ein Gedanke in dir eingenistet hat, wirkt deine gesamte Lebensenergie darauf hin, ihn zu manifestieren, ihn zur Wirklichkeit zu machen. Jeder Gedanke wird zu einem Ding, und jedes Ding war ursprünglich nur ein Gedanke. Du lebst in einer Art Hypnose.

Buddha sagt, diese Hypnose muß durchbrochen werden, und keine andere Religion hat so intensiv versucht, diese Hypnose zu durchbrechen. Der Mensch muß enthypnotisiert werden. Dem Menschen muß bewußt gemacht werden, daß *alles* aus dem Verstand kommt: Schmerz ebenso wie Genuß, Geburt ebenso wie der Tod.

Alles kommt vom Verstand. Sobald man dies einmal absolut erkannt hat, löst sich der Zauberer auf, und was dann übrigbleibt, ist die Wahrheit. Und diese Wahrheit befreit. (12)

In der heutigen Medizin spricht man von der Subjektivität der Therapie: Dieselbe Medizin hat unterschiedliche Wirkung, wenn sie von verschiedenen Ärzten angewandt wird.
Kannst du etwas über die Subjektivität einer Wissenschaft sagen, die von sich behauptet, objektiv zu sein?

Alles, was mit dem Menschen zu tun hat, kann niemals völlig objektiv sein. Es muß einen gewissen Spielraum für Subjektivität geben.

Es ist nicht nur richtig, daß dieselbe Medizin unterschiedliche Wirkung hat, wenn sie von verschiedenen Ärzten angewandt wird, sondern es ist ebenso richtig, daß dieselbe Medizin bei verschiedenen Patienten desselben Arztes unterschiedliche Wirkung zeigt. Der Mensch ist kein Objekt.

Als erstes muß man das Wort »Subjekt« verstehen. Ein Stück Stein ist bloß ein Objekt. Es hat keine Innerlichkeit, es besitzt kein inneres Wesen. Man kann es entzweischneiden, dann sind es zwei Objekte. Man kann es in vier Stücke schneiden, dann sind es vier Objekte, aber man wird kein inneres Wesen finden.

Was bedeutet Subjektivität? Ein Mensch ist, von außen gesehen, genauso objektiv wie jedes andere Objekt. Eine Statue, ein toter Körper, ein lebendiger Körper – worin besteht der Unterschied? Eine Statue ist nur ein Objekt, sie besitzt keine Subjektivität. Ein toter Körper war einmal eine Wohnstätte für ein subjektives Phänomen, doch nun ist er leer. Er ist jetzt ein leeres Haus; der Mensch, der darin wohnte, ist ausgezogen.

Ein lebendiger Mensch besitzt die ganze Objektivität einer Statue, eines toten Körpers, aber er besitzt noch etwas, was darüber hinausgeht: eine innere Dimension, die vieles zu bewirken vermag, weil sie die mächtigste Kraft ist, die es gibt.

So kann man zum Beispiel beobachten, daß bei drei Personen, die an derselben Krankheit leiden, dieselbe Medizin verschieden hilft. Beim einen ist sie wirksam, beim anderen nur teilweise – teils ja und teils nein – und beim dritten spricht sie überhaupt nicht an. Dieselbe Krankheit, aber innerlich sind die Menschen verschieden. Wenn man auch das Innere in Betracht zieht, dann kann der Arzt bei verschiedenen Personen aus verschiedenen Gründen unterschiedliche Resultate hervorrufen.

Einer meiner Freunde war ein bedeutender Chirurg in Nagpur – ein bedeutender Chirurg, aber kein guter Mensch. Als Chirurg versagte er nie, und er verlangte fünfmal mehr als alle anderen Chirurgen.

Als ich einmal bei ihm wohnte, sagte ich zu ihm: »Das geht zu weit. Wo andere Chirurgen eine bestimmte Summe nehmen, verlangst du für genau dieselbe Operation das Fünffache!«

Er sagte zu mir: »Mein Erfolg, auch in vielen anderen Dingen, beruht auf demselben Prinzip: Wenn mir jemand das Fünffache bezahlt, ist er fest entschlossen, am Leben zu bleiben. Ich mache das nicht nur wegen des Geldes, weil ich gierig bin. Wenn jemand bereit ist, mir das Fünffache zu geben, obwohl er die Operation auch viel billiger haben könnte, dann will er um jeden Preis überleben. Und diese Entschlossenheit macht bereits fünfzig Prozent meines Erfolges aus.«

Es gibt Leute, die gar nicht überleben wollen; sie sind nicht bereit, mit dem Arzt zu kooperieren. Sie nehmen die Medikamente, aber es fehlt ihnen der Wille zu überleben. Im Gegenteil, sie hoffen insgeheim, daß die Medikamente nicht ansprechen, damit sie aus dem Leben gehen können, ohne daß man ihnen Selbstmord vorwirft. Innerlich hat sich ein solcher Mensch bereits aus dem Leben davongestohlen. Die Medikamente können seinem inneren Wesen nicht helfen, und ohne seine innere Mitwirkung ist der Arzt praktisch hilflos – die Medikamente sind nicht genug.

Von jenem Chirurg erfuhr ich: »Du hast ja keine Ahnung. Manchmal tue ich Dinge, die absolut unmoralisch sind, aber ich muß es tun, um den Patienten zu helfen.«

Ich sagte: »Wie meinst du das?«

Er sagte: »Meine Kollegen verurteilen mich.« Sämtliche Ärzte in Nagpur sprachen verächtlich über ihn: »Er ist der größte Scharlatan.«

Zum Beispiel, wenn der Patient schon auf dem Tisch im Operationssaal lag – die Ärzte waren bereit, die Krankenschwestern waren bereit, die Studenten schauten von der Galerie oben zu –, da flüsterte er dem Patienten ins Ohr: »Wir haben zehntausend als Honorar ausgemacht, aber das ist zuwenig. Dein Fall ist ernster. Aber für zwanzigtausend wäre ich bereit, die Instrumente in die Hand zu nehmen, ansonsten ist es besser, du stehst jetzt auf und gehst. Du kannst es auch billiger bekommen.«

In dieser Situation! Und natürlich hat der Patient das Geld, sonst könnte er nicht ja sagen. Er willigt ein: »Gut, ich gebe dir zwanzigtausend, aber rette mich!«

Und er sagte mir: »Jeder Operateur könnte ihn retten, aber

nicht mit so großer Sicherheit. Jetzt, wo er zwanzigtausend bezahlt, unterstützt er mich in jeder Hinsicht; sein ganzes inneres Wesen hilft mit. Die Leute verurteilen mich, weil sie mich nicht verstehen. Natürlich ist es unmoralisch, zehntausend zu vereinbaren und im Operationssaal dem Patienten ins Ohr zu flüstern: ›Zwanzigtausend, dreißigtausend, oder du stehst auf und gehst – weil ich nicht erkannt hatte, daß deine Krankheit schon so weit fortgeschritten ist. Es ist ein großes Risiko für mich, und ich setze meinen ganzen Ruf aufs Spiel. Für zehntausend mache ich das nicht. Aber ich habe noch nie im Leben versagt. Der Erfolg ist meine Regel. Ich operiere nur, wenn ich absolut sicher bin, daß ich Erfolg habe. Die Entscheidung liegt bei dir. Aber ich habe nicht viel Zeit, es warten noch andere Patienten. Du hast zwei Minuten Zeit: Entweder bist du einverstanden, oder du stehst auf und verschwindest.‹

Natürlich wird dieser Mensch sagen: ›Ich gebe dir, was du willst, aber ich flehe dich an: Bitte operiere mich!‹ – Natürlich ist das ungesetzlich und unmoralisch, aber ich würde nicht sagen, daß es unpsychologisch ist.«

Alles, was mit dem Menschen zu tun hat, kann niemals völlig objektiv sein.

Ich hatte noch einen anderen Freund, einen Arzt, der jetzt im Gefängnis sitzt, weil er überhaupt nicht qualifiziert war. Er hatte nie ein medizinisches College besucht. Sämtliche Titel auf seinem Schild waren frei erfunden. Aber ich bin noch immer der Meinung, daß diesem Mann Unrecht geschehen ist, denn es spielt keine Rolle, ob er die Titel hatte oder nicht: Er hat Tausenden von Menschen geholfen, vor allem solchen, die drauf und dran waren, alle Hoffnung zu verlieren. Sie waren von einem Arzt zum anderen gelaufen – mit allen Titeln – und sie waren es leid. Aber dieser Mann hat sie gerettet.

Er hatte keinen Titel, aber ein gewisses Charisma. Und seine Praxis war das reinste Wunderland! Sobald ein Patient seinen Fuß in die Praxis setzte, kam er aus dem Staunen nicht mehr heraus. Meistens war er schon überall gewesen – denn für viele war dies die letzte Zuflucht. Alle wußten, daß der Mann ein Schwindler war; das war keinem verborgen, es war ein offenes Geheimnis. Aber was versucht man nicht alles, wenn der Tod vor der Tür steht!

Schon wenn man seinen Garten betrat – er hatte einen wunderschönen Garten – und erst sein Büro! Man wurde von schönen Frauen empfangen, und das gehörte bereits alles zur medizinischen Behandlung. Denn sogar jemand, der bald stirbt – wenn er eine schöne Frau sieht, macht sein Lebenswille einen Hüpfer. Er will leben! Nach dem Empfang wurde der Patient durchs Labor geführt. Es war absolut unnötig, ihn durchs Labor zu führen, aber der Doktor wollte, daß der Patient sieht: »Das ist kein gewöhnlicher Arzt!« Und das Labor war ein wahres Wunder! Absolut unnütz, da war nichts Wichtiges, nur lauter Schläuche und Kolben mit gefärbtem Wasser, das von einem Schlauch in den anderen floß, so als ob hier großartige Experimente vor sich gingen.

Schließlich gelangte man zum Doktor selbst, und er nahm nie auf die übliche Weise den Puls, nein! Man mußte sich auf ein elektrisch ferngesteuertes Bett legen. Dann hob sich das Bett hoch in die Luft, und man lag da und schaute nach oben, und über einem hingen große Schläuche. Am Puls wurden Drähte befestigt, und durch den Pulsschlag pulsierte das Wasser in den Schläuchen. Genauso wurde auch das Herz untersucht – nicht mit dem üblichen Stethoskop. Er hatte alles für den Patienten sichtbar gemacht, damit dieser sehen konnte, daß er zu einem Genie gekommen war, einem Experten.

Der Mann hatte keine Titel, nicht einen einzigen. Sein Pharmazeut hatte alle Titel, und er war es auch, der die Medikamente verschrieb, denn der Mann selbst hatte keine Ahnung von Medizin. Tatsächlich hat er niemals eine kriminelle Handlung begangen, denn er hat niemals Rezepte ausgestellt; er hat sie nie unterschrieben. Das machte ein Mann, der die Titel hatte und dazu absolut qualifiziert war.

Aber weil er das alles so arrangiert hatte und weil er all diese seltsamen Titel auf sein Schild geschrieben hatte …

Diese Titel existieren überhaupt nicht, darum denke ich, können sie nicht ungesetzlich sein. Er hatte nicht behauptet, sie von irgendeiner existierenden Universität zu haben. Es war alles frei erfunden – aber dieser Schwindel war hilfreich.

Ich habe miterlebt, wie Patienten schon bei der Untersuchung halb geheilt waren. Als sie herauskamen, sagten sie: »Ich fühle mich schon viel besser, dabei habe ich noch gar kein Medikament eingenommen. Hier ist das Rezept. Jetzt gehe ich das Medikament besorgen.«

Aber weil er das alles getan hatte ... Damals erkannte ich, wie blind das Gesetz ist. Er hatte nichts Unrechtes getan, hatte niemandem geschadet, aber er sitzt im Gefängnis, weil er die Leute »betrogen« hat. Er hat niemanden betrogen. Jemandem zu helfen, länger zu leben – wenn das »Betrug« ist, was ist dann »ärztliche Hilfe«?

Weil die Menschen so sind, wie sie sind, kann die Medizin niemals eine absolute, hundertprozentig objektive Wissenschaft sein. Aus diesem Grund gibt es auch so viele verschiedene medizinische Richtungen: Ayurveda, Homöopathie, Naturheilkunde, Akupunktur und viele andere – und sie helfen *alle*. Die Homöopathie zum Beispiel: Es sind bloß Zuckerpillen, aber es hilft. Die Frage ist, ob die Menschen daran glauben. Es gibt Leute, die fanatisch an die Naturheilkunde glauben – nichts anderes kann ihnen helfen, nur die Naturheilkunde. Auch wenn es überhaupt keinen Bezug zu ihrer Krankheit hat ...

Einer meiner Professoren war ein fanatischer Naturheilkundler. Für jedes Problem gab es eine Schlammpackung auf den Bauch. Ich ging gerne zu ihm hin, weil es mir Spaß machte, denn es war sehr entspannend. Er hatte alles sehr schön eingerichtet: eine schöne Badewanne und Duschen. Ich ging hin, auch wenn mir gar nichts fehlte, und sagte zu ihm: »Ich habe eine schlimme Migräne.«

Er sagte: »Keine Sorge. Wir tun dir eine Schlammpackung auf den Bauch.«

Nun, eine Schlammpackung auf dem Bauch wird bei Migräne nicht helfen, aber sie half mir, denn ich hatte keine Migräne. Ein Schlammbad, eine ganze Badewanne voll; du bist völlig eingetaucht im Schlamm, nur der Kopf schaut heraus. Es ist angenehm kühl.

Bald kam er dahinter: »Du kommst ständig mit neuen Krankheiten an.«

Ich sagte: »Stimmt. Ich habe ein Buch über Naturheilkunde, dort hole ich mir die Krankheit, und dann komme ich zu dir. Zuerst lese ich, was du tun kannst, und wenn ich eine solche Behandlung will, bringe ich dir diese Krankheit. Wozu sollte ich sonst unnötig eine halbe Stunde im Schlamm liegen?«

Er sagte: »Du hast mich also angeschwindelt!«

Ich sagte: »Ich habe dich nicht angeschwindelt. Ich bin dein prominentester Patient. An der Universität machen sich alle über dich lustig. Ich bin der einzige, der dich unterstützt. Und die anderen, die zu dir kommen, kommen durch mich – weil ich ihnen erzähle, daß meine Migräne weggegangen ist.«

Er sagte: »Mein Gott, jetzt kriege ich eine Migräne. Bitte geh!«

Die Leute waren oft böse auf mich. Sie sagten zu mir: »Meine Migräne ist nicht besser, sondern schlimmer geworden! Wie soll denn auch ein kalter Bauch gegen Migräne helfen!«

Ich sagte zu ihnen: »Dann funktioniert dein Körper anders als meiner. Mir hilft es!«

Es gibt unter den Homöopathen Fanatiker, die glauben, daß die Homöopathie die einzig wahre Medizin ist und daß alle andere medizinischen Richtungen gefährlich sind – vor allem die Allopathie ist das reine Gift! Wenn du zu einem Homöopathen gehst, wird er als erstes deine ganze Geschichte von der Geburt bis zum heutigen Tag wissen wollen. Und dabei hast du bloß Kopfschmerzen!

In meiner Nähe wohnte einmal ein Homöopath. Jedesmal,

wenn mein Vater mich besuchen kam, nahm ich ihn zum Homöopathen mit.

Der Homöopath sagte zu mir: »Bitte bringe deinen Vater nicht mehr hierher, denn er geht drei Generationen zurück und fängt bei seinem Großvater und dessen Krankheiten an ...«

Ich sagte: »Er ist auch Homöopath. Er gräbt eben tiefer nach den Ursachen.«

Er sagte: »Aber es kostet mich soviel Zeit, und ich muß ihm zuhören. Und dabei hat er nur Kopfweh! Erst sein Großvater und alle seine Krankheiten, dann sein Vater und alle seine Krankheiten, und dann er selbst ... Bis er endlich bei sich ankommt, ist der halbe Tag um. Meine ganzen Patienten sind weg, und ich lasse mir alle seine Kinderkrankheiten erzählen. Und dann stellt sich heraus, daß er Kopfweh hat! Ich sage zu ihm: ›Herrgott noch mal, warum hast du das denn nicht gleich gesagt?‹ und er sagt: ›Ich bin auch Homöopath wie du, und ich will dir ein komplettes Bild geben.‹«

Das erste, was sie von dir wissen wollen, sind deine sämtlichen Krankheiten, denn sie sind der Auffassung, daß alle Krankheiten eine Verbindung miteinander haben und dein ganzes Leben eine Einheit ist. Es spielt keine Rolle, ob du etwas am Bein oder am Kopf hast – es sind Teile desselben Körpers, und damit der Doktor es verstehen kann, muß er alles wissen. Der Homöopath wird dich fragen, welche allopathischen Mittel du genommen hast – denn das gilt als Hauptursache all deiner Krankheiten. Sämtliche allopathischen Mittel sind Gift. Das ist auch die Auffassung der Naturheilkunde: Die Allopathie ist Gift. Als erstes muß man fasten und Einläufe machen ... nur um sich von der ganzen Allopathie zu reinigen. Und erst wenn man von der Allopathie gereinigt ist ...

Der Mensch ist ein subjektives Wesen. Wenn der Patient den Arzt liebt, kann sogar Wasser ihn heilen. Und wenn der Patient den Arzt haßt, vermag ihm kein Medikament zu helfen. Wenn der Patient fühlt, daß er dem Arzt gleichgültig ist – und das ist normalerweise der Fall, denn die Ärzte sind auch nur

Menschen, und wenn man den ganzen Tag nur Patienten sieht und ständig stirbt immer irgend jemand ... Allmählich werden sie hart und errichten eine Barriere um ihre Emotionen, ihre Gefühle, ihre Menschlichkeit. Das verhindert aber die Wirksamkeit ihrer Arznei. Sie verschreiben sie beinahe roboterartig – so als ob eine Maschine dir die Arznei gibt.

Wenn Liebe da ist, bekommt der Patient nicht nur eine Arznei, sondern mit der Arznei erhält er noch etwas Unsichtbares.

Die Medizin muß lernen, die Subjektivität des Menschen zu verstehen, seine Liebe. Und sie muß eine Art von Synthese schaffen, bei der Liebe und Arzneien zusammen eingesetzt werden, um dem Menschen zu helfen.

Aber eines ist absolut gewiß: Die Medizin kann niemals völlig objektiv sein. Genau das hat aber die medizinische Wissenschaft bisher versucht: absolut objektiv zu sein. (13)

3. KAPITEL

Denken, Körper und Gesundheit

Würdest du etwas über den Zusammenhang zwischen Denken und Gesundheit sagen?

Siebzig Prozent aller Krankheiten hängen mit dem Denken zusammen. Durch Hypnose lassen sich diese Krankheiten verhindern, noch bevor sie auftreten. Durch Hypnose läßt sich herausfinden, zu welcher Art von Krankheit es in nächster Zeit kommen wird.

Der Körper zeigt noch keine Symptome. Eine Routineuntersuchung des Körpers würde keinen Hinweis geben, daß der Mensch unpäßlich oder krank werden wird. Er ist völlig gesund.

Durch Hypnose kann man jedoch feststellen, daß er in den nächsten drei Wochen krank werden wird, denn noch bevor etwas im Körper auftaucht, taucht es aus den Tiefen des kosmischen Unbewußten auf. Von dort wandert es ins kollektive Unbewußte, ins Unbewußte, und erst wenn es in den bewußten Verstand gelangt, läßt es sich im Körper feststellen und nachweisen.

Krankheiten lassen sich verhindern, bevor ein Mensch überhaupt eine Ahnung hat, daß er krank werden wird.

In Rußland hat ein genialer Fotograf namens Kirlian Aufnahmen von Menschen gemacht ... Sein ganzes Leben lang hat er mit der Fotografie gearbeitet, mit sehr empfindlichen Platten und empfindlichen Linsen, denn er wollte etwas finden, was dem gewöhnlichen Auge und den üblichen Geräten nicht zugänglich ist. Es kam völlig überraschend für ihn, als er entdeckte, daß er mit seinen Fotos mindestens sechs Monate in die Zukunft schauen konnte. Wenn er mit seinen besonders lichtempfindlichen Platten eine Rosenknospe fotografierte, zeigte das Bild keine Rosenknospe, sondern eine

Rose. Sie würde erst in der Zukunft eine Rose sein! Keine andere Kamera konnte ein solches Wunder vollbringen.

Zuerst war er verblüfft, wie es möglich war, mit dieser empfindlichen Platte ein Bild von etwas zu machen, was noch gar nicht existierte. Und wenn sich später die Knospe öffnete, sah sie genauso aus wie das Foto; da war überhaupt kein Unterschied. Daraufhin entdeckte er nach und nach, daß es eine bestimmte Aura, eine Energieaura gibt, die die Knospe einhüllt, und in dieser Energieaura ist das ganze Programm enthalten, wie die Knospe sich öffnen wird. Die lichtempfindliche Platte nimmt das Bild der Energieaura auf, das wir mit bloßem Auge nicht sehen können. Dann begann er, an Krankheiten zu arbeiten, und er hat in der sowjetischen Medizin eine Revolution herbeigeführt.

Man braucht nicht erst krank zu werden, um dann geheilt zu werden. Man kann geheilt werden, noch bevor man von irgendeiner Krankheit weiß, denn die Kirlian-Fotografie zeigt, in welchem Körperteil sich Krankheit manifestieren wird; die Energieaura wird schon vorher krank. Sie ist dem Körper um sechs Monate voraus. Sie ist mit dem kosmischen Unbewußten verbunden.

Durch tiefe Experimente mit Hypnose kann man Krankheiten feststellen, die erst später auftreten werden, und man kann sie behandeln. Unsere Kinder werden es einmal besser haben.

Die Psychoanalyse hat sich damit beschäftigt, herauszufinden, warum auf der ganzen Welt – mit Ausnahme von einigen wenigen Gegenden – übereinstimmend die Vorstellung vorherrscht, daß die Menschen siebzig Jahre alt werden. Es gibt ein paar Stämme im indischen Kaschmir, in dem von Pakistan besetzten Teil, der sehr klein ist, wo die Menschen schon immer hundertdreißig, hundertvierzig, hundertfünfzig Jahre alt geworden sind. Und selbst mit hundertfünfzig waren sie noch so energiegeladen wie die Jungen. Sie wurden nie alt, sie blieben immer jung bis zu ihrem Tod. Die Psychologen haben sich gefragt, warum die Menschen in manchen Gegenden so lange leben und warum sie sonst fast überall auf der Welt gewöhnlich mit siebzig sterben.

Als George Bernhard Shaw siebzig wurde, zog er aus London fort. Seine Freunde sagten: »Wie kannst du nur? Im Alter ist es besser, hier zu sein, unter deinen Freunden, in der Gesellschaft – du bist doch ein Mann der Gesellschaft, ein Mann von Kultur.«

Aber er sagte: »Ich kann hier nicht leben. Jetzt bin ich siebzig, und diese Gesellschaft glaubt daran, daß die Leute mit siebzig sterben. Dieser Glaube ist gefährlich. Ich werde einen Ort finden, wo die Leute nicht an so etwas glauben.«

Er fand ein kleines Dorf in der Nähe, und zwar indem er auf die Friedhöfe ging und auf den Grabsteinen nachsah, wie lange die Menschen gelebt hatten. Auf einem Friedhof fand er schließlich auf einem Stein eine Inschrift, die besagte, daß der Mensch hundertzwanzig Jahre alt geworden war.

Auf dem Grabstein stand zu lesen: »Er starb einen frühzeitigen Tod im Alter von hundertzwanzig Jahren.«

Da sagte er: »Dies ist der rechte Ort zum Leben, wo die Menschen denken, daß einer, der mit hundertzwanzig stirbt, zu früh stirbt.«

Dort ließ er sich nieder, und er lebte noch lange. Er schaffte es, ein Jahrhundert alt zu werden. Auf jenem Friedhof war das die Norm: Auf keinem der Steine war jemand mit siebzig gestorben.

Es scheint sich dabei nur um eine psychologische Programmierung zu handeln. Seit Jahrhunderten werden wir so programmiert: sieben Jahrzehnte, und dann ist Schluß. Das ist so tief gegangen, daß ihr sterbt, nicht weil euer Körper nicht fähig wäre, weiterzuleben, sondern weil euer psychisches Programm euch einredet: »Folge der Norm, folge der Masse.« Und da ihr bei allem der Masse folgt, folgt ihr der Massenpsychologie natürlich auch in diesem Punkt.

Die Wissenschaft behauptet, daß der Körper des Menschen in der Lage sei, mindestens dreihundert Jahre alt zu werden. Genauso wie er sich siebzig Jahre lang regeneriert, könnte er das auch dreihundert Jahre lang so weitermachen; aber das Programm muß geändert werden. Die Wissenschaftler haben eine andere Vorstellung, wie sie das Programm ändern können, und sie werden dafür sehr lange brauchen. Sie glauben, das Programm sei in den Zellen des Körpers verankert, und erst wenn wir die menschliche Zelle wie ein Atom spalten und sie neu programmieren lernen ... Aber davon scheinen wir noch sehr weit entfernt zu sein; nicht einmal die Basisarbeit hat begonnen.

Nach meiner Sicht ist es nicht notwendig, das über die Physiologie zu lösen. Man kann es über die Psychologie lösen. Wenn die Hypnose tief genug geht ... Je tiefer du hineingehst, um so mehr wird es zu einer alltäglichen Sache. Nach und nach wirst du das kosmische Unbewußte erreichen, und dort liegt die eigentliche Programmierung. Und du kannst sie ändern.

Unsere Kinder können länger leben, unsere Kinder können gesünder leben, unsere Kinder können leben, ohne zu altern. Das alles ist möglich. Und wir sollten es verwirklichen, wir sollten es der Welt zeigen.

Aber es ist gefährlich. Denn wenn die Politiker die Techniken der Hypnose in ihre Hände bekommen, werden sie sie für ihre eigenen Zwecke mißbrauchen. (14)

Die medizinische Wissenschaft ist auf bestimmte Phänomene aufmerksam geworden, und eines davon ist wirklich sehr merkwürdig. Es ist das Phänomen, daß in jedem Land spezielle Krankheiten vorherrschen, und daß in jeder Gesellschaft, in jeder Religion bestimmte Krankheiten häufiger auftreten als andere.

So zum Beispiel sind die Menschen des Ostens anfälliger für Epidemien wie Pest und Cholera. Sie sind anfälliger für Gruppenkrankheiten, für Infektionen und Krankheiten, die durch Ansteckung verbreitet werden – weil im Osten das Individuum nicht viel zählt. Nur das Kollektiv zählt.

In einem indischen Dorf gibt es die Dorfgemeinschaft. Keiner zählt als Individuum – es zählt nur die Gemeinschaft. Wenn das Kollektiv überwiegt, dann herrschen die Infektionskrankheiten vor, weil der einzelne keine schützende Aura um sich herum aufbaut. Wird einer krank, so wird nach und nach die ganze Gemeinschaft der Krankheit zum Opfer fallen. Und in derselben Gemeinschaft leben vielleicht auch ein paar Westler, aber sie sind von der Infektion überhaupt nicht betroffen. Tatsächlich sollte es genau umgekehrt sein, weil ein Westler in Indien viel anfälliger für Krankheiten sein müßte, da er nicht dagegen immun ist. Er ist gegen dieses Klima, gegen diese Krankheiten nicht gefeit und sollte ihnen daher früher zum Opfer fallen, aber nein!

In den letzten hundert Jahren hat man das untersucht, und man hat herausgefunden, daß beim Auftreten einer Infektionskrankheit die Europäer durch eine unbekannte Kraft viel besser geschützt sind, während die Inder ihr zum Opfer fallen.

Die indische Psyche ist eher eine kollektive Psyche. Die europäische Psyche ist egoistischer und individueller. Darum sind im Westen bestimmte andere Krankheiten vorherrschend, wie zum Beispiel der Herzinfarkt. Er ist eine individuelle Krankheit, nicht ansteckend. Im Osten ist der Herzinfarkt nicht sehr verbreitet – es sei denn, jemand stammt aus dem Westen oder wurde westlich erzogen und ist selbst fast zu einem Westler geworden.

Im Osten stellt der Herzinfarkt kein großes Problem dar, ebensowenig wie Diabetes oder hoher Blutdruck. Das sind keine Infektionskrankheiten. Die Christen sind dafür anfälliger. Die westliche Psyche versteht sich als individuelle Einheit. Und es ist klar: Wenn man als individuelle Einheit lebt, kann das Kollektiv keinen so starken Einfluß haben. Man wird besser gegen Infektionen geschützt sein.

Im Westen sind die Infektionskrankheiten mehr und mehr verschwunden. Aber persönlich werden die Menschen immer kränker: Herzinfarkt, Selbstmord, zu hoher Blutdruck, Geisteskrankheit – das sind individuelle Krankheiten. Sie beruhen nicht auf Infektionen, sondern auf Streß, Sorgen und Angst. Im Osten sind die Menschen entspannter, sie sind nicht so gestreßt. Sie leiden nicht an Schlaflosigkeit, sie leiden nicht an Herzkrankheiten. Davor schützt sie die Gemeinschaft, denn die Gemeinschaft hat kein Herz. Wenn man für die Gemeinschaft lebt, wird man nicht herzkrank.

Es ist ein merkwürdiges Phänomen. Es bedeutet, daß eure Psyche euch für bestimmte Krankheiten empfänglicher macht und euch vor bestimmten anderen Krankheiten schützt.

Euer Denken ist eure Welt. Euer Denken ist eure Gesundheit, euer Denken ist eure Krankheit.

Wenn du im Verstand lebst, lebst du ständig abgekapselt und kannst die Wirklichkeit nicht erkennen. Die Wirklichkeit kannst du nur erkennen, wenn du alle Arten von Denkschablonen fallen läßt – gemeinschaftliches, individuelles, soziales, kulturelles, persönliches Denken ...

Wenn du all diese Arten von Verstandeskonditionierungen fallen läßt, dann wird deine Psyche universell, dann wird deine Psyche eins mit dem Bewußtsein des Universums. Wenn du deine Vorstellung vom »Ich« fallengelassen hast, wird dein Bewußtsein universell. (15)

Sämtliche Probleme sind psychosomatisch, weil Körper und Geist nicht zwei getrennte Dinge sind.

Der Geist ist nur der innere Aspekt des Körpers, und der Körper ist der äußere Aspekt des Geistes. Deshalb kann etwas im Körper anfangen und in den Geist eindringen. Oder umgekehrt, es kann im Geist anfangen und in den Körper eindringen. Da ist keine Trennung, keine wasserdichte Abschottung.

Darum haben alle Probleme zwei Seiten. Und sie können vom Geist oder vom Körper her angegangen werden. Bisher hat man es auf der Welt so praktiziert, daß die einen der Meinung sind, alle Probleme rührten vom Körper her – die Psychologen, die Pawlow-Anhänger, die Behavioristen ... Sie behandeln den Körper. Und natürlich sind sie in fünfzig Prozent der Fälle erfolgreich. Sie hoffen, durch die Fortschritte der Wissenschaft zukünftig noch erfolgreicher zu sein, aber es werden nie mehr als fünfzig Prozent sein. Denn es ist nicht abhängig vom Fortschritt der Wissenschaft.

Die andere Gruppe meint, daß alle Probleme vom Geist herrühren, was genauso unrichtig ist wie die erste Auffassung. Die Anhänger der Christian Science, die Hypnotiseure, Mesmeristen, Psychotherapeuten – sie alle denken, daß die Probleme aus dem Verstand kommen. Sie haben ebenfalls in fünfzig Prozent der Fälle Erfolg, und auch sie denken, daß sie früher oder später noch mehr Erfolg haben werden. Das ist Unsinn. Sie können nicht mehr als fünfzig Prozent Erfolg haben. Dort ist die Grenze.

Nach meinem Verständnis muß man jedes Problem von beiden Seiten gleichzeitig angehen. Es muß von beiden Fronten zugleich attackiert werden, dann kann der Mensch hundertprozentig geheilt werden. Die Wissenschaft wird erst dann vollkommen sein, wenn sie von beiden Seiten her arbeitet.

Als erstes kommt der Körper, denn der Körper ist das Eingangstor zum Verstand – die Vorhalle. Weil der Körper grobstofflicher ist, läßt er sich leichter manipulieren.

Zuerst muß man den Körper von all seinen angesammelten Strukturen befreien. Wenn du lange mit dem Gefühl gelebt hast, daß du schwach seist, dann muß es sich in deinem Körper, in der Grundstruktur deines Körpers niedergeschlagen haben. Von dort muß es zuerst freigesetzt werden.

Aber gleichzeitig muß man den Geist inspirieren, damit er sich erheben und anfangen kann, alle Lasten, die ihn niedergehalten haben, abzuwerfen. (16)

Nach vielen Leben der Konditionierung gegen den Körper, der Verleugnung und Unterdrückung seiner natürlichen Bedürfnisse und der Vorstellung, daß es unreligiös und ausschweifend sei, sich um den Körper zu kümmern, scheinen die Menschen heute körperbewußter geworden zu sein. Allerdings scheinen manche Leute in ihrer Sorge um das körperliche Wohl ins andere Extrem zu gehen und geradezu davon besessen zu sein.
Kannst du etwas über eine gesunde Einstellung zum Körper sagen?

Jahrhundertelang hat man den Menschen alle möglichen lebensverneinenden Dinge beigebracht. Den eigenen Körper zu quälen, wurde sogar zur spirituellen Disziplin.

Du gehst, du ißt, du trinkst – und alles weist darauf hin, daß dein Körper und dein Bewußtsein ein organisches Ganzes sind. Man kann nicht seinen Körper quälen und gleichzeitig sein Bewußtsein anheben.

Man muß den Körper lieben. Du selbst mußt der beste Freund deines Körpers sein, denn er ist dein Zuhause. Du mußt ihn von allem Müll befreien, und du mußt dir in Erinnerung rufen, daß er dir ununterbrochen, tagein, tagaus, zu Diensten steht. Sogar im Schlaf arbeitet dein Körper ununterbrochen für dich: Er verdaut, wandelt die Nahrung in Blut um, scheidet die toten Zellen aus und führt neuen, frischen Sauerstoff zu. Und das alles, während du fest schläfst!

Dein Körper tut alles für dein Überleben, für dein Leben. Doch du bist so undankbar, daß du ihm noch nicht einmal dafür gedankt hast!

Im Gegenteil, eure Religionen haben euch beigebracht, den Körper schlecht zu behandeln: »Der Körper ist euer Feind. Ihr müßt euch vom Körper und seinen Anhaftungen befreien.«

Natürlich weiß ich auch, daß du mehr bist als dein Körper und daß es nicht nötig ist, an etwas zu haften. Aber Liebe ist kein Anhaften, Mitgefühl ist kein Anhaften. Liebe und Mitgefühl sind absolut notwendige Nahrung für den Körper.

Je besser dein Körper funktioniert, um so größer sind die Chancen für das Wachstum deines Bewußtseins. Es ist eine organische Einheit.

Diese Welt braucht eine völlig neue Art von Erziehung, die grundsätzlich jeden Menschen in die Stille seines Herzens – oder mit anderen Worten, in die Meditation – einweiht und die jeden lehrt, mitfühlend mit seinem Körper umzugehen. Solange man kein Mitgefühl für den eigenen Körper hat, kann man auch mit keinem anderen Körper mitfühlend sein.

Dein Körper ist ein lebendiger Organismus. Er hat dir noch nie Schaden zugefügt. Er hat dir seit deiner Empfängnis ununterbrochen gedient und wird dir bis zu deinem Tod dienen. Er wird alles tun, was du von ihm verlangst, selbst das Unmögliche, und er wird dir nie den Gehorsam verweigern.

Es wäre unvorstellbar, eine Maschine zu produzieren, die so gehorsam und so weise ist wie dein Körper. Du würdest dich wundern, wenn du sämtliche Funktionen deines Körpers kennen würdest.

Du hast nie darüber nachgedacht, was dein Körper alles für dich tut. Es ist so wunderbar, so geheimnisvoll – doch du hast es dir nie genauer angeschaut. Du hast dich nie um eine nähere Bekanntschaft mit deinem Körper bemüht – doch du gibst vor, andere zu lieben. Aber dazu bist du gar nicht fähig, denn auch die anderen treten dir als Körper entgegen.

Der Körper ist das größte Mysterium in der ganzen Existenz. Dieses Mysterium muß man lieben und sich mit seinem geheimnisvollen Funktionieren zutiefst vertraut machen.

Unglücklicherweise waren die Religionen dem Körper gegenüber schon immer absolut feindlich eingestellt. Es ist jedoch aufschlußreich und ein eindeutiger Hinweis, daß ein Mensch, der die Weisheit des Körpers und das Mysterium des Körpers erkannt hat, sich um keinen Priester und keinen Gott mehr kümmert. Er hat das größte Mysterium in seinem Innern entdeckt. Und im Mysterium des Körpers liegt der innerste Schrein eures Bewußtseins.

Wenn ihr euer Bewußtsein, euer Sein erkannt habt, gibt es für euch keinen Gott mehr über euch.

Und nur ein solcher Mensch kann Achtung für andere Menschen, für andere Lebewesen empfinden, denn sie alle sind ein ebenso großes Mysterium wie er selbst – unterschiedliche Ausdrucksformen, Spielarten, die das Leben reicher machen. Sobald ein Mensch das Bewußtsein in sich entdeckt hat, hat er den Schlüssel zum Höchsten entdeckt.

Eine Erziehung, die euch nicht lehrt, euren Körper zu lieben, die euch nicht lehrt, mitfühlend mit eurem Körper zu sein, die euch nicht lehrt, wie ihr in seine Geheimnisse eindringen könnt, wird euch auch nicht lehren können, wie ihr in euer Bewußtsein eindringen könnt.

Der Körper ist die Tür, der Körper ist die Vorstufe.

Eine Erziehung, die nicht euren Körper und euer Bewußtsein zum Gegenstand hat, ist nicht nur absolut unvollständig, sondern sie ist ganz und gar schädlich, denn sie setzt die Destruktivität fort.

Nur das Erblühen des Bewußtseins in dir bewahrt dich vor der Destruktivität. Es erzeugt in dir einen ungeheuren Drang zur Kreativität – um mehr Schönheit in dieser Welt zu erschaffen, um mehr Annehmlichkeiten in der Welt zu erschaffen.

Der Mensch braucht einen besseren Körper, einen gesünderen Körper, und der Mensch braucht ein bewußteres, wacheres Sein. Der Mensch braucht allerlei Annehmlichkeiten und Luxus, und die Existenz ist bereit, sie ihm zu liefern. Die Existenz ist bereit, dir das Paradies hier und jetzt zu liefern, aber du verschiebst es immer auf morgen – bis nach dem Tod.

Einmal lag in Sri Lanka ein großer Mystiker im Sterben. Tausende verehrten ihn und hatten sich nun um ihn versammelt. Da öffnete er die Augen. Nur noch ein paar Atemzüge an diesem Ufer, dann würde er gehen – für immer. Alle waren begierig, seine letzten Worte zu hören.

Der alte Mann sagte: »Ich habe euch mein ganzes Leben lang von Seligkeit, Ekstase und meditativem Sein erzählt. Jetzt gehe ich ans andere Ufer, und dann werde ich nicht mehr da sein. Ihr habt mir zugehört, aber ihr habt nie praktiziert, was ich euch gesagt habe. Ihr habt es immer aufgeschoben. Aber jetzt hat es keinen Sinn mehr, etwas aufzuschieben – ich gehe. Ist jemand bereit, mit mir zu gehen?«

Es war so still, daß man eine Nadel hätte fallen hören können. Die Leute schauten sich gegenseitig an und dachten, vielleicht jener Mann dort, der seit vierzig Jahren sein Schüler ist ... vielleicht war er bereit! Aber jener Mann schaute die andern an – und keiner stand auf.

Da hob ganz hinten jemand die Hand. Der große Mystiker dachte: »Wenigstens einer hat den Mut.«

Aber der Mann sagte: »Bitte, laß mich erklären, warum ich nicht aufstehe. Ich habe nur die Hand gehoben, weil ich wissen will, wie man an das andere Ufer kommt. Heute bin ich dazu noch nicht bereit. Es gibt noch so viel zu erledigen: Ich habe Gäste, mein jüngster Sohn heiratet, und an einem solchen Tag kann ich unmöglich gehen. Und du sagst, daß du vom anderen Ufer nicht wiederkommen kannst. Eines Tages werde ich dich ganz bestimmt besuchen kommen. Bitte, kannst du es uns nur noch einmal erklären, auch wenn du es dein ganzes Leben lang immer wieder erklärt hast. Noch ein einziges Mal: Wie kommt man ans andere Ufer? Aber berücksichtige bitte, daß ich jetzt im Moment noch nicht gehen kann. Ich will nur mein Gedächtnis auffrischen, damit ich zur rechten Zeit ...«

Die rechte Zeit kommt nie. Diese Geschichte handelt nicht nur von jenem armen Mann. Es ist die Geschichte von Millionen von Menschen – fast jedermann. Alle warten auf den rechten Augenblick, auf die richtige Planetenkonstellation. Sie gehen zum Astrologen, lassen sich aus der Hand lesen. Sie versuchen auf jedwede Weise herauszufinden, was morgen passieren wird. Aber morgen passiert nie etwas. Morgen ist noch nie etwas passiert. Das ist einfach nur eine dumme Verzögerungstaktik. Wenn etwas passiert, passiert es immer heute.

Die richtige Art von Erziehung wird die Menschen lehren, im Hier-und-Jetzt zu leben und ein Paradies auf dieser Erde zu schaffen, statt auf den Tod zu warten und ständig unglücklich zu sein, bis schließlich der Tod dem Leiden ein Ende macht.

Seht zu, daß der Tod euch tanzend und lachend und liebend antrifft.

Es ist eine seltsame Erfahrung: Einem Menschen, der sein Leben so zu leben vermag, als wäre er bereits im Paradies, kann der Tod nichts von dieser Erfahrung wegnehmen.

Mein Anliegen ist es, euch zu zeigen, daß das Paradies jetzt schon da ist. Daß es kein anderes Paradies irgendwo anders gibt. Und daß man keine Vorbereitung braucht, um glücklich zu sein.

Keine Disziplin ist nötig, um liebevoll zu sein – nur ein wenig Aufmerksamkeit, ein wenig Wachheit, ein wenig Verständnis. (17)

Respektiere deinen Körper genauso, wie du deine Seele respektierst. Dein Körper ist genauso heilig wie deine Seele. In dieser Existenz ist alles heilig, weil alles mit dem Herzschlag des Göttlichen pulsiert.

Du bewegst dich von Augenblick zu Augenblick, von einem Bewußtseinszustand zum nächsten. Der Körper mag fest schlafen, aber gleichzeitig ist er dabei bewußt. Ihr kennt es alle: Wenn euch im Schlaf eine Mücke belästigt, werdet ihr weiterschlafen, während eure Hand die Mücke entfernt.

Der Körper hat sein eigenes Bewußtsein. Die Wissenschaftler sagen, daß der Körper aus Millionen und Abermillionen von lebenden Zellen besteht, und jede Zelle hat ihr Eigenleben.

Ihr habt die Fähigkeit zu staunen verloren, sonst würdet ihr als erstes über euren eigenen Körper staunen: Wie er es fertigbringt, Brot in Blut zu verwandeln. Es ist uns noch nicht gelungen, eine Fabrik zu bauen, die Brot in Blut verwandelt. Und nicht nur das: Der Körper sortiert aus, was er braucht und was er nicht braucht. Was er nicht braucht, wird ausgeschieden, und was er braucht, wird für unterschiedliche Funktionen verwendet. Der Körper beliefert ständig die verschiedenen Bereiche, die verschiedenen Körperteile mit allem, was sie benötigen.

Die Nahrung, die ihr zu euch nehmt, erfüllt alle eure Bedürfnisse. Aus derselben Nahrung werden eure Knochen gemacht, euer Blut, eure Haut, eure Augen, euer Gehirn.

Der Körper weiß ganz genau, was gebraucht wird und was nicht. Das Blut zirkuliert unaufhörlich und beliefert die betreffenden Teile mit ganz bestimmten chemischen Stoffen.

Und nicht nur das: Der Körper kennt auch die Prioritäten. Höchste Priorität hat das Gehirn: Wenn nicht genügend Sauerstoff vorhanden ist, versorgt der Körper als erstes das Gehirn mit Sauerstoff. Die anderen Teile sind robuster und können länger warten, aber die Gehirnzellen sind nicht so widerstandsfähig. Wenn sie sechs Minuten ohne Sauerstoff bleiben, sterben sie ab, und wenn sie erst einmal abgestorben sind, können sie nicht wiederbelebt werden.

Es stellt eine ungeheure Intelligenzleistung dar, all die verschiedenen Funktionen zu überwachen.

Wenn du dich verletzt, unterbricht dein Körper die Versorgung bestimmter Teile, die es leichter überstehen können, und kümmert sich als erstes um die Heilung der Wunde. Unverzüglich eilen die weißen Blutkörperchen zur Wunde und decken sie ab, damit sie nicht offen bleibt. Und dann geht die Arbeit, die äußerst subtile Arbeit, im Innern weiter.

Die Medizin ist sich sehr wohl bewußt, daß wir noch nicht so weise sind wie unser Körper. Die besten Ärzte sagen, daß wir den Körper nicht heilen können: Der Körper heilt sich selbst. Wir können ihn höchstens dabei unterstützen. Unsere Arzneien können bestenfalls ein wenig helfen. Aber die grundlegende Heilung kommt vom Körper selbst.

Es ist ein wahres Wunder, wie er das vollbringt. Es ist eine so riesenhafte Aufgabe.

Von einem befreundeten Wissenschaftler, dessen Arbeit sich mit den Körperfunktionen befaßt, habe ich erfahren, daß man, wenn man sämtliche dieser Funktionen ausführen wollte, eine Fabrik von beinahe einer Quadratmeile Ausdehnung mit vielen hochkomplizierten Apparaten und Computern benötigen würde. Aber selbst dann wäre der Erfolg nicht gesichert.

Und trotzdem haben eure Religionen den Körper verdammt und euch gesagt, es sei unreligiös, sich um den Körper zu kümmern!

Als erstes mußt du innerlich eins werden mit deinem Körper, und dann wirst du eins werden mit der ganzen Existenz.

An dem Tag, an dem dein Herzschlag synchron mit dem Herzschlag des Universums schlägt, hast du die wahre Religion gefunden – und nicht eher. (18)

Wie ich höre, hast du eine Technik entwickelt, die es möglich macht, bei Krankheit oder Schmerz, wie zum Beispiel Migräne, mit dem Körper zu reden. Ich bin Ärztin und würde diese Methode gerne anwenden. Kannst du sie näher beschreiben?

Dahinter steht der Gedanke, daß es nötig ist, die Menschen zu lehren, wie sie mit ihrem Körper Freundschaft schließen können.

Es wird besser sein, wenn der Therapeut eine Frau ist. Sie kann den Menschen helfen, zu fühlen, wo sie Verspannungen oder Schmerzen haben. Dann sollte sie ihnen beibringen, wie sie mit dem Körper reden können. Sie sollten zu ihrem Körper sagen: »Ich bin dir fremd geworden durch die Religionen. Ich möchte dir wieder näherkommen und dein Freund sein, nicht dein Feind. Ich fühle mich schuldig, dann ich habe nie darüber nachgedacht, wie du in all diesen Jahren für mich gearbeitet hast. Ich habe dir nie dafür gedankt.«

Als erstes sprecht mit dem ganzen Körper: »Hör mir zu. Es gibt die und die Probleme ... bitte mach, daß sie weggehen.« Es liegt in eurer Macht, das zu erreichen. Dann sprecht mit den einzelnen Körperteilen, wo die Schmerzen auftreten.

Ist irgendeine Vorbereitung nötig, ehe man mit dem Körper redet?

Bevor die Gruppe anfängt, sag den Leuten, daß sie in einen Trancezustand gehen werden, in dem sie jedoch in der Lage sind, mit dem Körper zu reden. Es ist besser, wenn sie laut reden. Die Gruppe sollte damit beginnen, zusammen drei Minuten lang das Mantra »Osho« zu wiederholen. Bevor sie mit dem Mantra beginnen, sag den Leuten, daß sie, während sie »Osho« wiederholen, immer tiefer gehen und allmählich in den Schlaf fallen werden. Und dann gib ihnen die hypnotische Suggestion, daß sie in den Schlaf fallen.

Wenn alle eingeschlafen sind – und das kannst du testen, indem du ihre Hand hochhebst und schaust, ob sie herunterfällt – geh zu jeder Person einzeln hin. Sie sollten weit genug auseinander liegen, damit du, wenn du zu einem redest, die anderen nicht störst.

Vor Beginn sollte der Therapeut herausfinden, welches Problem jede Person hat. Wenn sie dann eingeschlafen sind, geht der Therapeut zu jedem hin und sagt: »Dein Geist und deine Seele sind eine Einheit. Du hast nur vergessen, wie du mit deinem Geist und deinem Körper reden kannst. Dein ...« – was immer das Problem ist – »wird verschwinden. Es hat schon damit angefangen zu verschwinden und wird nicht wiederkommen.«

Wenn alle auf diese Weise an die Reihe gekommen sind, sage zur ganzen Gruppe: »Alles, was dir hier unter Hypnose gesagt wird, kannst du mit dir allein auch ohne Hypnose tun.« Dann beende die Sitzung wieder mit dem dreiminütigen Osho-Mantra. Und sag den Leuten, daß sie es mindestens einen Monat lang jede Nacht vor dem Einschlafen für sich allein wiederholen sollen.

Ich habe versucht, mit dem Schmerz zu reden, wenn er da ist, aber es hat nichts geholfen.

Das ist verkehrt. Die Krankheit ist nicht Teil des Organismus, sie ist etwas Äußerliches, ja, etwas Feindliches.

Du mußt mit dem Gehirn, mit dem Körper reden, nicht mit der Krankheit. Du mußt zum Gehirn, zum Körper sagen: »Es ist Zeit, den Schmerz, oder die Krankheit, loszulassen.« Sag das zehn bis fünfzehn Minuten lang, und dann: »Jetzt wirst du in einen tiefen Schlaf fallen, so daß du deine Arbeit tun kannst.« Und beim Aufwachen sag dem Körper und dem Gehirn, daß es den Schmerz loslassen soll. Und wenn er weg ist, danke dem Gehirn und dem Körper dafür, daß sie die Krankheit haben gehen lassen. Sag dem Gehirn, jetzt, wo der Schmerz weg ist, sollte es ihm nicht erlauben, zurückzukehren. Andernfalls wirst du immer dem Schmerz sagen, daß er gehen soll, aber er wird wiederkommen. Im Grunde reden wir mit dem Gehirn, und das Gehirn redet mit dem Körper, aber wir kennen dessen Sprache nicht.

Das ist die wahre Trinität: Seele, Geist und Körper. Die Seele kann direkt nichts machen; sie ist es, die darum bittet, daß der Schmerz gehen soll. Das Gehirn muß mit dem Körper reden.

Dies sollte man in den allgemeinen Schulunterricht aufnehmen. Aber die Religionen haben immer gelehrt, daß Körper und Geist voneinander getrennt sind.

Kinder können schnell lernen, wie man Schmerzen aus dem Körper verbannt.

Ist es immer nötig, Hypnose zu verwenden?

Sie kann verwendet werden, ist aber nicht unbedingt notwendig.

Welche Sprache sollte man verwenden?

Jede Sprache ist geeignet.

Wie kann man diese Methode zur Gewichtsabnahme einsetzen?

Als erstes solltest du dem Gehirn sagen, daß du eine Botschaft für den Körper hast und daß das Gehirn sie weiterleiten soll. Dann sag einfach dem Körper, daß es ideal wäre, fünf Pfund, oder fünf Kilo weniger zu haben. Und dann: »Die Verdauung funktioniert bestens.« Bring das Essen überhaupt nicht ins Spiel. Sag nur dem Körper, daß ein paar Pfunde weniger vonnöten sind.

Und wenn du es erreicht hast, dann sag dem Körper, daß er dabei bleiben soll und daß es nicht nötig ist, noch mehr Gewicht zu verlieren oder wieder zuzunehmen.

Ist das nicht die Methode, wie die Christian Science für die Gesundheit arbeitet?

Das war die Basis für die *Christian Science,* aber man ist damit zu weit gegangen. Man hat einem Blinden gesagt: »Du kannst jetzt sehen«, aber weder glaubte der Blinde daran, noch hatte er Augen. Wie hätte er also sehen können? Das war einfach töricht.

Aber für einfache Dinge, wie hie und da auftretende Schmerzen, kann diese Methode ungeheuer hilfreich sein. (19)

Würdest du etwas über die Transformation von Hypnose in Meditation sagen? Mir ist aufgefallen, daß die Grenze zwischen Therapie und Meditation verschwindet.

Es gab eine Zeit, da die Hypnose ein anerkanntes Tor zur Meditation war.

Im Mittelalter hat das Christentum jedoch die Hypnose zusammen mit der Hexerei verteufelt. Diese Verurteilung ist heute noch spürbar, sogar im Denken der Nicht-Christen. Auch sie sind unwissentlich vom christlichen Gedankengut beeinflußt.

Warum war das Christentum gegen die Hypnose? Ihr werdet erstaunt sein, aber das Christentum war dagegen, weil die Hypnose direkt zur Meditation hinführt: Weder der Priester noch die Kirche sind dann noch nötig – nicht einmal Gott wird benötigt. Das war das Problem.

Wenn die Meditation sich in dieser Welt durchsetzt, wird es keine Religionen mehr geben – einfach weil die Menschen dann mit der Existenz und mit sich selbst direkt in Kontakt sein werden.

Warum soll man zu allen möglichen Mittelsmännern und Maklern gehen, die selbst keine Ahnung haben – außer daß sie Wissen angehäuft haben und jahrelang ausgebildet wurden, »wie man Einfluß auf andere und Freunde gewinnt«? Was sie machen, hat mit Religion nichts zu tun. Es ist reine Zahlenpolitik. Sammle in deiner Herde soviel Menschen wie möglich – das verleiht dir Stärke und Macht.

Die Hypnose war eine Gefahr für die Priesterschaft, und das Christentum war von Anfang an absolut auf der Priesterschaft aufgebaut. Jesus hat sich nicht selbst für erleuchtet erklärt, noch hat ihn später irgendein Christ für erleuchtet erklärt. Er hat etwas völlig Unsinniges behauptet: »Ich bin der einzige, der eingeborene Sohn Gottes.«

Aber Gott ist eine Hypothese, und Hypothesen sind nicht so fruchtbar wie die Inder, die pausenlos Kinder produzieren. Hypothesen sind unfruchtbar; sie produzieren gar nichts.

Das Christentum hat noch nie gewollt, daß ihr direkt mit der Existenz verbunden seid. Ihr kommt nur über den Priester, den Papst und den Sohn zu Gott. Dazwischen gibt es jede Menge Vermittler. Und keiner kann behaupten, daß sie lügen. Ihr könnt natürlich nie dahinterkommen, weil ihr keinen direkten Draht zu Gott habt. Der Priester hat einen direkten Draht zum Papst, der Papst hat einen direkten Draht zu Jesus, und Jesus hat einen direkten Draht zu Gott. Aber ihre Nummern stehen leider nicht im Telefonbuch!

Hypnose ist und war immer schon das Tor zur Meditation gewesen. Sobald ein Mensch in die Welt der Meditation eintritt, entsteht in ihm eine solche Klarheit, eine solche Stärke, eine solche Lebendigkeit, daß er keinen Vater im Himmel mehr braucht. Er braucht keinen Priester mehr, der für ihn betet. Er ist selbst zum Gebet geworden – nicht ein Gebet zu irgendeinem Gott, sondern eine Lobpreisung und Dankbarkeit gegenüber dem Ganzen.

Es war absolut unvermeidlich, daß das Christentum die Hypnose verurteilte und als Teufelswerk verdammte. Aus demselben Grund wurde das Hexenwesen auf brutale Weise vernichtet. Millionen von Frauen wurden lebendig verbrannt, weil sie genau dasselbe versuchten: auf eigene Faust mit dem Allerhöchsten in Kontakt zu kommen, ohne sich an den vorgeschriebenen Kanal der Kirche zu halten.

An sich kann die Hypnose mit Gefahren verbunden sein, wenn sie nicht im Dienst der Meditation steht.

Ich muß euch erklären, was man genau unter Hypnose zu verstehen hat und wie sie mißbraucht werden kann, wenn sie nicht ausschließlich im Dienst der Meditation angewendet wird.

Hypnose bedeutet wörtlich: »absichtlich herbeigeführter Schlaf«. Man sagt, daß dreiunddreißig Prozent, also ein Drittel der Menschen, fähig seien, die tiefsten Schichten der Hypnose zu erreichen. Sonderbar, diese Zahl: dreiunddreißig Prozent! Sonderbar deshalb, weil nur dreiunddreißig Prozent der Menschen einen Sinn für Ästhetik besitzen, nur dreiunddreißig Prozent der Menschen Sensibilität besitzen, nur dreiunddreißig Prozent der Menschen die Fähigkeit zur Freundschaft besitzen und nur dreiunddreißig Prozent der Menschen schöpferisch sind. Meine eigene Erfahrung sagt mir, daß diese dreiunddreißig Prozent sich auf ein und dieselbe Gruppe von Menschen beziehen, denn Kreativität und Sensibilität sind gleichbedeutend mit Meditation, Liebe, Freundschaftlichkeit.

Im wesentlichen geht es dabei um eines: um ein tiefes Vertrauen zu sich selbst und zur Existenz, um eine Empfänglichkeit und Offenheit des Herzens.

Hypnose läßt sich auf zwei verschiedenen Wegen herbeiführen. Aufgrund der ersten Methode haben die Menschen sich von der christlichen Propaganda beeindrucken lassen, daß Hypnose etwas Gefährliches sei. Dies ist die Heterohypnose: Jemand anderer, ein Hypnotiseur, hypnotisiert dich. Daran sind sehr viele falsche Vorstellungen geknüpft, und die grundlegendste ist die, daß der Hypnotiseur die Macht besitzt, andere Menschen zu hypnotisieren. Das ist absolut falsch. Der Hypnotiseur besitzt die Technik, aber nicht die Macht.

Niemand kann dich gegen deinen Willen hypnotisieren, wenn du nicht dazu bereit bist. Wenn du nicht bereit bist, in diese unbekannte, noch nie betretene Dunkelheit zu gehen, vermag kein Hypnotiseur dich zu hypnotisieren. Tatsächlich stellen es aber die Hypnotiseure keineswegs in Abrede, daß sie die Macht haben. Im Gegenteil, sie berufen sich darauf, die Macht zu haben, Menschen zu hypnotisieren.

Kein Mensch hat die Macht, irgend jemanden zu hypnotisieren. Nur du selbst hast die Macht, dich zu hypnotisieren oder dich hypnotisieren zu lassen – es liegt in deiner Macht. Aber wenn du dich von jemandem hypnotisieren läßt, kann er es mißbrauchen.

Der Vorgang selbst, die Technik, ist ganz einfach:

Der Hypnotiseur läßt einen Kristall an einer Kette direkt über deinen Augen herunterhängen und sagt: »Schließe nicht die Augen. Erst wenn du sie nicht mehr offenhalten kannst ... kämpfe bis zuletzt und halte die Augen offen.«

Der Kristall glänzt über deinen Augen, und natürlich mußt du ständig blinzeln, weil sie sonst trocken werden. Die Augen sind der empfindlichste Teil deines Körpers. Du blinzelst mit den Augenlidern, die eine ähnliche Funktion haben wie die Scheibenwischer am Auto: Sie befeuchten die Augen, reinigen sie von Staub und anderen Fremdkörpern und halten so die Augen frisch und immer strahlend.

Der Hypnotiseur sagt: »Hör auf zu blinzeln und starre in das Glänzen.« – Glänzend muß es sein, weil etwas Glänzendes die Augen schnell ermüden läßt. Wenn man dir sagt, du sollst in eine starke Glühbirne schauen, die genau über deinem Kopf hängt, dann werden deine Augen natürlich sehr müde werden. Du darfst sie aber nicht schließen, außer sie gehen von allein zu.

Das ist der eine Teil. Der andere Teil besteht darin, daß der Hypnotiseur ständig wiederholt: »Deine Augen werden ganz schwer, deine Augenlider scheinen ganz müde zu werden ...« Er sitzt neben dir und wiederholt ständig diese Worte: »Deine Augen werden müde, die Lider wollen zufallen.«

Das ist genau das Gegenteil von dem, was er dir vorher gesagt hat, und so kämpfst du bis zuletzt. Aber wie lange kannst du dagegen ankämpfen? Höchstens drei Minuten, weil zwei Vorgänge gleichzeitig in dir ablaufen. Du konzentrierst dich auf das Licht, das deine Augen müde macht, und der Hypnotiseur wiederholt wie ein Papagei mit schläfriger Stimme, daß der Schlaf dich übermannt. Dem kannst du nicht widerstehen; bald ist es unmöglich, die Augen länger offenzuhalten.

Diese Suggestionen ... man kämpft, man weiß, daß die Augen müde und die Augenlider schwer und schwerer werden. Innerhalb von höchstens drei Minuten kommt der Augenblick, wo man der Versuchung nicht mehr widerstehen kann und die Augen zugehen läßt.

In dem Moment, wo die Augen zu sind, fängt er an zu wiederholen: »Du fällst in einen tiefen Schlaf. Du wirst nur noch meine Stimme hören, sonst nichts. Ich werde die einzige Verbindung für dich sein.«

So sinkt man tiefer und tiefer in den Schlaf, unter ständigen Suggestionen. Es kommt der Punkt, wo man nichts anderes mehr hört als die schläfrige Stimme des Hypnotiseurs.

Er sagt: »Du gehst tiefer und tiefer und tiefer ...«

Und dann prüft er, ob du tiefer gegangen bist oder nicht. Er piekst dir die Haut mit einer Nadel, aber du schläfst so fest, daß du nichts davon mitbekommst. Du kannst nichts spüren.

Tatsächlich hat man in der Sowjetunion angefangen, Heterohypnose sogar vor Operationen anzuwenden. Die Anästhesie wird unnötig. Unter den richtigen Bedingungen kann der Patient sehr tief gehen: eine ziemlich schläfrige Atmosphäre im Raum, dämmriges Licht, weder zu dunkel noch zu hell, und eine glänzende, blendende Lampe, die ihm direkt in die Augen scheint, zarte Musik, ein schöner Duft ...

Das alles hilft dem Patienten, in einen tiefen Schlaf zu fallen, so daß man ihn operieren kann. So werden Operationen durchgeführt, ohne daß der Patient etwas davon mitbekommt.

Der Hypnotiseur wird mehrere Dinge ausprobieren: Er hebt deine Hand hoch und läßt sie los, und sie fällt herunter, weil du sie im tiefen Schlaf nicht hochhalten kannst. Im Schlaf kann man die Hand nicht hochhalten. Er lüftet die Augenlider und schaut dir in die Augen, und nur das Weiße deiner Augen ist sichtbar. Die Pupillen sind nach oben gewandert. Je tiefer die Hypnose, um so höher wandern die Pupillen. Das geschieht jeden Tag im Tiefschlaf, und es geschieht auch, wenn jemand stirbt. Darum ist es auf der ganzen Welt der Brauch, einem Verstorbenen sofort die Augenlider zu schließen, weil es einfach zu furchterregend ist, jemand mit völlig weißen Augen zu sehen.

Der Hypnotiseur öffnet also dein Augenlid und schaut, ob es darunter weiß ist, und alles, was vorher da war – die Pupille – ist nach oben gewandert. Jetzt kann er sicher sein, daß du nichts anderes mehr hören kannst. Du kannst nur noch ihm folgen. Du wirst alles tun, was er sagt.

Darin liegt die Gefahr. Er kann zu dir sagen: »Nimm dein ganzes Geld heraus und gib es mir«, und du wirst sofort dein ganzes Geld herausholen und es ihm geben. Er kann deinen

Schmuck nehmen, oder er kann dir befehlen, irgendein Dokument zu unterschreiben, das dich in Schwierigkeiten bringen kann – zum Beispiel, daß du dein Haus verkaufst oder jemandem als Spende gibst.

Noch etwas sehr Gefährliches muß man wissen: Er kann dir eine posthypnotische Suggestion geben. Eine posthypnotische Suggestion ist es zum Beispiel, wenn er dir sagt: »In zehn Tagen wirst du wieder zu mir kommen, du wirst einfach kommen müssen, und du wirst mir dein ganzes Geld, deinen ganzen Schmuck und alle deine Wertsachen bringen. Du wirst es auf den Tisch legen und wieder fortgehen.« Auch ist es möglich, eine posthypnotische Suggestion zu geben, daß du vierundzwanzig Stunden später jemanden erschießen wirst. Und all diese Befehle werden befolgt werden, weil die Person sich dessen nicht bewußt ist.

Der Hypnotisierte hat kein Bewußtsein von dem, was in tiefer Hypnose geschehen ist. Die Tiefenhypnose erreicht dein Unbewußtes.

Dies sind die Gefahren, und sie sind vom Christentum übertrieben worden, denn es sagte, die Hypnose sei gegen alle Religion, gegen alle Moral. Man kann eine Frau vergewaltigen, und sie wird nichts davon wissen, oder man kann einer Frau sagen: »Du wirst dich jetzt in mich verlieben«, und wenn sie aufwacht, beginnt eine große Romanze. Die Frau wird ein wenig zögern, weil ihr bewußter Verstand nicht verstehen kann, was los ist. Es findet keine Kommunikation zwischen dem bewußten Verstand und dem Unbewußten statt. Das Unbewußte ist so mächtig – neunmal mächtiger –, und wenn das Unbewußte etwas zu tun beabsichtigt, kann das Bewußte soviel protestieren, wie es will: Alle Proteste werden zwecklos sein.

All diese Dinge hat man verbreitet, und die Menschen haben es stark übertrieben. Aber euch vor diesen Gefahren zu schützen, war nicht die Absicht der Kirche. Ihre Absicht, als sie die Hypnose verdammten, war, daß niemand durch diese Tür ins höchste Reich der Meditation gelangen sollte.

Über eine weitere Art von Hypnose hat das Christentum die Menschen völlig unwissend gehalten: die Selbsthypnose, im Gegensatz zur Heterohypnose. Nur die Heterohypnose läßt sich mißbrauchen.

Die Selbsthypnose oder Autohypnose kann nicht mißbraucht werden. Da ist niemand anderer; du bist allein. Du kannst das ganze auch mit dir allein machen. Du kannst einen Wecker stellen und dir dann dreimal vorsagen, daß du in fünfzehn Minuten, beim Läuten des Weckers, aus deinem tiefen hypnotischen Schlaf wieder aufwachen wirst. Und ab da ist es der gleiche Vorgang.

Du schaust in das Licht und tust genau das gleiche, was der Heterohypnotiseur getan hat. Du schaust ins Licht und wiederholst innerlich: »Meine Augen werden schwer, schwer ... schwerer, schwerer. Ich schlafe ein. Ich kann die Augen nicht länger offenhalten. Ich versuche es, so gut ich kann, aber es ist unmöglich.«

Es dauert ebenfalls genau drei Minuten, das ist das Maximum. Es kann auch in zwei Minuten passieren, es kann in einer Minute passieren, aber je länger du ankämpfst, desto tiefer wird die Hypnose sein.

Ich habe einmal von einem Mann gehört, einem alten Mann, der seine ganze Familie tyrannisierte. Er sinnierte jeden Tag über alle seine Krankheiten nach. Die Ärzte waren ihn schon leid. Sie sagten, er sei überhaupt nicht krank. Er aber schaute sich im Fernsehen alle medizinischen Sendungen an und lernte dadurch die Namen der Krankheiten. Und dann fing er an, seiner Familie damit auf die Nerven zu gehen: »Ich leide an diesem ... ich leide an jenem ... Keiner kümmert sich um mich!«

Es war einfach eine gute Möglichkeit für den alten Mann, Aufmerksamkeit zu bekommen. Alten Menschen gibt niemand Aufmerksamkeit, und so entwickeln sie ihre eigenen Methoden. Sie werden reizbarer, zorniger, anspruchsvoller. Sie haben ihre eigenen Strategien, um Aufmerksamkeit zu bekommen. Das ganze Leben lang wurden sie mit Aufmerksamkeit gefüttert, aber jetzt beachtet sie keiner mehr. Es kümmert niemanden, ob es sie überhaupt noch gibt oder ob sie schon am Ende sind.

Ein indischer Sänger, der mich liebt, Jagjit Singh, erzählte mir einen schönen Witz.

Einer seiner Freunde, der in London lebt, kam zu ihm auf Besuch, und auf die Frage: »Wie geht es dir?« antwortete er: »Gut.«

Dann sagte Jagjit Singh: »Und wie geht es deiner Frau?«

Er antwortete: »Auch gut.«

»Und wie geht es deinen Kindern?«

»Denen geht es auch gut.«

Schließlich sagte Jagjit Singh: »Und deinem Vater?«

Und der Mann sagte: »Meinem Vater? – dem geht es schon seit vier Jahren gut.«

Er war vier Jahre zuvor gestorben. Deshalb sagte der Freund, daß es ihm gut geht, wirklich gut – für immer und ewig. Seit vier Jahren!

Alte Leute haben nur diese Chance, Aufmerksamkeit zu bekommen: Sie leiden an Migräne, haben Magenschmerzen. Und je größer ihr medizinisches Vokabular, um so mehr haben sie damit Erfolg.

Schließlich spielten die Ärzte nicht mehr mit. Sie sagten: »Er spinnt. Ihm fehlt überhaupt nichts, er hat gar keine Krankheit. Wir haben ihn schon so oft untersucht.«

Aber der Sohn sagte: »Was können wir machen? – Wir müssen den Arzt rufen.«

Schließlich schlugen die Ärzte vor, einen Hypnotiseur kommen zu lassen: »Holt den Hypnotiseur. Er soll ihn hypnotisieren und ihm sagen, daß mit ihm alles in Ordnung ist. Das ist die einzige Medizin, die er braucht. Falls sein Unterbewußtsein den Gedanken schluckt, daß alles in Ordnung ist, wird das Problem aufhören.«

Die Söhne waren sehr froh und holten den Hypnotiseur. Er sah aus wie ein Arzt, mit seiner Tasche und all dem Drum und Dran, seinem Bärtchen à la Sigmund Freud und dem Monokel. Man muß ja schließlich seinem Beruf alle Ehre machen und Eindruck schinden!

Er fragte den alten Mann: »Na, wo fehlt es uns denn?«

Und der alte Mann zählte auf, wo es ihm überall fehlte.

Der Hypnotiseur sagte: »Na, gut. Legen Sie sich jetzt hin. Ich werde dieses Pendel halten. Es leuchtet, weil es an eine Batterie angeschlossen ist. Sie müssen die Augen offenhalten, solange es geht.«

Alte Leute werden sehr klug und listig durch die Erfahrung ihres ganzen langen Lebens. Der alte Mann sagte bei sich: »Der Mann scheint ein Schwindler zu sein, so wie er angezogen ist ... Und was soll das überhaupt für eine Art von Behandlung sein?« Er dachte: »Na, da wollen wir doch mal sehen!«

Er wartete nicht einmal drei Minuten, sondern schloß sofort die Augen, und als der Hypnotiseur seine Hand nahm, ließ er sie fallen. Er kannte sämtliche Tricks ... So ein alter Mann hat alles von dieser Welt gesehen!

Der Hypnotiseur sagte: »Er ist ganz entspannt und schläft. Ich werde ihm jetzt die Suggestion geben, daß mit ihm alles in Ordnung ist, daß er gar keine Krankheit hat und seine Kinder nicht mehr mit Krankheiten belästigen wird, die gar nicht existieren!«

Und der alte Mann war ganz still.

Seine Söhne waren überglücklich: »Wieso sind wir nicht schon längst auf die Idee gekommen, den Hypnotiseur zu holen? Wir haben so viel Geld an die Ärzte vergeudet, und alles, was sie uns gesagt haben, war: ›Belästigt uns nicht. Auch wenn ihr uns Geld dafür gebt, ist es doch eine Belästigung, denn der Alte ist überhaupt nicht krank.‹ Aber das hier ist der richtige Mann!«

Der alte Mann lag völlig still. Nachdem der Hypnotiseur ihm alle Suggestionen gegeben hatte, kassierte er sein Honorar. Einer der Söhne geleitete ihn zur Tür, um ihn zum Auto zu bringen.

Als er wiederkam, öffnete der Alte ein Auge und fragte: »Ist der Verrückte endlich weg?«

Wenn du die Augen zu früh schließt, wird nichts passieren, und du wirst bei Bewußtsein bleiben. Alles, was der Hypnotiseur sagt, wird dir dann komisch vorkommen: Was redet der für einen Schwachsinn? »Deine Augen werden ganz schwer« – und sie werden überhaupt nicht schwer. »Du fällst in einen tiefen Schlaf« – und du schläfst nicht ein, du bist hellwach. Und er belügt dich: Er sagt, du hättest gar keine Krankheit!

Wenn du aber eine Selbsthypnosesitzung machst, besteht keine Gefahr. Du gehst einfach durch den ganzen Prozeß, indem du einen glänzenden Gegenstand anschaust, so daß deine Augen müde werden ... das ist der einzige Sinn dahinter ... Und du wiederholst das gleiche wie der Hypnotiseur, aber diesmal innerlich. Und schließlich wirst du merken, daß du die Augen nicht mehr offenhalten kannst. Sie schließen sich. Du hast die Kontrolle über sie verloren. Sobald du spürst, daß du die Kontrolle über deine Augenlider verlierst, wirst du unmittelbar das Gefühl haben, in einen tiefen Schlaf zu sinken.

Solange du bewußt bleiben kannst, wiederhole innerlich: »Ich sinke tiefer, tiefer ...« Und es kommt ein Augenblick, wo du am tiefsten Punkt deines Unterbewußten angelangt bist. Zehn Minuten später wird der Wecker läuten, und du wirst aus dem Unbewußten ins Bewußte zurückkommen. Du wirst überrascht sein, wie jung und erfrischt du dich fühlst – so rein, als ob du in einem kühlen Lüftchen durch einen schönen Garten voller Blumen gegangen wärst.

Du kannst dir auch selbst posthypnotische Suggestionen geben. Sie müssen im letzten Augenblick gegeben werden, wenn sich deine Augen schließen und du fühlst, daß du jetzt tiefer gehen wirst. Bevor du tiefer gehst, fängst du an zu sagen: »Von morgen an wird es mir gesundheitlich besser gehen.«

Wähle nur eine Sache aus, nicht zu viele, sei nicht gierig! Und mach fünfzehn Tage oder drei Wochen lang diese Sitzung mit dir selbst. Du kannst dir alles sagen ... zum Beispiel, daß deine Meditation von morgen an tiefer gehen wird. Und du wirst sehen, deine Meditation wird tiefer gehen, und so kannst du eine sehr schöne Verbindung herstellen.

Wenn die Meditation tiefer geht, kannst du dir selbst suggerieren: »Morgen wird meine Hypnose noch tiefer gehen.« Du kannst beides zusammen so benutzen, daß es dich in die tiefsten Tiefen deines Unbewußten führt.

Und wenn du einmal die Tiefen deines Unbewußten berührt hast, kannst du anfangen, eine zweite Suggestion einzuführen: »Auch wenn ich in das dunkle Unbewußte gehe, wird eine leichte Bewußtheit zurückbleiben, so daß ich beobachten kann, was geschieht.« Dann kannst du dir wiederholen: »Meine Bewußtheit, die erst klein war, wird jetzt größer und immer größer.« Eines Tages wirst du entdecken, daß dein ganzes Unbewußtes mit Wachheit erhellt ist – und das ist Meditation.

Hypnose kann und sollte völlig ohne Angst angewendet werden. Entweder gemeinsam mit anderen, denen du vertraust und die du liebst, damit du keine Angst vor Ausbeutung zu haben brauchst. Du machst es zusammen mit deinen engsten Freunden, von denen du weißt, daß sie dir nicht schaden können, und so kannst du dich öffnen, du kannst verletzlich sein. Oder mit dir allein.

Allein wird es etwas länger dauern, weil du die Arbeit von zwei Leuten allein machen mußt. Das ist ein kleines Hindernis.

Aber heute, wo es Tonbandgeräte gibt, kannst du ganz auf andere verzichten und dir die Suggestionen selbst auf Band sprechen. Dann kannst du sicher sein, das Tonbandgerät wird keinen Mißbrauch treiben. Es kann dir nicht befehlen, deine Frau zu ermorden, außer, du hast es so auf Band gesprochen. Dann wird es nicht anders können: Es wiederholt alles genauso, wie du es aufgenommen hast!

Du kannst den ganzen Vorgang auf Band sprechen, sämtliche Suggestionen des Einschlafens, des Schwerwerdens der Augenlider, des Tiefergehens. Und dann, wenn du am tiefsten bist – nachdem du eine Pause von vier bis fünf Minuten gemacht hast, in der du in die Tiefe hineinsinken kannst – dann kommt vom Band die Stimme, die sagt, daß deine Meditation von heute an tiefer gehen wird und daß du nicht mit den Gedanken kämpfen wirst. In dem Augenblick, in dem du die Augen schließt, werden die Gedanken anfangen, sich aufzulösen.

Ein Tonbandgerät kann eine ungeheure Hilfe sein, weil dann die Frage des Vertrauens zu einem anderen wegfällt. Deinem Tonbandgerät kannst du völlig angstfrei vertrauen, und du kannst deine Tür abschließen, damit niemand das

Tonbandgerät manipuliert – denn sonst könnte dir jemand einen Streich spielen!

Die Selbsthypnose sollte im Dienst der Meditation stehen; das ist ihr wichtigster Verwendungszweck. Aber sie kann auch der Gesundheit dienen, sie kann einem langen Leben dienen, sie kann der Liebe dienen, sie kann dem Mitgefühl dienen, sie kann dem Mut dienen. Was immer du dir wünschst, die Selbsthypnose kann dir helfen, es zu verwirklichen. Sie kann deine Angst vor dem Unbekannten auflösen, sie kann deine Angst vor dem Tod auflösen; sie kann dich dafür bereit machen, allein, still und friedlich zu sein. Sie kann es dir ermöglichen, eine Unterströmung von Meditation während der ganzen vierundzwanzig Stunden aufrechtzuerhalten.

Du kannst dir auch suggerieren: »Während ich schlafe, wird meine kleine Flamme der Aufmerksamkeit die ganze Nacht hindurch weiterbrennen, ohne meinen Schlaf zu stören.«

Deine Frage lautet: *»Mir ist aufgefallen, daß die Grenze zwischen Therapie und Meditation verschwindet.«*

Das ist schon lange mein tiefer Wunsch: daß Therapie in Hypnose übergeht und daß Hypnose in Meditation übergeht. Dann haben wir eine der größten Kräfte für die Erleuchtung nutzbar gemacht, die in der Vergangenheit noch nie dafür benutzt worden ist.

Therapie wurde bisher noch nie so eingesetzt. Sie kann dich von allem Müll reinigen, sie kann all deine Konditionierungen beiseite räumen.

Therapie wird dir helfen, durch Katharsis alles loszuwerden, was in dir unterdrückt ist. Durch Therapie kannst du es hinauswerfen.

Therapie ist ein wunderbarer Reinigungsprozeß, und ein gereinigter Verstand kann leichter in Hypnose fallen, ohne Widerstände. Vielleicht werden dann sogar die Leute, die nicht so leicht für Selbsthypnose und Hypnose zugänglich sind – die nicht zu den dreiunddreißig Prozent gehören – vielleicht werden sogar sie durch Therapie dahin kommen, daß sie zur Gruppe der Hypnotisierbaren gehören.

Therapie kann hundert Prozent aller Menschen in echte Hypnosekandidaten verwandeln. Darum sollte Therapie so eingesetzt werden, daß sie allmählich in Hypnose übergeht, und dann sollte Hypnose so eingesetzt werden, daß sie den Weg zur Meditation ebnet.

Die Verbindung dieser drei Dinge – das ist meine Dreifaltigkeit. Gott und der Heilige Geist und Jesus Christus – vergeßt all diesen Quatsch! Das ist nicht die wahre Dreifaltigkeit. Aber etwas Wissenschaftliches, etwas, das ihr selbst erforschen könnt, etwas, das ihr selbst praktizieren könnt ...!

Abgesehen davon sind die Religionen so voll mit Schrott, aber die Menschen sind mehr an Schrott interessiert und haben das Wesentliche vergessen. In der Tat ist das Wesentliche so unscheinbar geworden im Vergleich zu dem Schrott, der sich im Laufe der Jahrhunderte himalajahoch aufgetürmt hat, daß es sehr schwierig geworden ist, darunter das Wesentliche überhaupt noch zu entdecken.

Was ich vorschlage, ist ganz einfach: Ihr braucht keine Priester, ihr braucht keine Kirche, ihr braucht keine heilige Schrift. Alles, was ihr braucht, ist ein wenig Verständnis und ein wenig Mut.

In der Therapie, geht total in die Katharsis. Ihr wißt ja gar nicht, wieviel Müll ihr in euch habt! Erst wenn ihr mit Katharsis anfangt, werdet ihr es wissen: »Mein Gott! Bin das ich oder jemand anderer? Was mache ich denn da? Was sage ich denn da?« Manchmal gibt das, was du sagst, überhaupt keinen Sinn, aber es steckt in dir, sonst könnte es nicht aus deinem Mund kommen. Es ist ein Hindernis für deine Meditation, und es wird zu einem Hindernis, tiefer in Hypnose zu gehen. Es wird zu einer Barriere auf dem Weg.

Therapie muß also das erste sein. Das zweite ist Hypnose, und das dritte wird daraus erwachsen: deine Meditation.

Das Höchste in der Meditation ist die Erleuchtung.

Wenn deine Meditation zur Vollendung kommt, wird dein ganzes Sein erfüllt von Licht, erfüllt von Seligkeit, erfüllt von Ekstase. (20)

4. KAPITEL

Spannung, Streß, Depression

Was ist die Ursache der Spannungen, die wir im Körper fühlen?

Der Ursprung aller Spannung ist das Werden. Man versucht immer, etwas anderes zu werden, als man ist; niemand ist mit sich zufrieden, so wie er ist. Das Sein wird nicht akzeptiert, sondern verleugnet, und etwas anderes wird zum Ideal gemacht, das man erreichen muß. Die grundlegende Spannung besteht also zwischen dem, was du bist, und dem, was du werden möchtest.

Du sehnst dich danach, etwas zu werden. Spannung bedeutet, daß dir einerseits das, was du bist, unangenehm ist, und daß du dich andererseits nach etwas sehnst, was du nicht bist. Zwischen beidem entsteht eine Spannung. Wonach du dich sehnst, spielt keine Rolle. Ob du reich, berühmt oder einflußreich werden willst oder ob du frei, erlöst, göttlich oder unsterblich sein willst – selbst wenn du dich nach Erlösung sehnst, nach *moksha* – auch daraus entsteht Spannung.

Alles, was du als zukünftiges Ziel erreichen möchtest – im Gegensatz zu dem, was du bist –, führt zu Verspannungen. Je unmöglicher das Ideal ist, desto mehr verspannst du dich. Darum ist ein Materialist gewöhnlich nicht so angespannt wie ein religiöser Mensch, weil sich der Religiöse nach dem Unmöglichen sehnt, nach etwas, was weit entfernt ist. Die Entfernung ist so groß, daß nur eine große Spannung den Zwischenraum füllen kann.

Spannung bedeutet eine Kluft zwischen dem, was du bist, und dem, was du sein willst. Wenn die Kluft groß ist, ist auch die Spannung groß; ist sie klein, ist die Spannung ebenfalls geringer. Und wenn es überhaupt keine Lücke gibt, bedeutet das, daß du zufrieden bist mit dem, was du bist. Mit anderen Worten, dann sehnst du dich nicht danach, etwas anderes zu sein, als du schon bist. Dann bist du geistesgegenwärtig, im Moment. Dann gibt es nichts, weswegen du dich verspannst; du bist mit dir selbst im Einklang. Für mich bist du religiös, wenn es keine innere Kluft gibt.

Die Kluft kann auf vielen Ebenen bestehen. Hast du eine körperliche Sehnsucht, dann ist auch die Spannung körperlich. Wenn du dir einen bestimmten Körper, eine bestimmte Form oder Figur wünschst, dich nach etwas anderem sehnst, als du auf der körperlichen Ebene bist, dann entsteht Spannung in deinem physischen Körper. Du möchtest gern schöner sein. Jetzt verspannt sich dein Körper. Die Spannung fängt im ersten, im physischen Körper an; wenn sie aber dauernd aufrechterhalten wird, kann sie tiefer gehen und sich auf deine anderen Seinsebenen ausbreiten.

Wenn du dich nach geistigen Kräften sehnst, entsteht die Spannung auf der geistigen Ebene und breitet sich von dort aus. Das geschieht genauso, wie wenn man einen Stein in den See wirft. Er fällt an einer bestimmten Stelle ins Wasser, aber die Schwingungen, die dadurch entstehen, breiten sich unbegrenzt aus. Die Spannung kann deshalb von jedem deiner sieben Körper ausgehen, aber die Ursache ist immer dieselbe: die Kluft zwischen einem bestehenden und einem ersehnten Zustand.

Wenn du den dir eigenen Intellekt verändern, transformieren willst – du möchtest klüger, intelligenter sein –, entsteht Spannung. Nur wenn man sich total akzeptiert, gibt es keine Spannung. Vollkommenes Akzeptieren ist ein Wunder, das einzige Wunder, das es gibt. Einen Menschen zu finden, der sich selbst völlig akzeptiert, ist das einzige wirklich Erstaunliche im Leben.

Das Sein an sich ist entspannt. Spannung entsteht immer aus hypothetischen, noch nicht verwirklichten Möglichkeiten. In der Gegenwart gibt es keine Spannung. Spannung ist immer zukunftsorientiert; sie kommt aus deiner Vorstellung: Du kannst dir vorstellen, daß du anders bist, als du bist. Aus dieser vorgestellten Möglichkeit entsteht die Spannung. Es ist also wahrscheinlich, daß jemand um so angespannter ist, je stärker seine Vorstellungskraft ist. Dann wirkt sich die Vorstellungskraft zerstörerisch aus.

Phantasie kann auch aufbauend, schöpferisch sein. Wenn sich dein ganzes Vorstellungsvermögen auf die Gegenwart richtet, auf den gegenwärtigen Augenblick, und nicht auf die Zukunft, dann fängst du an, dein Dasein als Poesie wahrzunehmen. Deine Phantasie geht dann nicht in Sehnsüchte, sondern wird für das Leben eingesetzt. Lebst du in der Gegenwart, bist du jenseits von Spannung.

Tiere sind nicht verspannt, Bäume sind nicht verspannt, weil sie keine Vorstellungskraft besitzen. Aber sie sind unterhalb, nicht oberhalb der Spannungszone. Ihre Spannung ist nur eine Möglichkeit, sie ist noch nicht verwirklicht. Sie sind auf dem Weg der Evolution. Es wird ein Augenblick kommen, in dem Spannung in ihnen explodiert und auch sie sich nach der Zukunft sehnen. Das kommt zwangsläufig; die Phantasie erwacht.

Die Vorstellungskraft fließt als erstes in die Zukunft. Du erzeugst Bilder, und weil es keine Wirklichkeit gibt, die damit in Verbindung steht, erzeugst du immer mehr Bilder. In der Gegenwart kannst du normalerweise mit deiner Phantasie nichts anfangen. Wie kannst du in der Gegenwart phantasieren? Das scheint nutzlos. Diesen Punkt muß man verstehen.

Wenn du *bewußt* in der Gegenwart *sein* kannst, lebst du nicht in der Vorstellung. Dann ist die Vorstellungskraft frei, im Augenblick selbst schöpferisch zu sein. Man braucht nur die rechte Aufmerksamkeit. Ist diese Energie aufs Wirkliche gerichtet, wird sie kreativ. Die Schöpfung kann jede Form annehmen. Wenn du ein Dichter bist, explodiert sie als Poesie. Aber diese Dichtung wird keine Zukunftssehnsucht sein, sondern ein Ausdruck der Gegenwart. Wenn du ein Maler bist, wird die Energie als Malerei explodieren. Und das Bild wird kein Phantasiebild sein, sondern aus deinen Erfahrungen, aus deinem Leben heraus entstehen.

Lebst du nicht in der Phantasie, hast du den gegenwärtigen Augenblick zur Verfügung. Du kannst ihn ausdrücken oder Schweigen bewahren. Aber das Schweigen ist jetzt kein totes, angelerntes Schweigen. Dieses Schweigen ist ebenfalls ein Ausdruck des gegenwärtigen Augenblicks. Der Augenblick ist so tief, daß er nur durch Schweigen ausgedrückt werden kann. Nicht einmal Poesie ist angemessen; du kannst kein Bild davon machen. Kein Ausdruck ist möglich. Schweigen ist der einzige Ausdruck. Das Schweigen ist nichts Negatives, sondern vielmehr ein positives Aufblühen. Es ist etwas in dir zur Blüte gelangt, die Blüte der Stille, und durch diese Stille wird alles, was du lebst, ausgedrückt.

Man muß einen weiteren Punkt verstehen. Wenn die Gegenwart durch die Vorstellungskraft zum Ausdruck kommt, ist es weder eine Zukunftsvorstellung noch eine Reaktion auf die Vergangenheit. Es ist nicht Ausdruck irgendeiner bekannten Erfahrung. Es ist die Erfahrung des Erfahrens – während du es erlebst, während es dir geschieht. Es ist keine gelebte Erfahrung, sondern ein lebendiger Erfahrungsprozeß.

Erfahrung und Erfahren sind dann nicht mehr zwei verschiedene Dinge. Sie sind ein und dasselbe. Es gibt keinen Maler mehr, sondern die Erfahrung selber ist zum Bild geworden; das Erfahren selbst hat sich zum Ausdruck gebracht. Du bist kein Schöpfer, du bist die Schöpfung, bist lebendige Energie. Du bist kein Dichter, du bist Dichtung. Die Erfahrung ist weder auf die Zukunft noch auf die Vergangenheit gerichtet; sie kommt weder aus der Zukunft noch aus der Vergangenheit. Der Augenblick selbst ist zur Ewigkeit geworden und alles entspringt aus ihm. Es ist ein Aufblühen.

Kannst du diesen spannungslosen Augenblick mit deinem Körper empfinden, dann lernst du ein positives Wohlsein, ein Wonnegefühl kennen, das du noch nie zuvor erlebt hast.

Dein Körper kann nur entspannt sein, wenn du von Augenblick zu Augenblick lebst. Wenn du ißt, und der Augenblick wird dabei zur Ewigkeit, dann gibt es weder Vergangenheit noch Zukunft. Der Vorgang des Essens ist alles. Du tust nichts; du bist das Tun selbst. Es gibt keine Spannung; dein Körper ist befriedigt. Oder wenn du in sexueller Vereinigung bist und Sex nicht nur eine Freisetzung sexueller Spannung ist, sondern ein positiver Ausdruck von Liebe, und du gehst total darin auf, dann kannst du ebenfalls ein positives Wohlbefinden in deinem Körper kennenlernen.

Du kannst auch laufen, und zwar so, daß es nichts anderes mehr gibt; du bist nur noch die Empfindungen, die dich durchströmen, du bist nicht getrennt, sondern eins mit ihnen – auch dann erlebst du ein positives Wohlsein. Dein Körper ist unverspannt. Du hast auf der physiologischen Ebene einen Augenblick entspannten Daseins kennengelernt. (21)

Körperliche Verspanntheit ist zu einer großen Gefahr geworden. Vielleicht überrascht es euch, wenn ich euch sage, daß für eure körperlichen Spannungen jene Leute verantwortlich sind, die seit jeher im Namen der Religion eine körperfeindliche Einstellung predigen.

Die körperliche Verspanntheit im Westen kommt daher, daß das Christentum die Dualität so sehr betont. Es betont nicht nur die Dualität, sondern es ist extrem körperfeindlich eingestellt.

Daraus entsteht eine Spaltung, eine Kluft. Sobald diese Kluft vorhanden ist, wird deine ganze Haltung Spannung erzeugen. Du kannst nicht entspannt essen, du kannst nicht entspannt schlafen, und jede körperliche Handlung ist verspannt.

Das kommt daher, daß du mit einem Feind zusammenlebst. Wie kannst du entspannt sein, wenn du im selben Raum mit jemandem leben mußt, den du als Feind betrachtest? Dein ganzes Leben wird angespannt sein: »Wie kann ich schlafen in Gegenwart des Feindes? Wie kann ich *sein* in Gegenwart des Feindes?« Alles verspannt sich. Ohne deinen Körper kannst du nicht sein, und dein Körper ist der Feind! Du mußt irgendwie mit ihm zurechtkommen, daher die Spannung.

Aber der Körper ist weder dein Feind, noch ist er dir in irgendeiner Weise unfreundlich gesinnt. Ja, der Körper ist dir gegenüber nicht einmal gleichgültig. Die bloße Existenz des Körpers ist Seligkeit. In dem Moment, wo du deinen Körper als Geschenk, als göttliches Geschenk anerkennst, wirst du zu ihm zurückfinden. Du wirst ihn lieben, du wirst ihn fühlen.

Die Empfindungen deines Körpers sind sehr fein. Du kannst nicht den Körper eines anderen Menschen fühlen, wenn du deinen eigenen Körper nicht fühlst.

Du kannst nicht den Körper eines anderen Menschen lieben, wenn du deinen eigenen Körper nicht liebst. Es ist unmöglich. Du kannst nicht für den Körper eines anderen Sorge tragen, wenn du nicht für deinen eigenen Körper Sorge trägst – und niemand trägt für seinen Körper Sorge. Du wirst zwar sagen: »Ich kümmere mich ja um meinen Körper«, doch ich bestehe darauf: Niemand kümmert sich um seinen Körper.

Und selbst wenn du dich um ihn zu kümmern scheinst, ist es nicht wirklich dein Körper, worum du dich kümmerst. Du kümmerst dich aus einem anderen Grund um ihn: Vielleicht wegen der Meinung der anderen, vielleicht wegen des Blicks in den Augen eines anderen, aber nie kümmerst du dich um deinetwillen um deinen Körper. Du liebst deinen Körper nicht. Und wenn du ihn nicht liebst, kannst du dich in ihm auch nicht wohlfühlen. Liebe deinen Körper, dann wirst du eine solche Entspannung fühlen, wie du sie noch nie gekannt hast.

Liebe entspannt. Wo Liebe ist, ist Entspannung. Wenn du jemanden liebst, wenn zwischen ihm und dir oder zwischen ihr und dir Liebe fließt, dann begleitet die Harmonie der Entspannung diese Liebe. Dann herrscht Entspanntheit. Tatsache ist: Wenn du mit jemandem entspannt bist, ist es das einzige Zeichen, daß Liebe da ist; bist du aber nicht entspannt, dann liebst du nicht. Der andere, der Feind, ist immer da.

Irgendwo sagt Sartre: »Der andere ist die Hölle.« Er ist die Hölle für Sartre, es kann gar nicht anders sein. Wenn keine Liebe fließt, ist der andere die Hölle. Wenn zwischen beiden Liebe fließt, ist der andere der Himmel. Ob der andere die Hölle oder der Himmel ist, hängt davon ab, ob zwischen ihnen Liebe fließt.

Immer wenn du liebst, kommt Stille. Die Sprache verschwindet, Worte werden bedeutungslos. Du hast viel zu sagen und gleichzeitig hast du nichts zu sagen. Die Stille wird dich umfangen, und in dieser Stille erblüht die Liebe.

Du bist entspannt. In der Liebe gibt es keine Zukunft, keine Vergangenheit. Wenn die Liebe gestorben ist, dann gibt es eine Vergangenheit, aber sonst gibt es keine Vergangenheit in der Liebe. Du erinnerst dich nur an sie, wenn die Liebe gestorben ist. An eine lebendige Liebe erinnert man sich nicht, denn sie ist ja lebendig! Es gibt keine Distanz, um sich an sie zu erinnern; da ist kein Raum für Erinnerung. Liebe ist in der Gegenwart. Sie kennt weder Zukunft noch Vergangenheit.

Wenn du jemanden liebst, brauchst du nichts vorzutäuschen. Du kannst genauso sein, wie du bist. Du kannst deine Masken ablegen und dich entspannen. Wenn du nicht liebst, mußt du deine Masken tragen. Du bist jeden Augenblick angespannt, denn der andere ist hier, und du mußt etwas vortäuschen. Du mußt auf der Hut sein. Du mußt entweder aggressiv oder defensiv sein. Es ist ein Kampf. Du kannst nicht entspannt sein. Der Kampf ist garantiert.

Die Seligkeit in der Liebe ist mehr oder weniger die Seligkeit der Entspannung. Du fühlst dich entspannt. Du kannst so sein, wie du bist. Du kannst in gewissem Sinne nackt sein – so wie du bist. Du brauchst dir keine Gedanken um dich zu machen. Du brauchst keine Fassade aufrechtzuerhalten. Du kannst offen und verletzlich sein. Du bist nicht verschlossen; deine Türen sind offen. Und in diesem Offensein bist du entspannt.

Das gleiche Phänomen geschieht, wenn du deinen Körper liebst. Du entspannst dich, du kümmerst dich um ihn.

Und ich sage dir, es ist kein Materialismus, den eigenen Körper zu lieben: Es ist der erste Schritt zur Spiritualität. (22)

Immer wenn ich unter emotionalem Streß stehe, reagiert mein Körper. Ich habe dich über das Sosein der Dinge reden hören und darüber, alles so zu nehmen, wie es ist, und das war für mich der Schlüssel, um meinen Verstand zu beruhigen. Hast du noch einen anderen Schlüssel, der auch meinen Körper beruhigt?

Der goldene Schlüssel des Soseins ist kein gewöhnlicher Schlüssel. Er öffnet alle Türen: Er paßt für den Verstand, er paßt für das Herz, er paßt für den Körper. Nur wird der Körper etwas länger brauchen.

Als du mich über das Sosein hast reden hören, hat sich als erstes dein Herz beruhigt. Es hat die kühle Brise des Soseins gespürt – ein tiefes Akzeptieren der Existenz. Aber sobald das Herz sich beruhigt, fängt auch der Verstand an, sich zu ändern. Der Verstand wird zur Nummer zwei. Er braucht nur ein bißchen länger als das Herz.

Derselbe Schlüssel paßt auch für den Verstand, und so wird auch er sich beruhigen. Der Körper kommt als drittes, denn man muß das so verstehen: Dein Sein ist das Zentrum, und dein Herz ist deinem Sein am nächsten. Der nächste Kreis ist der Verstand, und der äußerste Kreis ist der Körper. Der Körper ist von deinem Sein am weitesten entfernt, darum erreicht es ihn ein wenig später.

Wenn du im Bett liegst, laß auch deinen Körper das Sosein fühlen – zum Beispiel, daß es völlig in Ordnung ist, einen Schnupfen zu haben. Schnupfen ist keine Krankheit, sondern ein Reinigungsprozeß. Dein Körpermechanismus besitzt innen eine Schleimschicht – eine Art Schmiermittel, die den Körper leichter und reibungsloser funktionieren läßt. Und genauso, wie man bei jeder Maschine gelegentlich das Schmiermittel wechseln muß, so muß mindestens ein-, zweimal im Jahr der alte, verbrauchte Schleim ausgeschieden werden, damit der Körper neuen entwickeln kann.

Schnupfen ist keine Krankheit, und darum gibt es auch kein Heilmittel dagegen. Wäre er eine Krankheit, dann gäbe es dafür ein Heilmittel.

Aus diesem Grund sagt man ja auch: »Wenn du keine

Medikamente nimmst, dauert der Schnupfen sieben Tage; wenn du Medikamente nimmst, dauert er eine Woche.« Ob mit oder ohne Medikamente: Schnupfen ist keine Krankheit, sondern ein Reinigungsprozeß. Darum akzeptiere ihn, und selbst wenn dein Körper eine richtige Krankheit hat, leiste ihr keinen Widerstand. Nimm die Medikamente, aber mit einer anderen Haltung, einer anderen psychischen Einstellung.

Man kann Medikamente aus zwei völlig verschiedenen, fast entgegengesetzten Einstellungen heraus verwenden: Die eine Einstellung ist es, die Krankheit zu bekämpfen. Das ist eine negative Einstellung, aber mit dieser Einstellung leben fast alle. Ein Mensch, der das Sosein begreift, wird eine andere Einstellung haben. Seine Haltung wird die sein: Vielleicht ist die Krankheit zu diesem Zeitpunkt notwendig! Er lehnt sie nicht ab. Er nimmt die Medikamente nur, um dem Körper zu helfen, die Krankheit zu verkraften, und um den Körper genügend zu stärken, damit er das Sosein der Krankheit hinnehmen kann. Er wird die Medikamente nicht gegen die Krankheit nehmen, sondern um seine Lebenskraft, seine Gesundheit ausreichend zu unterstützen, damit er die Krankheit als Freund akzeptieren kann und nicht gegen sie ankämpft.

Du wirst überrascht sein, wie sehr diese Idee des Soseins dir bei den Stürmen deines Herzens, bei deinen Emotionen und Gefühlen, den Verwirrungen deines Verstandes und den Krankheiten deines Körpers helfen kann. (23)

Ich habe dich über den Wert der Entspannung reden hören. Wie kann man aber bei der Arbeit entspannt bleiben?

Unsere ganze Gesellschaft ist auf Arbeit ausgerichtet. Diese Gesellschaft ist arbeitssüchtig. Sie hat kein Interesse, daß ihr lernt, euch zu entspannen. Deshalb impft sie euch von Kindheit an Ideen ein, die gegen Entspannung sind.

Ich sage nicht, daß ihr euch den ganzen Tag lang nur entspannen sollt. Tut eure Arbeit, aber findet auch Zeit für euch selbst. Und das könnt ihr nur durch Entspannung. Ihr werdet euch wundern: Wenn ihr euch von den vierundzwanzig Stunden nur ein oder zwei Stunden lang entspannen könnt, werdet ihr tiefere Einsichten über euch selbst bekommen. Es wird euer äußeres Verhalten verändern – ihr werdet ruhiger und stiller werden. Die Qualität eurer Arbeit wird sich verändern: Sie wird künstlerischer, anmutiger werden. Ihr werdet weniger Fehler machen als früher, weil ihr gesammelter und zentrierter seid.

Entspannung setzt wunderbare Kräfte frei. Sie ist keine Faulheit. Ein fauler Mensch mag von außen so aussehen, als ob er nichts tut, aber sein Verstand rattert so schnell, wie er nur kann. Jedoch bei einem Menschen, der sich entspannt, ist der Körper entspannt, ist der Geist entspannt, ist das Herz entspannt. Die Entspannung herrscht auf allen drei Ebenen: Körper, Geist, Herz. Für zwei Stunden ist er beinahe nicht anwesend, und in diesen zwei Stunden regeneriert sich sein Körper, regeneriert sich sein Herz, regeneriert sich seine Intelligenz – und an seiner Arbeit lassen sich die Früchte dieser Regeneration ablesen.

Er wird dadurch nur gewinnen. Er wird nicht mehr so nervös sein, nicht mehr unnötig hierhin und dahin rennen, sondern direkt den Punkt ansteuern, zu dem er hin will. Er wird das tun, was getan werden muß, und sich nicht mit unnötigen Nebensächlichkeiten aufhalten. Er wird nur das sagen, was nötig ist. Seine Sprache wird telegraphisch, seine Bewegungen werden voller Anmut sein, und sein Leben wird zur Poesie.

Entspannung kann euch zu solch wunderbaren Gipfeln der Transformation führen – und die Technik ist so einfach! Es ist nicht viel daran. Höchstens ein paar Tage lang werdet ihr es schwierig finden, aus alter Gewohnheit, aber dann wird sich die Entspannung ganz zwangsläufig einstellen. Sie wird einen neuen Glanz in eure Augen bringen, eine neue Frische in euer Sein. Und sie wird euch helfen, zu verstehen, was Meditation ist.

Es sind die ersten Schritte vor dem Eingang zum Tempel der Meditation.

Durch immer tieferes Entspannen gelangt ihr zur Meditation. (24)

Würdest du etwas über Entspannung sagen? Ich bin mir einer Spannung tief in meinem Innersten bewußt und fürchte, daß ich wahrscheinlich noch nie total entspannt gewesen bin.

Totale Entspannung ist das Höchste. In dem Augenblick, in dem man total entspannt ist, wird man zu einem Buddha. Es ist der Augenblick der Erkenntnis, der Erleuchtung, des Christus-Bewußtseins.

Jetzt kannst du noch nicht total entspannt sein. In deinem innersten Kern wird eine Spannung bestehen bleiben. Aber du kannst anfangen, dich zu entspannen.

Beginne an der Peripherie – dort, wo wir jetzt sind. Man kann immer nur dort anfangen, wo man ist. Entspanne die Peripherie deines Seins: Entspanne deinen Körper, entspanne dein Verhalten, entspanne dein Tun. Geh auf eine entspannte Weise, iß auf eine entspannte Weise, sprich und höre zu auf eine entspannte Weise.

Laß alle Vorgänge langsamer werden. Sei nicht in Hast und Eile. Bewege dich so, als ob dir die ganze Ewigkeit zur Verfügung stünde – und das tut sie tatsächlich.

Wir sind seit Anbeginn hier und werden bis zum Ende hier sein – falls es überhaupt einen Anfang und ein Ende gibt! Tatsächlich gibt es gar keinen Anfang und kein Ende. Wir sind schon immer hier gewesen und werden immer hier sein. Die Formen ändern sich ständig, aber nicht die Substanz. Die äußeren Hüllen ändern sich ständig, aber nicht die Seele.

Spannung bedeutet Eile, Angst, Zweifel. Spannung bedeutet das fortwährende Bestreben, sich zu schützen, sich abzusichern, geborgen zu sein. Spannung bedeutet, sich heute auf das Morgen vorzubereiten oder auf irgendein späteres Leben – aus Angst, daß ihr morgen nicht in der Lage sein werdet, euch der Wirklichkeit zu stellen. Also rüstet euch! Spannung bedeutet die Vergangenheit, die ihr nicht wirklich gelebt, sondern nur irgendwie hinter euch gebracht habt. Sie hängt euch nach – ein Überrest, der euch umgibt.

Merkt euch etwas Grundsätzliches über das Leben: Jede nicht gelebte Erfahrung hängt euch nach und bedrängt euch:

»Vollende mich! Lebe mich! Beende mich!« Es ist die eigentümliche Neigung einer jeden Erfahrung, daß sie zu Ende gelebt und vervollständigt werden will. Sobald sie abgeschlossen ist, verflüchtigt sie sich, aber solange sie noch unvollständig ist, ist sie präsent. Sie quält und verfolgt euch und zieht eure Aufmerksamkeit auf sich. Sie sagt: »Was wirst du mit mir anstellen? Ich bin noch unvollständig – erfülle mich!«

Deine ganze Vergangenheit hängt noch an dir, denn nichts hast du wirklich gelebt. Alles hast du irgendwie umgangen, nur teilweise gelebt, nur halbherzig und auf lauwarme Weise gelebt. Es hatte keine Intensität, keine Leidenschaft. Du hast dich wie ein Schlafwandler, wie ein Somnambulist, bewegt. Darum klebt deine Vergangenheit an dir, und deine Zukunft macht dir angst. Und eingequetscht zwischen Vergangenheit und Zukunft ist deine Gegenwart, deine einzige Wirklichkeit.

Du wirst von der Peripherie her entspannen müssen. Und der erste Schritt besteht darin, den Körper zu entspannen. Erinnere dich, sooft du kannst, im Körper nachzusehen, ob du irgendwo eine körperliche Spannung in dir trägst – im Nacken, im Kopf, in den Beinen. Und dann entspanne sie ganz bewußt. Gehe in diesen Teil des Körpers und überrede ihn ganz liebevoll: »Entspanne dich!«

Du wirst dich wundern: Wenn du irgendeinen Teil deines Körpers so ansprichst, wird er zuhören und dir folgen – denn es ist *dein* Körper! Geh mit geschlossenen Augen ins Innere deines Körpers von den Zehen bis zum Kopf und suche nach einer Stelle, wo Spannung besteht. Und dann sprich zu diesem Teil wie zu einem Freund. Halte Zwiesprache mit deinem Körper. Sag ihm, daß er sich entspannen soll, sag ihm: »Du hast nichts zu befürchten. Du brauchst keine Angst zu haben. Ich bin hier, um auf dich aufzupassen. Du kannst dich entspannen.« Und allmählich wirst du den Kniff lernen. Dann wird sich der Körper entspannen.

Der nächste Schritt geht ein wenig tiefer: Sag deinem Verstand, daß er sich entspannen soll. Wenn der Körper auf dich gehört hat, dann wird auch der Verstand auf dich hören, aber du kannst nicht mit dem Verstand beginnen. Du mußt beim Anfang beginnen. Du kannst nicht in der Mitte beginnen. Viele Leute beginnen beim Verstand, und es gelingt ihnen nicht. Sie scheitern, weil sie am falschen Ende anfangen. Man muß alles in der richtigen Reihenfolge tun.

Wenn du lernst, den Körper willentlich zu entspannen, wirst du auch imstande sein, deinen Verstand dazu zu bewegen, sich willentlich zu entspannen. Der Verstand ist ein kompliziertes Phänomen. Aber wenn du Vertrauen gewonnen hast, daß der Körper auf dich hört, wird dir das neues Selbstvertrauen geben. Dann wird auch dein Verstand auf dich hören. Mit dem Verstand wird es ein wenig länger dauern, aber es wird geschehen.

Wenn dein Verstand sich entspannt hat, dann fang an, dein Herz zu entspannen, die Welt deiner Gefühle und Emotionen. Sie ist noch komplizierter, noch subtiler. Aber jetzt wirst du mit Vertrauen vorgehen, mit großem Vertrauen in dich selbst, denn jetzt weißt du, daß es möglich ist. Wenn es mit dem Körper möglich ist und mit dem Verstand, dann ist es auch mit dem Herzen möglich. Und erst wenn du durch diese drei Stufen hindurchgegangen bist, kannst du den vierten Schritt tun. Jetzt kannst du zum innersten Kern deines Seins gehen, der sich jenseits von Körper, Verstand und Herz befindet – zum eigentlichen Zentrum deiner Existenz. Und du wirst imstande sein, dich auch dort zu entspannen. Diese Entspannung wird dir mit Sicherheit die größtmögliche Freude bringen, die es gibt, die höchste Ekstase, das höchste Akzeptieren. Du wirst voller Glückseligkeit und Jubel sein. Dein Leben bekommt die Qualität von einem Tanz.

Die ganze Existenz tanzt – nur der Mensch nicht. Die ganze Existenz befindet sich in einer sehr entspannten Bewegung. Alles ist in Bewegung, zweifellos – doch völlig entspannt.

Die Bäume wachsen, die Vögel zwitschern, die Flüsse strömen, die Sterne kreisen ... Alles bewegt sich auf eine sehr entspannte Weise – ohne Hast, ohne Eile, ohne Sorge, ohne Vergeudung. Alles, außer dem Menschen. Der Mensch ist ein Opfer seines Verstandes geworden.

Der Mensch kann sich über die Götter erheben, aber er

kann auch tiefer sinken als die Tiere. Der Mensch hat einen breiten Spielraum: vom Niedrigsten zum Höchsten. Der Mensch ist eine Leiter.

Beginne beim Körper und gehe dann allmählich tiefer. Und beginne nichts Neues, solange du das Grundlegende nicht gelöst hast. Solange dein Körper noch angespannt ist, beginne nicht mit dem Verstand. Warte! Arbeite am Körper. Und viele kleine Dinge können dir dabei ungeheuer helfen.

Zum Beispiel gehst du mit einem bestimmten Tempo. Es ist eine automatische Gewohnheit. Versuche einmal, ganz langsam zu gehen. Buddha sagte zu seinen Schülern: »Geht ganz langsam und macht jeden Schritt sehr bewußt.« Wenn du jeden Schritt sehr bewußt machst, kannst du gar nicht anders, als langsam zu gehen. Wenn du rennst und in Eile bist, vergißt du, daran zu denken. Darum geht Buddha sehr langsam.

Versuche also, ganz langsam zu gehen, und du wirst dich wundern ... Eine neue Qualität von Bewußtheit wird in deinem Körper passieren. Iß langsam, und du wirst dich wundern ... Eine große Entspannung wird stattfinden. Mach alles langsam – nur, um das alte Muster zu durchbrechen und dich von deinen alten Gewohnheiten zu befreien.

Als erstes muß der Körper völlig entspannt sein, wie bei einem kleinen Kind. Dann erst beginne mit dem Verstand. Gehe wissenschaftlich vor: zuerst das Leichteste, dann das Kompliziertere, und dann das Schwierigste. Erst dann kannst du dich auch im innersten Kern entspannen.

Entspannung ist eines der komplexesten Phänomene – überaus vielfältig, multidimensional. All diese Dinge gehören dazu: Loslassen, Vertrauen, Hingabe, Liebe, Akzeptieren, Mit-dem-Strom-Treiben, Einssein mit der Existenz, Egolosigkeit, Ekstase. All das gehört dazu und all das beginnt zu geschehen, wenn du die Methode der Entspannung lernst.

Eure sogenannten Religionen haben euch sehr angespannt werden lassen, weil sie Schuld in euch erzeugt haben. Meine Bemühung hier ist es, euch zu helfen, alle Schuld und alle Angst loszuwerden. Ich möchte euch sagen: Es gibt keine

Hölle und keinen Himmel! Darum habt keine Angst vor der Hölle und seid nicht gierig nach dem Himmel.

Alles, was existiert, existiert in *diesem* Augenblick. Ihr könnt diesen Augenblick zur Hölle oder zum Himmel machen – das ist zweifellos möglich –, aber es gibt keinen Himmel und keine Hölle irgendwo anders. Hölle ist, wenn du ganz angespannt bist, und Himmel ist, wenn du ganz entspannt bist.

Und die totale Entspannung ist das Paradies. (25)

Bei der Arbeit bin ich sehr schnell, aber ich fühle auch viel Streß. Die Leute sagen mir, ich soll mich entspannen, aber das fällt mir schwer. Kannst du mir einen Rat geben?

Ein kanadischer Psychoanalytiker, Dr. Hans Sehye, hat seine ganze Lebensarbeit einem einzigen Problem gewidmet: Streß. Er ist dabei zu einigen sehr tiefen Erkenntnissen gelangt. Eine davon ist die, daß Streß nicht immer verkehrt ist. Er kann auch auf positive Weise genutzt werden. Er ist nicht unbedingt negativ. Nur wenn wir denken, daß Streß negativ sei, ist es nicht gut. Dann erzeugen wir Probleme.

Streß an sich kann als eine Chance genützt werden; er kann kreative Formen annehmen. Aber üblicherweise hat man uns seit jeher beigebracht, daß Streß etwas Schlechtes sei, und dadurch wirst du, wenn du in irgendeine Art von Streß gerätst, Angst davor haben. Und die Angst macht den Streß nur noch schlimmer; sie hilft dir überhaupt nicht in dieser Lage.

Zum Beispiel wenn du im Berufsleben in einer Situation bist, die Streß erzeugt: In dem Moment, wo dir bewußt wird, daß eine Spannung, daß Streß da ist, bekommst du Angst, denn es sollte nicht so sein: »Ich muß mich entspannen!« Wenn du jetzt versuchst, dich zu entspannen, wird es nichts nützen. Du kannst es nicht. Vielmehr wird der Versuch, dich zu entspannen, noch zusätzlichen Streß erzeugen. Der Streß ist da, aber wenn du versuchst, dich zu entspannen, bist du dazu nicht in der Lage, und dadurch komplizierst du noch das Problem.

Wenn Streß auftritt, benutze ihn als kreative Energie. Als erstes akzeptiere ihn. Es ist unnötig, gegen ihn anzukämpfen. Akzeptiere ihn, denn er ist völlig in Ordnung. Im Grunde sagt er dir: »Die Geschäfte gehen nicht so gut; es gibt ein Problem«, oder: »Paß auf, daß du nicht draufzahlst«, oder etwas ähnliches. Streß ist ganz einfach ein Hinweis, daß der Körper sich zum Kämpfen bereit macht. Wenn du jetzt versuchst, dich zu entspannen, oder eine Schmerztablette oder ein Beruhigungsmittel nimmst, dann gehst du gegen den Körper, denn der Körper macht sich bereit, in dieser Situation zu kämpfen und die Herausforderung anzunehmen.

Freue dich über die Herausforderung! Auch wenn du manchmal in der Nacht nicht schlafen kannst, brauchst du dir deswegen keine Sorgen zu machen. Benutze es, nutze die Energie, die da ist: Geh herum oder geh joggen, mach einen langen Spaziergang, überleg dir, was du demnächst tun willst, plane mit deinem Verstand. Statt daß du versuchst einzuschlafen – was nicht geht –, nutze diese Situation auf kreative Weise. Sie bedeutet einfach nur, daß der Körper bereit ist, mit einem Problem zu kämpfen. Jetzt ist nicht die Zeit zum Entspannen. Die Entspannung ist später dran!

Wenn du deinen Streß total auslebst, kommst du automatisch zur Entspannung. Du kannst nur bis zu einem bestimmten Punkt gehen, dann entspannt sich der Körper automatisch. Wenn du versuchst, dich mittendrin zu entspannen, schaffst du Probleme. Der Körper kann sich nicht mittendrin entspannen. Es ist beinahe so, wie wenn sich ein Olympialäufer startklar macht: Er wartet nur auf den Pfiff, auf das Startsignal, dann ist er weg, dann läuft er wie der Wind. Er ist voller Streß. Jetzt ist nicht die richtige Zeit zu entspannen. Wenn er jetzt ein Beruhigungsmittel nimmt, wird er im Rennen zu nichts zu gebrauchen sein. Oder wenn er sich jetzt entspannt und TM zu machen versucht, wird er alles verlieren. Er muß sich den Streß zunutze machen: Der Streß ist in ihm am Kochen, er baut Energie auf. Er wird immer vitaler und energiegeladener. Er muß jetzt auf seinem Streß sitzen und ihn als Energie, als Brennstoff benutzen.

Sehye hat für diese Art von Streß einen neuen Namen geprägt. Er nennt ihn »Eustreß«, nach Euphorie; es ist positiver Streß. Wenn der Läufer seinen Lauf beendet hat, wird er in einen tiefen Schlaf fallen. Das Problem ist gelöst. Jetzt, wo das Problem nicht mehr besteht, verschwindet der Streß ganz von allein.

Versuche es: In einer streßgeladenen Situation gerate nicht in Panik, habe keine Angst vor dem Streß. Laß dich auf ihn ein und benutze ihn zum Kämpfen. Der Mensch hat unerschöpfliche Energien, und je mehr du sie nutzt, um so mehr steht dir zur Verfügung. Wenn es sich so ergibt und die Situation es verlangt, dann kämpfe und tu alles, was du kannst, sei wie verrückt. Laß den Streß zu, akzeptiere und begrüße ihn. Er ist gut, er macht dich fürs Kämpfen bereit. Und wenn du dich so hineingestürzt hast, wirst du dich wundern: Eine tiefe Entspannung kommt über dich, und diese Entspannung brauchst du nicht zu machen. Vielleicht hast du zwei, drei Tage lang nicht schlafen können, und jetzt kannst du achtundvierzig Stunden lang nicht aufwachen – aber das ist okay!

Wir tragen so viele falsche Vorstellungen mit uns herum – zum Beispiel, daß jeder Mensch täglich acht Stunden Schlaf braucht. Es hängt aber ganz von der Situation ab. Es gibt Situationen, in denen man keinen Schlaf braucht: Dein Haus steht in Flammen, und du versuchst zu schlafen! Das ist unmöglich, und es sollte auch unmöglich sein, denn wer soll sonst das Feuer löschen? Wenn das Haus in Flammen steht, werden alle anderen Dinge zurückgestellt. Mit einem Schlag ist dein Körper bereit, das Feuer zu bekämpfen. Du wirst dich nicht mehr müde fühlen. Wenn das Feuer aus ist und alles sich beruhigt hat, wirst du lange schlafen, und das genügt.

Es braucht auch nicht jeder die gleiche Zeit zum Schlafen. Manche Leute kommen mit drei Stunden aus, mit zwei Stunden, vier Stunden, fünf Stunden, andere mit sechs, acht, zehn, zwölf. Die Menschen sind verschieden. Es gibt keine Norm. Und die Menschen sind auch verschieden, was den Streß angeht.

Es gibt zwei Menschentypen auf dieser Welt: den Rennpferd-Typ und den Schildkröten-Typ. Läßt man dem Rennpferd nicht die Zügel schießen und läßt man es nicht vorpreschen, dann wird es Streß empfinden. Man muß ihm sein Tempo lassen. Und du bist eben ein Rennpferd! Darum vergiß die Entspannung und ähnliches. Das ist nichts für dich. Das ist etwas für Schildkröten wie mich! Sei ein Rennpferd, denn das ist deine Natur, und denk nicht an die Freuden, die den Schildkröten vorbehalten sind. Sie sind nicht für dich bestimmt: Du kennst andere Freuden. Und wenn eine Schildkröte anfängt, ein Rennpferd sein zu wollen, wird sie dieselben Schwierigkeiten haben!

Darum akzeptiere deine Natur. Du bist ein Kämpfer, ein Krieger. Du mußt so sein, und das ist deine Freude. Mach dir keine Sorgen, laß dich total darauf ein. Kämpfe auf dem Marktplatz, konkurriere am Markt, tu alles, was du wirklich tun möchtest. Hab keine Angst vor den Konsequenzen und akzeptiere den Streß. Sobald du den Streß akzeptierst, verschwindet er. Und nicht nur das: Du wirst sehr glücklich sein, denn du hast angefangen, ihn zu nutzen. Er ist eine Form von Energie.

Hör nicht auf die Leute, die dir sagen, daß du entspannen sollst. Es ist nichts für dich. Deine Entspannung wird erst kommen, wenn du sie dir durch harte Arbeit verdient hast. Man muß verstehen, zu welchem Typ man gehört. Wenn man den Typ verstanden hat, gibt es kein Problem; dann kann man einer klaren Linie folgen. (26)

Wie würdest du den Zustand der Hypertonie definieren?

Hypertonie ist ein Zustand, der eintritt, wenn man sich zu sehr auf seinen rationalen Verstand konzentriert und seine Gefühle vernachlässigt hat. Hypertonie entsteht durch ein Ungleichgewicht. Es ist die Überbetonung des Verstandes, welche den Grundstein für Hypertonie legt. Menschen, die zu sehr im Kopf leben, werden zu Hypertonikern.

Entspannung kommt durch das Herz. Man sollte ganz leicht imstande sein, vom Kopf ins Herz zu gehen – genauso leicht, wie man bei einem Haus aus- und eingeht. Man sollte fließend zwischen Kopf und Herz hin- und herwechseln können. Es sind die beiden Ufer des Flusses, der ihr seid. Ihr dürft euch nicht an einem der Ufer festklammern, sonst wird euer Leben zu einseitig.

Im Westen ist die Hypertonie ein großes Problem, weil der Westen die Sprache des Herzens vergessen hat, aber nur das Herz weiß, wie man entspannt, denn nur das Herz weiß, wie man liebt. Nur das Herz weiß, wie man sich freut, wie man feiert. Nur das Herz weiß, wie man tanzt und singt. Der Kopf weiß nichts vom Tanzen, der Kopf verurteilt das Tanzen als dumm. Der Kopf weiß nichts von Poesie, der Kopf verurteilt die Poesie.

Wißt ihr, was Plato, einer der größten Philosophen, gesagt hat, als er über die vollkommene utopische Republik nachdachte? Er sagte, daß kein Dichter dort Zutritt haben sollte. In seiner Republik, in seiner perfekten Gesellschaft sollten Dichter nicht zugelassen werden. Warum? – weil er vor Dichtern Angst hatte. Er sagte: Dichter bringen Phantasien, Dichter bringen Träume, Dichter bringen Verwirrung und Mystik, und er wollte nichts von alledem. Er wollte eine sehr klare, eine logische, prosaische Gesellschaft. Aber eine solche Gesellschaft wird eine Gesellschaft von hypertonen Neurotikern sein. In Platos Republik, falls sie je verwirklicht wird – und das ist sehr zu befürchten –, wird es nur Neurotiker geben, und jeder wird ständig seinen Psychoanalytiker dabei haben. Überall, wo man hingeht, wird man seinen Psychoanalytiker mitnehmen. Im Westen sind wir schon auf dem besten Weg dahin.

Ich habe gehört: Auf einer Straße in New York prahlen zwei kleine Jungen miteinander um die Wette – so wie kleine Jungen das eben seit ewigen Zeiten tun. Aber was sie sagen, ist absolut neu. Der eine sagt zum andern: »Mein Psychoanalytiker ist viel teurer als deiner.«

Kleine Jungs haben schon immer so geredet: »Mein Vater ist viel klüger als deiner« oder: »Mein Haus ist viel größer als deines« oder: »Mein Hund ist stärker als deiner.« – Die ersten Regungen des kindlichen Egos! Aber: »Mein Psychoanalytiker ist viel teurer als deiner« – das ist absolut neu!

Drei Mütter erzählen sich gegenseitig von ihren Söhnen. Die eine sagt: »Meiner ist Klassenerster und hat in allem die besten Noten.«

Die zweite sagt: »Das ist gar nichts. Meiner ist erst sieben, aber er spielt schon Klavier wie ein Mozart oder Wagner.«

Die dritte sagt: »Das ist noch gar nichts. Meiner ist erst fünf, und er geht schon ganz allein zu seinem Analytiker.«

Hypertonie ist ein Zustand, bei dem man das Gleichgewicht im Leben verloren hat: Das Herz kommt nicht mehr zum Zug, weil die Logik alles an sich gerissen hat.

Aber die Logik ist nur an der Oberfläche. Wenn die Logik das Steuer übernimmt, erzeugt sie nur Angst; sie bringt keinen Frieden, immer nur neue Probleme. Sie löst niemals irgendein Problem, denn das kann sie nicht. Es liegt nicht in ihrer Macht. Sie verspricht immer nur, sie gibt immer nur vor, es zu können. Sie sagt ständig: »Ich liefere dir die Ware«, aber liefert sie nie. Dann häufen sich die Probleme, und ihr wißt nicht, wie ihr aus euren Problemen herauskommen sollt, denn ihr wißt nicht, wie ihr aus eurem Kopf herauskommen könnt.

Ihr wißt nicht, wie man mit Kindern spielt, ihr wißt nicht, wie man eine Frau liebt, ihr wißt nicht, wie man mit den Bäumen redet und gelegentlich mit den Sternen Zwiesprache hält. Ihr habt das alles vergessen. Ihr seid keine Dichter mehr; euer Herz ist nicht mehr lebendig.

Immer wenn irgendein Teil des Körpers unterdrückt wird, wird dieser Teil Rache nehmen. Wenn ein Teil des Gemüts unterdrückt wird, wird dieser Teil Rache nehmen. Und das Herz ist der vitalste Teil, der lebenswichtigste Teil. Man kann ohne den Kopf leben, aber man kann nicht ohne das Herz leben. Der Kopf ist etwas Oberflächliches, eine Art Luxus, aber das Herz ist absolut lebensnotwendig. Den Kopf gibt es nur beim Menschen, darum kann er nicht so lebensnotwendig sein. Die Tiere kommen ohne ihn aus, und sie leben sehr gut ohne ihn – viel friedlicher und glücklicher als der Mensch. Die Bäume leben ohne den Kopf, und auch die Vögel, die Kinder, die Mystiker.

Der Kopf ist oberflächlich. Er hat eine bestimmte Aufgabe ... Benutzt ihn, aber laßt euch nicht von ihm benutzen. Wenn der Kopf erst einmal euch benutzt, werdet ihr ängstlich und nervös. Angst macht sich breit, und ihr werdet eures Lebens überdrüssig. Euer Leben wird zu einer einzigen ausgedehnten Qual, und ihr könnt nirgendwo eine Oase finden; es ist wie eine Wüste. Merkt euch: Das Lebenswichtige darf man nicht unterdrücken. Das Unwesentliche muß hinter dem Wesentlichen zurückstehen; es muß wie ein Schatten nachfolgen. Man kann überhaupt *nichts* unterdrücken, ohne daß es Schwierigkeiten gibt.

Hört euch diese Anekdote an:

Eine fliegende Untertasse landet eines Tages im Garten von Susi Rosenbaum, mitten im Dahlienbeet. Zuerst gibt es ein schwirrendes Geräusch, und dann taucht ein seltsames violettes Männchen aus der Luke an der Bordwand auf. Es steuert geradewegs auf Susis Hintertür zu und klopft höflich an.

Susi öffnet die Tür, überblickt schnell die Lage und sagt: »Oh, du kommst aus der fliegenden Untertasse?«

»Mmh«, antwortet das Männchen, wie unter Schmerzen.

»Kommst du etwa vom Mars?«, fragt Susi.

»Mmh«, wiederholt das Männchen mit einer Grimasse.

»Wie lange hast du bis hierher gebraucht? Zehn Jahre?«, fragt Susi.

»Mmh.«

»Zwanzig Jahre?«

»Mmh«, sagt das Männchen mit schmerzverzerrter Miene.

»Zwanzig Jahre! So lange bist du schon unterwegs?«

»Mmh«, nickt das Männchen wütend.

»Und was kann ich für dich tun?«, fragt Susi.

Da öffnet das Männchen den Mund und sagt mit letzter Kraft: »Kann ich bitte mal aufs Klo gehen?«

Wenn man etwas unterdrückt, wird es übermächtig. Zwanzig Jahre lang ist er auf der Suche nach einem Klo – und jetzt all diese dummen Fragen: »Woher kommst du?«, »Wer bist du?« und: »Wie lange ...?« Was soll er darauf antworten? Alles, was er unterdrückt hat, kommt hoch und rächt sich.

Euer Herz ist schon so viele Leben lang unterdrückt worden, daß es, wenn es endlich explodiert, ein großes Chaos in eurem Leben anrichten kann. Zuerst leidet ihr unter eurem Verstand, unter seinen Spannungen, seinen Ängsten – und dann passiert vielleicht irgendwann eine Explosion in eurem Herzen. Das ist der Fall, wenn jemand einen Zusammenbruch hat. Erst leidet er so lange unter dem angespannten Zustand seines Verstandes, bis sich eines Tages das Herz revanchiert: Es explodiert, und der Mensch dreht durch und spielt verrückt.

Beide Situationen sind schlecht: Zuerst herrscht die totale geistige Gesundheit – aber das macht geisteskrank. Ein geistig wirklich gesunder Mensch ist jemand, der in einem absoluten Gleichgewicht zwischen Vernunft und Wahnsinn, zwischen geistiger Gesundheit und Geisteskrankheit leben kann. Ein geistig wirklich gesunder Mensch hat immer einen gewissen Wahnsinn in sich – er akzeptiert ihn einfach.

Ein wahrhaft rationaler Mensch ist jemand, der auch die Irrationalität zuläßt, denn so ist das Leben eben. Wenn ihr über eure Vernünftigkeit nicht lachen könnt – weil ihr Lachen lächerlich findet –, dann steht euch Schweres bevor, dann ladet ihr euch Schwierigkeiten ins Haus.

Gewiß, Logik ist gut, aber Lachen ist besser – und Lachen bringt euch ins Gleichgewicht. Es ist gut, ernst zu sein, und es ist auch gut, unernst zu sein, und zwischen diesen beiden sollte ein ständiger Ausgleich stattfinden.

Habt ihr mal einem Seiltänzer zugeschaut? Er balanciert sich ständig aus. Manchmal lehnt er sich mit seiner Stange nach links, und dann kommt der Augenblick, wo er abzustürzen drohte, wenn er sich noch mehr nach links lehnt. Sofort wechselt er das Gleichgewicht und geht zur anderen Seite: Er lehnt sich nach rechts. Und dann kommt wieder ein Moment ... noch einen Augenblick mehr, und er würde fallen: Er lehnt sich wieder nach links. So kommt er voran. Indem er sich erst nach links und dann nach rechts lehnt, bleibt er in der Mitte. Das ist das Schöne dabei: Indem er sich mal nach links und mal nach rechts lehnt, indem er sich zu den beiden Extremen lehnt, bleibt er in der Mitte.

Wenn ihr in der Mitte bleiben wollt, müßt ihr euch immer wieder nach beiden Seiten lehnen. Ihr dürft aber nicht wählen. Sobald ihr wählt, stürzt ihr ab. Wenn ihr euch für den Kopf entscheidet, fallt ihr; ihr überspannt den Bogen. Wenn ihr euch für das Herz entscheidet und den Kopf ganz beiseite laßt, werdet ihr verrückt. Aber wenn ihr schon wählt, wenn ihr überhaupt wählen wollt, dann wählt die Verrücktheit. Wählt das Herz, denn das Herz ist lebenswichtiger.

Ich sage aber nicht, daß ihr wählen sollt. Wenn ihr darauf besteht und sagt: »Ich muß wählen«, dann seid lieber verrückt als nüchtern und normal. Seid im Herzen. Liebt, und liebt wie verrückt. Singt, und singt wie verrückt. Tanzt, und tanzt wie verrückt. Das ist weitaus besser, als kalkulierend, logisch und rational zu sein und in einem Alptraum zu leben.

Aber ich sage nicht, daß ihr das tun sollt; ich empfehle es nicht. Meine Empfehlung ist, wahlfrei zu bleiben. »Wahlfreies Bewußtsein« ist das Schlüsselwort. Bleibt wahlfrei und aufmerksam. Und immer wenn ihr seht, daß etwas aus dem Gleichgewicht gerät, lehnt euch nach der anderen Seite und stellt das Gleichgewicht wieder her. So kommt ihr voran. Das Leben ist wie ein Tanz auf dem Seil. (27)

In früheren Zeiten nannte man es Melancholie, heute sagt man dazu Depression. Sie gilt als eines der psychologischen Hauptprobleme in den höher entwickelten Ländern und wird beschrieben als ein Gefühl von Verzweiflung und Hoffnungslosigkeit, Mangel an Selbstwert, Lustlosigkeit und fehlendes Interesse an

der Umgebung. Außerdem zeigen sich körperliche Symptome wie Appetitmangel, Schlaflosigkeit und Verlust der sexuellen Energie. Von der Elektroschockbehandlung ist man inzwischen größtenteils wieder abgekommen, Medikamente und Gesprächstherapie haben sich als ebenso wirksam bzw. unwirksam erwiesen. Für die Depression gibt es ein ganzes Spektrum von Erklärungsversuchen – von chemischen bis zu psychologischen Ursachen.
Was ist Depression? Ist sie einfach eine Reaktion auf unsere deprimierende Welt, eine Art »Winterschlaf«, um den »Winter unseres Mißvergnügens« zu überstehen? Ist Depression nur eine Reaktion auf äußere Repression und Unterdrückung oder ist sie eine Form der Selbstunterdrückung?*

Die Menschen haben immer mit der Hoffnung gelebt – auf die Zukunft, auf ein fernes Paradies. Sie haben nie in der Gegenwart gelebt; ihr goldenes Zeitalter sollte erst noch kommen. Das hat ihren Optimismus wachgehalten, denn die größten Dinge sollten erst in der Zukunft passieren; ihre ganze Sehnsucht würde sich erfüllen. In der Erwartung lag eine große Freude. In der Gegenwart haben die Menschen gelitten, in der Gegenwart waren sie unglücklich. Aber in ihren Träumen konnten sie alles völlig vergessen, und morgen würden die Träume in Erfüllung gehen! Das Morgen ist immer ein Lebenselixier gewesen.

Doch die Situation hat sich geändert. So wie früher war es nicht gut, denn das Morgen, die Erfüllung aller Träume, wurde niemals wahr. Die Menschen nahmen ihre Hoffnung mit in den Tod. Selbst im Sterben hofften sie noch auf ein zukünftiges Leben. Niemals erfuhren sie wirkliche Freude, wirklichen Sinn. Aber es war zu ertragen. Es war nur eine Frage der Zeit – es würde vorübergehen, und das Morgen würde bestimmt kommen. Die religiösen Heilsverkünder, die Propheten und Retter versprachen ihnen für das Paradies alle Freuden, die hier verdammt werden. Und die politischen

* Anspielung auf ein Zitat aus *Richard III.* von Shakespeare – *Anm. d. Übers.*

Führer, die Ideologen der Gesellschaft, die Utopisten versprachen ihnen das gleiche – nicht im Paradies, sondern hier auf Erden, irgendwann in ferner Zukunft, wenn die Gesellschaft eine totale Revolution durchgemacht hätte und wenn es keine Armut, keine Klassen, keine Regierungen mehr gäbe und die Menschen absolut frei wären und alles hätten, was sie brauchten.

Im Grunde erfüllen beide dasselbe psychologische Bedürfnis. Die Materialisten fühlten sich von den ideologischen, politischen und gesellschaftlichen Utopisten angesprochen; für die weniger materialistisch Eingestellten waren die religiösen Führer anziehend. Aber das Objekt der Anziehung war genau das gleiche: Alles, was man sich vorstellen kann, wovon man träumt, wonach man sich sehnt, wird ganz und gar in Erfüllung gehen. Angesichts dieser Träume erschienen die gegenwärtigen Leiden sehr nichtig.

In der Welt herrschte Optimismus; die Menschen waren nicht depressiv. Die Depression ist ein zeitgenössisches Phänomen, und es ist entstanden, weil es heute kein Morgen mehr gibt.

Alle politischen Ideologien haben versagt. Es besteht keine Chance mehr, daß die Menschen je gleich sein werden, keine Chance, daß es irgendwann keine Regierungen mehr geben wird, keine Chance, daß all eure Träume je in Erfüllung gehen.

Das ist ein großer Schock. Gleichzeitig sind die Menschen reifer geworden. Sie mögen zur Kirche gehen, in die Moschee, die Synagoge, den Tempel – aber nur aus gesellschaftlichem Konformismus, weil sie nicht allein sein wollen in einem so finsteren und depressiven Zustand; sie wollen zur Herde gehören. Im Grunde weiß aber jeder, daß es das Paradies nicht gibt und daß kein Retter kommen wird.

Die Hindus warten seit fünftausend Jahren auf Krishna. Er hat nicht nur versprochen, daß er einmal wiederkommen wird, sondern er versprach, daß er immer dann wiederkommen wird, wenn Unglück und Leid vorherrschen, wenn das Gute vom Bösen unterdrückt wird und die guten, einfachen, unschuldigen Leute von den Gemeinen, den Heuchlern ausgebeutet werden. Seit fünftausend Jahren hat er sich aber kein einziges Mal blicken lassen!

Jesus versprach wiederzukommen, und als man ihn fragte, wann, sagte er: »Sehr bald.« Nun, man kann »sehr bald« ein wenig in die Länge ziehen, aber zweitausend Jahre? Das ist einfach zu lang.

Der Gedanke, daß unser Unglück, unser Schmerz, unsere Verzweiflung von uns genommen werden, hat keine Anziehung mehr. Der Gedanke, daß es einen Gott gibt, der sich um uns kümmert, scheint ganz einfach ein Witz zu sein. Wenn man sich die Welt betrachtet, sieht es nicht so aus, als ob irgend jemand sich darum kümmert.

In England gibt es fast dreißigtausend Teufelsanbeter – allein in England, und das ist nur ein kleiner Teil der Welt! Im Zusammenhang mit deiner Frage lohnt es sich, ihre Ideologie näher zu betrachten. Sie sagen, der Teufel sei nicht der Feind Gottes, der Teufel sei Gottes Sohn. Gott habe die Welt im Stich gelassen, und nun gebe es nur noch eine einzige Hoffnung: den Teufel zu überreden, sich um die Welt zu kümmern, weil Gott sich nicht darum kümmert. Dreißigtausend Leute verehren den Teufel als Sohn Gottes! Und zwar weil sie das Gefühl haben, daß Gott die Welt im Stich gelassen hat – es liegt ihm nichts mehr an ihr. Dann ist es doch naheliegend, sich an seinen Sohn zu wenden! Wenn man ihn durch Rituale, Gebete und Messen irgendwie überreden könnte, ließen sich vielleicht das Unglück, die Dunkelheit, die Krankheit beseitigen. Ein verzweifeltes Bemühen!

Die Realität ist, daß die Menschen immer in Armut gelebt haben. Die Armut hat auch etwas Schönes: Sie zerstört niemals eure Hoffnung, nie ist sie gegen eure Träume, stets erweckt sie Begeisterung für das Morgen. Die Menschen sind voller Hoffnung und glauben, daß die Dinge besser werden. Diese dunklen Zeiten gehen schon vorüber, und bald wird das Licht da sein!

Aber die Situation hat sich geändert. In den höher entwickelten Ländern – und seid euch im klaren, in den Entwicklungsländern ist die Depression kein Problem, denn in diesen armen Ländern haben die Menschen noch Hoffnung – nur in den höher entwickelten Ländern, wo man heute alles hat, was man sich je gewünscht hat, stellt sie ein Problem dar. Das Paradies ist dort keine Verheißung mehr, und auch die klassenlose Gesellschaft zieht nicht mehr. Keine Utopie kann eine Besserung bringen, denn man hat das Ziel erreicht. Aber dieses Erreichen des Zieles ist die Ursache für die Depression. Jetzt besteht keine Hoffnung mehr: Das Morgen ist dunkel, und das Übermorgen noch dunkler.

All die Dinge, die sich die Menschen einst erträumt haben, sind wunderbar, aber über ihre Auswirkungen hat man sich nie Gedanken gemacht. Jetzt, wo wir diese Dinge erreicht haben, bekommen wir auch ihre Auswirkungen zu spüren. Der eine mag arm sein, aber er weiß, was Appetit ist. Der andere mag reich sein, aber er hat seinen Appetit verloren.

Es ist besser, arm zu sein und Appetit zu haben, als reich zu sein und keinen Appetit zu haben. Was wird man mit all seinem Gold anfangen, mit all seinem Silber, all seinen Dollars? Man kann sie nicht essen. Man hat alles, aber der Appetit, der einen die ganze Zeit vorwärtsgetrieben hat, ist einem vergangen. Man hat Erfolg gehabt – und ich sage es immer wieder: Es gibt keinen größeren Mißerfolg als den Erfolg. Man hat den Platz erreicht, den man immer erreichen wollte, aber an die Nebenwirkungen hat man nicht gedacht. Einer hat vielleicht Millionen von Dollars, aber er kann nicht mehr schlafen.

Wenn ein Mensch die heißersehnten Ziele erreicht hat, wird ihm erst bewußt, was alles damit einhergeht. Du hast dich zum Beispiel dein Leben lang angestrengt, Geld zu machen, und hast gedacht, eines Tages wirst du so viel davon haben, daß du ein entspanntes Leben führen kannst. Aber dein ganzes Leben lang hast du unter Spannung gestanden, Spannung wurde zu deiner ständigen Disziplin, und am Ende des Lebens, wenn du all das ersehnte Geld erlangt hast, kannst du dich nicht entspannen. Dein ganzes Leben lang hast du dich in Spannung, Angst und Sorge geübt, und jetzt kannst du nicht loslassen.

Darum bist du nicht der Gewinner, sondern der Verlierer. Du verlierst deinen Appetit, zerstörst deine Gesundheit, zerstörst deine Sensibilität, deine Empfindsamkeit. Du verlierst deinen Sinn für das Schöne, weil du gar keine Zeit hast für all die Dinge, die keine Dollars einbringen. Du läufst hinter den Dollars her. Wer hat da Zeit, die Rosen zu betrachten, wer hat Zeit, den Vögeln im Flug zuzuschauen, wer hat Zeit, die Schönheit der Menschen zu sehen? Alles das verschiebst du auf später, damit du es eines Tages, wenn du alles hast, genießen und dich entspannen kannst. Aber wenn du endlich alles hast, hast du dir eine bestimmte Art zu sein antrainiert: blind für die Rosen, blind für Schönheit, unfähig, Musik zu genießen, Tanz zu verstehen, Poesie zu verstehen. Ein Mensch, der nur noch etwas von Dollars versteht. Aber die Dollars geben dem Menschen keine Zufriedenheit.

Das ist die Ursache von Depression. Darum gibt es sie nur in den höher entwickelten Ländern, und nur in der wohlhabenden Klasse der höher entwickelten Länder. Dort gibt es zwar auch Arme, aber sie leiden nicht so unter Depressionen. Heute kann man niemandem mehr Hoffnungen machen, um ihm seine Depression zu nehmen, denn er hat alles – mehr, als man ihm versprechen könnte. Seine Lage ist wirklich bedauernswert. Er hat nie an die Konsequenzen gedacht, er hat nie an die Nebenwirkungen gedacht, er hat sich nie Gedanken darüber gemacht, was er verliert, wenn er Geld gewinnt. Er hätte nie gedacht, daß er alles verlieren wird, was ihn glücklich machen kann, denn er hat diese Dinge immer beiseitegeschoben. Er hatte keine Zeit; die Konkurrenz war hart, und er selbst mußte hart sein. Am Ende entdeckt er, daß sein Herz tot ist, sein Leben sinnlos. Er sieht keine Möglichkeit, daß sich in Zukunft irgend etwas ändern könnte, denn was gäbe es denn noch ...?

In Sagar wohnte ich immer im Haus eines sehr reichen alten Mannes. Er war der größte *bidi*-Hersteller (indische Zigarette) in ganz Indien. Er hatte alles, was man sich vorstellen kann, aber er war absolut unfähig, sich über irgend etwas zu freuen. Freude ist etwas, das man nähren muß. Es ist eine gewisse

Übung nötig. Es ist eine Kunst, sich zu freuen –, und um mit den wunderbaren Dingen des Lebens in Berührung zu kommen, braucht man Zeit. Aber ein Mensch, der hinter dem Geld her ist, versäumt alles, was ein Tor zum Göttlichen sein könnte, und schließlich kommt er ans Ende der Straße, und vor ihm liegt nur noch der Tod. Dieser reiche Mann war sein ganzes Leben lang unglücklich. Er hat es ertragen, hat es ignoriert in der Hoffnung, daß die Dinge sich ändern würden. Jetzt kann er es nicht mehr ignorieren und er kann es nicht ertragen, denn morgen kommt nur noch der Tod. Und das ganze Unglück, das sich sein Leben lang angesammelt und das er ignoriert hat, sein Leiden, das er ignoriert hat, kommt in ihm zur Explosion.

Der reichste Mensch ist in gewisser Hinsicht der ärmste Mensch auf der Welt. Reich zu sein und dabei nicht arm zu sein, ist eine große Kunst. Arm zu sein und dabei reich zu sein, ist die andere Seite dieser Kunst. Es gibt arme Menschen, die man als unermeßlich reich erlebt. Sie besitzen nichts, aber sie sind reich. Ihr Reichtum besteht nicht in Dingen, sondern in ihrem Sein, in ihren vieldimensionalen Erfahrungen. Und es gibt reiche Menschen, die alles besitzen, aber absolut arm und hohl und leer sind. Tief drinnen sind sie wie ein Friedhof.

Depression ist kein gesellschaftliches Phänomen, denn sonst würde sie auch die Armen betreffen. Es handelt sich einfach um ein Naturgesetz, das die Menschen jetzt werden lernen müssen. Bisher brauchten sie das nicht, solange keiner den Punkt erreicht hatte, wo er alles besitzt, während im Innern völlige Dunkelheit und Unwissenheit herrschen.

Das Wichtigste im Leben ist, im gegenwärtigen Augenblick den Sinn zu entdecken.

Das Grundgefühl eures Seins sollte Liebe, Freude, Feiern sein. Dann könnt ihr alles machen, und auch die Dollars werden es nicht kaputtmachen können. Wenn ihr aber alles andere zur Seite schiebt und nur den Dollars nachlauft, weil ihr denkt, ihr könntet mit Dollars alles kaufen, dann werdet ihr eines Tages erkennen, daß ihr gar nichts damit kaufen konntet – ihr habt nur euer ganzes Leben den Dollars geopfert.

Das ist die Ursache für Depression. Und besonders im Westen wird die Depression sehr tief gehen. Auch im Osten hat es reiche Leute gegeben, aber ihnen stand immer noch eine andere Dimension offen. Wenn sie ans Ende der Straße zum Reichtum gelangten, blieben sie dort nicht stehen; sie bewegten sich weiter in eine neue Richtung. Diese neue Dimension lag in der Luft, sie war schon seit Jahrhunderten vorhanden. Im Osten waren die Bedingungen für die Armen sehr günstig, und für die Reichen noch viel günstiger. Die Armen lernten Zufriedenheit und gaben es auf, dem Ehrgeiz hinterherzulaufen, und die Reichen begriffen, daß man eines Tages alles aufgeben muß und sich auf die Suche machen muß – nach der Wahrheit, nach dem Sinn.

Wenn man im Westen ans Ende der Straße kommt, ist die Straße dort einfach zu Ende. Man könnte zurückgehen, aber das würde an der Depression nichts ändern. Was man braucht, ist eine neue Richtung. Menschen wie Gautam Buddha, Mahavira oder Parshvanath befanden sich auf dem Gipfel des Reichtums, als sie erkannten, daß er eine Bürde ist und man etwas anderes finden muß, bevor der Tod kommt. Und sie waren mutig genug, auf alles zu verzichten. Ihr Verzicht ist jedoch falsch verstanden worden. Sie haben auf alles verzichtet, weil sie sich keine Sekunde länger um Geld und Macht bemühen wollten, denn sie hatten den Gipfel erreicht und gesehen: Dort ist nichts. Sie hatten die höchste Sprosse der Leiter erklommen und gesehen: Sie führt nirgendwohin. Es ist nur eine Leiter, die nirgendwo hinführt.

Solange du dich irgendwo in der Mitte oder unterhalb der Mitte befindest, hast du immer noch Hoffnung, weil es Sprossen über dir gibt. Aber es kommt der Moment, wo du auf der höchsten Sprosse stehst: Dort gibt es nur noch Selbstmord oder Wahnsinn – oder Heuchelei. Du kannst immer weiter lächeln, bis der Tod dir ein Ende bereitet, aber tief drinnen weißt du, daß du dein Leben vergeudet hast.

Im Osten ist Depression nie ein Problem gewesen. Die Armen lernten das wenige zu genießen, das sie hatten, und die Reichen lernten, daß es nichts bedeutet, wenn einem die ganze Welt zu Füßen liegt. Man muß sich auf die Suche machen nach dem Sinn, nicht nach dem Geld. Und dafür gab es Vorbilder. Seit Tausenden von Jahren haben dort Menschen nach der Wahrheit gesucht und sie auch gefunden.

Man braucht nicht verzweifelt und depressiv zu werden, man braucht sich nur auf den Weg zu machen nach einer unbekannten Dimension. Auch wenn man diese bisher noch nie erkundet hat – sobald man sich aufmacht, diese neue Dimension zu erforschen, beginnt eine Reise nach innen, eine Reise zum eigenen Selbst. Und alles, was man verloren hatte, fängt an, wieder zu einem zurückzukehren.

Was der Westen ganz dringend braucht, ist eine große Bewegung zur Meditation hin. Andernfalls werden die Menschen durch Depression zugrundegehen. Und es werden die Begabtesten sein: diejenigen, die zu Macht und Geld gelangt sind, die alles erreicht haben, was sie wollten – die Gebildetsten, die Begabten. Sie alle spüren die Verzweiflung.

Die Gefahr ist die, daß die Begabtesten keine Lust mehr haben am Leben, während die Unbegabten sich für das Leben begeistern, aber nicht das Talent haben, um Macht, Geld, Bildung und Ansehen zu erlangen. Sie haben nicht die Begabung, und darum leiden sie und fühlen sich benachteiligt. Sie wenden sich unnötig der Gewalt zu und werden zu Terroristen – aus purer Rache, weil sie nichts anderes tun können. Wenigstens zerstören können sie! Und die Reichen sind nahe daran, sich am ersten besten Baum aufzuhängen, weil sie keinen Sinn mehr darin sehen, weiterzuleben. Ihre Herzen haben schon lange zu schlagen aufgehört. Sie sind nur noch Leichen, schön verziert, schön dekoriert, aber völlig leer und nutzlos.

Der Westen ist wirklich in einer sehr viel schlimmeren Lage als der Osten, obwohl es denen, die es nicht verstehen, so erscheint, als sei der Westen in einer besseren Lage als der Osten, weil der Osten arm ist. Doch Armut ist kein so großes Problem wie die Frustration des Reichtums – erst dann ist ein Mensch wirklich arm. Ein gewöhnlicher Armer hat wenigstens seine Träume, seine Hoffnungen, aber ein Reicher hat gar nichts.

Was nötig wäre, ist eine große Meditationsbewegung, die jeden einzelnen Menschen erreicht.

Aber im Westen gehen die Menschen, die unter Depressionen leiden, zum Psychoanalytiker, zu Therapeuten und allerlei Scharlatanen, die selber depressiv sind, ja noch depressiver als ihre Patienten. Verständlich, wenn man den ganzen Tag lang nur mit Depression, Verzweiflung und Sinnlosigkeit zu tun hat! Und weil sie mitbekommen, wie so viele begabte Menschen in einer so schlimmen Lage sind, verlieren sie selbst den Mut. Sie können niemandem helfen – statt dessen benötigen sie selbst Hilfe.

Die Aufgabe meiner Schule besteht darin, Menschen mit meditativer Energie auszubilden und darauf vorzubereiten, in die Welt hinauszugehen und für diejenigen ein Beispiel zu sein, die an Depressionen leiden. Wenn depressive Menschen andere erleben können, die nicht depressiv sind, sondern ganz im Gegenteil voller Freude, dann kann in ihnen eine neue Hoffnung geboren werden. Sie könnten alles haben, ohne sich Sorgen zu machen. Sie können meditieren.

Ich lehre nicht den Verzicht – weder auf den Reichtum noch auf sonst irgend etwas. Laßt alles so, wie es ist. Fügt eurem Leben nur diese eine Sache – Meditation – hinzu. Bisher habt ihr eurem Leben ständig Dinge hinzugefügt. Jetzt fügt etwas zu eurem Sein hinzu. Das wird Musik in euer Leben bringen – das Wunder, einen Zauber. Es wird euch ein neues Abenteuer, eine neue Jugend, einen frischen Anfang bringen.

Es ist nicht unlösbar. Es ist ein großes Problem, doch die Lösung ist ganz einfach. (28)

5. KAPITEL

Die Einstellung zur Krankheit

Kannst du bitte über den Schmerz und unsere Identifikation mit ihm sprechen?

Das beobachtende Selbst wird nie gefühlt. Wir fühlen immer irgendeine Identität, wir fühlen immer irgendeine Identifikation. Aber das beobachtende Bewußtsein ist die Wirklichkeit. Warum also geschieht das? Und wie geschieht es?

Du hast Schmerzen – was geschieht innen wirklich? Analysiere das ganze Phänomen: Da ist der Schmerz, und da ist dieses Bewußtsein, daß der Schmerz da ist. Diese zwei Pole sind da: der Schmerz und das *Bewußtsein* vom Schmerz. Aber dazwischen ist kein Abstand. »Ich habe Schmerzen« – dieses Gefühl ist irgendwie da: »Ich habe Schmerzen«. Aber nicht nur das, früher oder später wird es zu: »Ich bin der Schmerz«, so wird es sich anfühlen.

»Ich *bin* der Schmerz; ich *habe* Schmerzen; ich bin mir des Schmerzes *bewußt*« – das sind drei verschiedene, sehr verschiedene Zustände. Der *rishi* (indischer Weiser) sagt: »Ich bin mir des Schmerzes bewußt.« Das ist zulässig, denn auf diese Weise transzendiert man den Schmerz. Bewußtheit bedeutet Transzendenz – du bist vom Schmerz getrennt, da ist eine tiefe Trennung. In Wirklichkeit hat es nie eine Verbindung gegeben; die Verbindung besteht nur aufgrund der Nähe, aufgrund der intimen Nähe deines Bewußtseins zu allem, was um dich herum geschieht.

Das Bewußtsein ist ganz nahe, wenn du Schmerzen hast – es ist gleich daneben, ganz nah. Das muß so sein, denn sonst könnte der Schmerz nicht kuriert werden. Du mußt ihm ganz nahe sein, um ihn zu fühlen, ihn zu erfahren, dir seiner bewußt zu sein. Aber aufgrund dieser Nähe identifizierst du dich damit, wirst du eins damit. Das ist auch wieder eine

Sicherheitsmaßnahme; das ist eine Absicherung, eine natürliche Sicherung. Wenn Schmerz da ist, mußt du ihm nahe sein; wenn Schmerz auftritt, *muß* dein Bewußtsein sich ganz schnell dem Schmerz zuwenden – um ihn fühlen zu können, um etwas dagegen unternehmen zu können.

Du gehst auf der Straße, und plötzlich fühlst du: Da ist eine Schlange! Dein ganzes Bewußtsein wird zum Sprung. Du hast keine Zeit zu verlieren, nicht einmal, um darüber nachzudenken, was zu tun ist. Da ist kein Abstand zwischen dem Bewußtwerden und der Aktion. Du mußt ganz nah dran sein, nur dann geschieht das. Wenn dein Körper Schmerz, Krankheit, Unwohlsein erleidet, mußt du ihm nahe sein; sonst könnte das Leben nicht überleben. Wenn du weit weg bist und der Schmerz nicht gefühlt wird, wirst du sterben. Der Schmerz muß sofort gefühlt werden – es darf keine Lücke geben. Die Botschaft muß unmittelbar empfangen werden, und dein Bewußtsein muß sofort zu der Stelle hingehen, um etwas zu unternehmen. Deshalb ist Nähe eine Notwendigkeit. Aber wegen dieser Notwendigkeit geschieht das andere Phänomen: so nahe, daß du eins wirst. So nahe, daß du zu fühlen beginnst: »Ich bin das – dieser Schmerz, diese Lust.« Durch die Nähe entsteht Identifikation: Du wirst zur Wut, du wirst zur Liebe, du wirst zum Schmerz, du wirst zum Glücksgefühl.

Der *rishi* sagt, es gibt zwei Wege, um sich von diesen falschen Identifikationen zu lösen. Du bist nicht, was du denkst, fühlst, phantasierst, projizierst. Du bist vielmehr das, was sich dessen bewußt ist. Was auch immer geschieht, du bleibst diese Bewußtheit.

Du bist Bewußtsein – diese Identität kann nicht durchbrochen werden, diese Identität kann nicht negiert werden. Alles andere kann man negieren und fallenlassen. Bewußtsein bleibt der letztendliche Hintergrund, die elementare Basis. Du kannst sie nicht leugnen, du kannst sie nicht negieren, du kannst dich nicht von ihr distanzieren.

Dies ist also der Vorgang: Was nicht fallengelassen werden kann, was nicht von dir getrennt werden kann – das bist du. Was von dir getrennt werden kann, bist du nicht.

Schmerz ist da. Einen Moment später ist er vielleicht nicht mehr da – aber *du* wirst da sein. Glück kommt und geht wieder. Es war da, und es wird nicht mehr da sein – aber *du* wirst da sein. Der Körper ist jung, und dann wird der Körper alt. Alles andere kommt und geht, die Gäste kommen und gehen – aber der Gastgeber bleibt derselbe.

Darum sagen die Mystiker des Zen: Verliert euch nicht in der Menge der Gäste. Erinnert euch an eure Gastgeberrolle. Dieser Gastgeber ist Gewahrsein. Dieser Gastgeber ist das beobachtende Bewußtsein.

Was ist das grundlegende Element, das in euch immer gleich bleibt? Seid nur das und distanziert euch von allem, was kommt und geht. Aber wir identifizieren uns mit dem Gast. Tatsächlich ist der Gastgeber so mit dem Gast beschäftigt, daß er vergißt.

Mulla Nasruddin gibt eine Party für ein paar Freunde und ein paar Fremde. Die Party ist stinklangweilig, und die halbe Nacht ist schon um, aber die Party geht weiter. Da sagt ein Fremder, nicht wissend, daß Mulla der Gastgeber ist, zu ihm: »Das ist die idiotischste Party, die ich je erlebt habe! Das zieht sich ja endlos! Ich finde es so langweilig, daß ich am liebsten gehen würde.«

Mulla sagt: »Du redest mir aus dem Herzen! Ich hab noch nie eine so öde und idiotische Party erlebt, aber ich hab mich nicht getraut, etwas zu sagen. Auch ich hab mir schon überlegt, wie ich am besten hier wegkomme, ob ich mich einfach verdrücke.« So schleichen sich die beiden davon.

Als sie auf der Straße sind, erinnert sich Mulla plötzlich: »Da stimmt doch was nicht! Jetzt fällt's mir wieder ein: Ich bin der Gastgeber! Entschuldige bitte, aber ich muß zurück!«

Genau das passiert uns allen. Der Gastgeber geht verloren, der Gastgeber vergißt sich jeden Moment. Der Gastgeber ist dein beobachtendes Selbst. Schmerz kommt, und darauf folgt Lust. Da ist Glück und da ist Unglück. Und jeden Moment identifizierst du dich mit allem, was kommt: Du wirst zum Gast.

Erinnere dich an den Gastgeber. Wenn der Gast da ist, erinnere dich an den Gastgeber. Und es gibt die verschiedensten Gäste: angenehme, schmerzhafte; Gäste, die dir sympathisch sind, und solche, die du nicht zu Gast haben willst, Gäste, mit denen du dein Leben verbringen möchtest, und Gäste, denen du lieber aus dem Weg gehst – aber alle sind Gäste. Denke an den Gastgeber. Erinnere dich ständig an den Gastgeber. Bleibe zentriert als der Gastgeber.

Bleibe in deiner Gastgeberrolle. Dann gibt es eine Trennung, dann gibt es eine Distanz, eine Lücke – die Brücke ist unterbrochen. In dem Augenblick, wo die Brücke unterbrochen ist, ereignet sich das Phänomen des wahren Weltverzichts. Dann bist du *in* der Situation, aber nicht *eins* mit ihr. Dann bist du in dem Gast präsent, aber gleichzeitig bist du noch der Gastgeber. Du brauchst nicht vor dem Gast davonzulaufen. Das ist dann nicht mehr nötig. (29)

Wie kann ich mit körperlichem Schmerz umgehen, und mit dem Schmerz des spirituellen Wachstums?

Wachsen ist schmerzhaft, denn du hast in deinem Leben tausendundeinen Schmerz vermieden. Aber durch Vermeiden kannst du keine Schmerzen beseitigen – sie sammeln sich nur weiter an. Du schluckst weiterhin deine Schmerzen, sie bleiben in deinem System. Darum ist Wachsen schmerzhaft. Wenn du anfängst zu wachsen, wenn du dich für das Wachstum entscheidest, mußt du all die Schmerzen konfrontieren, die du unterdrückt hast. Du kannst sie nicht einfach umgehen.

Du bist in einer falschen Weise aufgewachsen. Unglücklicherweise hat es bis zum heutigen Tag keine einzige Gesellschaft auf dieser Erde gegeben, die nicht den Schmerz unterdrückt hat. Alle Gesellschaften beruhen auf Unterdrückung. Zwei Dinge unterdrücken sie: Das eine ist der Schmerz und das andere die Lust. Und die Lust unterdrücken sie ebenfalls wegen des Schmerzes. Ihr Argument ist: Wenn man nicht allzu glücklich ist, wird man auch nie allzu unglücklich sein; wenn die Freude beseitigt wird, wird man nie so tief in den Schmerz gehen müssen. Um den Schmerz zu vermeiden, vermeiden sie die Lust. Um den Tod zu vermeiden, vermeiden sie das Leben.

Und darin ist eine gewisse Logik. Beide wachsen gemeinsam. Wenn du ein Leben voller Ekstase haben willst, wirst du viel Pein hinnehmen müssen. Wenn du die Gipfel des Himalajas haben willst, mußt du auch die Täler nehmen. Aber nichts ist verkehrt an den Tälern; nur deine Einstellung muß sich ändern. Du kannst beides genießen – der Gipfel ist schön, und das Tal ist ebenfalls schön. Es gibt Augenblicke, in denen man den Gipfel genießen sollte, und es gibt Augenblicke, in denen man sich im Tal entspannen sollte.

Der Gipfel ist von der Sonne überstrahlt; er hält Zwiesprache mit dem Himmel. Das Tal ist dunkel, aber immer wenn du dich entspannen willst, mußt du dich in die Dunkelheit des Tales begeben. Wenn du Gipfel haben willst, mußt du deine Wurzeln ins Tal wachsen lassen. Je tiefer deine Wurzeln reichen, desto höher wird dein Baum wachsen. Der Baum kann nicht wachsen ohne Wurzeln, und die Wurzeln müssen tief in den Boden hineingehen.

Schmerz und Lust sind feste Bestandteile des Lebens. Die Menschen haben so viel Angst vor dem Schmerz, daß sie den Schmerz unterdrücken. Sie vermeiden jede Situation, die Schmerz bringen könnte; sie weichen dem Schmerz aus. Und schließlich stolpern sie über die Tatsache, daß man, wenn man den Schmerz wirklich vermeiden will, auch die Lust vermeiden muß. Darum vermeiden eure Mönche die Lust – sie haben Angst vor der Lust. In der Tat vermeiden sie einfach jegliche Möglichkeit von Schmerz. Sie wissen, wenn man Lust vermeidet, dann ist natürlich auch großer Schmerz nicht möglich; er kommt nur als Schatten der Lust. Dann gehst du auf ebenem Boden – du gelangst nie zu den Gipfeln, und du fällst nie in die Täler. Aber dann bist du ein lebender Toter, dann bist du nicht lebendig.

Das Leben spielt sich zwischen diesen Polen ab. Diese Spannung zwischen Schmerz und Lust macht dich fähig, großartige Musik zu erschaffen; Musik existiert nur in dieser Spannung. Beseitige die Polarität, und du wirst stumpf sein, du wirst matt sein und dumpf, du wirst keinerlei Bedeutung haben und wirst niemals erfahren, was Herrlichkeit bedeutet. Du wirst am Leben vorbeigehen.

Ein Mensch, der das Leben erfahren und leben will, muß den Tod akzeptieren und einbeziehen. Sie gehören zusammen; sie sind die zwei Seiten ein und desselben Phänomens. Darum ist Wachstum schmerzhaft. Du mußt in all die Schmerzen hineingehen, die du vermieden hast. Es tut weh. Du mußt durch alle diese Wunden hindurchgehen, von denen wegzuschauen dir irgendwie gelang. Aber je tiefer du in den Schmerz hineingehst, um so tiefer ist deine Fähigkeit, in die Lust hineinzugehen. Wenn du bis an die äußerste Grenze in den Schmerz hineingehen kannst, wirst du fähig sein, den Himmel zu berühren.

Ich habe gehört: Ein Mann kommt zu einem Zen-Meister und fragt ihn: »Wie können wir Hitze und Kälte vermeiden?« – Im übertragenen Sinne fragt er: »Wie können wir Lust und Schmerz vermeiden?« So spricht man im Zen über Lust und Schmerz – Hitze und Kälte. »Wie können wir Hitze und Kälte vermeiden?«

Und der Meister antwortet: »Sei heiß, sei kalt.«

Um frei von Schmerz zu sein, muß man den Schmerz als etwas Unvermeidliches und Natürliches akzeptieren. Schmerz ist Schmerz – eine einfache, schmerzhafte Tatsache –, aber das Leiden ist immer und ausschließlich die Ablehnung des Schmerzes, der Anspruch, daß das Leben nicht schmerzhaft sein sollte. Es ist die Zurückweisung einer Tatsache, die Verleugnung des Lebens und der Natur der Dinge. Der Tod – das ist der Verstand und das Sterben des Verstandes. Wenn keine Angst vor dem Tod da ist, wer stirbt dann?

Der Mensch ist einzigartig unter den Lebewesen in seinem Wissen um den Tod und in seinem Lachen. Und das Wunderbare ist, er kann sogar aus dem Tod etwas Neues machen: Er kann lachend sterben. Nur der Mensch kennt das Lachen; kein anderes Tier lacht. Nur der Mensch weiß um den Tod; kein anderes Tier weiß um den Tod – Tiere sterben einfach; sie sind sich des Phänomens des Todes nicht bewußt.

Der Mensch ist sich zweier Dinge bewußt, die kein Tier kennt: Das eine ist das Lachen, das andere ist der Tod. Dann ist eine neue Synthese möglich. Nur der Mensch kann lachend sterben. Er kann das Bewußtsein des Todes mit der Fähigkeit zu lachen verbinden. Und wenn ihr lachend sterben könnt – und nur dann –, werdet ihr einen gültigen Beweis dafür abliefern, daß ihr lachend gelebt habt. Der Tod ist die letzte Aussage eures ganzen Lebens – die Schlußfolgerung, die Abschlußbemerkung. Wie ihr gelebt habt, wird euer Tod zeigen – wie ihr sterbt.

Kannst du lachend sterben? Dann warst du ein erwachsener Mensch. Wenn du weinend, klagend stirbst und dich festklammerst, dann warst du ein Kind. Du warst nicht erwachsen, du warst unreif. Wenn du weinend, klagend, dich ans Leben klammernd stirbst, zeigt das nur, daß du dem Tod ausgewichen bist und daß du alle Schmerzen, die verschiedensten Schmerzen vermieden hast.

Wachstum bedeutet, der Wirklichkeit zu begegnen und die Tatsachen zu konfrontieren – was immer es sei. Und laßt es mich wiederholen: Schmerz ist bloß Schmerz; er enthält noch kein Leiden. Das Leiden kommt daher, daß ihr euch wünscht, daß kein Schmerz da sein sollte, daß ihr denkt, der Schmerz sei etwas Schlechtes.

Beobachte, bleib ein Zeuge, und du wirst dich wundern. Du hast Kopfweh: Da ist Schmerz, aber kein Leiden. Leiden ist ein sekundäres Phänomen; der Schmerz ist primär. Der Kopfschmerz ist da, der Schmerz ist da. Es ist einfach eine Tatsache. Darin ist kein Urteil enthalten. Du nennst es weder gut noch schlecht, du bewertest es nicht. Es ist nur eine Tatsache. Die Rose ist eine Tatsache, ebenso wie die Dornen. Der Tag ist eine Tatsache, ebenso wie die Nacht. Der Kopf ist eine Tatsache, ebenso wie der Kopfschmerz. Du nimmst es einfach wahr.

Buddha lehrte seine Jünger, wenn sie Kopfweh hatten, sollten sie zweimal: »Kopfweh, Kopfweh« sagen. Ihr nehmt es wahr, aber ihr bewertet es nicht. Ihr sagt nicht: »Warum? Warum habe ich Kopfweh? Das sollte mir nicht passieren.« In dem Moment, wo ihr sagst: »Das sollte nicht sein«, ladet ihr das Leiden ein. Jetzt wird das Leiden von euch erzeugt, nicht vom Kopfweh. Leiden ist eure feindselige Interpretation, Leiden ist eure Leugnung dieser Tatsache.

Und in dem Moment, wo ihr sagt: »Das sollte nicht sein«, habt ihr schon angefangen, es zu vermeiden. Ihr habt angefangen, euch davon abzuwenden. Ihr würdet euch gern mit etwas beschäftigen, damit ihr es vergessen könnt. Ihr dreht das Radio oder den Fernseher an oder geht in den Club oder fangt an zu lesen oder fangt an, im Garten zu arbeiten. Ihr lenkt euch ab, ihr zerstreut euch. Jetzt ist der Schmerz nicht beobachtet worden. Ihr habt euch nur davon abgelenkt. Dieser Schmerz wird von eurem System absorbiert werden.

Seht zu, daß ihr diesen Schlüssel wirklich versteht. Wenn ihr eure Kopfschmerzen beobachten könnt, ohne eine feindselige Haltung einzunehmen, ohne den Schmerz zu vermeiden, ohne ihm entfliehen zu wollen, wenn ihr einfach da sein könnt, meditativ da sein könnt – »Kopfweh, Kopfweh« – wenn ihr ihn einfach anschauen könnt, wird er nach einer gewissen Zeit weggehen. Ich sage nicht, daß er wie durch ein Wunder verschwinden wird, daß er einfach schon durch euer Sehen weggeht. Er wird zu seiner Zeit verschwinden. Aber er wird nicht von eurem System absorbiert werden, er wird euer System nicht vergiften. Er wird da sein, ihr werdet ihn bemerken – und auf einmal wird er verschwunden sein. Er löst sich auf.

Wenn ihr etwas in euch beobachtet, kann es nicht in euer System eingehen. Es geht immer dann in euer System ein, wenn ihr es vermeidet, wenn ihr ihm ausweicht. Wenn ihr nicht gegenwärtig seid, dann geht es in euer System ein. Nur wenn ihr nicht gegenwärtig seid, kann Schmerz zu einem Teil eures Wesens werden. Wenn ihr gegenwärtig seid, wird gerade eure Gegenwärtigkeit verhindern, daß dieser Schmerz zu einem Teil eures Wesens wird.

Und wenn ihr euch ständig eure Schmerzen anschauen könnt, werden sie sich nicht ansammeln. Man hat euch nicht den richtigen Schlüssel beigebracht, darum vermeidet ihr es immer. Dadurch sammelt ihr so viel Schmerz an. Ihr habt Angst, ihn zu konfrontieren, ihr habt Angst, ihn zu akzeptieren. Wachstum wird schmerzhaft – das liegt an der falschen Konditionierung. Ansonsten ist Wachstum nicht schmerzhaft. Wachstum ist etwas ganz und gar Erfreuliches.

Wenn ein Baum wächst und größer wird, denkt ihr, da wäre Schmerz? Da ist kein Schmerz. Selbst bei der Geburt eines Kindes, wenn die Mutter es akzeptiert, wird es keinen Schmerz geben. Aber wenn die Mutter Widerstand leistet, wenn die Mutter Angst hat ... Sie verspannt sich, sie versucht, das Kind in sich zu behalten – was nicht möglich ist. Das Kind ist bereit, in die Welt hinauszugehen, das Kind ist bereit, die Mutter zu verlassen. Es ist reif: Der Mutterschoß kann es nicht mehr halten. Wenn der Schoß das Kind noch länger behält, wird die Mutter sterben, und das Kind wird sterben. Aber die Mutter hat Angst. Sie hat gehört, es sei sehr schmerzvoll, ein Kind zu gebären – die Geburtsschmerzen, Geburtswehen. Sie hat Angst, und aus Angst verspannt und verschließt sie sich.

Ansonsten – und das gibt es noch bei primitiven Stämmen – ist die Kindsgeburt so einfach, völlig schmerzlos. Und das wird euch überraschen: Im Gegenteil, die Frau erlebt bei der Geburt die höchste Ekstase – kein Schmerz, überhaupt keine Qual, sondern die höchste Ekstase. Kein sexueller Orgasmus ist so befriedigend und so gewaltig wie der Orgasmus, den die Frau erlebt, wenn sie das Kind auf natürliche Weise zur Welt bringt. Der ganze sexuelle Mechanismus der Frau kommt ins Pulsieren, wie er beim Sex nie pulsieren kann. Das Kind kommt aus den tiefsten Tiefen der Frau. Kein Mann kann je bei einer Frau bis zu dieser Tiefe vordringen. Und das Pulsieren entsteht von innen. Das Pulsieren ist absolut nötig – und es kommt in Wellen, wie riesige Brandungswellen der Freude. Nur auf diese Weise kann das Kind herauskommen. Nur so kann sich der Kanal für das Kind öffnen. Deshalb dieses starke

Pulsieren, und die Frau erlebt mit jeder Faser eine ungeheure Freude.

Tatsächlich ist der Menschheit aber genau das Gegenteil widerfahren: Die Frau erlebt die größte Qual ihres Lebens. Aber es ist alles eine Schöpfung des Verstandes. Es entsteht durch eure falsche Erziehung. Die Geburt könnte ganz natürlich sein, wenn ihr sie willkommen heißt.

Und genauso ist es mit eurer eigenen Geburt. Wachstum bedeutet, jeden Tag neu geboren zu werden. Die Geburt endet nicht an dem Tag, an dem ihr geboren wurdet – an jenem Tag fängt sie erst an. Das ist erst der Anfang. An dem Tag, da ihr den Mutterschoß verlassen habt, wurdet ihr noch nicht geboren. Ihr habt erst angefangen, geboren zu werden. Es war der erste Anfang.

Ein Mensch wird ständig neu geboren, bis er stirbt. Man wird nicht in einem einzigen Augenblick geboren. Euer Geburtsvorgang dauert siebzig, achtzig, neunzig Jahre – so lange, wie ihr lebt. Es ist ein unaufhörlicher Prozeß. Und jeden Tag werdet ihr Freude spüren: Wenn neue Blätter wachsen, neues Laub, neue Blüten, neue Äste, die höher und höher ragen und größere Höhen erreichen.

Ihr werdet in die Tiefe und in die Höhe wachsen. Ihr werdet zu den Gipfeln reichen. Und dieses Wachsen wird nicht schmerzhaft sein.

Aber euer Wachstum ist schmerzhaft – wegen euch, wegen eurer falschen Konditionierung. Man hat euch beigebracht, nicht zu wachsen, man hat euch beigebracht, stehenzubleiben, man hat euch beigebracht, euch am Vertrauten, am Bekannten festzuklammern. Darum werdet ihr jedesmal, wenn das Bekannte aus euren Händen verschwindet, zu weinen anfangen: Euer Spielzeug ist zerbrochen; man hat euch den Schnuller weggenommen ...

Denkt daran, nur eines wird euch helfen: Bewußtheit – sonst nichts. Wachstum wird schmerzhaft bleiben, wenn ihr nicht das Leben mit all seinen Höhen und Tiefen akzeptiert. Der Sommer muß ebenso akzeptiert werden wie der Winter. Das ist es, was ich Meditation nenne.

Meditation bedeutet, daß ihr euch von allem Alten, allem Vertrauten, allem Todgeweihten leer macht. Dann könnt ihr sehen, oder vielmehr, dann *ist* Sehen – die Geburt des Neuen. (30)

Seit meiner frühesten Kindheit habe ich eine schlimme, furchtbare Krankheit, und durch diesen Fehler der Natur leide ich ständig. Könntest du bitte etwas über das Leiden sagen?

Das Leiden ist deine Interpretation. Du bist zu sehr damit identifiziert. Aber es ist deine Entscheidung. Wenn du dich davon distanzieren kannst, wird das Leiden verschwinden. Dein Leiden ist wie ein Alptraum: Im Traum denkst du, daß dir ein großer Felsbrocken auf die Brust gefallen ist und dich zerdrückt. Aus lauter Angst wachst du auf ... aber du findest nichts – nur deine eigenen Hände liegen auf deiner Brust. Das Gewicht deiner Hände hat diese Phantasie in dir hervorgerufen; es wurde zum Felsbrocken, und du hast große Angst bekommen. Und vor lauter Angst bist du aufgewacht ... Jetzt kannst du darüber lachen.

Fragt die Buddhas, fragt die Erwachten, und sie werden sagen, daß es kein Leiden auf der Welt gibt: Die Menschen schlafen nur fest und träumen alle möglichen Leiden.

Und ich weiß von deiner Schwierigkeit: Wenn ihr ein körperliches Gebrechen habt, wenn ihr blind seid – wie könnt ihr glauben, es sei nur ein Traum? Wenn ihr verkrüppelt seid, wie könnt ihr glauben, es sei nur ein Traum? Aber habt ihr es nicht beobachtet? Jede Nacht träumt ihr, und jeden Morgen wißt ihr, daß es ein Traum war, daß alles Unsinn war. Trotzdem werdet ihr wieder träumen, und im Traum werdet ihr wieder meinen, daß es die Wahrheit ist. Wie viele Träume habt ihr in eurem Leben schon geträumt? Millionen Träume! Jede Nacht träumt ihr fast pausenlos. Nur für ein paar Minuten stoppt das Träumen, und dann fängt ein neuer Traumzyklus an.

Ihr habt Millionen von Träumen geträumt. Und jeden Morgen habt ihr gelacht und festgestellt, daß es nicht wirklich war. Aber ihr habt nicht viel daraus gelernt. Wenn ihr heute nacht wieder träumt, wird dieselbe Täuschung fortbestehen. Ihr werdet euch sicher sein, daß es wirklich ist, im Traum werdet ihr euch sicher sein, daß es die Wahrheit ist.

An dem Tag, an dem ihr euch im Traum erinnern könnt, daß es ein Traum ist, wird der Traum auf der Stelle verschwinden ... Dann habt ihr Bewußtheit in euer Leben gebracht.

Es sieht sehr schwierig aus, zu vertrauen, daß all dein Leiden nur ein Traum ist, den du selbst erschaffst – aber so ist es, denn alle, die erwacht sind, sagen es. Nicht ein einziger Erwachter hat etwas anderes gesagt. Und in klaren Augenblicken der Bewußtheit wirst du das gleiche fühlen.

Dies ist mein Vorschlag für dich. Dein Problem kann nicht bloß durch intellektuelle Erörterung gelöst werden. Dein Problem kann nur *auf*gelöst, aber nicht gelöst werden. Dein Problem kann nur dadurch aufgelöst werden, daß du bewußter wirst.

Einer meiner Freunde, ein sehr alter Freund, stürzte auf der Treppe und brach sich beide Beine. Ich ging ihn besuchen. Er hatte schreckliche Schmerzen. Er war ein sehr aktiver Mann, obwohl er schon alt war, fünfundsiebzig, aber sehr aktiv, fast wie ein Junger, und er rannte so sehr hinter allem möglichen her, erledigte dieses und jenes, daß es ihm unmöglich war, ruhig im Bett zu bleiben. Die Ärzte hatten gesagt, er müsse mindestens drei Monate im Bett bleiben. Das war ein größeres Pech als die beiden gebrochenen Beine.

Als ich ihn sah, fing er an zu weinen. Ich hatte diesen Mann noch nie weinen sehen – er war ein starker Mann, sehr stark, fast stahlhart, und er hatte alles mögliche in seinem Leben erlebt. Er war sehr abgebrüht. Ich fragte ihn: »Du und weinen? – was ist denn mit dir los?«

Er sagte: »Ach, gib mir bloß deinen Segen, damit ich sterben kann. Ich mag nicht mehr leben – drei Monate im Bett! Kannst du dir das vorstellen? So eine Tortur! Jetzt sind es erst drei Tage, und mir kommt es schon fast wie drei Jahre vor. Du kennst mich«, sagte er, »ich habe keine Ruhe. Gib mir deinen

Segen, damit ich bald sterben kann! Ich mag nicht mehr leben. Drei Monate, und die Ärzte sagen, danach werde ich mein ganzes Leben lang verkrüppelt sein. Was hat das noch für einen Sinn?«

Ich sagte zu ihm: »Du machst jetzt bitte eine Meditation. Ich werde neben dir sitzen, und du machst eine einfache Meditation: Du bist nicht dein Körper.«

Er hatte Zweifel. Er sagte: »Was bringt mir das? Ich habe alles gehört, was du über Meditation sagst, aber ich kann nicht meditieren, weil ich nicht still sitzen kann.«

Ich sagte: »Jetzt geht es nicht ums Stillsitzen. Du liegst ja im Bett. Was für ein Glück! Schließ einfach die Augen, und ich bringe dir eine Meditation bei. Wenn du sterben willst, geb' ich dir auch meinen Segen; das ist in Ordnung. Aber wer weiß, ob mein Segen funktioniert ... und in der Zwischenzeit kannst du meditieren.«

Er kapierte, worum es ging: »Ich habe nichts zu tun – warum nicht meditieren?« Ich erklärte ihm eine einfache Meditation: »Geh einfach nach innen, schau dir deinen Körper von innen an und sage: ›Das bin nicht ich – der Körper ist weit weg, weit weg, er rückt immer weiter und weiter weg ... Ich bin der Wächter oben auf dem Berg, und der Körper ist dort unten in dem dunklen Tal, und die Entfernung ist riesig.‹«

Eine halbe Stunde verging. Ich mußte fort, und er war so tief in Meditation, daß ich ihn nicht stören wollte. Aber ich wollte nicht so weggehen, weil ich wissen wollte, wie er es erlebte und was er dazu sagen würde. Ich schüttelte ihn. Er sagte: »Stör mich nicht!«

Ich sagte: »Ich muß gehen.«

Er sagte: »Du kannst ja gehen, aber stör mich nicht – es ist so wunderbar. Der Körper ist wirklich ganz weit weg, Meilen entfernt. Ich hab ihn im Tal zurückgelassen und sitze oben auf dem Berg in der Sonne. Es ist so schön, und ich fühle auch keinen Schmerz.«

Diese drei Monate erwiesen sich als die wertvollste Zeit seines Lebens. Diese drei Monate machten einen völlig anderen Menschen aus ihm. Er ist immer noch verkrüppelt, er kann nicht gehen und muß die meiste Zeit im Bett verbringen – aber ihr könnt keinen glückseligeren Menschen finden. Er strahlt Seligkeit aus. Jetzt sagt er, es war kein Fluch – es war ein Segen.

Leiden kann in einen Segen verwandelt werden.

Wer weiß, vielleicht verwandelst du deinen Segen in Leiden? (31)

Was ist deine Erkenntnis über die Ursache von Krebs?

Krebs ist seinem Wesen nach eine psychologische Krankheit.

Er ist im Grunde eine Krankheit der Psyche und nicht des Körpers. Wenn die Psyche verkrampft ist und eine unerträgliche Spannung entsteht, beginnt sich das im Körper, in den Zellen auszuwirken. Deshalb tritt Krebs nur in einer Kultur auf, die einen sehr hohen Grad an Kompliziertheit erreicht hat. In primitiven Gesellschaften findet man keinen Krebs. Die Menschen sind dort nicht so überspannt. Je überspannter, je verfeinerter, je höher – und damit meine ich komplizierter – eine Gesellschaft ist, um so mehr wird Krebs eine Rolle spielen.

Krebs muß verschwinden. Er kann nur in einer ganz bestimmten neurotischen Gemütsverfassung auftreten. Wenn sich das Gemüt entspannt, wird der Körper früher oder später nachfolgen und sich ebenfalls entspannen. Aufgrund dieser Tatsache ist es der wissenschaftlichen Forschung bis heute nicht gelungen, ein Mittel gegen den Krebs zu finden. Es ist praktisch kaum möglich, ein Mittel gegen den Krebs zu finden. Und falls man doch eines Tages ein Mittel gegen den Krebs entwickelt, wird man dadurch noch gefährlichere Krankheiten in die Welt setzen – denn ein Mittel gegen den Krebs kann nur Unterdrückung bedeuten. Falls es gelingt, Medikamente zu finden, die stark genug sind, um den Krebs zu unterdrücken, wird eine andere Krankheit ausbrechen. Die psychische Vergiftung würde anfangen, sich einen neuen Kanal zu suchen.

Genau das hat sich im Lauf der Geschichte ereignet: Einfache Krankheiten konnten geheilt werden, aber schwierigere Krankheiten sind entstanden. Man heilt die eine Krankheit, doch eine andere tritt auf, und diese andere Krankheit erweist sich als komplizierter gegenüber der ersten. Die erste war eine natürliche Reaktion des Körpers; die zweite ist eine unnatürliche, abnormale Reaktion des Körpers. Unterdrückt man nun die zweite, dann wird eine dritte auftauchen, und diese dritte wird noch schwieriger zu behandeln sein ... und so weiter und so fort. Jetzt ist der Krebs an der Oberfläche. Wenn er unterdrückt wird, werden noch schwerere körperliche und psychische Krankheiten beim Menschen ausbrechen. (32)

Seit einer Woche weiß ich, daß ich Krebs habe. Seither habe ich, mit Ausnahme einiger Momente von Panik und Angst, eine tiefe Ruhe und Entspannung in mir gefühlt. Habe ich mein Leben schon aufgegeben oder ist dies die Stille des Akzeptierens?

Wir geben unser Leben schon im selben Moment auf, in dem wir geboren werden, denn die Geburt ist nichts anderes als der Beginn des Todes. In jedem Augenblick stirbst du ein wenig mehr.

Es ist nicht so, daß der Tod an einem bestimmten Tag, im Alter von siebzig Jahren, kommt. Er ist kein Ereignis; er ist ein lebenslanger Prozeß, der mit der Geburt seinen Anfang nimmt. Er kann siebzig Jahre brauchen, er läßt sich mächtig Zeit. Aber es ist ein Prozeß, kein Ereignis. Ich betone diese Tatsache, um dir klarzumachen, daß Leben und Tod nicht zwei voneinander getrennte Dinge sind. Sie wären zwei, wenn der Tod ein Ereignis wäre, das dem Leben ein Ende bereitet. Dann wären sie zwei, dann wären sie sich feind, wären sie Widersacher.

Wenn ich sage, der Tod ist ein Prozeß, der mit der Geburt beginnt, sage ich damit, daß das Leben ebenfalls ein Prozeß ist, der mit der gleichen Geburt beginnt – es sind nicht zwei Prozesse. Es ist ein und derselbe Prozeß, der mit der Geburt beginnt und mit dem Tod endet. Aber Leben und Tod sind wie die zwei Flügel eines Vogels, oder die zwei Hände, oder die zwei Beine. Auch dein Gehirn hat zwei getrennte Hälften: die rechte und die linke Hemisphäre. Ohne diese Dialektik kannst du nicht existieren.

Das Leben ist dialektisch – und wenn du das verstehst, stellt sich ein ungeheures Akzeptieren des Todes auf ganz natürliche Weise ein. Der Tod ist nicht dein Feind, er ist ein Teil von dir; ohne ihn kannst du nicht am Leben sein.

Er bildet den Hintergrund, wie eine schwarze Tafel, auf die du mit weißer Kreide schreibst. Die schwarze Tafel ist der weißen Kreide nicht feind: Sie gibt ihr lediglich den Kontrast, die Hervorhebung. Ohne die schwarze Tafel würde deine weiße Schrift verschwinden. Es ist wie Tag und Nacht – ihr könnt es überall sehen, aber ihr verhaltet euch weiter wie Blinde. Ohne Nacht kann es keinen Tag geben.

Und je tiefer ihr in diese Dialektik eindringt ... es ist eine geheimnisvolle Erfahrung. Ohne Untätigkeit gibt es keine Tätigkeit. Wenn ihr euch nicht entspannen könnt, könnt ihr nicht handeln. Je mehr ihr euch entspannen könnt, um so vollendeter wird euer Handeln sein. Sie erscheinen als Gegensätze, sind es aber nicht. Je tiefer ihr in der Nacht im Schlaf versinkt, um so wacher und um so verjüngter werdet ihr morgens aufwachen. Überall im Leben begegnet ihr demselben dialektischen Prozeß.

Die Mystiker des Zen kennen ein Koan: Sie lassen ihre Schüler über das Klatschen einer Hand meditieren. Es ist absurd – mit einer Hand kann es kein Klatschen geben. Klatschen – wogegen? Für das Klatschen sind zwei Hände nötig; sie sind scheinbar entgegengesetzt, doch auf einer tieferen Ebene erzeugen sie zusammen ein einziges Klatschen – in ihrer Bemühung vereint und zusammengehörig, weder entgegengesetzt noch feindlich, sondern einander ergänzend.

Dies wird als Meditation gegeben, aus dem einfachen Grund, damit du dir bewußt werden kannst, daß du im Leben kein einziges Beispiel für das Klatschen einer Hand finden kannst. Die ganze Existenz ist wie das Klatschen zweier

Hände: Mann und Frau, Tag und Nacht, Leben und Tod, Liebe und Haß. Je tiefer der Schüler meditiert ... nach und nach wird ihm bewußt, daß sich so etwas in der ganzen Existenz nicht finden läßt.

Und der Meister verlangt alles: »Hast du's gefunden? Hast du das Klatschen einer Hand vernommen?« Viele Ideen kommen dem Schüler in den Sinn: das Geräusch des fließenden Wassers – und er denkt, vielleicht ist es das! Er kommt zum Meister gerannt, um ihm zu sagen: »Ich hab's! Es ist das Geräusch des fließenden Wassers!« Aber er bekommt einen Schlag mit dem Stock des Meisters: »Du Idiot! Das ist nicht der Ton einer klatschenden Hand! Das ist eine Dualität. Geh nur und schau es dir an. All die Felsen im Wasser – das erzeugt den Ton. Es ist nicht der Ton von einer Hand, es ist immer der Ton von zwei.« Tatsächlich kann es einen Ton von einer Hand nicht geben. Tausende Male frustriert – jede Antwort, die der Schüler findet, wird zurückgewiesen –, kommt er schließlich zu der Erkenntnis, daß ein Ton immer durch zwei entsteht. Stille kommt durch das Eine. Nur Stille kann die Antwort sein! Sie ist kein Klatschen. Indem er diesen ganzen Prozeß durchmacht, gelangt er zur Stille ... Und dann kommt er zum Meister, und der Meister fragt ihn: »Hast du es vernommen?«

Der Schüler verneigt sich zu seinen Füßen, und Tränen der Freude rinnen ihm aus den Augen. Er kann nicht einmal sagen: »Ja, ich habe es gefunden.« Das wäre nicht exakt. Er hat nicht die Stille gefunden; im Gegenteil, er ist in der Stille verschwunden. Es ist kein Finden, es ist ein Verschwinden. *Er* ist nicht mehr, nur die Stille ist. Wer wäre da, um jetzt zu sagen: »Ich habe die Antwort gefunden«? – Deshalb die Freudentränen, und dankbar berührt er mit seinem Kopf die Füße des Meisters. Und der Meister sagt: »Ich versteh schon! Kein Problem. Mach dir keine Gedanken, daß du es nicht sagen kannst. Niemand kann es sagen. Darum habe ich dich manchmal, wenn du ankamst, wenn du herbeigerannt kamst mit einer Antwort, mit meinem Stock geschlagen, noch ehe du mir die Antwort sagtest, und ich habe zu dir gesagt: ›Du Idiot! Geh zurück!‹ Und du warst verwirrt, denn noch bevor du die

Antwort gesagt hattest, wurde sie zurückgewiesen. Jetzt wirst du verstehen: Es ist keine Frage von dieser oder jener Antwort. Sämtliche Antworten sind falsch. Nur Stille – eine existentielle Präsenz, und keine intellektuelle Antwort – ist richtig.«

Du hast das Glück zu wissen, daß du in sieben Tagen sterben kannst, zu wissen, daß du Krebs hast. Jeder hat Krebs. Nur, manche Leute sind etwas langsamer. Du hast es eben eiliger – du bist ein Amerikaner! Die meisten Leute sind Inder; sogar beim Sterben lassen sie sich Zeit. Sie sind immer spät dran, verpassen stets den Zug.

Ich sage dir, du bist gesegnet, es zu wissen – denn jeder wird sterben. Aber weil keiner weiß, wann und wo, leben die Menschen weiter in der Illusion, daß sie ewig leben werden. Sie sehen immer *andere* sterben. Das bestärkt sie logischerweise in ihrem Standpunkt, daß es immer die anderen sind, die sterben, und nie sie selbst. Ihr müßt schon viele Leute sterben gesehen haben, das gibt euch eine starke Bestätigung, eine rationale Begründung, daß immer nur die andern sterben. Und wenn ihr sterbt, werdet ihr es nicht mitkriegen, werdet ihr unbewußt sein – ihr werdet die Chance verpassen, den Tod kennenzulernen. Diejenigen, die den Tod kennengelernt haben, fanden übereinstimmend, daß er die größte orgasmische Erfahrung des Lebens ist.

Aber die Menschen sterben unbewußt. Es ist gut, daß es Krankheiten gibt, die vorhersehbar sind. Krebs bedeutet, du weißt es sieben Tage früher – oder sieben Monate, oder egal wie lang –, daß der Tod jeden Augenblick näherrückt. Diese sieben Tage werden nicht jedem gewährt.

Krebs scheint etwas zu sein, was man sich in einem früheren Leben verdienen muß – denn auch J. Krishnamurti starb an Krebs, Raman Maharshi starb an Krebs, Ramakrishna starb an Krebs. Sonderbar ... drei Erleuchtete, die kein Mythos sind, die erst kürzlich gelebt haben, starben alle an Krebs. Es scheint eine spirituelle Sache zu sein! Ganz gewiß hat es eine spirituelle Dimension.

Ich behaupte nicht, daß jeder, der an Krebs stirbt, erleuchtet ist, aber er kann leichter erleuchtet werden als alle andern, denn die andern leben weiterhin in der Illusion, daß sie am Leben bleiben. Sie haben es nicht eilig. Meditation kann warten – bis morgen oder übermorgen ... Wozu die Eile? Heute gibt es Dringlicheres zu tun.

Meditation ist nie etwas Dringliches, weil der Tod nie dringlich ist.

Für jemanden, der erfährt, daß der Krebs innerhalb von sieben Tagen zuschlagen kann, wird alles im Leben bedeutungslos. Alle Dringlichkeit verschwindet. Er dachte daran, sich einen schönen Palast zu bauen; der bloße Gedanke verschwindet. Er dachte daran, im nächsten Wahlkampf zu kandidieren; die ganze Idee löst sich auf. Er machte sich Sorgen über den Dritten Weltkrieg; nun sorgt er sich nicht mehr, denn es ist ihm egal. Was nach ihm passiert, spielt keine Rolle mehr – er hat nur noch sieben Tage zu leben!

Wenn er in diesen sieben Tagen ein wenig wach ist, kann er siebzig Jahre oder siebenhundert Jahre oder die ganze Ewigkeit leben. Denn jetzt wird Meditation zur Priorität, wird Liebe zur Priorität – zu tanzen, zu genießen, sich an der Schönheit zu erfreuen – alles Dinge, die früher keine Priorität hatten ... In dieser Woche wird die Vollmondnacht zur Priorität, denn nie wieder wird er den Vollmond sehen können! Es ist sein letzter Vollmond. In all den Jahren sind die Monde gekommen und gegangen, und es hat ihn nie gekümmert, doch nun *muß* er es ernst nehmen. Dies ist der letzte Mond, dies ist die letzte Gelegenheit zu lieben, die letzte Gelegenheit zu sein, die letzte Gelegenheit, alles, was schön ist im Leben, zu erleben. Jetzt hat er keine Energie mehr übrig für Wut und Streit. Er kann es aufschieben, er kann sagen: »Wir treffen uns in einer Woche vor Gericht, aber diese Woche mache ich Urlaub!«

Ja, am Anfang wirst du Traurigkeit fühlen, Verzweiflung, daß das Leben dir aus den Händen gleitet. Aber es gleitet dir *immer* aus den Händen, ob du es weißt oder nicht. Es gleitet jedem Menschen aus den Händen, ob er es weiß oder nicht. Du hast Glück, daß du es *weißt*.

Das erinnert mich an den großen Mystiker Eknath. Ein Mann kam seit Jahren zu Eknath. Eines Tages suchte er ihn frühmorgens auf, vor allen andern, und er sagte zu Eknath: »Bitte verzeih mir. Ich bin so früh gekommen, damit kein anderer da ist. Ich will dir nämlich eine Frage stellen, die ich immer schon fragen wollte. Aber ich habe sie zurückgehalten, weil ich mich geschämt habe.«

Eknath sagte: »Es gab keinen Grund, sich zu schämen. Du hättest alles fragen können, jederzeit. Komm, setz dich.«

Also setzten sie sich im Tempel nieder. Und der Mann sagte: »Es fällt mir schwer. Wie soll ich es sagen? Meine Frage ist: Ich komme seit Jahren zu dir und habe dich nie traurig oder frustriert gesehen. Nie habe ich dich in Angst oder in Sorge gesehen. Du bist immer glücklich, immer zufrieden und heiter. Ich kann das nicht glauben. Mein zweifelnder Verstand sagt mir: ›Dieser Mann verstellt sich.‹ Ich habe mit meinem Verstand gestritten, habe ihm gesagt, daß man sich nicht jahrelang verstellen kann. ›Wenn er sich verstellen kann, dann kannst *du* das auch‹ – und ich habe es versucht: Fünf Minuten, sieben Minuten, wenn's hochkommt ... und ich vergesse das ganze. Sorgen kommen, Wut kommt, Traurigkeit kommt. Und wenn nichts kommt, dann kommt meine Frau! – und alle Verstellung ist dahin. Wie schaffst du es nur, Tag für Tag, Monat für Monat, Jahr für Jahr – immer die gleiche Freude, das gleiche Strahlen? Bitte vergib mir, aber der Zweifel bleibt, ob du dich nicht verstellst. Vielleicht hast du keine Frau. Das scheint der einzige Unterschied zwischen dir und mir zu sein.«

Eknath sagte: »Zeig mir deine Hand.«

Er nahm seine Hand, betrachtete sie und machte eine ernste Miene.

Der Mann sagte: »Was ist? Stimmt etwas nicht?« Die Zweifel, die Verstellung, Eknath – alles war vergessen.

Eknath sagte: »Übrigens, bevor ich dir deine Frage beantworte: Ich sehe, deine Lebenslinie geht bald zu Ende ... noch sieben Tage! Ich sage dir das lieber vorweg, sonst vergesse ich es. Wenn ich erst einmal anfange, auf deine Frage einzugehen und sie zu beantworten, vergesse ich es vielleicht.«

Der Mann sagte: »Was ich gefragt habe, interessiert mich nicht mehr, und deine Antwort auch nicht. Bitte hilf mir, aufzustehen.« Er war noch jung. Eknath sagte: »Kannst du nicht aufstehen?«

Er sagte: »Ich fühle überhaupt keine Energie mehr. Nur noch sieben Tage! Und ich hatte so viele Pläne ... alles zunichte. Hilf mir! Mein Haus ist nicht weit, bring mich nur nach Hause.«

Eknath sagte: »Aber du kannst gehen. Du kannst laufen – du bist ja erst vor ein paar Minuten ohne Probleme zu Fuß hergekommen.« Der Mann versuchte irgendwie aufzustehen. Er sah aus, als sei alle Energie aus ihm gewichen. Und als er die Stufen hinunterging, konnte man sehen, er war plötzlich alt geworden und stützte sich auf das Geländer. Als er die Straße hinunterging, schien er jeden Moment hinzufallen; er torkelte wie ein Betrunkener. Aber irgendwie schaffte er es nach Hause.

Alle waren gerade beim Aufstehen – es war noch früh –, doch er legte sich ins Bett. Sie fragten ihn: »Was ist passiert? Bist du krank, fühlst du dich nicht wohl?«

Er sagte: »Ob ich krank bin, spielt jetzt keine Rolle mehr. Ob ich mich wohl fühle oder unwohl fühle, ist unwichtig geworden. Meine Lebenslinie ist zu Ende – nur noch sieben Tage! Heute ist Sonntag. Am nächsten Sonntag bei Sonnenuntergang werde ich nicht mehr da sein. Ich bin jetzt schon nicht mehr da!«

Das ganze Haus trauerte. Die Verwandten fanden sich ein, die Freunde – denn Eknath hatte noch nie gelogen. Er war ein Mann, der die Wahrheit sagte. Wenn er es gesagt hatte, war der Tod gewiß. Am siebten Tag, kurz vor Sonnenuntergang ... die Frau weinte, die Kinder weinten, die Brüder weinten, und der alte Vater und die alte Mutter waren in Ohnmacht gefallen. Da kam Eknath in das Haus, und alle sagten: »Du kommst gerade rechtzeitig. Gib ihm deinen Segen. Er geht auf eine unbekannte Reise.«

In sieben Tagen hatte der Mann sich sehr verändert. Selbst Eknath hatte Mühe, ihn wiederzuerkennen. Er war nur noch ein Skelett. Eknath schüttelte ihn. Er versuchte, die Augen zu öffnen. Eknath sagte: »Ich bin gekommen, um dir zu sagen, du wirst nicht sterben, deine Lebenslinie ist noch lange nicht zu Ende. Ich habe gesagt, du wirst in sieben Tagen sterben, um deine Frage zu beantworten. Das war meine Antwort.«

Der Mann sprang auf. Er sagte: »Das war deine Antwort? Mein Gott! Ich wäre beinahe gestorben. Eben schaute ich aus dem Fenster, ob die Sonne schon untergeht, und dann wäre ich gestorben.«

Es herrschte große Freude, doch der Mann sagte: »Was ist denn das für eine Antwort? So eine Antwort kann einen ja umbringen! Du bist ja ein Mörder! Wir haben an dich geglaubt, aber du nützt unseren Glauben aus.«

Eknath sagte: »Nichts außer dieser Antwort hätte dir geholfen. Ich bin gekommen, um dich zu fragen: Hast du in diesen sieben Tagen mit jemandem gestritten, bist du auf jemanden wütend gewesen, bist du bei Gericht gewesen? – denn das ist ja deine Gewohnheit. Jeden Tag findet man dich bei Gericht.« Er gehörte zu dieser Kategorie von Leuten; es war sein Beruf. Selbst für Morde stellte er sich als Augenzeuge zur Verfügung, wenn man ihm genug bezahlte. Bei einem Mord trat er als Zeuge auf, und das Gericht wußte, daß er unmöglich Augenzeuge von all dem sein konnte. Er war ein professioneller Zeuge.

Eknath fragte: »Wie geht's deinen Geschäften? Wie oft warst du in diesen sieben Tagen Augenzeuge, wieviel hast du verdient?«

Er sagte: »Was redest du da? Ich habe mich nicht aus dem Bett gerührt. Ich habe nichts gegessen. Ich habe keinen Appetit, keinen Durst. Ich bin schon tot. Ich spüre keine Energie, kein Leben mehr in mir.«

Eknath sagte: »Steh jetzt auf, es ist Zeit. Nimm ein gutes Bad, eine gute Mahlzeit. Morgen hast du einen Fall bei Gericht. Kümmere dich um deine Geschäfte. Deine Frage habe ich beantwortet. Und seit ich erkannt habe, daß *jeder* sterben muß ... der Tod kann *morgen* kommen – du hattest sieben Tage. Ich habe nicht einmal mehr sieben Tage. Vielleicht erlebe ich den morgigen Sonnenaufgang nicht mehr! Ich habe keine Zeit für törichte Dinge, für törichte Ambitionen, für Gier, Wut, Haß. Ich habe schlichtweg keine Zeit, denn morgen kann ich schon nicht mehr da sein. Wenn ich in dieser kurzen Spanne Lebens die Schönheit der Existenz, die Schönheit der Menschen genießen kann, und wenn ich meine Liebe, meine Lieder mit anderen teilen kann, wird mich der Tod vielleicht nicht so hart treffen.«

Die alten Weisen sagen, daß diejenigen, die zu leben verstehen, automatisch lernen, wie man stirbt. Ihr Tod ist eine schöne Sache, denn sie sterben nur außen. Im Innern setzt sich ihre Lebensreise fort.

Die Erkenntnis, daß du Krebs hast, ist zweifellos schockierend und bringt Trauer und Verzweiflung. Aber du bist mein Sannyasin. Du mußt diese Chance zur tiefgehenden Transformation deines Seins nutzen. Die wenigen Tage, die dir noch bleiben, sollten Tage der Meditation, der Liebe, des Mitgefühls, der Freundschaft, des Spiels, des Lachens sein. Und wenn es dir gelingt, dann wirst du durch einen bewußten Tod belohnt werden. Er ist die Belohnung für ein bewußtes Leben.

Ein unbewußtes Leben führt zu einem unbewußten Tod. Die Existenz belohnt ein bewußtes Leben durch einen bewußten Tod.

Und bewußt zu sterben bedeutet, die höchste orgasmische Erfahrung im Leben zu machen und dabei zu erfahren, daß nichts stirbt, daß nur die Formen sich verändern. Du übersiedelst in ein neues Haus – natürlich ein besseres Haus, auf einer höheren Bewußtseinsstufe. Nutze diese Gelegenheit zum Wachsen. Und das Leben ist absolut fair und gerecht. Was auch immer du gewonnen hast, kannst du nicht mehr verlieren; du wirst dafür belohnt.

Akzeptiere, daß der Tod Teil deines Lebens ist, und akzeptiere die Tatsache, daß es gut ist, es im vorhinein zu erfahren. Andernfalls kommt der Tod, ohne daß du seine Schritte hörst, die Töne des herannahenden Todes.

Darum sage ich, du hast Glück: Der Tod hat sieben Tage

vorher bei dir angeklopft. Nutze diese Tage in tiefem Akzeptieren. Laß diese sieben Tage so freudvoll wie möglich sein, laß es sieben Tage des Lachens werden! Stirb mit einem Witz auf den Lippen – mit einem Lächeln, einem Dankeschön, voller Dankbarkeit für alles, was das Leben dir geschenkt hat.

Und eines sage ich dir: Der Tod ist eine Fiktion.

Es gibt keinen Tod, denn nichts stirbt, die Dinge verändern sich nur. Und wenn du dabei bewußt bist, kannst du sie zum Besseren verändern. So geschieht Evolution. So wird aus einem unbewußten Menschen ein Gautam Buddha. (33)

Im Dezember vor einem Jahr hat man bei mir Gebärmutterkrebs festgestellt. Es ging für mich um die Entscheidung, entweder zu sterben und das Leiden fortzusetzen – oder aus dem Ganzen herauszukommen. Ich habe dich ganz in mich hineingelassen und wurde von deiner Liebe überschwemmt. Der Krebs verschwand. In den letzten sechs Monaten habe ich mich dir sehr nahe gefühlt, auch wenn ich dich nicht besuchen kommen konnte. Einige meiner Freunde sind Sannyasins, und wenn ich ihnen davon erzähle, sagen sie, ich laufe vor der Wirklichkeit davon. Manchmal, wenn ich darüber nachdenke, zweifle ich an dem, was ich fühle. Haben sie recht? Was ist die Wirklichkeit?

Hör immer auf deine eigene Erfahrung, denn das ist die Wirklichkeit.

Du hattest Krebs. Und es kommt häufig vor, daß Krebs zu einer großen Chance wird, weil der Tod dann sicher ist. Dann kommt es nicht mehr in Frage, daß du dich zurückhältst. Der Tod holt dich auf jeden Fall. Und weil der Tod so nahe war, hast du dich mehr an mich erinnert, hast du mich mehr geliebt – denn es war keine Zeit mehr, es aufzuschieben. Zum ersten Mal hast du mich total in dich reingelassen – und der Krebs verschwand.

Krebs passiert aus vielerlei Gründen. Einer der Gründe ist, daß das Leben ohne Bedeutung, ohne Liebe ist, daß man nicht wirklich lebt. Man schleppt sich nur noch dahin. Man hat keinen Grund zu leben, und das Problem ist, man hat auch keinen Grund, Selbstmord zu begehen. So machen die Leute auf schläfrige Weise immer weiter, von der Wiege bis zum Grab – wie Schlafwandler, Somnambulisten. Es ist eine lange Reise, aber im Schlaf schaffen sie es. So erreichen sie das Grab. Oder wo immer sie hinkommen, erweist es sich als das Grab.

Ich sage euch ständig, daß ihr lieben sollt, daß ihr total sein sollt. Und in jenen Tagen hattest du keine andere Alternative. Der Tod war schon auf dem Weg. Du hast total geliebt. Du hast zugelassen, daß ich in dich hineinkommen konnte, und der Krebs verschwand. Nicht, daß ich etwas getan hätte – *du* hast es getan. Wenn du mir früher zugehört hättest, wäre der Krebs gar nicht aufgetreten. Wenn du schon früher mit solcher Intensität und Totalität geliebt hättest, hätte der Krebs dich gar nicht erreichen können. Jetzt, nachdem der Krebs verschwunden ist, gehst du wieder in den Verstand und denkst, ich hätte vielleicht ein Wunder vollbracht. Ich habe gar nichts vollbracht. *Du* hast ein Wunder vollbracht. Und weil du deinen Freunden erzählt hast: »Mein Meister hat ein Wunder vollbracht«, sagen sie zu dir, du sollst realistisch sein, und dann kommen Zweifel in dir auf. Deine Freunde haben recht. *Sei* realistisch – obwohl sie selbst nicht realistisch sind. Die einzig reale Sache ist, daß der Krebs verschwand, weil du zum ersten Mal eine Totalität des Seins hattest, eine Gesammeltheit deines Seins, die mächtiger war als jeder Krebs.

Jetzt tauchen Zweifel auf, und du wirst deine Freunde fragen, und jeder wird sagen: »Sei nicht töricht, sei nicht abergläubisch« – obwohl sie es sich nicht erklären können, wie und warum der Krebs verschwand. Und sie sagen dir, du sollst realistisch sein. Frag sie: »Dann seid ihr doch realistisch und sagt mir, wie der Krebs verschwinden konnte.« Sollen sie doch selbst eine kleine Erfahrung mit Krebs haben! Laß sie darüber nachdenken, laß sie doch schlaflose Nächte haben: Wie konnte der Krebs verschwinden? – Denn daran entscheidet sich, was real ist und was nicht.

Und erwarte kein Wunder von mir. Das ist eine Fiktion. *Du*

hast das Wunder vollbracht, darüber besteht kein Zweifel. Und jeder Mensch ist fähig, solche Wunder zu vollbringen.

Das Leben ist ein solches Geheimnis. Wenn ihr ganz still, total und liebevoll werdet, verändern sich viele Dinge in euch – im Körper, im Geist, in der Seele.

Aber laß dir von deinen Freunden keine törichten Gedanken eingeben, sonst kann der Krebs wieder auftauchen – denn es ist nicht mein Wirken, es ist dein Wirken. Wenn du zweifelst und nicht weißt, wie es geschehen konnte, kann dein Zweifel den Krebs wieder entstehen lassen. Es war deine Totalität, die ihn zum Verschwinden brachte. Dein Zweifel kann den Boden dafür bereiten, daß er wiederkommt. Dann wird keiner deiner Freunde sagen: »Sei realistisch.« Dann wirst du dieselbe Einstellung wieder finden müssen, aber dann wird es schwieriger sein.

Es ist besser, nicht noch einmal in dieselben Schwierigkeiten zu geraten. Das nächste Mal würde es schwierig sein, weil du es erwarten würdest – was vorher nicht der Fall war. Beim ersten Mal, als du Krebs hattest, hast du kein Wunder erwartet. Wenn es wieder passiert, wirst du versuchen, erneut liebevoll zu sein, total zu sein – aber zu *versuchen,* total zu sein, bedeutet nicht, total zu sein; zu *versuchen,* liebevoll zu sein, bedeutet nicht, zu lieben. Und tief innen würdest du erwarten, daß der Krebs sich auflöst. Es wäre nicht die gleiche Situation. Und denk daran: Gib nicht mir die Schuld, daß ich dir beim nächsten Mal nicht helfe. Beim ersten Mal habe ich dir auch nicht geholfen.

Was auch immer mit euch geschieht, ihr seid selbst dafür verantwortlich. (34)

Besteht ein Zusammenhang zwischen Sex und Kopfschmerzen beziehungsweise Migräne?

Bisher ist kein medizinischer Forscher zu diesem Schluß gekommen. Aber aufgrund meiner eigenen Entdeckungen, die ich ständig mache – und ich bin ein unheilbarer Entdecker –, das behaupten, und früher oder später wird die haft mir recht geben.

..xzentrum ist im Kopf, und nicht in den Geschlechtsorganen – das weiß inzwischen auch die Wissenschaft. Und wenn das Sexzentrum im Kopf ist, und nicht in den Geschlechtsorganen, dann kann unterdrückter Sex Kopfschmerzen verursachen. Er wird keine Schmerzen in den Genitalien verursachen, denn da ist nichts – nur die Nervenenden, die zu dem betreffenden Gehirnzentrum führen.

Warum wohl denkt man inzwischen – und die Ärzte empfehlen es sogar schon ihren Patienten –, daß Sex gut ist für die psychische Gesundheit? Sie haben recht. All die Menschen der Vergangenheit, die im Namen der Religion ihre Sexualität unterdrückten, haben sehr unter Kopfschmerzen gelitten. Selbst ein Mann wie J. Krishnamurti hat vierzig Jahre lang ständig so sehr unter Kopfschmerzen und Migräne gelitten, daß er – ein so weiser Mann! – am liebsten mit dem Kopf gegen die Wand gerannt wäre, um endlich Ruhe zu haben ... so starke Schmerzen hatte er! (35)

Man hat herausgefunden, daß Millionen von Männern auf der ganzen Welt nach dem Sex unter Migräne leiden. Ich habe den Bericht eines Anhängers der *Christian Science* gelesen – und als Christ hat er einen entsprechend konditionierten Verstand ... Er untersuchte die verschiedenen Gründe, warum Männer an Migräne leiden. Er arbeitete ein Jahr ununterbrochen an diesem Projekt. Vor kurzem hat er nun seinen Bericht vorgelegt, und er gibt unzählige Gründe an – physiologische, chemische ...

Dabei ist die Realität so einfach, dazu braucht man keinen Forschungsbericht. Die Realität ist, daß das männliche Denken in zwei Teile gespalten ist. Der eine Teil sagt: »Was du da tust, ist unrecht. Hör auf!« – während der andere Teil sagt: »Ich kann der Versuchung nicht widerstehen; ich muß es tun.« Diese beiden Teile liegen im Streit, im Konflikt.

Migräne ist nichts anderes als ein Konflikt, eine tiefe Spaltung im Denken. Kein Angehöriger eines Naturvolkes wird nach dem Sex an Migräne leiden. Die Katholiken leiden am meisten daran, weil ihre Konditionierung eine tiefgehende Spaltung im Denken erzeugt hat. Seit Jahrhunderten werden Dinge behauptet, die jeder Grundlage, jedes Beweises entbehren – doch sie werden weiter behauptet. Und wenn eine Lüge allzuoft wiederholt wird, fängt man an, sie für wahr zu halten.

Man muß sehr auf die Worte achten.

Ein Mann geht in eine Kneipe und fängt an, einen Polenwitz zu erzählen. Sein Nachbar, ein Mordskerl, baut sich bedrohlich vor ihm auf und sagt: »He, ich bin Pole. Wart mal 'n Moment, ich sag meinen Söhnen Bescheid.«

Dann ruft er laut: »Ivan, komm mal her, und bring deinen Bruder mit!« Zwei Männer, mindestens so groß wie der erste, tauchen aus dem Hinterzimmer auf.

»Josef«, ruft der Pole als nächstes, »du und dein Cousin, kommt mal her!« Und durch die Hintertür kommen noch zwei Riesen herein. Alle fünf pflanzen sich vor dem Mann auf, der den Witz erzählt hat.

»Okay«, sagt der erste Pole, »magst du den Witz jetzt fertig erzählen?«

»Nein«, sagt der Mann.

»Und warum nicht?« sagt der Pole und ballt die Fäuste. »Hast du etwa Angst?«

»Nein«, sagt der Mann, »ich hab nur keinen Bock, den Witz fünfmal erklären zu müssen.«

Die Leute sind sehr gewieft mit Worten. Damit läßt sich jede Art von Wirklichkeit verschleiern. Er hat Angst – die fünf Kerle könnten ihn umbringen –, doch er erfindet eine schöne Ausrede: »Ich hab keine Lust, fünf Leuten die Pointe des Witzes zu erklären.«

Alle Religionen haben immer mit Worten gespielt, und sie haben die Menschen gehindert, intelligent genug zu sein, ihre Worte zu durchschauen. Sie haben einen Dschungel aus Worten und Theologien und Dogmen und Glaubenssätzen und Geboten geschaffen. Und die armen Menschen schleppen diese ganze Last mit sich herum im Namen der Moral.

Ich möchte euch sagen: Kümmert euch nie um Moral. Das einzige, worum es einem aufrichtigen Sucher geht, ist Achtsamkeit, mehr Bewußtheit.

Aus deiner Bewußtheit ergeben sich alle deine Handlungen von selbst. Ganz ohne Bemühung werden deine Handlungen moralisch sein – ohne dein Zutun, ohne jede Anstrengung werden sie wie Blumen um dich herum erblühen.

Moral ist nichts anderes als der Lebensstil eines bewußten Menschen. (36)

Als Arzt sehe ich in meiner Praxis viele Menschen mit dem wenig attraktiven, aber überaus realen Leiden der Verstopfung. Ist die Verstopfung ebenfalls eine »Zivilisationserscheinung«?

Vor ein paar Jahren kam ein Mann zu mir, der schon lange an Verstopfung litt. Er war sehr reich und hatte jede Medizin, sämtliche Heilmethoden – von der Schulmedizin bis zur Naturheilkunde – durchprobiert. Er hatte wirklich alles versucht. Er hatte die Zeit, und er hatte genug Geld zu verschwenden; das war also kein Problem. Er hatte die ganze Welt bereist, um von seiner Verstopfung kuriert zu werden, doch je mehr er es versuchte, um so schlimmer wurde die Verstopfung. Sie war tief verwurzelt. So kam er schließlich zu mir, und er sagte: »Was soll ich nur tun?«

Ich sagte zu ihm: »Die Verstopfung ist nur ein Symptom, es ist niemals die Ursache. Die Ursache muß irgendwo anders, in deinem Bewußtsein, liegen.« Also gab ich ihm eine ganz einfache Aufgabe. Er konnte es nicht glauben. Er sagte: »Wie soll das gehen? Meinst du wirklich, eine so einfache Sache kann mir helfen? Oder hältst du mich zum Narren? Du weißt, ich habe alles versucht. Eine so simple Sache soll mir helfen? Ich kann das nicht glauben.« Aber ich sagte: »Probier es einfach.« Und ich sagte ihm nur eines, er solle sich ständig daran erinnern: »Ich bin nicht der Körper.« Sonst nichts. Natürlich konnte er nicht glauben, daß das helfen würde.

Die Menschen sind mit ihrem Körper identifiziert. Eine zu starke Identifikation mit dem Körper ist die Ursache für Verstopfung. Du hältst fest, kontrollierst, ziehst dich zusammen. Du läßt deinem Körper nicht seinen eigenen Willen. Du erlaubst ihm nicht seinen natürlichen Fluß. Das bedeutet Verstopfung. Verstopfung ist eine spirituelle Krankheit.

Gib die Identifikation mit dem Körper auf. Erinnere dich ständig: »Ich bin nicht der Körper. Ich bin ein Beobachter.«

Er probierte es drei Wochen lang, und dann sagte er: »Es funktioniert! Etwas beginnt sich in mir zu lösen.«

Es passiert zwangsläufig. Wenn du nicht mehr dein Körper bist, fängt der Körper an zu funktionieren. Wenn du aufhörst, dich einzumischen, wenn du nicht mehr dazwischenfunkst, tut der Körper seine Arbeit von allein.

Habt ihr schon mal gehört, daß Tiere an Verstopfung leiden? In der Natur hat kein Tier Verstopfung. Im Zoo kann man Tiere finden, die verstopft sind, oder Haustiere – Hunde und Katzen –, die mit den Menschen zusammenleben und von ihnen angesteckt und verdorben sind; sie können Verstopfung haben. Ansonsten kennt die Natur keine Verstopfung. Der Körper hat seine eigene Methode. Er ist im Fluß. Er ist nicht gefroren, ist nicht blockiert. Blockaden entstehen durch Identifikation.

Ich sagte dem Mann: »Sei einfach nicht mit deinem Körper identifiziert. Halte die Bewußtheit aufrecht, daß du nur der Beobachter bist. Und sag nie: ›Ich bin verstopft.‹ Sag immer: ›Der Körper ist verstopft. Ich bin der Beobachter.‹«

Etwas in seinem Körper löste sich. Die Verdauung fing an, besser zu funktionieren – denn nichts bringt die Verdauung so sehr durcheinander wie der Verstand. Wenn du dir Sorgen machst, kann die Verdauung nicht gut funktionieren. Wenn du mit dem Körper identifiziert bist, kann der Körper nicht im Fluß sein. Darum ist immer, wenn man sehr krank ist, tiefer Schlaf nötig, denn nur im Tiefschlaf vergißt man den Körper, und die Dinge kommen ins Fließen.

Es änderte sich. Aber dann kam er und erzählte mir, etwas

Neues sei passiert: »Ich bin immer so geizig gewesen, und plötzlich fühle ich mich nicht mehr so geizig.«

So muß es sein, denn Geiz hängt eng zusammen mit Verstopfung. Es funktioniert in beide Richtungen: Wenn du ein Geizkragen bist, wirst du an Verstopfung leiden, und wenn du verstopft bist, wirst du auch ein Geizkragen sein.

Verstopfung ist in Wahrheit ein tiefer Geiz im Körper – nur ja nichts loszulassen, nichts aus dem Körper rausgehen zu lassen! Halte alles zurück!

Verändere die Ebene deines Bewußtseins, und die Probleme werden anfangen, sich zu verändern. (37)

Manchmal habe ich Angst, verrückt zu werden. Kannst du bitte etwas dazu sagen?

Hab bitte keine Angst vor dem Verrücktwerden – aus dem einfachen Grund, weil du schon verrückt bist!

Diese Welt ist ein einziges großes Irrenhaus. Jedes Kind wird geistig gesund geboren, aber es kann nicht lange geistig gesund leben. Es wird aufgezogen von Verrückten, unterrichtet von anderen Verrückten, konditioniert von wieder anderen Verrückten. Es kann gar nicht anders, als verrückt zu werden. Wenn es überleben will, muß es verrückt werden.

Nur ganz selten gibt es einen geistig gesunden Menschen: einen Buddha, einen Zarathustra, einen Laotse, einen Jesus. Und das Sonderbare ist, daß diese geistig gesunden Menschen wie Verrückte aussehen.

Die sogenannten Verrückten sind nicht wirklich verrückt. Die wirklichen Verrückten sind die sogenannten geistig Gesunden.

Die Leute, die man ins Irrenhaus steckt, sind lediglich sehr sensible, sehr verletzliche Menschen, die ganz Empfindsamen, die nicht so hart sind wie all die anderen, die auf dem Marktplatz leben. Sie haben nicht so ein dickes Fell, darum brechen sie leichter zusammen. Die Dickfelligen aber leben weiter mitten in all dem Wahnsinn; sie können sich anpassen.

Der Mensch hat eine unendliche Fähigkeit, sich anzupassen, und jedes Kind lernt schon, sich an alles mögliche anzupassen. Schau nur in dich selbst hinein, an wieviel Aberglauben du dich angepaßt hast, wie viele idiotische Meinungen du mit dir herumträgst.

Nicht, daß es nicht Augenblicke gäbe, in denen dir die ganze Stupidität zu Bewußtsein kommt, aber diese Augenblicke der Klarheit steckst du schnell wieder weg, denn sie sind gefährlich. Ja, gelegentlich öffnet sich das Fenster, aber du machst es schnell wieder zu. Du mußt es zumachen, denn du hast Angst, die Nachbarn könnten sehen, daß dein Fenster offen ist. Du willst deine geistige Gesundheit niemandem zeigen.

Hab keine Angst, verrückt zu werden – du kannst nicht verrückt werden, denn es ist schon passiert! Deine ganze Angst ist völlig unbegründet. Du *bist* schon verrückt, sonst könntest du in dieser Gesellschaft nicht existieren. Egal, welcher Gesellschaft du angehörst – du bist schon verkrüppelt. Du bist nicht mehr unschuldig, du bist verdorben und vergiftet worden – von den Priestern, den Politikern, den Pädagogen. Sie haben gute Arbeit geleistet! Meine Aufgabe hier ist es, das alles wieder rückgängig zu machen.

Und es ist nicht nötig, daß ich das beweise. Ihr braucht euch nur umzuschauen, und ihr werdet tausendundeinen Beweis dafür finden. (38)

Welche Arten von Meditationen können für Geisteskranke hilfreich sein?

Ihr könnt ihnen helfen, verschiedene dynamische Meditationen zu machen. Das wird eine große Hilfe sein, denn verrückte Menschen brauchen nichts als Katharsis. Das ist die einzige Behandlung; nur weil sie so unterdrückt wurden, geht es ihnen jetzt so schlecht. Wenn alles erlaubt ist, wenn ihnen erlaubt wird, verrückt zu sein, dann wird die Verrücktheit verschwinden.

Die ganze Welt ist verrückt, weil niemandem erlaubt wird,

verrückt zu sein. Wir müssen grundsätzlich darauf bestehen, daß jedem Menschen ein gewisser Raum zugestanden wird, in dem er einfach irre sein kann; in dem es nicht nötig ist, auf irgend jemanden Rücksicht zu nehmen. Wenn ein Mensch jeden Tag eine halbe Stunde verrückt sein darf, dann wird er sich in den restlichen dreiundzwanzigeinhalb Stunden als völlig gesund erleben.

Irresein ist auch ein Teil des Menschseins; es handelt sich um ein tiefes Gleichgewicht. Wenn du zu ernsthaft wirst, brauchst du ein wenig Lachen, um wieder mit den Füßen auf den Boden zurückzukommen. Wenn du zu angespannt bist, brauchst du etwas, das dir hilft, dich zu entspannen. Es gibt in der Tat viele gesellschaftlich akzeptierte Mittel, mit denen wir den Leuten erlauben, verrückt zu sein.

Zum Beispiel werden die Leute bei einem Fußball- oder Eishockeyspiel beinahe wahnsinnig. Aber es ist erlaubt, und sie fühlen sich ganz entspannt. Sogar beim Zuschauen am Fernseher werden sie fast verrückt – sie springen herum und regen sich schrecklich auf. Aber es ist eine anerkannte Sache.

Wenn jemand vom Mars kommen und das zum erstenmal sehen würde, wäre er nicht imstande zu glauben, was vor sich geht, denn es scheint keinen Grund dafür zu geben, sich so aufzuregen. Bloß ein paar Leute, die den Ball von hier nach dort werfen, und andere, die ihn zurückschießen – und Millionen von Menschen sind so aufgeregt! Sie wissen nicht, daß es sich um ein gesellschaftlich zugelassenes Ventil der Entladung handelt – einen Trick. Und jedes Land hat seinen eigenen, stellt seinen eigenen Trick bereit.

Krieg ist auch ein Trick, der ständig gebraucht wird, damit die Leute wahnsinnig werden können, damit sie hassen und zerstören können. Und sie dürfen für eine große Sache hassen und zerstören, dafür werden sie nicht verdammt! Du zerstörst also und fühlst dich gut dabei, bist glücklich und fühlst keine Schuld, und du wirst ganz einfach verrückt. Krieg wird es so lange geben, bis wir jedem einzelnen ein bestimmtes Maß an Irresein zugestehen, das er genießen kann.

Geht also und macht die Meditationen und laßt die Geisteskranken zuschauen. Sie werden eine ungeheure Freude daran haben und werden sagen: »Zwischen uns und euch gibt es keinen großen Unterschied.« Dann werden sie daran teilnehmen, und ihr werdet ihnen helfen können.

Ein Irrer braucht keinen Arzt, er braucht einen Freund. Ein Arzt ist zu unpersönlich, zu weit weg, zu technisch. Und ein Arzt sieht einen Verrückten immer wie ein Objekt an, das behandelt werden muß. In seinem bloßen Blick liegt Verurteilung: Etwas ist falsch und muß zurechtgerückt werden. Ein Wahnsinniger braucht jemanden, der ihn liebt, der ihn umsorgt und freundlich ist; jemanden, der aus ihm keine Sache macht und der seine Individualität akzeptiert. Und nicht nur das, er braucht auch jemanden, der auch seine Verrücktheit akzeptiert, der nämlich zutiefst davon überzeugt ist, daß jeder Mensch einen vernünftigen und einen nicht-vernünftigen Teil hat.

Wahnsinn ist die Nachtseite des Menschen. Das ist natürlich, nichts ist falsch daran. Wenn du zu einem Verrückten sagen kannst, daß nicht nur er verrückt ist, sondern du auch, ist sofort eine Brücke geschlagen. Und dann ist er erreichbar, und es ist möglich, ihm zu helfen. (39)

Mir wird mehr und mehr bewußt, was für Barrieren sich im Laufe der Jahre in mir aufgebaut haben, die mich daran hindern, ein freudvoller, mich selbst liebender, offener Mensch zu sein. Es fühlt sich an, als würde die Wand in mir stärker und stärker, je mehr sie mir bewußt wird, und ich kann nicht hindurchkommen. Kannst du mir bitte mit deiner Einsicht helfen?

Als erstes mußt du verstehen, daß die Wand nicht stärker wird; es liegt nur daran, daß deine Bewußtheit klarer wird. Es gibt überhaupt keinen Grund, warum die Wand stärker werden sollte, wenn sie dir mehr bewußt wird. Es ist genauso, wie wenn du in einem dunklen Haus Licht machst: Du kannst plötzlich die Spinnweben und Spinnen sehen, aber sie haben nicht zugenommen, weil du das Licht angemacht hast; sie waren schon immer da. Es kommt daher, daß du aufmerksamer, wacher wirst. Aber denke nicht, daß sie zunehmen. Dein Licht hat keinen Einfluß auf ihr Zunehmen, wohl aber bringt es ihr Vorhandensein an den Tag. Deine zunehmende Bewußtheit bringt das Vorhandensein deiner Gefängniswände an den Tag.

Und du sagst: »*Ich bin mir dessen bewußt, und ich kann nicht hindurchkommen.*« Weil es keine richtigen Wände sind – sie bestehen nicht aus Ziegeln oder Steinen, sie bestehen nur aus Gedanken – sie können dich nicht zurückhalten. Du mußt nur das Geheimnis kennen, wie du durch sie hindurchkommen kannst. Wenn du anfängst, inmitten deiner Gedankenprozesse – und das sind diese Gefängniswände – zu kämpfen, wirst du ein großes Chaos erzeugen. Man kann dabei sogar wahnsinnig werden. Auf diese Weise werden die Menschen wahnsinnig: Sie werden von einer solchen Menge von Gedanken bedrängt und strengen sich sehr an, diesen ganzen Mob loszuwerden, aber statt dessen verstricken sie sich immer tiefer in den Mob – und dann kommt es natürlich zu einem Zusammenbruch. Ihr Nervensystem kann nicht so viel Druck und so viel Spannung aushalten. Sie haben die Büchse der Pandora geöffnet. Es war alles darin verborgen, aber glückseligerweise waren sie sich dessen nicht bewußt. Jetzt haben sie meditative Bewußtheit hinzugefügt, und mit einemmal sehen sie diesen dichten Mob, und je mehr sie sich anstrengen, desto mehr fühlen sie ihre Machtlosigkeit gegenüber den Wänden, von denen sie umgeben sind.

Wenn du anfängst, dagegen zu kämpfen, gibt es keinen Ausweg; früher oder später wirst du müde und erschöpft sein, wirst du fühlen, wie deine geistige Gesundheit dir entgleitet. Aber wenn du die richtige Methode anwendest, wirst du statt eines Zusammenbruchs einen Durchbruch erleben. Die richtige Methode, mit all dem umzugehen, wovon du dich eingekreist fühlst, besteht darin, einfach ein Zeuge zu sein – nicht zu kämpfen, nicht zu bewerten, nicht zu verurteilen. Bleibe einfach still und ruhig – ein reiner Beobachter von allem, was da ist.

Dies grenzt an ein Wunder. Mir ist kein anderes Wunder begegnet als das Wunder der Meditation, das Wunder des Zeugeseins. Wenn du Zeuge sein kannst, wirst du dich wundern, wie die starke Mauer dünner wird, wie der Mob sich zerstreut; und allmählich wirst du Spalten und Öffnungen wahrnehmen, durch die du hinausgelangen kannst. Aber du brauchst gar nicht hinauszugelangen. Bleib, wo du bist. Beobachte nur weiter. In dem Maße, in dem dein Zeugesein stärker wird, wird die Wand, die dich umgibt, schwächer werden. Am Tag, an dem dein Zeugesein vollkommen geworden ist, wirst du entdecken, daß es nie eine Wand gegeben hat, daß nichts dich einkreist, daß dir der ganze Himmel offensteht. Statt mit den Gedanken zu kämpfen, gegen die falschen Konditionierungen zu kämpfen, werde einfach nur zu einem reinen Zeugen. Wenn du kämpfst, kannst du nicht gewinnen. Wenn du nicht kämpfst, ist dir der Sieg gewiß. Der Sieg gehört nur denen, die Zeuge sein können.

Der Doktor hat die Untersuchung seines Patienten beendet und sagt: »Sie sind völlig gesund. Herz, Lunge, Blutdruck, Cholesterinspiegel – alles in bester Ordnung.«

»Na, da bin ich ja beruhigt«, sagt der Patient.

»Kommen Sie in einem Jahr wieder«, sagt der Doktor.

Sie schütteln sich die Hände, doch kaum ist der Patient aus dem Zimmer, hört der Doktor einen lauten Plumps. Er öffnet die Tür und findet den Patienten platt auf der Nase liegen.

Die Sprechstundenhilfe ruft: »Herr Doktor, er ist zusammengeklappt! Er fiel um wie ein Stein!«

Der Arzt fühlt den Puls und sagt: »Ach du meine Güte, er ist tot!«

Dann faßt er die Leiche mit den Händen unter den Achseln und sagt: »Kommen Sie! Packen Sie ihn an den Füßen!«

»Wie bitte?« fragt die Schwester verwirrt.

»Kommen Sie, machen Sie schnell«, sagt der Doktor, »wir müssen ihn herumdrehen, damit es so aussieht, als wäre er gerade hereinkommen!«

Ein bißchen Intelligenz ist nötig. Man sagt, daß Intelligenz nicht viel bringt, wenn man nicht die Intelligenz hat, sie richtig einzusetzen.

Erst kürzlich ist mir eine großartige Erkenntnis zu Ohren gekommen. Es hieß: Jeder Idiot, den man auf dieser Welt antrifft, ist das Endprodukt von Millionen von Jahren der Evolution.

Intelligenz hat zweifellos Seltenheitswert, aber was die Leute betrifft, die sich um mich herum versammelt haben – die bloße Tatsache, daß sie den Mut hatten, hierherzukommen, ist schon Beweis genug für ihre Intelligenz. Jetzt mußt du deine Intelligenz richtig einsetzen.

»Mein Gott«, seufzt Otto. »Ich hatte alles, was ein Mann sich nur wünschen kann – die Liebe einer schönen Frau, ein tolles Haus, jede Menge Kohle, schicke Klamotten.«

»Ja, und was ist passiert?« fragt Emil.

»Was passiert ist? – Aus völlig heiterem Himmel, ohne jede Vorwarnung, kommt plötzlich meine Frau ins Zimmer!«

Sei aufmerksam – auf Schritt und Tritt lauern Gefahren. Ein Mensch, der sich entschließt, ein Meditierer zu werden, muß sehr behutsam vorgehen.

Laotse hat das so ausgedrückt, daß ein Meditierer immer so geht, als würde er einen eiskalten Fluß im Winter durchschreiten – sehr behutsam, sehr aufmerksam. Wenn du nicht sehr behutsam und sehr aufmerksam bist, werden sich dein viele Jahrmillionen alter Verstand und seine Funktionsweise nur schwer transzendieren lassen. Es ist eine einfache Strategie, doch manchmal erscheint gerade das Einfache am schwersten – zumal, wenn man es überhaupt noch nicht kennt.

Meditation ist für euch nur ein Wort. Ihr habt noch keine Kostprobe davon bekommen, ihr habt noch keine Nahrung daraus gezogen, ihr habt noch keine eigene Erfahrung damit gemacht; deshalb kann ich eure Schwierigkeit verstehen. Aber ihr müßt auch meine Schwierigkeit verstehen.

Eure Krankheiten mögen zahlreich sein, aber ich habe nur eine einzige Medizin, und meine Schwierigkeit besteht darin, daß ich verschiedenen Patienten für verschiedene Krankheiten immer ein und dieselbe Medizin verkaufe.

Egal, welche Krankheit ihr habt – ich weiß, ich habe nur die eine Medizin: Meditation.

Was auch immer eure Krankheit ist, ich werde auf sie eingehen, aber letztlich müßt ihr immer dieselbe Medizin annehmen. Meine Medizin ändert sich nie. Soviel ich weiß, hat sie sich in diesen fünfunddreißig Jahren nie geändert. Ich habe Millionen von Menschen gesehen, Millionen von verschiedenen Fragen, aber noch ehe ich ihre Fragen höre, weiß ich schon die Antwort. Es spielt keine Rolle, was ihre Frage ist. Es geht nur darum: Wie schaffe ich es, ihre Frage zu meiner Antwort hinzubekommen? (40)

6. KAPITEL

Therapie, Therapeut und Heiler

Was ist die »Psychologie der Buddhas«? Es klingt nach einer Wissenschaft nur für Erleuchtete, die ihre Jünger im richtigen Moment ziehen, schubsen, verführen, prügeln oder küssen müssen, damit sie nicht schwankend werden, steckenbleiben oder in Fallen stolpern. Kannst du uns ein paar von deinen Erkenntnissen der letzten dreißig Jahre verraten?

Die Frage, die du gestellt hast, läßt sich prinzipiell nicht beantworten. Aber ein paar Hinweise, ein paar Andeutungen kann ich dir schon geben – und es ist absolut sicher, daß du nichts damit wirst anfangen können. Aber das ist nicht mein Problem. Ich werde mein Bestes versuchen. Wenn du deinerseits mit deinem Verstand ganz passiv und still sein kannst und einfach nur zuhörst, so wie du Vögeln zuhörst, ohne sie zu interpretieren, dann kann sich vielleicht eine Tür für dich öffnen. Es hängt alles von dir ab. Der Vorgang ist nicht sehr schwierig. Es ist nur eine alte Angewohnheit. Wir können nicht einfach so zuhören, wie wir Musik hören; wir fangen sofort an, zu reagieren, zu interpretieren, und versuchen, die Bedeutung zu verstehen. Wir verlieren uns in unserem Denken, und die Musik geht vorüber.

Das erste: So wie ich den Begriff »Psychologie der Buddhas« gebraucht habe, bedeutet er nicht, was er eigentlich bedeutet. Der Erleuchtete hat das Denken hinter sich gelassen. Seine Verstandestätigkeit hat sich aufgelöst, so wie Träume sich auflösen.

Sämtliche psychologischen Systeme des Westens befassen sich damit, das Funktionieren des Verstandes zu untersuchen, um zu verstehen, wie er arbeitet und warum er manchmal richtig und manchmal falsch arbeitet. Sie sind von einer Grundhypothese ausgegangen, die aber falsch ist. Die Hypothese lautet, daß ihr nicht mehr seid als euer Denken, daß ihr eine Körper-Geist-Struktur seid. Das ist naheliegend, weil die Physiologie den Körper und dessen Funktionen betrachtet, während die Psychologie den Geist und dessen Funktionen betrachtet.

Man muß aber davon ausgehen, daß es Menschen gegeben hat, die einen anderen inneren Zustand kennen: einen Zustand, der nicht auf den Geist beschränkt ist und auch nicht als Teil der Geistesfunktionen definiert werden kann. Dieser Zustand der Stille – ohne jeden Gedanken, ohne jede Regung – ist der Ausgangspunkt für die Psychologie der Buddhas.

Das Wort »Psychologie« wird auf der ganzen Welt absolut falsch gebraucht, aber wenn sich eine Gepflogenheit durchsetzt, fällt es uns nicht mehr auf. Schon allein das Wort »Psychologie« weist nicht auf das Denken hin, sondern auf die Psyche.

Die ursprüngliche Bedeutung von Psychologie ist »Wissenschaft von der Seele«. Es ist nicht die Wissenschaft vom Geist. Und wenn man ehrlich ist, müßte man den Namen ändern, denn er ist unrichtig und irreführend. Es gibt auf der Welt überhaupt keine Psychologie im Sinne einer Wissenschaft von der Seele.

Ihr besteht aus drei Teilen – und das ist nur eine willkürliche Einteilung zum besseren Verständnis. Vergeßt also nicht, diese Unterteilung ist sehr beliebig. In Wirklichkeit seid ihr ein unteilbares Ganzes.

Der Körper ist der äußere Teil. Er ist ein ungeheuer wertvolles Instrument, das die Existenz euch geschenkt hat. Ihr habt der Existenz noch nie für euren Körper gedankt. Ihr seid euch nicht einmal bewußt, was der Körper für euch leistet – siebzig, achtzig Jahre lang, an manchen Orten sogar hundertfünfzig, und in einigen abgelegenen Teilen der Sowjetunion bis zu hundertachtzig Jahre lang.

Das bringt mich zu der Feststellung, daß die allgemein verbreitete Auffassung, der Körper sterbe im Alter von siebzig Jahren, keine Tatsache, sondern eine Fiktion ist, die so vorherrschend geworden ist, daß der Körper ihr einfach gehorcht.

Einmal sprach ich mit einem meiner Professoren, mit dem ich sehr befreundet war, über dieses Thema, doch er wollte es mir nicht glauben. Er sagte: »Ich bin Professor für Philosophie und Psychologie und ich kann deine Idee nicht akzeptieren, daß die ganze Menschheit aufgrund einer psychologischen Konditionierung stirbt.«

Ich sagte: »Ich werde es dir beweisen.«

Er sagte: »Wie meinst du das?«

Ich sagte: »Warte nur ein paar Tage, ich werde dir einen Beweis liefern. Meine Argumente können dich offenbar nicht überzeugen.«

Er lebte auf dem Gelände der Universität, fast eine Meile von der philosophischen Fakultät entfernt. Da er sich bester Gesundheit erfreute, ging er jeden Tag zu Fuß zu seiner Fakultät und wieder zurück nach Hause. An einem der nächsten Tage ging ich zu seiner Frau und sagte ihr: »Sie müssen mir einen Gefallen tun. Morgen früh, wenn Professor S. S. Roy aufwacht, müssen Sie zu ihm sagen: ›Was ist denn mit dir los? Hast du nicht gut geschlafen? Du siehst so blaß aus, hast du Fieber?‹«

Aber der Professor wollte nichts davon hören. »Was redest du für einen Unsinn? Mir geht es sehr gut. Ich habe kein Fieber, und mein Schlaf war ausgezeichnet. Ich fühle mich großartig!« Ich hatte seiner Frau aufgetragen, alles genau zu notieren, was er sagen würde. Die Notizen würde ich mir später abholen kommen.

Dann sagte ich zu seinem Gärtner: »Wenn er herauskommt, sag einfach: ›Was ist denn mit Ihnen passiert? Sie sehen so krank aus.‹ Und denk daran, aufzuschreiben, was er sagt.« – Und er sagte zum Gärtner: »Ich habe wohl heute nacht nicht so gut geschlafen.«

Hinter seinem Haus mußte er am Postamt vorbei. Der Postbeamte war sein Freund, und ich sagte zu ihm: »Du mußt folgendes tun ...«

Er sagte: »Aber warum machst du das?«

Ich sagte: »Der Professor und ich haben eine Meinungsverschiedenheit, und ich möchte ihm etwas beweisen. Ich erzähle dir später die ganze Geschichte. Du brauchst nur eines zu tun: Wenn Professor Roy am Postamt vorbeikommt, geh raus, halte ihn fest und sage zu ihm: ›Sie sind ja ganz wackelig auf den Beinen! Gehen Sie heute nicht zur Uni. Ich sage dem Dekan Bescheid, daß es Ihnen nicht gut geht.‹«

Und der Professor sagte: »Ich habe auch schon daran gedacht, nicht hinzugehen. Etwas scheint mit meinem Körper wirklich nicht in Ordnung zu sein.«

Schließlich mußte ich noch den Hausmeister der philosophischen Fakultät gewinnen, der immer am Eingang saß. Es war sehr schwierig, ihn zu überreden, aber er wußte, daß Professor S. S. Roy mich sehr liebte und daß ich ihm nichts Böses wollte. Ich sagte zu ihm: »Sobald er kommt, springst du auf und hältst ihn fest. Auch wenn er sich sträubt, laß dich nicht davon abbringen. Leg ihn dort auf die Bank und sag zu ihm: ›Das ist nicht die richtige Zeit für Sie, so weit zu laufen. Sie sind sehr krank.‹«

Er sagte: »Aber ich bin doch nur der Hausmeister, und ich bin ein armer Mann ...«

Ich sagte: »Mach dir keine Gedanken. Ich garantiere dir, daß du keine Schwierigkeiten bekommst. Vergiß nur nicht, aufzuschreiben, was er sagt, und achte darauf, ob er Widerstand leistet.«

Der Professor leistete keinen Widerstand. Er befolgte sofort den Rat des Hausmeisters, legte sich auf die Bank und sagte zu ihm: »Hole bitte das Fakultätsauto und sag dem Fahrer, daß er mich nach Hause bringen soll. Ich glaube nicht, daß ich noch eine Meile gehen kann. Ich bin zu krank.«

Schließlich sammelte ich alle Notizen ein. S. S. Roy lag auf der Couch, wie ein Patient beim Psychoanalytiker, und sah aus, als wäre er schon seit Monaten krank. Sogar seine Stimme ... er konnte nur noch flüstern. Ich sagte zu ihm: »Du bist offenbar sehr krank. Aber wie hast du es nur geschafft, über Nacht so krank zu werden? Du siehst ja aus, als wärst du schon monatelang krank! Als ich dich gestern abend verließ, warst du doch noch völlig in Ordnung.«

Er sagte: »Das ist mir auch ein Rätsel.«

Ich sagte: »Nun – das braucht dir kein Rätsel zu sein: Lies mal diese Notizen!«

Und er las die Notizen – von seiner Ehefrau angefangen bis zum Hausmeister – und mit einemmal ging es ihm wieder total gut. Er sagte: »Du bist mir vielleicht ein Halunke! Mit dir streitet man sich besser nicht! Du hättest mich ja umbringen können! Ich hatte schon daran gedacht, mein Testament zu machen.«

Ich sagte: »Das ist nur der Beweis für das, wovon wir vor ein paar Tagen geredet haben: daß der Körper nur den Ideen des Verstandes Folge leistet.«

Siebzig Jahre sind fast überall auf der Welt zu einer fixen Idee geworden. Aber es entspricht nicht der Wahrheit des Körpers. Der Körper ist durch den Verstand korrumpiert worden. Und seltsamerweise sind alle Religionen gegen den Körper – dabei ist der Körper euer Leben, der Körper ist eure Kommunion mit der Existenz.

Es ist der Körper, der atmet, es ist der Körper, der euch am Leben erhält, es ist der Körper, der geradezu Wunder vollbringt. Habt ihr etwa eine Ahnung, wie man einen Laib Brot in Blut umwandelt, ihn in seine verschiedenen Bestandteile zerlegt und diese überall dort hinschickt, wo sie benötigt werden? Wieviel Sauerstoff euer Gehirn braucht – habt ihr eine Ahnung? Wenn euer Gehirn sechs Minuten lang keinen Sauerstoff bekommt, fallt ihr ins Koma. Aber so lange liefert der Körper, auch ohne daß ihr atmet, weiter die richtige Sauerstoffmenge an das Gehirn.

Und wie erklärt ihr euch den Vorgang des Atmens? Natürlich seid nicht *ihr* es, der atmet; es ist euer Körper, der von alleine weiteratmet. Wenn *ihr* atmen würdet, wärt ihr nicht mehr am Leben. Vor lauter Nachdenken hättet ihr längst vergessen zu atmen, und besonders in der Nacht: Ihr könntet entweder atmen oder schlafen. Und es ist kein einfacher Vorgang. Die Luft, die der Körper aufnimmt, besteht aus vielen Elementen, die für euch gefährlich sind. Der Körper nimmt nur jene auf, die das Leben erhalten, und atmet alles aus, was euch schadet – vor allem Kohlendioxid.

Die Weisheit des Körpers ist von keiner Religion dieser Welt bejaht worden. Eure Weisen waren nicht so weise wie euer Körper. Sein Funktionieren ist so vollkommen – und es ist völlig eurer Kontrolle entzogen, denn hättet ihr die Kontrolle darüber, könnte es tödlich sein.

Die erste Sache in eurem Leben und eurem Sein ist also euer Körper. Der Körper ist wirklich, authentisch, aufrichtig. Er ist unbestechlich, obwohl sämtliche Religionen versucht haben, ihn zu bestechen. Sie lehren euch das Fasten, was gegen die Natur und gegen die Bedürfnisse des Körpers ist. Wer am längsten fasten kann, wird ein großer Heiliger. Ich würde ihn den größten Dummkopf nennen, weil er sich von der Dummheit der Masse beherrschen läßt.

Die Religionen haben euch das Zölibat gepredigt, ohne den Mechanismus des Körpers zu verstehen. Ihr nehmt Nahrung zu euch, trinkt Wasser, atmet Sauerstoff, und dadurch wird nicht nur Blut in euch erzeugt, sondern auch sexuelle Energie. Ihr habt es nicht in der Hand. Es hat auf der ganzen Welt noch keinen einzigen wirklich enthaltsamen Menschen gegeben. Ich fordere alle Religionen heraus, die behaupten, daß ihre Mönche enthaltsam leben, sie von Wissenschaftlern untersuchen zu lassen. Und es wird sich herausstellen, daß sie dieselben Drüsen und dieselbe Energie haben wie jeder andere.

Das Zölibat ist ein Verbrechen, das zur Perversion führt – genauso wie das Fasten ein Verbrechen ist. Zuviel zu essen ist ein Verbrechen, aber nicht genug zu essen, ist auch ein Verbrechen. Wenn ihr auf den Körper hört und einfach dem Körper folgt, braucht ihr keinen Gautam Buddha, keinen Mahavira oder Jesus Christus, die euch lehren, wie ihr mit eurem Körper umgehen sollt. Der Körper hat ein fest eingebautes Programm, und dieses eingebaute Programm kann man nicht ändern. Man kann es höchstens pervertieren ...

Darum lehre ich euch zuallererst eine tiefe Hochachtung, Liebe und Dankbarkeit für euren Körper. Das ist die Grundlage für die Psychologie der Buddhas, die Psychologie der Erwachten.

Nach dem Körper ist das zweite der Geist. Der Geist ist bloß eine Fiktion. Er ist von den verschiedensten Schmarotzern benutzt worden, in der Tat zu sehr benutzt worden. Das sind jene Leute, die euch lehren, gegen den Körper, aber für den Geist zu sein.

Wir besitzen diesen Mechanismus, den wir Gehirn nennen. Das Gehirn ist ein Teil des Körpers, aber es hat kein fest eingebautes Programm. Die Natur ist so mitfühlend, daß sie euch ein Gehirn ohne fest eingebautes Programm mitgegeben hat. Das beweist, daß die Existenz euch Freiheit gibt. Was immer ihr mit eurem Gehirn machen wollt, könnt ihr machen. Aber diese mitfühlende Seite der Natur wurde von euren Priestern, Politikern und sogenannten großen Geistern ausgebeutet. Für sie war es eine große Chance, euer Hirn mit allem möglichen Schwachsinn vollzustopfen.

Der Geist ist eine leere Tafel – und alles, was man daraufschreibt, wird zu eurer Theologie, eurer Religion, eurer politischen Ideologie. Und die Eltern, die Gesellschaft, sie alle sind darauf bedacht, euer Gehirn nicht euch selbst zu überlassen: Sie fangen sofort an, den Heiligen Koran, die Heilige Bibel, die Bhagavadgita hineinzuschreiben. Und spätestens wenn sie euch für erwachsen erklären – fähig, an den Geschäften der Welt teilzunehmen –, seid ihr nicht mehr ihr selbst.

Das ist so raffiniert und so kriminell, daß ich mich wundere, wieso noch niemand darauf hingewiesen hat. Die Eltern haben nicht das Recht, ein Kind zu zwingen, Katholik oder Hindu oder Dschaina zu werden.

Die Kinder werden durch euch geboren, aber sie gehören euch nicht. Ihr könnt Lebewesen nicht besitzen. Ihr könnt sie lieben, und wenn ihr sie wirklich liebt, dann werdet ihr ihnen die Freiheit geben, ihrem eigenen Naturell entsprechend zu wachsen – ohne jede Überredung, Bestrafung oder Manipulation durch jemand anderen.

Das Gehirn ist vollkommen in Ordnung. Es ist die Freiheit, die euch die Natur gegeben hat – ein leerer Raum zum Wachsen. Aber noch ehe ihr in diesen Raum hineinwachsen könnt, füllt ihn die Gesellschaft bereits mit allem möglichen Unsinn.

Einmal kannte ich einen Mann, Professor Rungar. Er lebte in Mahatma Gandhis Ashram. Es ist eigentlich kein richtiger Ashram – nur ein paar Witwen und ein paar Witzfiguren, höchstens zwanzig an der Zahl. Aber freies Essen, freie Kleidung, freie Unterkunft. Und alles, was man tun muß, sind ein paar stupide Dinge: Sie nennen es Gottesdienst, Gebet.

Professor Rungar war ein gebildeter Mann, aber das spielt keine Rolle. Bevor eure Bildung überhaupt anfängt, seid ihr schon verunreinigt, vergiftet. Dieser Mann hat sechs Monate lang nur Kuhmist gegessen und den Urin von Kühen getrunken. Das war seine ganze Nahrung, und das hat ihn zu einem großen Heiligen gemacht. Mahatma Gandhi selbst erklärte ihn für erleuchtet. Wenn man von Kuhmist erleuchtet werden kann, müßte man eigentlich eine noch größere Erleuchtung durch Bullenscheiße erzielen können – das ist doch naheliegend! Und weil Mahatma Gandhi von ihm sagte, er sei erleuchtet, glaubt ihm das ganze Land! Ich habe keinen einzigen Menschen getroffen, der sich kritisch dazu geäußert hätte.

Ich sagte zu Professor Rungar: »Meiner Ansicht nach bist du der dümmste Mann im Lande!« – Und die Konkurrenz ist groß. Aber schaut euch nur an, womit alle eure Religionen euer Hirn vollgestopft haben!

Hindus müssen zum Urinieren einen Faden umbinden. Diese Fadenzeremonie ist so etwas ähnliches wie die Beschneidung der Kinder bei den Juden. Und es ist kaum zu glauben, aber von einem Rabbiner habe ich gehört, die Juden seien deshalb so intelligent, weil sie beschnitten werden. Die Mohammedaner machen das übrigens auch, aber in einem späteren Alter. Für die Juden ist das ihre Art von Taufe.

Die Hindus haben eine ganz spezielle Weise, ihre Kinder in die Hindu-Gesellschaft einzuführen: die Fadenzeremonie. Das Kind bekommt einen Faden um den Hals gelegt, während rundherum alles die heiligen Schriften rezitiert. Und von jedem Hindu erwartet man, daß er beim Pinkeln den Faden aus seinem Hemd herausholt und ihn übers Ohr legt. Ich habe selbst Professoren und Universitätsrektoren diese stupide Handlung ausführen sehen.

Einen Rektor, Dr. Tripathi, habe ich dabei in flagranti erwischt. Ich drohte ihm: »Entweder nimmst du den Faden von deinem Ohr, oder ich hindere dich zu urinieren.«

Er sagte: »Aber so schreibt es doch meine Religion vor!« – und er war ein gebildeter Mann.

Ich sagte: »Kannst du mir auch nur einen triftigen Grund dafür nennen?«

Er sagte: »Aber natürlich! Wenn man den Faden über das Ohr legt, hält es die geschlechtlichen Gedanken, die geschlechtlichen Träume fern. Es fördert die Enthaltsamkeit.«

Ich sagte: »Du bist ein Mann, der eine westliche Ausbildung genossen hat« – er hatte sogar im Westen unterrichtet. »Du mußt mit mir auf die medizinische Fakultät kommen.«

Er sagte: »Wie meinst du das?«

Ich sagte: »Ich möchte das von Medizinern bestätigt haben: daß es einen vom Sex abhält, wenn man einen Faden übers Ohr legt.«

Er sagte: »Du hast immer so komische Ideen.«

Der schlagende Beweis war: Er hatte dreizehn Kinder. Ich sagte: »Und trotzdem hast du dreizehn Kinder produziert. Ohne den Faden wärst du eine Gefahr für die ganze Menschheit! Aber dennoch wagst du zu behaupten, daß es die Enthaltsamkeit fördert?«

Aber solcherart Ideen findet man in allen Gehirnen eingeimpft. Ich möchte, daß das ganz klar verstanden wird: Das Gehirn ist etwas Naturgegebenes, und der Verstand *(mind)* ist das, was ins Gehirn hineingestopft wird. Darum kann das Gehirn nicht christlich sein, der Verstand aber sehr wohl; das Gehirn ist niemals hinduistisch, nur der Verstand kann es sein. Der Verstand ist eine Schöpfung der Gesellschaft und keine Gabe der Natur.

Die erste Aufgabe der Psychologie der Buddhas ist, diesen ganzen Schrott, den ihr euren »Verstand« nennt, auszuräumen, und euer Gehirn wieder still, rein und unschuldig zu machen – so wie es bei eurer Geburt war.

Die moderne Psychologie auf der ganzen Welt macht etwas

sehr Dummes: Sie analysiert das Gehirn, analysiert alle Gedanken, die den Verstand ausmachen. Im Osten haben wir in die innersten Bereiche des Menschseins hineingeschaut und kamen zu der Einsicht, daß der Verstand keine Analyse nötig hat. Es bedeutet nur, Schrott zu analysieren. Man muß ihn einfach nur löschen.

In dem Moment, wo der Verstand gelöscht wird – und die Methode dafür ist Meditation – bleibt ihr zurück mit einem absolut schönen Körper, mit einem stillen Gehirn ohne Lärm.

In dem Moment, wo das Gehirn vom Verstand befreit wird, erkennt es in seiner Unschuld einen neuen Raum, den wir »Seele« genannt haben.

Wenn ihr einmal eure Seele entdeckt habt, habt ihr euer Zuhause entdeckt. Ihr habt eure Liebe entdeckt, eure unerschöpfliche Ekstase. Ihr habt entdeckt, daß die ganze Existenz bereit ist, zu tanzen, zu singen und sich zu freuen – intensiv zu leben und glücklich zu sterben. Diese Dinge geschehen dann ganz von selbst. (41)

Du hast oft über die Psychoanalyse und verwandte Therapien gesprochen. Würdest du bitte etwas über neuere Entwicklungen, wie die Gestalttherapie von Fritz Perls und – die neueste Mode – Voice Dialogue, sagen? Können diese Therapien jemandem, der schon meditiert, helfen, sich selbst und seine Spiele klarer zu sehen?

Erstens sind Psychotherapien wie die Gestalttherapie von Fritz Perls und andere schon alt; sie sind nichts Neues. Nur Voice Dialogue ist neu, die neueste Mode – aber das sind alles nur Spiele für den Verstand.

Sie können jemandem, der schon meditiert, nichts bringen. Keine Psychotherapie kann es mit der Meditation aufnehmen, denn durch Psychotherapie ist noch nie jemand erleuchtet worden. Ihre Begründer waren nicht erleuchtet, und die Erleuchteten des Ostens haben sich nie mit Psychotherapie abgegeben. Sie haben sich auch nicht mit Psychologie, ja nicht einmal mit der Psyche abgegeben, denn ihnen ist es nie darum gegangen, die Probleme der Psyche zu lösen. Ihnen ging es darum, aus der Psyche, aus dem Verstand, auszusteigen, was leichter ist. Dann hören sämtliche Probleme auf, denn sobald man aus dem Verstand draußen ist, erhält er keine Nahrung mehr, um weiter Probleme zu erzeugen. Ansonsten ist es ein nie endender Prozeß.

Ob man nach einer alten oder neuen Mode psychoanalysiert wird, spielt keine Rolle: Das sind alles nur Variationen desselben Themas. Nach einer Psycho-Sitzung fühlt sich deine Psyche etwas frischer und besser, weil du Ballast abgeworfen hast. Und außerdem weißt du ein bißchen besser Bescheid über deine Psyche – das hält dich normal.

Im Grunde steht die ganze Psychotherapie im Dienst des Establishments. Ihre Funktion ist es, die Leute davor zu bewahren, von der Norm abzuweichen. Wenn jemand sich außerhalb der Herde und deren Normen bewegt und Dinge tut, die man nicht tun sollte ... es mögen harmlose Dinge sein, doch die Gesellschaft kann solche Leute nicht tolerieren. Sie müssen zur Norm, zum Durchschnittsstandard zurückgebracht werden.

Die Arbeit eines Psychotherapeuten besteht darin, deinen Geist zu säubern. Es ist eine Art Ölwechsel des Gehirnapparates. Danach funktioniert er wieder etwas besser, und überdies bekommst du ein wenig Einblick in das Funktionieren deines Verstandes. Aber es bringt keine revolutionäre Veränderung. Mag sein, daß du ein Problem löst, aber die Ursache hast du nicht beseitigt.

Das Problem ist der Verstand selbst. Du kannst ein Problem beseitigen, doch der Verstand wird ein neues kreieren ... Es ist, wie wenn man einen Baum stutzt: Man schneidet ein Blatt ab, und aus reiner Selbstachtung und Würde läßt der Baum anstelle des alten drei neue Blätter wachsen. Deshalb stutzen die Gärtner die Bäume: damit sie mehr Blätter, dichteres Laub bekommen.

Genauso ist es mit dem Verstand: Du kannst ein Problem beseitigen, indem du es verstehst – und das kommt teuer –, aber der Verstand, der das Problem kreiert hat, ist immer noch da.

Die Psychoanalyse geht nicht über die Grenzen des Verstandes hinaus. Der Verstand wird ein neues Problem kreieren – komplizierter als das erste, das du gelöst hast. Natürlich, denn der Verstand kapiert, daß du dieses Problem jetzt lösen kannst, also kreiert er etwas Neues, Komplizierteres – dichteres Laub.

Meditation ist etwas völlig anderes als die Psychoanalyse oder irgendeine von den Therapien, die sich auf den Verstand beschränken.

Meditation ist ein Aussteigen aus dem Verstand: »Mach du ruhig weiter mit deinen Problemen, aber ich geh nach Hause!« Der Verstand ist ein Parasit, und darum hat er keine eigene Existenz. Er braucht es, daß du in ihm drin steckst, damit er dich weiter auffressen kann – dich und deinen Kopf. Wenn du aber aussteigst, dann ist der Verstand bloß noch ein Friedhof, und all die Probleme, die zu groß waren, um sie fallenzulassen, brechen dann tot zusammen.

Meditation ist eine völlig andere Dimension: Du beobachtest einfach den Verstand, und indem du ihn beobachtest, kommst du aus ihm heraus. Nach und nach verschwindet der Verstand mit all seinen Problemen, während er sonst all diese sonderbaren Probleme erzeugt. Der Verstand ist euer einziges Problem – alle anderen Probleme sind nur Ableger des Verstandes.

Meditation schneidet den Verstand von seinen Wurzeln ab. Und alle diese Therapien – Gestalt, Voice Dialogue, Fritz Perls ... Wir können sie bei den Menschen anwenden, die noch nicht in die Meditation eingetreten sind, damit sie lernen, den Verstand besser zu verstehen, und damit sie die Ausgangstür finden können, die aus dem Verstand hinausführt.

Wir wenden hier alle möglichen Therapien an, und sie sind sehr hilfreich – aber nicht mehr für die, die schon meditieren. Sie sind nur am Anfang hilfreich, wenn ihr euch noch nicht daran gewöhnt habt zu meditieren. Sobald ihr meditativ geworden seid, braucht ihr keine Therapie mehr; dann hilft euch keine Therapie mehr. Aber am Anfang kann es sehr hilfreich sein, besonders für Leute aus dem Westen.

Sigmund Freud hat nur recht in bezug auf den westlichen Verstand und seine Tradition. Wenn Freud sagt, daß jedes Mädchen die Mutter haßt, weil es den Vater liebt, dann beruht das ganze auf dem westlichen Verständnis vom Sex und von der Liebe zum anderen Geschlecht. Die Mädchen lieben ihren Vater, und die Jungen lieben die Mutter. Aber die Mädchen können ihrer Liebe nicht Ausdruck geben, vor allem können sie mit dem Vater keine sexuelle Beziehung haben, zumal die Mutter mit ihm sexuell zusammen ist. Deshalb sind sie eifersüchtig auf die Mutter – die Mutter ist ihre Feindin. Die Jungen werden Feinde des Vaters, weil der Junge nicht mit der Mutter Sex haben kann. Ein Japaner kann das nicht einmal *denken,* kein Inder könnte das denken – sie werden ganz anders erzogen. Sigmund Freud und Jung und Adler und Assagioli und Fritz Perls – sie haben keinen blassen Schimmer! Sie haben nicht einmal im Traum daran gedacht, daß Menschen auch anders sein könnten als die Menschen im Westen.

Im Osten bringt die Psychoanalyse nicht viel. Für die westlichen Menschen finde ich es hilfreich, wenn sie Gruppen machen, einfach um ihren Verstand zu reinigen. Mit einem gereinigten Verstand ist es leichter, in Meditation zu gehen. Wenn man aber nicht in Meditation gehen will und sich nur darauf verläßt, seinen Verstand zu reinigen, dann kann man den Rest seines Lebens damit zubringen und wird nie irgendwo anders hinkommen. Der Osten orientiert sich anders, und darum sollte man an den dortigen Universitäten statt Lehrstühlen für Psychoanalyse solche für Meditation einrichten.

Für den Osten lautet die Frage schon seit Jahrhunderten: Wie kann man über den Verstand hinausgehen? – die einzige, die ausschließliche Frage. Aber weil der westliche Verstand sich auf einem anderen Weg entwickelt hat, ist ihm nie in den Sinn gekommen, daß man den Verstand transzendieren könnte.

Ich habe jüdische und christliche Quellen durchforscht: Es gibt keine einzige Aussage in der gesamten Geschichte des Westens, wonach jemand versucht hätte, den Verstand hinter sich zu lassen. Man hat den Verstand benutzt, um zu beten, man hat den Verstand benutzt, um an Gott zu glauben, man hat den Verstand benutzt, um fromm und tugendhaft zu werden. Aber keiner hat je daran gedacht, daß es möglich sein könnte, den Verstand hinter sich zu lassen.

Im Osten ist das die einzige, die ausschließliche Suche gewesen. Das ganze Genie des Ostens hat an dieser einen Sache gearbeitet, an keinem anderen Problem: Wie kann man über den Verstand hinausgehen? – Denn wenn man seine Probleme insgesamt lösen kann, indem man den Verstand transzendiert, warum sollte man sich dann abmühen und jedes Problem einzeln zu lösen versuchen?

Der Verstand wird immer neue Probleme kreieren; er ist sehr kreativ. Du löst ein Problem, und schon taucht ein anderes auf. Du löst auch dieses, und ein weiteres Problem taucht auf. Für die Psychoanalytiker ist das ein gutes Geschäft, denn sie wissen, daß ihr niemals geheilt werden könnt. Ihr werdet nicht von eurem Verstand geheilt – geheilt werden nur eure spezifischen Probleme. Der Verstand, ihr Ursprung, bleibt bestehen.

Die Psychoanalyse schneidet nie die Wurzeln ab, sondern nur die Blätter und höchstens ein paar Zweige, aber die wachsen immer wieder nach – weil die Wurzeln noch vorhanden sind.

Meditation bedeutet das Abschneiden sämtlicher Probleme an der Wurzel.

Ich sage es noch einmal: Der Verstand ist das eigentliche, das einzige Problem, und solange ihr nicht über den Verstand hinausgeht, werdet ihr nie über die Probleme hinausgehen.

Es ist erstaunlich, aber selbst heute haben die westlichen Psychologen sich noch nicht darüber Gedanken gemacht, warum der Osten so viele Erleuchtete hervorgebracht hat. Die haben sich alle nicht um das Analysieren des Verstandes gekümmert. Aber sie haben Hunderte von Methoden gefunden, die euch helfen können, den Verstand zu transzendieren.

Sobald ihr den Verstand hinter euch gelassen habt, werden euch alle Probleme so erscheinen, als gehörten sie zu jemand anderem. Ihr erlangt den Standpunkt eines Beobachters auf dem Berg, und sämtliche Probleme spielen sich unten im Tal ab. Sie können euch nichts mehr anhaben – ihr seid über sie hinausgegangen.

Der Westen hat sich ausschließlich auf den Verstand konzentriert. Das einzige, worüber man im Westen nachgedacht hat, sind Materie und Geist. Die Materie ist die Wirklichkeit und der Geist nur ein Nebenprodukt – und jenseits des Geistes existiert nichts. Im Osten ist die Materie eine Illusion und der Geist ein Nebenprodukt all eurer Illusionen, Projektionen und Träume. Eure Wirklichkeit aber liegt jenseits von Materie und Geist.

Im Osten teilen wir die Wirklichkeit in drei Kategorien ein: die Materie ganz außen, die Seele ganz innen, und dazwischen der Geist. Die Materie hat eine relative Wirklichkeit; sie ist nicht absolut wirklich, nur relativ. Der Geist ist absolut unwirklich, und die Seele ist absolut wirklich. Das ist eine völlig andere Beschreibung des menschlichen Seins.

Der Westen hat eine simple Kategorisierung: Die Materie ist wirklich, der Geist nur ein Nebenprodukt, und über den Geist hinaus gibt es nichts.

Darum seid euch im klaren: Wenn ihr meditiert, dann braucht ihr nichts anderes. Wenn ihr aber nicht meditiert, dann kann Psychotherapie als Vorstufe zur Meditation hilfreich sein. Der Westen geht den verschiedensten Schwindlern auf den Leim, einfach weil der Westen der Meditation noch nicht selbst auf den Grund gegangen ist.

So kann jeder Idiot hergehen und irgend etwas behaupten, und er wird Anhänger finden, weil die Leute von Meditation keine Ahnung haben. Weder Mantra-Singen, noch Hopsen, noch Levitation ... diese Dinge haben nicht das geringste mit Meditation zu tun.

Meditation hat nur eine Bedeutung: über den Verstand hinauszugehen und ein Beobachter, ein Zeuge zu werden. Auf eurem Zeugesein beruht das Wunder – das ganze Mysterium des Lebens. (42)

Könntest du bitte etwas über den Unterschied zwischen der spirituellen Frage: »Wer bin ich?« und dem psychologischen Trauma: »Wer bin ich?« sagen?

Es ist der Unterschied zwischen dem Ego und dem Selbst.

Das Ego ist deine falsche Idee von dir selbst; es ist nur eine Erfindung deines Verstandes. Es ist deine eigene, selbst erzeugte, vom Denken hervorgerufene Vorstellung, aber es gibt dafür keine entsprechende Wirklichkeit.

Draußen in der Welt ist das völlig in Ordnung, denn dort hast du es mit anderen Egos zu tun. Aber in dem Augenblick, wo du über deinen Verstand hinausgehst, gehst du auch über dein Ego hinaus. Und mit einemmal erkennst du, daß du nicht das bist, wofür du dich immer gehalten hast – daß deine Wirklichkeit völlig anders ist, daß sie nicht in deinem Körper, in deinem Verstand besteht, ja daß du eigentlich nicht einmal ein Wort dafür hast, um es auszudrücken. Das ist aber noch nicht die höchste Wirklichkeit; es ist nur eine Zwischenstufe zwischen der höchsten Wirklichkeit und der höchsten Unwirklichkeit. Es ist besser als das Unwirkliche, aber es ist weniger als das wirklich Wirkliche.

Du lebst immer noch in der nebulosen Vorstellung, von der Existenz getrennt zu sein. Diese Trennung verhindert, daß alle Segnungen, die dein Geburtsrecht sind, dich erreichen können. Wenn du diese Trennwände fallen lassen und dich für die Unermeßlichkeit der Wirklichkeit öffnen kannst, wirst du als eine getrennte Einheit verschwinden.

Aber das ist nur die eine Seite. Auf der anderen Seite wirst du wieder auftauchen als die ewige, ungeheure, unermeßliche Wirklichkeit – die ozeanische Erfahrung, welche die einzigartige Erfahrung der Erleuchtung, der Befreiung ist.

Zuerst mußt du das Ego loswerden. Das ist dein psychologisches Trauma, oder besser: dein psychologisches Drama.

Es gibt Religionen, die das unwirkliche Ego als Endziel von allem ansehen. Darüber hinaus gibt es nichts. Das ist die Religion sämtlicher Atheisten verschiedenster Richtungen – sie ist kommunistisch. Zugegeben, der Atheist ist kein Kommunist, doch jede Form von Atheismus macht beim Ego halt – für den Atheisten ist das die höchste Wirklichkeit. Er ist der ärmste Mensch auf der Welt.

Alle anderen Religionen außer dem Atheismus – gewiß, ich zähle den Atheismus auch als Religion, eine niedrigere Form von Religion als die anderen –, die christliche, die jüdische Religion, der Islam – sie gehen einen Schritt weiter. Sie bestehen darauf, daß man das Ego fallenlassen muß, daß man seine authentische Wirklichkeit, sein wahres Selbst, erkennen muß.

Aber dann gibt es noch Religionen wie Zen, die ganz bis ans Ende der Straße gehen. Sie geben sich nicht damit zufrieden, das Ego fallenzulassen. Sie sind erst dann zufrieden, wenn nichts mehr zum Fallenlassen übriggeblieben ist – wenn sogar das Selbst verschwunden ist, wenn das Haus absolut leer ist, wenn man sagen kann: »Mich gibt es nicht mehr.« Diese Nichtheit schafft den Raum, in dem das Höchste erblühen kann. Er kommt nicht von außerhalb; er ist immer schon dagewesen, nur vollgestopft mit morschen Möbeln, unnötigen Dingen.

Wenn du all diese Dinge ausräumst und deine Subjektivität leer wird – so wie ein Zimmer leer wird, wenn man es ganz ausräumt ... in dieser Leerheit deiner Subjektivität erblüht die Blume der höchsten Erfahrung: *Du* bist nicht mehr. Natürlich kannst du dann deine alten Leiden, deine alten Traumata und Dramen auch nicht mehr haben. Du kannst keine Verbindung mehr haben zu deiner eigenen Vergangenheit. Du hast dich abrupt losgetrennt von allem, was du gewesen bist. Auf einmal entsteht eine neue, völlig frische Öffnung ... einerseits verschwindest du. Andererseits hat dein authentisches Sein zum ersten Mal Gelegenheit, sich in seinem vollen Glanz zu zeigen, in seiner absoluten Herrlichkeit.

Das ist Erleuchtung. Es ist ein negativer Prozeß: Negiere das Ego, das Psychische; negiere das Selbst, das Spirituelle. Fahre fort zu negieren, bis nichts mehr zu negieren übrig bleibt – und dann die Explosion! Plötzlich bist du zu Hause angekommen, und du erkennst, daß du nie woanders warst als zu Hause. Du bist immer schon dagewesen, nur waren deine

Augen auf Objekte gerichtet. Jetzt sind alle diese Objekte verschwunden, und was übrigbleibt, ist nur ein Zeugesein, reine Bewußtheit.

Dieses Zeugesein bedeutet das Ende all deines Leidens, das Ende deiner ganzen Hölle. Und es ist der Eintritt durch das goldene Tor – zum ersten Mal stehen die Türen offen.

Die Menschen haben völlig vergessen, wie man lebt. Wer hat schon Zeit? Jeder dressiert jeden, wie er sein sollte. Keiner scheint je gut genug zu sein.

Wenn du leben willst, mußt du eines lernen: die Dinge so zu akzeptieren, wie sie sind, und dich selbst zu akzeptieren, wie du bist. Fang an zu leben! Fang nicht an, für ein Leben irgendwann in der Zukunft zu trainieren. Alles Unglück auf der Welt entsteht, weil ihr vollkommen vergessen habt, wie man lebt. Ihr habt euch in eine Aktivität verwickelt, die nichts mit Leben zu tun hat.

Sobald eine Frau heiratet, fängt sie an, ihren Mann zur Treue zu dressieren. Lebe intensiv, solange er treu ist – und das dauert höchstens zwei Wochen. Zwei Wochen ist das menschliche Limit! Lebe so intensiv wie möglich, und vielleicht hilft die Intensität deines Lebens und deiner Liebe dem Mann, auch in der dritten Woche treu zu bleiben. Und erwarte nie zuviel! Drei Wochen ist genug. Meine eigene Erfahrung sagt mir, wenn du drei Wochen liebevoll gelebt hast, wird die vierte Woche nicht ausbleiben. Aber du fängst schon vom ersten Moment an, alles kaputt zu machen. Bevor du leben kannst, ist Dressur nötig. Du verdirbst dir die Zeit durch deine Dressur, und ein Mann, der dich zumindest zwei Wochen lang hätte lieben können, fängt schon nach zwei Tagen an, sich mit dir zu langweilen.

Eine Frau, die nie geheiratet hat, liegt im Sterben. Ihre Freundin fragte sie: »Warum hast du eigentlich nie geheiratet? Du bist doch eine so schöne Frau!«

Sie sagte: »Wozu denn? Zum Dressieren habe ich meinen Hund, und selbst er lernt es nie! Jeden Tag versuche ich es ihm beizubringen, aber abends kommt er immer zu spät nach

Hause. Und mein Papagei sagt mir all die Dinge, die einem ein Ehemann sagt. Jeden Morgen begrüßt er mich mit: ›Hallo, Schnuckelchen!‹ Und ich habe auch einen Diener, der mich beklaut und ständig lügt. Wozu brauche ich einen Ehemann? Ich hab doch alles!«

Für solche Dinge braucht man einen Ehemann? – Und eine Ehefrau braucht man nicht, um Intimität und Liebe zu erleben, sondern um jemanden zum Vorzeigen zu haben: damit man sie in der Nachbarschaft herumzeigen und alle neidisch machen kann, daß man eine so schöne Frau besitzt. Man behängt sie mit Schmuck, damit alle neidisch werden, wie reich man ist, denn wie könnte man sonst seinen Reichtum zur Schau stellen? Eine Ehefrau ist ein Schaufenster; sie repräsentiert euren Erfolg, eure Macht. Natürlich müßt ihr sie dressieren, damit sie gesellschaftsfähig wird und euch bei euren Geschäften von Nutzen ist. Der Ausspruch, daß hinter dem Erfolg eines jeden großen Mannes eine Frau steht, scheint in vieler Hinsicht zu stimmen. Und manchmal fängt ein Mann an, wie ein Verrückter Geld zu scheffeln, nur um seiner Frau zu entkommen.

Einmal fragte jemand Henry Ford: »Warum haben Sie immer weiter Geld gemacht und Geld gemacht, obwohl Sie schon so viel hatten? Wäre es nicht Zeit gewesen, sich zu entspannen und es zu genießen?«

Er sagte: »Dafür habe ich doch kein Geld gemacht! Erstens habe ich Geld gemacht, um meiner Frau zu entkommen. Und zweitens, weil ich wissen wollte, ob ich mehr Geld machen kann, als sie ausgibt.«

Konkurrenz, eine lebenslange Konkurrenz! Die Leute spielen in den seltsamsten Dramen mit. Und sehr wenige leben authentisch – sie agieren bloß.

Ein Ehepaar sitzt im Kino, und die Frau macht ihren Mann ständig darauf aufmerksam, wie sehr der Filmheld doch seine Frau liebt. Schließlich platzt der Mann heraus: »Ach, hör mir doch auf mit dem Quatsch! Du hast ja keine Ahnung, wieviel er dafür bezahlt bekommt! Und außerdem spielt er es bloß. Es ist nicht wirklich. Ich würde sagen, er ist ein hervorragender Schauspieler.«

Da sagt die Frau: »Weißt du denn nicht, daß sie in Wirklichkeit auch verheiratet sind?«

Da sagt er: »Du meine Güte! Wenn das stimmt, dann muß er der größte Schauspieler aller Zeiten sein! So viel Liebe kann doch kein Mann für seine Frau zeigen. Das ist menschenunmöglich – nicht einmal im Film! Dieser Mann muß ein Genie sein, daß er so spielen kann!«

Ihr seid hier, um zu leben. Ihr seid hier, um zu tanzen. Ihr seid hier, um das Leben zu genießen. Aber das tun andere für euch. Stellvertretend für euch lieben andere, spielen andere und tun alles mögliche. Und was bleibt euch? – Nur, ihnen dabei zuzusehen. Der Tod wird euch nicht viel wegnehmen können: nur euren Fernseher, denn mehr habt ihr nicht.

Das ist das unwirkliche Ego, und es hat ein unwirkliches Lebensmuster und einen unwirklichen Lebensstil hervorgebracht.

Laßt alles Unwirkliche fallen. Seid authentisch und echt – das ist der erste Schritt. Und wenn ihr authentisch und echt seid, werdet ihr sehen, wie wunderbar das ist. Und das wird in euch eine Sehnsucht wecken, darüber hinauszugehen auf der Suche nach der allerhöchsten Wahrheit, der letztendlichen Aussage, der allerhöchsten Erfahrung, die durch nichts zu übertreffen ist.

Die Menschen sind fast wahnsinnig – eine große Reinigung ist nötig. Ihr Wahnsinn kommt größtenteils daher, daß sie ein unwirkliches Leben leben. Es bringt ihnen keine Erfüllung.

Unwirkliches Essen kann dich nicht nähren, unwirkliches Wasser kann deinen Durst nicht stillen, und das unwirkliche Ego kann dir nicht das wirkliche Leben geben. Das ist eine einfache Rechnung. (43)

In der Zeitschrift »Newsweek« stand in einem Artikel über sogenannte Soforthilfetherapie ein Witz:
Ein Mann in mittleren Jahren hat die zwanghafte Angewohnheit, Papier in kleine Stücke zu zerreißen und sie überall, wo er hingeht, auf dem Boden zu verstreuen. Damit bringt er seit Jahren seine Familie zur Verzweiflung. Sie schleifen ihn zu sämtlichen renommierten Freudianern, Jungianern und Adlerianern, was eine Stange Geld kostet, aber gar nichts bringt. Jeder Versuch, Licht in die finsteren Abgründe seines Unterbewußtseins zu bringen, wo sich seine Manie eingenistet hat, scheitert.
Schließlich bringen ihn die Angehörigen zu einem obskuren neuen Psychotherapeuten, der den Ruf hat, sehr innovativ zu sein ... Dieser Magier nimmt den neuen Patienten am Arm und spaziert mit ihm ein paar Mal im Büro auf und ab. Dabei flüstert er ihm etwas ins Ohr und erklärt dann der erstaunten Familie: »Sie können ihn jetzt mit nach Hause nehmen; er ist kuriert.«
Als die Gewohnheit selbst ein Jahr später noch nicht zurückgekehrt ist, will die dankbare Familie von dem Arzt wissen, was er denn zu seinem Patienten gesagt habe. Mit einem Achselzucken antwortet er: »Zerreißen Sie kein Papier mehr.«
Möchtest du etwas dazu sagen?

Die Geheimnisse des Lebens sind ganz einfach, nur unser Verstand versucht ständig, sie kompliziert zu machen.

Der Verstand liebt das Komplizierte, aus dem einfachen Grund, weil er nur für das Komplizierte gebraucht wird. Wenn nichts Kompliziertes vorliegt, verschwindet jede Notwendigkeit für das Existieren des Verstandes. Der Verstand will seine Herrschaft über euch nicht so einfach aufgeben. Er ist nur ein Diener, doch er hat es geschafft, der Herr zu sein, und so stehen die Dinge in eurem Leben auf dem Kopf.

Dieser Witz weist auf eine sehr offensichtliche Tatsache hin. Der Mann hat Papier in Stücke gerissen und sie überall hingeworfen. Natürlich denken alle, mit ihm stimmt etwas nicht, er muß in die Psychoanalyse, er muß zu einem guten Experten, der sich mit der Psyche auskennt und ihn wieder in Ordnung bringt. Und keiner kommt auf die Idee, ihm einfach zu sagen: »Hör auf damit.«

Es ist zu offensichtlich: Dieser Mann ist drauf und dran, den Verstand zu verlieren. Also gehen sie mit ihm zu Freudianern, Adlerianern, Jungianern – zu den größten Psychoanalytikern. Und alle diese Psychoanalytiker müssen sich unheimlich angestrengt haben, über Stunden und Jahre, um seine Träume zu analysieren und herauszufinden, warum er immer Papier in Stücke reißt und überall herumverstreut. Aber keiner schafft es. Als letzten Ausweg bringen sie den Mann schließlich zu dem Magier, und der kuriert ihn.

Doch *Newsweek* ist ein snobistisches Blatt, darum ist der Witz unvollständig, und das Schönste an dem Witz, die Pointe, fehlt.

Der Magier läuft nämlich mit dem Patienten mehrmals die Treppe rauf und runter und flüstert ihm schließlich ins Ohr: »Hören Sie auf, Papier zu zerreißen, oder Sie kriegen von mir einen Tritt von hier oben.« – Und er ist stark. »Geben Sie bloß acht! Ich halte nichts von der Psychoanalyse und all so 'n Quatsch. Meine Stärke ist die Kick-Therapie. Die Leute kriegen von mir einen Tritt in den Arsch, daß sie von hier oben die hundert Stufen bis zur Straße hinunterrollen. Jetzt können Sie nach Hause gehen, aber denken Sie daran: Das ist meine einzige Behandlungsmethode. So kuriere ich alle Arten von Geisteskrankheit. Die Treppe habe ich Ihnen gezeigt, damit Sie sehen können, was ein Tritt von mir bedeuten würde. Jetzt gehen Sie nach Hause, aber vergessen Sie nicht: Das nächste Mal werde ich nicht lange reden, ich werde es tun.« Und der Mann kapierte. – Jeder hätte es kapiert.

Diesen Teil des Witzes haben sie weggelassen und damit die Pointe verdorben. Es muß dem Mann großen Spaß gemacht haben, etwas so Kindisches zu tun – Papier in Stücke zu reißen, in kleine Fetzen, und sie überall hinzuwerfen. Und es macht ihm um so mehr Spaß, weil alle sich Sorgen machen. Es ist ganz einfach eine kindische Anwandlung. Der Mann ist nur ein bißchen zurückgeblieben; er braucht keine Psychoanalyse.

Er braucht nur einen Tritt in den Arsch – diese Sprache verstand er sofort.

In vielem denken wir ständig über einfache Dinge auf komplizierte Weise nach. Unsere Probleme sind meist sehr einfach, aber der Verstand verwirrt euch. Und es gibt Leute, die das ausnutzen. Sie machen euer Problem noch komplizierter.

Einmal brachte man einen Jungen zu mir; er muß sechzehn oder siebzehn Jahre alt gewesen sein. Seine Familie war besorgt und fühlte sich irritiert, obwohl keiner sich irritiert zu fühlen brauchte. Der Junge behauptete ständig, daß er zwei Fliegen geschluckt habe, die jetzt in seinem Körper herumsausten: Mal waren sie in seinem Kopf, mal in seiner Hand.

Man brachte ihn zum Doktor, und die Ärzte sagten: »Das ist keine Krankheit.« Er wurde geröntgt, aber man fand keine Fliegen oder sonst etwas. Sie versuchten ihm beizubringen: »Du hast gar keine Fliegen.«

Aber er sagte: »Wie soll ich euch glauben? Ich kann sie doch überall in meinem Körper spüren. Wem soll ich glauben – meiner Erfahrung oder euch?«

Rein zufällig empfahl mich jemand seinen Eltern, und so brachten sie ihn zu mir. Ich hörte mir die ganze Geschichte an. Der Junge sah sehr widerspenstig und störrisch drein, denn er war es leid, von einem Arzt zum andern zu gehen, und alle sagten sie: »Da sind keine Fliegen.«

Ich sagte: »Ihr seid mit ihm zum richtigen Mann gekommen. Ich kann die Fliegen sehen. Der arme Junge leidet, und ihr versucht ihm einzureden, er sei dumm.« Der Junge entspannte sich. Endlich zeigte jemand Verständnis für ihn – zum ersten Mal traf er einen Mann, der seine Idee von den Fliegen akzeptierte!

Ich sagte: »Ich weiß auch, wie sie reingekommen sind. Du mußt mit offenem Mund geschlafen haben.«

Der Junge sagte: »Ja, genau.«

Ich sagte: »Das kann leicht passieren. Wenn man mit offenem Mund schläft, kann alles mögliche reinkommen. Du hast

Glück, daß nur Fliegen reingekommen sind. Ich hab schon Leute mit Ratten gesehen ...«

Er sagte: »Oh mein Gott! Ratten?«

Ich sagte: »Nicht nur Ratten, sondern hinter den Ratten auch Katzen ...«

Er sagte: »Diese Leute müssen aber große Probleme gehabt haben.«

Ich sagte: »Genau. Du hast es gut, dein Fall ist harmlos dagegen – bloß zwei Fliegen! Leg dich nur da hin, ich werde sie dir herausholen.«

Er sagte: »Du bist der erste, der für mich armen Kerl Verständnis hat. Keiner hört mir zu. Ich sage ständig, daß sie da sind. Ich zeige ihnen die Stelle ... da sind sie ... und jetzt sind sie hierhin geflogen – aber alle lachen und machen sich nur über mich lustig.«

Ich sagte: »Die sind alle dumm. Sie haben eben noch keinen solchen Fall gesehen. Aber ich bin Experte. Ich habe ständig mit Leuten zu tun, die mit offenem Mund schlafen.«

Er sagte: »Ich weiß, du verstehst mich: Du hast gleich gesehen, daß sie da sind – genau da, wo sie sind.«

Ich bat seine Eltern, vor dem Haus zu warten und ihn fünfzehn Minuten mit mir alleinzulassen. Dann forderte ich ihn auf, sich hinzulegen. Ich verband ihm die Augen und bat ihn, den Mund aufzumachen.

Aber er sagte: »Was ist, wenn noch mehr Fliegen reinkommen?«

Ich sagte: »Mach dir keine Sorgen. Hier ist eine Klimaanlage, hier gibt es keine Fliegen. Leg dich nur hin und laß den Mund offen. Ich werde versuchen, die Fliegen rauszuholen.«

Dann ließ ich ihn allein und rannte im Haus herum, um irgendwie zwei Fliegen einzufangen – zum ersten Mal, denn so etwas hatte ich noch nie gemacht. Aber irgendwie schaffte ich es, und ich brachte die zwei Fliegen in einer kleinen Flasche herein. Und während ich ihm die Flasche auf den Mund hielt, entfernte ich die Augenbinde und sagte: »Schau her!«

Er sagte: »Zwei so kleine Fliegen ... was die für ein Chaos

erzeugt haben! Mein ganzes Leben war ruiniert. Kannst du mir die Fliegen geben?«

Ich sagte: »Ja, kann ich«, und ich machte die Flasche zu und gab sie ihm.

Ich fragte ihn: »Was willst du machen?«

Er sagte: »Ich werde zu all diesen Ärzten und Doktoren gehen, die ein Honorar genommen haben, aber nichts getan haben. Sie haben nur zu mir gesagt: ›Da sind keine Fliegen.‹ Alle, die das zu mir gesagt haben ... ich werde es ihnen zeigen: ›Da, hier sind die Fliegen!‹«

Er war kuriert. Sein Denken hatte sich nur an einer bestimmten Idee festgehakt. Aber wenn ihr zum Psychoanalytiker geht, wird er aus einer Maus einen Elefanten machen – so viele Theorien und Erklärungen. Und es dauert Jahre, aber trotzdem wird das Problem bleiben, weil das Problem gar nicht angerührt wird. Der Psychoanalytiker entwickelt eine Philosophie rundherum, und die probiert er nun an dem armen Patienten aus.

Die meisten Krankheiten des Verstandes – und siebzig Prozent sind Krankheiten des Verstandes – lassen sich leicht kurieren. Das Wichtigste dabei ist, es zu akzeptieren, es nicht abzustreiten, denn wenn man es abstreitet, verletzt man den Stolz des andern. Je mehr man es abstreitet, desto stärker wird er darauf bestehen. Das ist eine einfache Logik. Man streitet ihm sein Verständnis ab, man streitet sein Gefühl ab, seine Menschenwürde. Man sagt: »Du weißt gar nichts« – über seinen eigenen Körper!

Der erste Schritt besteht darin, zu akzeptieren: »Du hast recht, und diejenigen, die es anders behaupten, haben unrecht.« Damit ist die Sache schon halb gewonnen. Jetzt habt ihr eine mitfühlende Beziehung mit der Person aufgebaut. Wer an einer psychischen Krankheit leidet, braucht Mitgefühl. Er braucht Zustimmung, nicht Ablehnung. Er will nicht als Verrückter, als Geisteskranker abgetan werden. Gebt ihm Mitgefühl, gebt ihm Verständnis, seid liebevoll zu ihm.

Laßt ihn näher herankommen und findet dann eine einfache Lösung. Macht es nicht so umständlich, nach den Freudschen Schriften – es sind fast heilige Schriften, und die psychoanalytische Literatur ist ständig am Zunehmen und wird immer umfangreicher. Und ihr probiert all diese Ideen an solchen armen Leuten aus, dabei fehlt ihnen gar nicht viel.

Nach meinem Verständnis hat jeder Mensch Liebe nötig, und jeder Mensch hat es auch nötig, zu lieben. Jeder Mensch hat Freundschaft, Freundlichkeit, Mitgefühl nötig – und jeder Mensch will diese Dinge auch geben.

Dazu fällt mir ein ... Es passierte, als George Bernard Shaw fast achtzig Jahre alt war. Sein Arzt, sein Leibarzt, war neunzig, und die beiden waren gute Freunde.

Einmal fühlte Bernard Shaw mitten in der Nacht plötzlich ein Stechen im Herzen und bekam Angst: Vielleicht war es ein Herzanfall. Er telefonierte mit seinem Doktor und sagte: »Komm sofort! Vielleicht werde ich den Sonnenaufgang nicht mehr erleben.«

Der Arzt sagte: »Halte durch! Mach dir keine Sorgen, ich bin schon unterwegs!« Der Arzt kam. Er mußte drei Stockwerke hochlaufen – ein neunzigjähriger alter Mann, und er trug seine Tasche und schwitzte.

Als er hereinkam, stellte er die Tasche auf den Boden, setzte sich auf einen Stuhl und machte die Augen zu. Bernard Shaw fragte: »Was ist los mit dir?« Der Arzt legte die Hand aufs Herz, und Bernard Shaw sagte: »Mein Gott, du hast einen Herzanfall!« Und er konnte sehen ... ein neunzigjähriger Mann, drei Stockwerke, mitten in der Nacht, und der Schweiß!

Bernard Shaw stand auf und fing an, ihm Luft zuzufächeln. Er wusch ihm das Gesicht mit kaltem Wasser, gab ihm einen Schluck Cognac zu trinken, denn die Nacht war kalt. Er probierte alles. Er deckte ihn mit Decken zu und vergaß darüber völlig seinen eigenen Herzanfall, weswegen der Doktor ja gekommen war.

Nach einer halben Stunde ging es dem Doktor besser, und er sagte: »Jetzt geht es mir wieder gut. Das war ein toller Herzanfall! Das ist jetzt das dritte Mal, daß mir das passiert, und ich dachte schon, es ist das letzte Mal, aber du hast mir enorm geholfen. Jetzt kannst du mir mein Honorar geben.«

Bernard Shaw sagte: »Dein Honorar? Wo ich für dich herumgelaufen bin und dir Dinge gebracht und dich bedient habe? *Du* solltest *mir* ein Honorar zahlen.«

Der Arzt sagte: »Unsinn! Das war doch alles Theater. So mache ich es mit jedem Herzpatienten, und es wirkt immer. Sie vergessen ihren Herzanfall und kümmern sich erst um mich mit meinen neunzig Jahren. Jetzt gib mir mein Geld. Die Nacht ist schon halb um, und ich muß nach Hause«, – und er nahm sein Honorar entgegen.

Bernard Shaw sagte: »Das ist ja allerhand! Ich hab mich immer für einen Witzbold gehalten, aber dieser Doktor macht praktische Witze! Seine Behandlung hat gewirkt!« Er tastete nach seinem Herzen, aber es war völlig in Ordnung. Er hatte es ganz vergessen. Es war nur ein kleiner Schmerz gewesen, aber sein Verstand hatte ihn vergrößert ... Die Angst vor dem Herzanfall, der Gedanke, es könnte ein Herzanfall sein, der Gedanke ans Sterben hatte alles vergrößert.

Ein guter Arzt! Er holte Bernard Shaw aus dem Bett, ließ ihn alle möglichen Dienste verrichten, bekam einen guten Drink und nahm schließlich sein Honorar entgegen, worauf er über die Treppe verschwand. Bernard Shaw schaute völlig verdattert drein. Dieser Mann sagt, er macht das mit jedem Herzpatienten, und es hat immer Erfolg! Und wegen seines Alters gelingt ihm das vortrefflich. Jeder würde sich selbst vergessen ... Andere Ärzte würden daraus eine komplizierte Sache machen und Spritzen, Medikamente und Bettruhe verordnen, oder einen Klimawechsel, oder ständige Betreuung. Aber dieser Mann half schnell, ohne Umstände – und sofort.

Ich habe alle möglichen Fälle von geistiger Verwirrung gesehen. Alles, was sie brauchen, ist ein sehr mitfühlendes, freundliches, liebevolles Vorgehen. Und auf jeden Fall eine ungewöhnliche Behandlung. Denn alles, was man mit dem Patienten bisher angestellt hat, war zu gewöhnlich – das Übliche –, so daß er nach und nach auf die Idee kommt, er kann es mit allen möglichen Ärzten aufnehmen: Schulmedizinern, Homöopathen, Naturheilkundlern, Ayurveden, Akupunkteuren, Akupresseuren – den verschiedensten Leuten, aber keiner kann ihn heilen. Er fängt an, sich etwas darauf einzubilden; seine Krankheit ist etwas ganz Besonderes. Er will als etwas Besonderes gelten. Es ist nur ein Ersatz.

Man muß das verstehen: Jeder will etwas Besonderes sein, etwas Außergewöhnliches – ein großer Musiker, ein großer Tänzer, ein großer Dichter –, aber das gelingt nicht jedem. Es bedarf einer langen, mühsamen Disziplin, um ein großer Musiker zu werden.

Es scheint, niemand ist offen, niemand hat sein Herz offen, mit geöffneten Fenstern. Niemand hat seine Türen offen – bereit, einen Gast willkommen zu heißen. Durch diese Situation entstehen seltsame Dinge: Die wahren Bedürfnisse der menschlichen Psyche werden nicht erfüllt; also fängt sie an, sich komisch aufzuführen.

Vielleicht ist das der einzige Grund, warum jener Mann immer Papier zerreißt und die Fetzen überall hinwirft – nur, damit jeder weiß: »Es gibt mich, und ich bin anders als alle andern! Ich tue etwas, was sonst niemand tut.« Vielleicht fühlt er sich nicht akzeptiert, nicht angenommen, nicht geliebt.

Aber die Behandlung, die er bekommt, ist schlimmer als die Krankheit. Seine eigentliche Krankheit ist, daß ihn keiner liebt, und nun gibt ihm der Magier diese Therapie: »Wenn Sie das noch einmal machen, gebe ich Ihnen einen solchen Arschtritt, daß Sie die ganzen hundert Stufen hinunterkullern, und am Ende können Sie Ihre Knochen auf der Straße einsammeln.«

Aber er machte es nie wieder – was beweist, daß er nicht mehr Liebe, sondern mehr Angst bekommen hat. Angst kann sehr wohl euer Verhalten ändern, aber das ist keine Änderung zum Besseren, sondern eine Änderung zum Schlechteren. Und wenn Liebe doch verfügbar ist und nichts kostet, warum sollte man sie nicht einsetzen?

Soweit ich sehen kann, ist Liebe die einzige Psychotherapie.

Wenn der Psychotherapeut Liebe verströmt, wird die Krankheit ganz ohne Analyse verschwinden.

Jegliche Analyse ist ganz einfach Humbug. Der Psychotherapeut selbst vermeidet Liebe. Er vermeidet es, seinem Patienten ins Gesicht zu schauen; er hat Angst, die Wirklichkeit zu erkennen. Sämtliche Psychoanalytiker aus dem Freudschen Lager – und das ist das größte und wichtigste – sitzen ihren Patienten nicht gegenüber. Der Patient liegt auf der Couch, und der Psychoanalytiker sitzt dahinter. Während der Patient auf der Couch liegt, redet er – zu niemandem, und der Psychoanalytiker sitzt nur da. Keine menschliche Berührung. Er darf nicht einmal die Hand des Patienten halten, er kann ihm nicht in die Augen schauen.

Der Osten hat so etwas wie die Psychoanalyse nie gekannt, einfach weil es Tausende von Meistern gegeben hat, die in tiefer Meditation waren, und jeder, der zu ihnen kam ... allein ihre Liebe, ihr Mitgefühl, die Art, wie sie den Patienten in die Augen schauten, war genug. Die Menschen wurden geheilt. Ganz ohne Psychoanalyse ... Im Osten passierte es so mit Neurotikern und Psychotikern: Sie wurden auf der Stelle transformiert. Alles, was sie brauchten, war eine ungeheure Liebe, die nichts fordert – ein Mensch des Friedens und der Stille, dessen pure Gegenwart Heilung bedeutet.

Ein Mensch, der schon seit langem meditiert, wird zu einer ungeheuren Quelle. Er strahlt etwas aus, das dem Auge nicht sichtbar ist – aber das Herz fängt es auf. Etwas erreicht dein innerstes Wesen und verändert dich.

Die Probleme sind einfach, die Lösungen sind einfach. Man muß nur aus dem Verstand herauskommen, um sehen zu können, wie einfach es ist. Und dann wird alles, was ein Mensch der Stille, des Friedens und der Freude tut, heilsam sein und zur Gesundheit beitragen. Es wird heilende Kraft besitzen. (44)

Ich bin Psychiater. Kann Meditation mir bei der Arbeit mit meinen Patienten helfen?

Ein Psychiater muß, mehr als alle andern, meditativ sein – denn deine ganze Arbeit ist in gewisser Weise gefährlich. Wenn du nicht sehr ruhig und still bist, wenn du nicht von dem, was um dich herum geschieht, unberührt bleiben kannst, ist es sehr gefährlich. Mehr Psychiater verlieren den Verstand als alle anderen Berufe, und mehr Psychiater begehen Selbstmord als alle anderen Berufe. Das gibt einem doch zu denken! Das Verhältnis ist wirklich auffallend. Doppelt so viele Menschen begehen Selbstmord; das zeigt, daß dieser Beruf voller Gefahren ist.

Das ist er tatsächlich – denn immer, wenn du jemanden behandelst, der psychisch gestört und durcheinander ist, überträgt er dir ununterbrochen seine Schwingungen. Er entlädt ständig seine Energie und schleudert dir seine negativen Wellen entgegen, und du mußt ihm zuhören. Du mußt sehr aufmerksam sein. Du mußt dich um ihn kümmern, mußt ihn lieben und Mitgefühl mit ihm zeigen; nur dann kannst du ihm helfen. Er entlädt ununterbrochen negativ geladene Energie, und du absorbierst sie. Und je aufmerksamer du ihm zuhörst, desto mehr absorbierst du davon.

Wenn man ständig mit neurotischen und psychotischen Menschen zu tun hat, fängt man unbewußt allmählich an zu glauben, die ganze Menschheit sei so. Im Laufe der Zeit werden wir so wie die Menschen, mit denen wir zusammenleben, denn keiner ist eine Insel.

Wenn du mit traurigen Leuten arbeitest, wirst du traurig, wenn du mit glücklichen Leuten arbeitest, wirst du glücklich, denn alles ist ansteckend. Neurose ist ansteckend; auch Selbstmord ist ansteckend.

Wenn du mit Menschen zusammen bist, die erleuchtet sind, die sehr bewußt sind, dann fängt etwas in dir an, sich auf diese höhere Möglichkeit einzustimmen. Wenn du mit Menschen zusammen bist, die auf einer sehr niedrigen, einer abnormal niedrigen Stufe stehen, die pervertiert sind, dann fängt etwas

Morbides in dir an, mitzuschwingen und mit ihnen in Beziehung zu treten.

Sich ständig mit kranken Menschen zu umgeben, ist daher in gewisser Weise gefährlich, außer du weißt dich zu schützen.

Es gibt nichts, was dich so gut schützen kann wie Meditation. Dann kannst du noch mehr geben, als du schon gibst, und wirst dennoch unbeeinflußt bleiben. Du kannst mehr helfen, als du schon hilfst, denn je höher deine Energie ist, desto größer ist deine Möglichkeit zu helfen. Andernfalls befinden sich Psychiater, Heiler und Patienten im selben Boot; vielleicht besteht ein kleiner gradueller Unterschied, aber er ist so gering, daß er kaum ins Gewicht fällt.

Ein Psychiater kann sehr leicht verrückt werden – nur ein kleiner Schubs, ein Zusammentreffen von Zufällen, und er überschreitet selbst die Grenze zum Wahnsinn.

Neurotiker sind nicht immer neurotisch gewesen. Erst zwei Tage vorher waren sie völlig normal, und sie können auch wieder normal werden. Normalität und Abnormität sind also keine qualitativen, sondern quantitative Unterschiede: neunundneunzig Grad, hundert Grad, hundertundein Grad – es ist ein gradueller Unterschied.

In einer besseren Welt sollte jeder Psychiater eine tiefgehende Ausbildung in Meditation erhalten, sonst sollte er nicht praktizieren dürfen.

Nur so kannst du dich schützen und bist nicht selbst anfällig – und dann kannst du wirklich helfen. Denn sonst kommen sogar große Psychiater, große Psychoanalytiker an den Punkt, wo sie sich völlig hoffnungslos fühlen, was den Menschen betrifft.

Selbst Freud ...! Nach der Erfahrung seines ganzen langen Lebens sagte er schließlich, er habe keine Hoffnung mehr für den Menschen; er fühlte sich hoffnungslos. Und es ist nur natürlich – vierzig Jahre mit Leuten zu verbringen, die spinnen ... Seine ganze Erfahrung vom Menschsein beruhte auf Leuten, die verrückt waren. Allmählich sah es für ihn so aus, als sei das Abnorme normal, als müßte der Mensch zwangsläufig neurotisch bleiben, als gäbe es etwas in der Natur des Menschen, das ihn in die Neurose treibt.

Selbst ein gesunder Mensch ist bestenfalls jemand, der ein wenig besser an die Welt angepaßt ist, das ist alles.

Anpassung wird zur Norm für Gesundheit. Aber das kann nicht sein. Wenn die ganze Gesellschaft verrückt ist, kannst du noch so angepaßt sein, aber du wirst immer noch verrückt sein. Tatsächlich wird in einer verrückten Gesellschaft jemand, der nicht verrückt ist, sehr schlecht angepaßt sein. Und so ist es auch.

Wenn ein Jesus sich in dieser Welt bewegt, ist er unangepaßt. Wir müssen ihn kreuzigen. Er ist ein solcher Fremdkörper, daß wir ihn nicht dulden können. Es geht uns nicht um ihn, es geht uns nur um uns selbst. Seine bloße Anwesenheit läßt nur zwei Möglichkeiten zu: Entweder er ist verrückt, oder wir sind verrückt. Beide können nicht gesund sein. Und wir sind viele, aber er ist allein. Natürlich werden wir ihn töten; er kann uns nicht töten.

Wenn ein Buddha sich unter uns bewegt, sieht er eigenartig aus: ein gesunder Mensch, ein wirklich natürlicher und normaler Mensch, der sich in einer abnormalen Gesellschaft bewegt.

Deshalb kam Freud zu dem Schluß, daß die Menschheit keine Zukunft hat. Wir können höchstens hoffen, den Menschen an das gesellschaftliche Muster anzupassen, das ist alles. Der Mensch hat keine Chance, glücklich zu sein, denn das liegt nicht in der Natur der Sache.

Wie kommt Freud zu einer solch pessimistischen Einstellung? Aufgrund seiner ganzen Erfahrung. Freuds ganzes Leben ist ein einziger langer Alptraum seiner Arbeit mit Verrückten gewesen. Und allmählich wurde er selbst abnormal. Er war nicht wirklich gesund, er war kein glücklicher Mensch. Er hat niemals erfahren, was Ganzheit bedeutet. Er hatte vor so vielen Kleinigkeiten Angst – es ist geradezu absurd.

Er hatte Angst vor dem Tod. Wenn jemand über Geister sprach, fing er an zu schwitzen. Zweimal wurde er ohnmächtig, als jemand vom Tod redete! Er scheint einen sehr gestörten Verstand gehabt zu haben, aber in gewisser Weise ist es verständlich. Selbst das ist noch ein Wunder – daß er sein ganzes Leben lang nicht wahnsinnig wurde.

Wilhelm Reich, einer der tiefstschürfenden Psychiater, wurde wahnsinnig. Der einzige Grund, weshalb er wahnsinnig wurde und andere nicht, bestand darin, daß er so tief eindrang. Er hatte wirklich ein großes Talent, tief an die Wurzel der Dinge vorzudringen, aber das ist gefährlich. Das Leben Freuds oder Reichs und anderer zeigt eines: Wären sie in tiefer Meditation unterwiesen worden, würde die ganze Welt heute anders aussehen. Dann hätte man die Neurotiker nicht zur Norm erhoben.

Es mag sehr schwierig sein, ein Buddha zu werden, aber *er* ist die Norm.

Ein normaler Mensch ist jemand, der sich der Norm nähert. Es ist alles andere als Anpassung: Man kommt der Idee von Ganzheit, Glück und Gesundheit näher. (45)

Ist die Rolle des Therapeuten gefährlich für mein eigenes spirituelles Wachstum?
Kann man anderen Menschen helfen und gleichzeitig sein eigenes Ego auflösen? Ich fühle einen subtilen Konflikt in mir zwischen einem Teil, der klar ist, und einem anderen Teil, der nichts von Klarheit wissen will.
Mit deiner Hilfe habe ich gelernt, andere nicht zu dominieren, wenn ich meine Fähigkeit zu sehen einsetze, aber dominiere ich immer noch mich selbst?

Die Rolle des Therapeuten ist eine sehr heikle und komplizierte Sache.

Erstens, weil der Therapeut selbst an den gleichen Problemen leidet, bei denen er andern zu helfen versucht. Der Therapeut ist nur ein Techniker. Er kann mit Erfolg so tun, als wäre er ein Meister, und sogar sich selbst damit täuschen – das ist die größte Gefahr für einen Therapeuten. Aber schon ein wenig Verständnis wird die Dinge verändern.

Zweitens solltest du nicht denken, daß du andern hilfst. Das gibt dir die Vorstellung, ein Retter, ein Meister zu sein – und schon ist durch die Hintertür das Ego wieder hereingekommen. Es macht dich wichtig, es macht dich zum Mittelpunkt der Gruppe; alle schauen zu dir auf.

Gib den Gedanken vom Helfen auf. Statt »helfen« verwende das Wort »teilen«. Du teilst dein Verständnis – soviel, wie du hast. Der Teilnehmer ist dir nicht unterlegen.

Therapeut und Therapierter sitzen beide im selben Boot, nur ist der Therapeut ein bißchen besser informiert.

Bleibe dir der Tatsache bewußt, daß dein Wissen nur geborgt ist. Vergiß nie, daß alles, was du weißt, noch nicht deine eigene Erfahrung ist, dann wird es den Menschen helfen, die an deiner Gruppe teilnehmen.

Menschen sind sehr subtile Mechanismen. Es wirkt nach beiden Seiten: Wenn der Therapeut anfängt, sich wie ein Meister zu benehmen, wird er, statt zu helfen, etwas in dem Teilnehmer kaputtmachen, denn jetzt wird der Teilnehmer auch nur die Technik lernen wollen.

Statt eines liebevollen Sich-Mitteilens, einer freundlichen Atmosphäre des Vertrauens heißt es dann: »Du weißt mehr, ich weiß weniger ... Aber wenn ich erst ein paar Therapiegruppen gemacht habe, werde ich genausoviel wissen wie du.«

Nach und nach fangen dann die Teilnehmer ebenfalls an, Therapeuten zu werden, denn dazu braucht man keinen Titel – jedenfalls in vielen Ländern nicht. Ein paar Länder haben begonnen, verschiedene Arten von nicht anerkannten Therapien zu verbieten. Nur wer einen Universitätsabschluß in Therapie, Psychoanalyse, Psychotherapie hat, darf andern in Therapiegruppen helfen.

Dazu wird es in den meisten Ländern der Welt kommen, denn Therapie ist zu einem Geschäft geworden, das von unqualifizierten Leuten betrieben wird. Sie lernen die Technik, denn die Technik kann jeder lernen. Wenn man an einigen Gruppen teilnimmt, lernt man alle Techniken kennen – und dann macht jeder daraus seine eigene Mischung. Aber es ist unkontrollierbar ...

Denk daran, sobald du in die Rolle eines Helfers schlüpfst, wird derjenige, dem du zu helfen versuchst, es dir niemals verzeihen. Du hast seinen Stolz verletzt, du hast sein Ego verletzt.

Es war nicht deine Absicht ... Dir ging es nur darum, dein eigenes Ego aufzublähen, aber das geht nur, wenn du das Ego anderer Leute verletzt. Du kannst nicht dein Ego aufblähen, ohne andere zu verletzen. Dein größeres Ego braucht mehr Platz, und die anderen müssen Platz machen und ihre Persönlichkeit schrumpfen lassen, um neben dir bestehen zu können.

Sei von Anfang an authentisch und liebevoll. Und ich erkläre es als absolute Notwendigkeit: Es gibt nichts Therapeutischeres als Liebe.

Technik kann helfen, aber das wahre Wunder geschieht durch Liebe. Liebe die Menschen, die an deiner Therapie teilnehmen, und sei einer von ihnen, ohne den Anspruch zu haben, höher oder heiliger als sie zu sein.

Mach es ihnen von Anfang an klar: »Das und das sind die Techniken, die ich gelernt habe, und ein bißchen ist auch meine eigene Erfahrung. Ich werde euch die Techniken geben und meine Erfahrung mit euch teilen, aber ihr seid nicht meine Schüler. Ihr seid nur Freunde auf der Suche. Ich habe ein bißchen was verstanden, nicht viel, aber das kann ich mit euch teilen. Viele von euch werden wahrscheinlich ihr eigenes Verständnis aus den verschiedensten Bereichen, den verschiedensten Richtungen mitbringen. Auch ihr könnt eure Erfahrungen mitteilen und dadurch die Gruppe bereichern.«

Was ich sage, ist, mit anderen Worten, ein völlig neues Therapiekonzept.

Der Therapeut ist nur Koordinator. Er bemüht sich nur, daß die Gruppe stiller und entspannter abläuft. Er hat ein Auge darauf, daß nichts falsch läuft – mehr wie ein Beschützer als wie ein Meister.

Und eines mußt du ihnen auch klarmachen: »Ich selbst lerne auch etwas, indem ich meine Erfahrungen mit euch teile. Wenn ich euch zuhöre, sind es nicht nur eure, sondern genausogut auch meine Probleme. Und wenn ich etwas sage, sage ich es nicht nur zu euch, sondern ich höre mir gleichzeitig auch zu.«

Mach es mit allem Nachdruck deutlich, daß du nicht etwas Besonderes bist. Das muß gleich zu Beginn der Gruppe passieren, und es muß weitergeführt werden, wenn der Gruppenprozeß tiefer geht. Du bist immer nur die Ältere, diejenige, die den anderen ein paar Schritte voraus ist, sonst kannst du niemandem helfen. Sonst werden die Leute nur die Technik lernen und selber Therapeuten werden wollen. Und es gibt genug Narren auf dieser Erde – fünf Milliarden – und jeder findet seine Anhänger.

Es ist eine menschliche Schwäche, wenn die Leute zu einem aufschauen, daß man anfängt zu glauben: »Ich muß etwas Großartiges an mir haben, wenn die Leute so zu mir aufsehen.« Sie haben ihre Probleme, sie leiden an ihren menschlichen Schwächen, aber du bist genauso menschlich, und Irren ist absolut menschlich. Ohne jede Verurteilung, mit großer Liebe hilf ihnen, sich zu öffnen, und das ist nur möglich, wenn du dich selbst öffnest.

Ich habe eine seltsame Tatsache festgestellt: Einem Fremden erzählt man Dinge, die man Leuten, welche man gut kennt, niemals sagen würde. Man trifft jemanden in der Eisenbahn, man weiß nicht einmal seinen Namen, weiß nicht, wohin er fährt, weiß nicht, woher er kommt, und man fängt an, sich mitzuteilen. Ich bin zwanzig Jahre lang pausenlos im ganzen Land herumgereist und habe dabei eine seltsame Beobachtung gemacht: Die Menschen vertrauen einem Fremden ihre Geheimnisse an, weil ein Fremder es nicht ausnutzen wird. An der nächsten Station steigt er wieder aus, und vielleicht sieht man ihn nie wieder. Er hat kein Interesse, dir oder deinem Ruf irgendwie zu schaden.

Wenn du jedoch deine Geheimnisse, deine Schwächen, deine Verletzlichkeit anderen zeigst, werden sie dir mehr vertrauen, dich mehr lieben und dich in ihr Vertrauen ziehen. Dein Vertrauen provoziert ihr Vertrauen zu dir, und wenn sie sehen, wie unschuldig und offen und zugänglich du bist, fangen auch sie an, sich zu öffnen. Es ist eine Kettenreaktion.

Aber eine Therapiegruppe ist nicht das Ziel. Sie ist nur der Anfang. Sie ist eine Vorbereitung für die Meditation, so wie Meditation eine Vorbereitung für die Erleuchtung ist. Wenn du dieses simple Einmaleins begreifst, wird es dir nicht schwer fallen – und du wirst mehr Spaß an der Gruppe haben, denn die Gruppe wird mit dir tiefer gehen können. Du wirst nicht nur ein Lehrer für die Gruppe sein, du wirst gleichzeitig ein Lernender sein.

Von Kahlil Gibrans Prophet Almustafa stammt ein schöner Ausspruch. Als ihn jemand fragt: »Sprich zu uns vom Lernen«, sagt er: »Weil du gefragt hast, werde ich reden, aber denke daran – während ich rede, höre auch ich, so wie du, mir zu.«

Liebe die Menschen, die an deinen Gruppen teilnehmen. Liebe sie so, wie sie sind, und nicht so, wie sie sein sollten. Sie haben ihr ganzes Leben lang unter jeglicher Art von religiösen, politischen, gesellschaftlichen, theologischen und philosophischen Führern gelitten, die behaupteten, sie zu lieben, wenn sie ihnen folgten, die behaupteten, sie zu lieben, wenn sie zu den Idealbildern ihrer eigenen Vorstellungen würden. Sie werden dich nur lieben, wenn sie dich vollständig getötet haben, wenn sie dich völlig demontiert und nach ihren eigenen Ideen wieder zusammengesetzt haben.

Das haben sämtliche Religionen den Menschen angetan. Niemand ist davon verschont geblieben. Und diese Leute meinen, ganz bewußt anderen zu helfen. Sie haben euch Ideale, Ideologien, Prinzipien, Gebote gegeben, mit der fixen Idee, euch helfen zu wollen, weil ihr sonst in die Irre geht. Sie können nicht eurer Freiheit vertrauen, noch wissen sie eure Würde zu respektieren. Sie haben euch so schrecklich verstümmelt – und keiner protestiert!

Das erinnert mich an etwas, was ein Freund von mir, ein großer Arzt, einmal gesagt hat. Ich weiß nicht, ob er noch lebt; ich habe seit sechs Jahren nichts mehr von ihm gehört. Er war der prominenteste Arzt in der Stadt, in der ich lebte, bevor ich nach Bombay und dann nach Poona zog.

Er sagte zu mir: »Die Erfahrung meines ganzen Lebens sagt mir, daß es nicht die Aufgabe des Arztes ist, den Patienten zu heilen. Der Patient heilt sich selbst. Der Arzt schafft lediglich eine liebevolle, aufmunternde Atmosphäre. Er gibt dem Patienten Zuversicht und erweckt von neuem sein Verlangen, länger zu leben. All die Medikamente sind von zweitrangiger Bedeutung.«

Wenn aber jemand den Wunsch zu leben verloren hat, dann hilft – nach der Erfahrung dieses Arztes – keine Medizin und gar nichts.

Für den Therapeuten ist die Situation die gleiche: Der Therapeut ist nicht derjenige, der die psychologischen Probleme der Leute kuriert. Er kann nur eine liebevolle Atmosphäre kreieren, in der sie ihre unterdrückten, unbewußten Phantasien, Verdrängungen, Halluzinationen und Begierden aufdecken können, ohne Angst haben zu müssen, ausgelacht zu werden, in der sie absolut sicher sein können, daß jeder Mitgefühl und Liebe für sie empfindet. Die ganze Gruppe sollte als therapeutische Situation dienen.

Der Therapeut ist nur der Koordinator. Er bringt psychisch angeknackste oder verwirrte Menschen zusammen und achtet nur darauf, daß nichts schiefläuft. Er kann sie durch einen Gedanken, eine Einsicht, eine Beobachtung unterstützen, aber er sollte immer deutlich machen: »Dies ist nur mein Wissen, aber nicht meine Erfahrung« – es sei denn, es ist tatsächlich seine Erfahrung.

Wenn du echt und aufrichtig und ehrlich und authentisch bist, wirst du niemals in die Falle geraten, ein Meister oder ein Retter sein zu wollen – eine Falle, in die man sehr leicht geraten kann. In dem Moment, wo du ein Meister und Retter sein willst – und du bist es nicht –, wirst du den Leuten nicht einmal mehr helfen, du wirst sie einfach nur ausbeuten, ihre Schwächen, ihre Probleme.

Die ganze psychoanalytische Bewegung rund um die Welt ist das ausbeuterischste Experiment, das es gibt. Niemandem wird geholfen, alle werden nur ungeheuer ausgenutzt. Die Psychologie hat sich in viele Zweige aufgeteilt, aber sie tun alle das Gleiche: Sie reduzieren dich zu einem Patienten, und *sie* sind die Ärzte. Aber niemandem wird geholfen, weil die Psychoanalytiker, die Psychotherapeuten selbst ... das Problem ist, daß sie selbst an genau denselben Krankheiten leiden. Jeder Psychoanalytiker geht etwa zweimal im Jahr zu einem Kollegen, um sich helfen zu lassen. Es ist eine große Verschwörung. Wenn man sich ständig alle Arten von Verrücktheiten anhören muß, wird man selbst verrückt, außer man ist über den Verstand und seine Probleme hinaus. Man wird anfangen, an denselben Problemen zu leiden, an denen die Patienten leiden. Statt daß du sie heilst, machen sie dich krank. Aber es ist deine eigene Verantwortung.

Schenke Liebe, Offenheit, Aufrichtigkeit. Damit sie anfangen können, die Tore ihres Herzens zu öffnen – und sie halten sie fest verschlossen, damit keiner ihre Probleme sieht –, ist es die erste Aufgabe des Psychotherapeuten, *sein* Herz zu öffnen und ihnen zu zeigen, daß er genauso menschlich ist wie sie. Er leidet an denselben Schwächen: derselben Lust, demselben Streben nach Macht, derselben Gier nach Geld. Er leidet an Sorge und Pein, an der Angst vor dem Tod.

Öffne ganz und gar dein Herz. Das wird anderen helfen, dir zu vertrauen, daß du kein Heuchler bist. Die Zeit der Retter, Propheten und Boten, der *teerthankaras* und *avataras,* ist vorbei. Keinen von ihnen würde man heute akzeptieren. Und wenn heute einer von ihnen wieder auftaucht, werden ihn die Menschen nicht einmal zu Tode steinigen, sondern sich nur über ihn lustig machen. Sie werden einfach sagen: »Du bist ein Spinner. Der bloße Gedanke, daß du die ganze Menschheit retten kannst, ist idiotisch. Rette zuerst dich selbst, dann sehen wir dein Licht und deine Größe und deine Herrlichkeit.«

Und das Vertrauen kommt ganz von allein. Man braucht nicht darum zu bitten. Es kommt wie ein frischer Wind von den Bergen, wie eine Flutwelle vom Ozean. Du brauchst nichts dafür zu tun. Du mußt nur zur richtigen Zeit am richtigen Ort verfügbar sein.

Niemand kann dich retten, außer du selbst. Ich sage dir: »Sei dir selbst ein Retter.« Doch Hilfe ist möglich, unter einer Bedingung: daß sie von Liebe begleitet ist und von Dankbarkeit, denn: »Du hast mir vertraut und dein Herz geöffnet.«

Die Aufgabe des Therapeuten ist zweifellos eine sehr komplexe – und Dummköpfe betätigen sich darin! Die Situation ist beinahe so, wie wenn Metzger Chirurgie betreiben; sie wissen, wie man schneidet, aber das heißt noch lange nicht, daß sie Gehirnchirurgen werden können! Sie können Kühe und Ochsen und allerlei Tiere töten, aber ihre Aufgabe steht im Dienste des Todes. Der Therapeut steht im Dienste des Lebens. Er muß lebensbejahende Werte schaffen, die er selbst lebt, indem er in die Stille seines eigenen Herzens eintaucht.

Je tiefer du in dir selbst ruhst, um so tiefer kannst du das Herz eines anderen erreichen. Es ist genau das gleiche ... denn dein Herz und das Herz eines anderen sind nicht sehr verschieden. Wenn du *dein* Wesen verstehst, verstehst du das Wesen von jedem Menschen. Und dann verstehst du, daß auch du dumm gewesen bist, daß auch du unwissend gewesen bist, daß du viele Male gestolpert bist, daß auch du Verbrechen gegen dich selbst und andere begangen hast – und wenn andere es immer noch tun, brauchst du sie deswegen nicht zu verurteilen. Du sollst sie nur darauf aufmerksam machen und dann sich selbst überlassen; du darfst sie nicht in einen bestimmten Rahmen pressen.

Dann ist es eine Freude, Therapeut zu sein, weil man das Innenleben der Menschen kennenlernt – eines der bestgehüteten Geheimnisse im Leben. Und indem du andere kennenlernst, erfährst du mehr über dich selbst. Es ist ein Teufelskreis; leider gibt es kein anderes Wort, sonst würde ich nicht das Wort »Teufel« verwenden. Aber laßt mich ein neues Wort prägen: Es ist ein »Tugendkreis«. Du öffnest dich deinen Patienten, den Gruppenteilnehmern, und sie öffnen sich dir. Das hilft dir, dich mehr zu öffnen, und das hilft wiederum ihnen, sich noch mehr zu öffnen. Und bald gibt es keinen Therapeuten und keine Patienten, sondern einfach eine liebevolle Gruppe, die sich gegenseitig unterstützt.

Solange der Therapeut nicht in der Gruppe aufgeht, ist er kein erfolgreicher Therapeut. Das ist mein Kriterium.

Du sagst: »*Mit deiner Hilfe habe ich gelernt, andere nicht zu dominieren, wenn ich meine Fähigkeit zu sehen einsetze, aber dominiere ich immer noch mich selbst?*«

Das ist nicht zweierlei. Dominieren ist Dominieren – ob du andere dominierst oder dich selbst. Wenn du dich selbst dominierst, wirst du auf subtile Weise auch andere dominieren. Wie könnte es anders sein?

Das Dominieren, das du als erstes aufgeben mußt, betrifft nicht die anderen ... denn es ist überhaupt nicht gesagt, daß sie dein Dominieren hinnehmen. Das Dominieren, das du als erstes aufgeben mußt, betrifft dich selbst. Warum machst du dich selbst zum Gefangenen und schaffst dir mit großer Anstrengung ein Gefängnis um dich herum, das du dann überallhin mitnimmst? Erlebe zuerst die totale Freude – was es heißt, frei zu sein wie ein Vogel am grenzenlosen Himmel. Dann wird deine Freiheit zu einer transformierenden Kraft für andere werden.

Dominieren ist so häßlich. Überlasse es den Politikern, die überhaupt kein Schamgefühl haben. Sie führen ein Leben in der Gosse und glauben, sie leben im Palast. Ihr ganzes Leben spielt sich in der Gosse ab; dort leben sie und dort werden sie auch sterben. Auch wenn sie Premierminister sind, und Präsidenten und Könige und Königinnen ...

Einer der bedeutendsten ägyptischen Dichter wurde einmal gefragt: »Wie viele Könige gibt es auf der Welt?« Er sagte damals: »Es gibt nur fünf Könige, einen in England und vier auf den Spielkarten.« Jetzt könnte man es abwandeln: »Es gibt fünf Königinnen, eine in England und vier auf den Spielkarten« ... Aber mehr besitzen sie nicht. Sie streben nur nach immer mehr Macht, um ihr Inneres auszufüllen, weil es sich so leer anfühlt.

Von außen gesehen, ist das Innere leer. Von innen gesehen, ist die ganze äußere Welt leer. Nur dein Inneres kann überfließen, aber das, was überfließt, ist unsichtbar: das Aroma deines Seins, Liebe, Seligkeit, Ekstase, Stille, Mitgefühl – nichts davon ist mit den Augen zu sehen. Darum scheint von außen alles nur leer zu sein. Und dann entsteht ein großer Drang: Womit kann man es füllen? – Mit Geld, mit Macht, mit Ansehen, dadurch, daß man Präsident oder Premierminister wird? Und dann tut man alles, um es anzufüllen! Man kann nicht leben mit einer solchen inneren Leere, einer inneren Hohlheit.

Aber diese Leute sind niemals nach innen gegangen; sie haben nur von außen geschaut. Und das ist das Problem: Von außen kann man nur Objekte sehen, aber Liebe ist kein

Objekt, Seligkeit ist kein Objekt, Erleuchtung ist kein Objekt, Verständnis ist kein Objekt, Weisheit ist kein Objekt.

Alles, was großartig ist an der menschlichen Existenz und am Leben, ist subjektiv, nicht objektiv. Aber von außen kann man nur Objekte sehen. Dadurch entsteht dieser ungeheure Drang, eure innere Hohlheit mit allem möglichen Zeug zu füllen. Einige tun es mit geborgtem Wissen; einige tun es mit selbstauferlegten Torturen – sie werden zu Heiligen. Einige werden zu Bettlern, nur um Premierminister zu werden, um Präsident zu werden. Überall sind es die hohlen Menschen, die es ungeheuer nötig haben, andere zu dominieren. Das gibt ihnen das Gefühl, nicht hohl zu sein.

Ein Sannyasin fängt an, seine eigene Subjektivität von innen her zu erforschen, und er wird sich der immensen Schätze, seiner unerschöpflichen Schätze bewußt. Erst dann hörst du auf, dich selbst zu dominieren, und du hörst auf, andere zu dominieren. Es besteht dafür überhaupt keine Notwendigkeit. Von da an wirst du alles daransetzen, um auch anderen ihre Individualität, ihre Freiheit, ihre ungeheuren, unerschöpflichen Quellen der Seligkeit, Zufriedenheit und des Friedens bewußt zu machen.

Für mich ist eine Therapie, die den Boden bereitet für Meditation, der richtige Boden sowohl für den Patienten wie für den Therapeuten.

Therapie sollte an einem bestimmten Punkt in Meditation übergehen. Meditation geht an einem bestimmten Punkt in Erleuchtung über. Ein so enormes Potential zu besitzen und dennoch ein Bettler zu bleiben ... Manchmal macht es mich sehr traurig, wenn ich an die Menschen denke. Sie sind keine Bettler, aber sie benehmen sich wie Bettler und sind nicht bereit, ihr Betteln aufzugeben, weil sie Angst haben, es sei alles, was sie haben. Und solange sie nicht aufhören zu betteln, werden sie niemals wissen, daß sie Kaiser sind und in ihrem Inneren ihr Reich auf sie wartet.

Du solltest versuchen, dich selbst so tief wie möglich zu verstehen. Deine therapeutische Krankheit kommt erst an zweiter Stelle. Solange du nicht dein Sein durch Meditation und Stille verfeinert hast ... Ich sage nicht, daß du aufhören sollst zu arbeiten; ich sage, transformiere die Qualität deiner Arbeit. Mache sie zu wirklicher Arbeit. Öffne dein Herz, erzähle ihnen von deinen Schwächen, erzähle ihnen von deinen Problemen, frage sie um ihren Rat – vielleicht können sie dir helfen? Und wenn die Teilnehmer begriffen haben, daß der Therapeut kein Egoist ist, werden sie voller Bescheidenheit sein und ihr Herz öffnen. Dann kannst du ihnen helfen.

Aber denke immer und immer daran: Therapie allein ist unvollständig. Selbst die perfekteste Therapie ist nur der erste Schritt. Ohne den zweiten Schritt bleibt sie bedeutungslos.

Darum lasse die Patienten an dem Punkt zurück, wo sie anfangen, sich in die Meditation hineinzubewegen. Deine Therapie ist erst dann vollständig, wenn deine Patienten anfangen, Fragen über Meditation zu stellen. Erzeuge in ihren Herzen eine große Sehnsucht nach Meditation und sage ihnen, daß auch Meditation nur ein Schritt ist – der zweite Schritt. Auch sie allein ist nicht genug, wenn sie dich nicht zur Erleuchtung bringt; das ist der Höhepunkt der ganzen Anstrengung. Und ich vertraue dir, daß du dazu fähig bist.

Ein Jude aus Odessa sitzt im selben Abteil mit einem zaristischen Offizier, der ein Schwein bei sich hat. Um den Juden zu ärgern, nennt der Offizier sein Schwein immer wieder Moishe: »Moishe, Moishe, halt still! Moishe, hierher! Moishe, geh weg!«

So geht das die ganze Strecke bis Kiew. Schließlich platzt dem Juden der Kragen, und er sagt: »Weißt du, Hauptmann, eigentlich ist es eine Schande, daß dein Schwein einen jüdischen Namen hat.«

»So, und warum wohl, Jude?«, grinst der Offizier.

»Na, sonst hätte es Offizier in der Armee des Zaren werden können!«

Alles hat seine Grenzen! Mach es dir klar, daß die Grenze der Therapie dort liegt, wo Meditation beginnt, und die Grenze der Meditation dort, wo Erleuchtung beginnt. Und natürlich ist Erleuchtung kein Schritt zu irgend etwas anderem.

Du verschwindest einfach im universellen Bewußtsein. Du wirst zu einem Tautropfen, der vom Lotosblatt in den Ozean schlüpft. Aber es ist die größte Erfahrung ... sie macht das Leben erst bedeutsam und sinnvoll. Sie läßt dich zu einem Teil des Universums werden, von dem dein Ego dich getrennt hatte.

Du mußt dich nur in die richtige Richtung bewegen. Ein Sinn für die richtige Richtung, und alles kann zu einem Ausgangspunkt für höhere Bewußtseinszustände werden.

Ich habe alles mögliche benutzt, aber die Richtung ist die gleiche. Ich habe viele Arten von Meditationen benutzt. An der Peripherie sehen sie unterschiedlich aus. Es gibt hundertzwölf Meditationsmethoden. Sie sehen sehr verschieden aus, und vielleicht denkt ihr: »Wie können diese verschiedenen Methoden alle zur Meditation führen?« Aber das tun sie ... Wie ein unsichtbarer Faden, der durch eine Blumengirlande läuft – man sieht nur die Blumen –, genauso haben diese einhundertzwölf Blumen einen gemeinsamen Faden.

Und dieser Faden ist: Beobachten, Zeugesein, Bewußtheit, Wachheit.

Hilf also den Patienten, so gut du kannst, ihre Probleme zu verstehen, aber mach ihnen klar: »Selbst wenn deine Probleme gelöst sind, bist *du* immer noch derselbe. Morgen wirst du anfangen, die gleichen Probleme wieder zu erzeugen – vielleicht auf andere Art, eine andere Nuance.«

Deshalb sollte deine Therapie nichts anderes sein als eine Öffnung zur Meditation. Dann hat deine Therapie einen ungeheuren Wert.

Andernfalls ist es nur ein Spiel für den Verstand. (46)

Was genau ist die Funktion eines Heilers?

Der Heiler ist nicht wirklich der Heiler, denn er ist nicht der Handelnde. Heilung geschieht durch ihn; er muß nur sich selbst beiseite lassen.

Heiler zu sein, bedeutet im Grunde, nicht zu sein. Je weniger du bist, um so besser kann die Heilung geschehen.

Je mehr du bist, um so mehr ist der Kanal blockiert. Gott, oder die Totalität, oder wie immer man es nennen mag, ist der Heiler. Das Ganze ist der Heiler.

Ein Kranker ist jemand, der zwischen sich und dem Ganzen Blockaden entwickelt hat, so daß die Verbindung unterbrochen ist. Die Funktion des Heilers besteht darin, für den Kranken die Verbindung wiederherzustellen.

Aber wenn ich sage, die Funktion des Heilers besteht darin, die Verbindung wiederherzustellen, meine ich nicht, daß der Heiler etwas tun muß. Der Heiler ist nur eine Funktion. Der Handelnde ist Gott, ist das Ganze.

Die Medizin ist kein gewöhnlicher Beruf. Es ist nicht bloß eine Technologie, denn es geht dabei um Menschen. Es werden keine Maschinen repariert; es ist nicht bloß eine Frage des Know-hows, es ist eine tiefgehende Frage der Liebe.

Du spielst mit Menschen und Menschenleben, und es ist ein sehr komplexes Phänomen. Manchmal können Fehler passieren, aber diese Fehler können sich für einen Menschen tödlich auswirken. Darum gehe mit tiefer Ehrfurcht vor. Gehe mit Menschlichkeit, Demut und Einfachheit vor.

Leute, die die Medizin so betreiben, als ob sie Ingenieure wären, sind nicht die richtigen Leute, um Ärzte und Doktoren zu sein – sie sind die falschen Leute. Leute, die nicht ambivalent sind, sind die falschen Leute. Sie werden an einem Menschen operieren wie ein Automechaniker an einem Auto. Sie werden nicht die spirituelle Präsenz des Patienten fühlen. Sie werden nicht den Menschen behandeln, sondern sie werden die Symptome behandeln. Natürlich können sie sich sehr sicher fühlen; ein Techniker ist sich immer sicher.

Aber wenn man es mit Menschen zu tun hat, kann man nicht so sicher sein. Es ist natürlich, zu zögern. Man überlegt es sich zweimal, dreimal, bevor man etwas tut, denn ein kostbares Menschenleben steht auf dem Spiel – Leben, das wir nicht hervorbringen können, Leben, das unwiederbringlich verloren sein kann. Und es geht um ein Individuum, einmalig und unersetzlich – ein Lebewesen, das es in dieser Form noch niemals gegeben hat und nie wieder geben wird. Du spielst mit dem Feuer;

es ist natürlich, zu zögern. Erlaube es dir! Geh mit großer Demut vor. Hab tiefe Ehrfurcht vor dem Patienten, und wenn du ihn behandelst, werde zu einem Kanal für die göttliche Energie.

Werde nicht zu einem Doktor, sondern werde einfach zu einem Kanal für die göttliche Heilenergie – ein reines Instrument. Gib dem Patienten Raum – hab große Ehrfurcht vor dem Patienten und behandle ihn nicht wie ein Ding – und gib Gott Raum, und mit tiefer Andacht überlasse es Gott, durch dich hindurchzufließen und den Patienten zu erreichen. Der Patient ist krank; er hat die Verbindung zu Gott verloren, er ist weit abgefallen.

Er hat die Sprache vergessen, wie er sich selbst heilen kann. Er ist in einem Zustand der Verzweiflung. Du kannst es ihm nicht vorwerfen; er ist in einem Zustand der Hilflosigkeit.

Jemand, der gesund ist, kann eine ungeheure Hilfe sein, wenn er zu einem Kanal wird. Und wenn es jemand ist, der sich auskennt, ist es von noch größerer Bedeutung, denn die göttliche Energie gibt nur subtile Hinweise; man muß sie entschlüsseln. Wenn du dich in der Medizin auskennst, kannst du die Hinweise sehr leicht entschlüsseln, und dann wirst du mit dem Patienten nichts machen ... Es ist Gott, der alles macht. Du stellst dich nur zur Verfügung, du stellst all dein Wissen zur Verfügung.

Es ist Gottes heilende Energie in Verbindung mit deinem Wissen, was hilft. Und dann kann es niemals schaden. *Du* kannst Schaden anrichten. Darum laß dich aus dem Spiel und überlaß es Gott.

Dringe tiefer ein in die Medizin und gehe tiefer in deiner Meditation. (47)

Was ist ein Heiler?

Jeder kann ein Heiler sein. Heilen ist wie Atmen – es ist natürlich.

Ein Mensch ist krank: Das bedeutet, er hat die Fähigkeit verloren, sich selbst zu heilen. Er ist sich seiner eigenen Quelle der Heilung nicht mehr bewußt.

Der Heiler kann ihm helfen, wieder damit in Verbindung zu treten. Die Quelle ist dieselbe, aus der auch der Heiler schöpft, aber der Kranke hat ihre Sprache verlernt. Der Heiler steht mit dem Ganzen in Verbindung, darum kann er zu einem Vermittler werden.

Der Heiler berührt den Körper des Kranken und wird so zu einer Brücke zwischen dem Kranken und der Quelle. Der Patient war nicht mehr direkt an die Quelle angeschlossen, und nun wird er indirekt angeschlossen. Sobald die Energie anfängt zu fließen, ist er geheilt.

Und wenn der Heiler sich wirklich auskennt – denn es ist durchaus möglich, daß jemand ein Heiler wird, aber nicht versteht, was er tut! Es gibt viele Heiler, die das Heilen praktizieren, aber nicht wissen, wie es geschieht. Sie verstehen nicht den Mechanismus, der dahintersteht – wenn du verstehst, was du tust, kannst du dem Patienten helfen, geheilt zu werden, und du kannst ihm helfen, sich der Quelle bewußt zu werden, aus der Heilung kommt. Dadurch wird er nicht nur von seiner aktuellen Krankheit geheilt, es werden auch zukünftige Krankheiten verhindert. Dann ist die Heilung vollkommen. Dann ist sie nicht nur therapeutisch, sondern auch prophylaktisch.

Dann wird Heilen geradezu eine Erfahrung des Gebets, eine Erfahrung Gottes, eine Erfahrung der Liebe, des Ganzen. (48)

Ich habe einen heilenden Beruf und möchte gerne deine Ansichten darüber hören, wie man sich am besten um die Kranken kümmert. Die Religionen haben uns immer gesagt: »Liebet die Kranken, liebet die Versehrten, geht in die Spitäler, errichtet Krankenhäuser, dienet den Armen.« Bitte sag etwas dazu.

Es scheint, daß alle Religionen sich um die Kranken, die Versehrten, die Armen kümmern. Aber keiner kümmert sich um dich: um deinen Reichtum, deine Großartigkeit, deine Herrlichkeit.

Ich aber sage dir: Solange du nicht dich selber liebst, solange du nicht deine eigenen Schätze, deine eigenen Gipfel gefunden hast, wirst du deine Liebe mit niemandem teilen können. Selbstverständlich brauchen die Kranken und Versehrten Pflege, aber sie brauchen nicht Liebe.

Das mußt du verstehen, denn das Christentum hat daraus eine beinahe universell anerkannte Wahrheit gemacht: daß es die religiöseste und spirituellste Sache überhaupt sei, die Kranken und Versehrten zu lieben. Es ist aber absolut unpsychologisch und gegen die Natur.

Wenn man einem Kranken Liebe gibt, hilft man ihm nicht, gesund zu werden, denn wenn er gesund ist, liebt ihn keiner. Die Krankheit ist eine gute Möglichkeit, andere dazu zu bringen, dich zu lieben.

Vielleicht hast du es selbst schon erlebt, aber noch nie darüber nachgedacht ... Die Frau arbeitet den ganzen Tag, und es geht ihr dabei außerordentlich gut, aber sobald ihr Ehemann nach Hause kommt – sie sieht ihn vom Fenster aus kommen –, legt sie sich ins Bett. Sie hat Kopfweh – denn wenn sie kein Kopfweh hat, bekommt sie von ihrem Mann keine Liebe. Hat sie aber Kopfweh, dann sitzt der Mann widerstrebend an ihrer Seite, massiert ihr den Kopf, heuchelt seine Liebe und redet honigsüße Worte. Seit Monaten hat er nicht mehr »Liebling« zu ihr gesagt, aber wenn sie Kopfweh hat, muß er sie »Liebling« nennen. Und genau das will sie ja von ihm hören: »Ich liebe dich. Und ich liebe dich nicht nur heute, ich werde dich immer und ewig lieben.«

Es ist komisch, aber ihr zeigt euren Kindern eure Liebe, wenn sie krank sind. Dabei ist euch jedoch ein simpler psychologischer Zusammenhang nicht klar: Auf diese Weise wird Krankheit mit Liebe assoziiert.

Immer wenn das Kind eure Liebe braucht, muß es krank werden. Wer kümmert sich schon um das gesunde Kind, wer kümmert sich um die gesunde Frau, wer kümmert sich um den gesunden Mann? Liebe scheint so etwas wie Medizin zu sein, und nur die Kranken scheinen sie zu benötigen.

Ich möchte, daß du das ganz klar verstehst: Kümmere dich um die Kranken, aber zeige ihnen niemals Liebe. Sich um die Kranken zu kümmern, ist eine völlig andere Sache. Bleibe ungerührt, denn Kopfschmerzen sind überhaupt nichts Großartiges. Pflege die Kranken, aber laß die süßen Worte sein. Gib auf pragmatische Weise die Pflege, die nötig ist. Gib der Frau das Mittel für ihren Kopf, aber zeig ihr keine Liebe, denn das ist gefährlich. Wenn ein Kind krank ist, pflege es, aber zeige dich absolut ungerührt. Gib dem Kind zu verstehen, daß es dich nicht durch sein Kranksein erpressen kann. Die ganze Menschheit erpreßt sich ständig gegenseitig: Krankheit, Alter, Siechtum sind fast zu einer Forderung geworden: »Du mußt mich lieben, weil ich krank bin! Du mußt mich lieben, weil ich alt bin!«

Die ganze Menschheit hat sich an diese Regel gehalten: Wenn jemand krank ist, darf man ihm keinen Zorn zeigen, selbst wenn man wütend ist. Wenn jemand krank ist, muß man ihm Liebe zeigen, selbst wenn man überhaupt keine Liebe spürt, und wenn man ihm schon keine Liebe zeigen kann, dann wenigstens Mitgefühl. Aber diese Dinge sind gefährlich und widersprechen völlig den psychologischen Erkenntnissen.

Du mußt dich selber lieben, ohne zu überlegen, ob du es verdienst oder nicht. Du lebst – und das ist genügend Beweis, daß du Liebe verdienst, so wie du den Atem verdienst. Du überlegst ja auch nicht, ob du den Atem verdienst oder nicht. Liebe ist eine subtile Nahrung für die Seele, so wie Essen für den Körper. Und wenn du voller Liebe zu dir selbst bist, wirst du auch andere lieben können. Aber liebe die Gesunden, liebe die Starken.

Pflege die Kranken, pflege die Alten, aber sie zu pflegen ist etwas völlig anderes. Der Unterschied zwischen Liebe und Pflege ist wie der Unterschied zwischen einer Mutter und einer Krankenschwester. Die Krankenschwester pflegt, die Mutter liebt. Wenn das Kind krank ist, ist es besser, wenn auch die Mutter nur eine Krankenschwester ist. Wenn das Kind gesund ist, überschütte es mit so viel Liebe, wie du nur kannst. Laß Liebe assoziiert sein mit Gesundheit, Stärke und Intelligenz – das wird dem Kind im Leben ein großes Stück weiterhelfen. (49)

7. KAPITEL

Körperarbeit

Würdest du etwas über die Kunst der Massage sagen?

Massieren ist etwas, das du zwar anfangen kannst zu lernen, aber du kommst nie an ein Ende. Es geht immer weiter und weiter, und die Erfahrung wird ständig tiefer und tiefer, höher und höher. Massage ist eine der subtilsten Künste – und es ist nicht einfach nur eine Sache der Kunstfertigkeit. Es ist mehr eine Sache der Liebe.

Lerne die Technik – und dann vergiß sie wieder. Danach fühle nur und laß dich von deinem Gefühl leiten. Wenn dein Lernen tief geht, werden neunzig Prozent dieser Arbeit durch die Liebe geschehen, zehn Prozent erledigt die Technik. Durch die bloße Berührung, eine liebevolle Berührung, entspannt sich etwas im Körper.

Wenn du liebst und für den anderen mitempfindest und dir seines höchsten Wertes bewußt bist, wenn du ihn nicht wie einen Mechanismus behandelst, den man in Ordnung bringen muß, sondern wie eine unendlich kostbare Energie, wenn du dankbar bist, daß er dir vertraut und dir erlaubt, mit seiner Energie zu spielen – dann wirst du ganz allmählich das Gefühl haben, als ob du auf einer Orgel spielst. Der ganze Körper wird zur Tastatur der Orgel, und du kannst spüren, wie im Innern des Körpers eine Harmonie entsteht. Nicht nur dem anderen wird geholfen sein, sondern auch dir.

Die Welt braucht Massage, weil die Liebe aus ihr verschwunden ist. Früher genügte eine bloße Berührung aus Liebe. Eine Mutter berührte ihr Kind, spielte mit seinem Körper, und es war Massage. Der Mann spielte mit dem Körper seiner Frau, und es war Massage; das war genug, mehr als genug. Es war tiefe Entspannung und gehörte zur Liebe. Doch das ist aus der Welt verschwunden. Nach und nach haben wir vergessen, wo wir jemanden berühren müssen, wie wir ihn berühren, wie tief wir ihn berühren müssen. Wirklich, Berührung ist eine der am meisten in Vergessenheit geratenen Sprachen. Wir sind geradezu linkisch in der Berührung, denn schon das Wort selbst ist von sogenannten religiösen Leuten korrumpiert worden. Sie haben ihm eine sexuelle Färbung gegeben. Das Wort ist sexuell geworden, und die Leute haben Angst entwickelt. Jedermann ist auf der Hut davor, berührt zu werden, wenn er es nicht ausdrücklich erlaubt.

Dadurch ist es jetzt im Westen zum anderen Extrem gekommen. Berührung und Massage sind sexuell geworden. Jetzt ist die Massage nur ein Deckmantel für Sexualität. Dabei sind weder Berührung noch Massage sexuell. Sie sind Äußerungen der Liebe. Wenn die Liebe aus ihrer Höhe hinunterstürzt, wird sie zum Sex, und dann wird sie häßlich.

Sei also andächtig. Wenn du den Körper eines Menschen berührst, sei andachtsvoll – als ob Gott selber anwesend wäre und du ihm nur dienst. Ströme mit aller Energie. Und wann immer du spürst, wie der Körper in Fluß gekommen ist und die Energie eine neue Harmonie schafft, wirst du ein Entzücken spüren wie niemals zuvor. Du wirst in tiefe Meditation fallen.

Während du massierst, massiere nur. Denke nicht an irgendwelche anderen Dinge, denn das sind alles Ablenkungen. Sei in deinen Fingern, in deinen Händen, als würde dein ganzes Sein, deine ganze Seele sich dort sammeln. Laß es nicht nur eine Berührung des Körpers sein. Deine ganze Seele tritt in den Körper des anderen ein, durchdringt ihn, löst die tiefsten Verspannungen.

Und mache es zu einem Spiel. Übe es nicht wie einen Job aus; laß es ein Spiel und ein Vergnügen sein. Lache und bringe auch den anderen zum Lachen.

Beim Massieren trittst du mit der Lebendigkeit eines anderen Körpers in Verbindung und spürst, wo sie fehlt. Du fühlst, wo der Körper unvollständig ist, und machst ihn ganz. Du hilfst der Körperenergie, nicht länger zersplittert, nicht länger im Widerstreit zu sein. Wenn sich die Energien des Körpers aufeinander einstimmen und zum Orchester werden, hast du dein Ziel erreicht.

Gehe also sehr respektvoll mit einem menschlichen Körper um. Er ist der Tempel Gottes, der heilige Schrein. Lerne deine Kunst mit tiefer Ehrfurcht, mit Hingabe. Sie ist eines der schönsten Dinge, die du lernen kannst. (50)

Was ist heilende Berührung?

Lege einfach deine Hände auf jenen Teil der Person, der es benötigt. Wenn die Person Kopfweh hat, lege die Hände auf ihren Kopf, schließe die Augen und fange an zu fühlen, wie Energien aus dir herausströmen. Du wirst ein kribbelndes Gefühl in den Händen haben, sie werden wie elektrisiert sein. Oder wenn die Person Probleme mit dem Magen hat, lege deine Hände auf den Magen. Der Teil, der es nötig hat, sollte berührt werden. Wenn du ihn nackt, ohne Kleidung berühren kannst, ist es besser; es wird wirksamer sein. Doch du solltest diesen Teil, der es nötig hat, nicht länger als eine Minute lang berühren. Wenn du ihn länger als eine Minute berührst, kann es vorkommen, daß die Krankheit anfängt, in deine Richtung zu fließen.

Energie hat einen Rhythmus: Eine Minute geht sie nach außen, die nächste Minute kommt sie nach innen zurück. Darum achte darauf, daß du deine Hände beim Ausatmen auf den anderen Körper auflegst; synchronisiere es mit deinem Einatmen und Ausatmen. Atme aus, während du die Hände auflegst, und atme so lange aus, wie du kannst. Wenn du nicht länger ausatmen kannst, nimm die Hände weg und atme. Wenn du einatmest, während du die Hände auflegst, könnte die Krankheit dich beeinträchtigen. Der andere wird möglicherweise geheilt, aber dir wird es schaden, und das hat keinen Sinn. Darum lege deine Hände nur auf, wenn du ausatmest, und ziehe sie zurück, sobald du anfängst, einzuatmen.

Wie heilt man jemanden, der Angst vor Berührung hat?

Beim Heilen fließt so viel Energie aus dir zu der anderen Person, daß es fast scheint, als würdest du sie mit einem elektrischen Kabel, einem geladenen Draht berühren. Dann bekommt der andere Angst und macht seine Türen zu – aber wenn die Türen verschlossen sind, kannst du noch so viel Energie ausgießen, nichts wird geschehen. Damit Heilung passieren kann, ist nicht nur deine Energie nötig; es geschieht nur, wenn deine Energie in den anderen einströmt und mit seiner Energie eins wird. Wenn die Energie nur bis zur Tür gelangt und dann zurückkehrt, geschieht keine Heilung.

Aus diesem Grund solltest du nie versuchen, jemanden zu heilen, der dir nicht vertraut. Versuche es erst gar nicht, denn es geht nicht. Wenn der andere Zweifel an dir hat, vergiß es. Es geht nur, wenn tiefes Vertrauen da ist, und wenn du es mit jemandem versuchst, der kein Vertrauen zu dir hat, wirst du dir über deine eigene Energie unsicher werden. Wenn dir das öfter passiert, wirst du nach und nach denken: »Es passiert nichts. Ich habe nicht die Energie dafür.«

In Wirklichkeit hat jeder Mensch die Energie zum Heilen. Es ist etwas ganz Natürliches. Es stimmt nicht, daß nur einige wenige Menschen Heiler sein können und die anderen nicht. Nein, jeder ist ein geborener Heiler, aber er hat diese Fähigkeit vergessen oder nie benutzt, oder er hat sie in einem falschen Zusammenhang benutzt und so das Gefühl bekommen, daß es nicht funktioniert.

Darum versuche es nie bei jemandem, der dich herausfordern will. Es ist keine Herausforderung. Wenn die Person bereit ist, mitzumachen und mit dir mitzugehen, wird es eine schöne Erfahrung sein. Du solltest die Person nicht gleich von Anfang an berühren. Wenn sie sich mehr und mehr entspannt und du spüren kannst ... und ich sage *spüren*, nicht denken! ... wenn du den Drang verspürst, den anderen zu berühren – zum Beispiel, wenn er Magenschmerzen oder Kopfschmerzen oder ähnliches hat und du fühlst, daß es ihm helfen wird, einfach seinen Kopf zu berühren –, dann berühre ihn, aber warte erst, daß er sich auf dich einstimmt.

Fang zuerst mit einer Energiemassage an, ohne den Körper zu berühren. Bleibe in einem Abstand von etwa fünf Zentimetern, denn die Aura der Person befindet sich etwa fünfzehn Zentimeter um den Körper herum. Bleibe in etwa fünf bis zehn Zentimetern Abstand; dadurch berührst du praktisch die Energieaura. Du berührst nicht den physischen Körper, aber den feinstofflichen, und das genügt. Es genügt, damit die Energie einströmen kann. So kannst du den anderen tatsächlich berühren, aber es wird ihm keine Angst machen. Wenn du spürst, daß er intensiv mitmacht, wenn sein Vertrauen groß ist und du sehen kannst, daß er mit dir fließt, und wenn du fühlen kannst, daß deine Energie angenommen und nicht zurückgewiesen wird, daß der andere sie wie ein Schwamm aufsaugt, dann kommt es zu einer Energiekonzentration. An diesem Punkt ergießt sich die ganze Energie und wird den anderen am tiefsten erreichen können.

Nach jedem Heilen ist es gut, zu duschen, wenn du kannst. Wenn es nicht möglich ist, wasche dir zumindest gleich die Hände und schüttle sie aus. Wenn du deine Energie einem anderen Menschen überträgst, kann es leicht geschehen, daß auch seine Energien in dich eingehen; sie überlagern sich. Manchmal ist die andere Person sehr stark, vielleicht sogar stärker als du. Manchmal mag die Person selbst nicht so stark sein, doch ihre Krankheit kann sehr stark sein, und die Schwingungen der Krankheit können in dich eindringen und dir schaden. Sie können dich krank machen und dir Spannungen verursachen.

Heilen ist gut, aber nicht auf Kosten deiner eigenen Gesundheit, denn das wäre töricht, und du kannst dann nicht viel Heilung bewirken. Früher oder später würdest du krank werden, sehr krank, und es würde deinen Körper sehr durcheinanderbringen. (51)

Massage ist nicht bloß Massage. Du gibst Energie ab, und wenn in dir keine Energie fließt, wirst du bald erschöpft sein. Dann wird es riskant. Es ist keine körperliche Erschöpfung – die fällt nicht ins Gewicht: Du schläfst und du ißt und es geht wieder vorüber. Massage ist aber ein tieferes Abgeben von Energie. Wenn du jemanden massierst, sind nicht nur eure Körper beteiligt, sondern auch eure feinstofflichen Körper, die beiden Energiekörper, die beiden Bioplasmen. Die Person, die massiert wird, kann zuviel von deinem Bioplasma wegnehmen, und wenn du keinen ständigen inneren Nachschub hast, wenn du nicht mit der Quelle verbunden bist, wirst du ziemlich bald erschöpft sein. Solange du jung bist, wird es dich nicht sofort beeinträchtigen. Vielleicht wirst du monate- oder jahrelang gar nichts merken, aber dann eines Tages wirst du es plötzlich fühlen und zusammenklappen.

Nach meinem Verständnis solltest du also zuerst an dir selbst arbeiten und ganz stark deine eigene Mitte finden. Wenn du in deiner Mitte ruhst, bist *du* nicht. Wenn du in deiner Mitte ruhst, fängt die Quelle an zu fließen. Dann bist du nur noch ein Kanal. Der Kosmos fließt durch dich hindurch – dann gibt es kein Problem. Du kannst so viel Energie abgeben, wie du magst, und es wird ständig frische Energie nachströmen. Dann bist du nicht wie ein Wasserbecken ohne Zufluß. Dann bist du wie ein Brunnen, der von vielen Quellen gespeist wird. Du schöpfst Wasser, und ständig fließt neues Wasser nach – du kannst es nicht erschöpfen. Du nimmst nur das alte, verbrauchte, abgestandene Wasser heraus, und frisches, lebendiges Wasser strömt nach. Der Brunnen ist darüber sehr glücklich – du entlastest ihn von allem Vergangenen, Alten und Stagnierenden. Wenn du also im Fluß bist und deine Energie aufblüht, gibt es kein Problem.

Phänomene wie Massage und Heilen sind sehr subtil. Es ist nicht nur eine Frage der Technik. Die wirkliche Frage ist, wie man an die Quelle kommt, dann gibt es kein Problem. Dann spielt die Technik keine Rolle, und ob du sie beherrschst oder nicht. Du kannst einfach anfangen, mit dem anderen Körper zu spielen, und es wird Energie fließen, und daraus entsteht ein großer Gewinn.

Aber es wird nur dann ein wirklicher Gewinn sein, wenn auch der Massierende etwas davon hat – nur dann ist es ein wirklicher Gewinn. Dann hilft es dem Heiler ebensogut wie dem, der die Heilung empfängt; beide profitieren davon, und keiner verliert etwas. (52)

Hältst du Rolfing für eine hilfreiche Methode, um psychosomatische Spannungen aufzulösen?

Körper und Psyche spielen zusammen, doch manchmal geschieht es, daß die Psyche vorauseilt und der Körper hinterherhinkt. Manchmal ist es auch umgekehrt, daß die Psyche in einem schlechteren Zustand ist als der Körper. Wenn das Zusammenspiel von Körper und Psyche gestört ist, treten Schmerzen auf.

Wenn die Menschen zu mir kommen, sind ihr Körper und ihre Psyche aufeinander eingespielt – in welchem Zustand auch immer. Wenn sie unglücklich sind, hat ihr Körper sich auf das Leiden eingestellt. Wenn sie glücklich sind, hat der Körper sich auf das Glücklichsein eingestellt. Wenn sie zu meditieren anfangen, wird diese Anpassung gelockert, denn die Psyche beginnt zu wachsen, aber der Körper ist noch auf die alte Psyche eingestellt, und da diese am Verschwinden ist, fast nicht mehr da ist, kommt der Körper in Bedrängnis. Der Körper besitzt nicht viel Intelligenz – er ist eine Maschine, und er ist sehr langsam. Aber er folgt allmählich hintennach. In diesem Stadium wird Rolfing hilfreich sein.

Rolfing macht nichts anderes, als das Gewebe zu lösen. An verschiedenen Stellen im Körper nimmt die Muskulatur eine bestimmte Form an. Wenn jemand sich ständig Sorgen macht, nimmt der Körper eine bestimmte Muskelhaltung an, die dem Sorgenmachen entspricht. Die Sorgen mögen verschwinden, aber die Muskelverhärtung bleibt und fühlt sich schwer und schmerzhaft an. Sie hat keine Funktion mehr, aber der Körper weiß nicht, wie er sie auflösen soll. Wenn man nichts unternimmt, werden die Muskelverhärtungen sich allmählich zurückbilden, aber das kann lange dauern. Warum so lange warten?

Mit Rolfing können sie durch Druck aufgelöst werden. Die Muskelpanzer verschwinden, und du fühlst dich beinahe so neu im Körper, wie du dich in der Psyche fühlst. Danach kommt es zu einer neuen Anpassung auf einer höheren Stufe.

Es wird schmerzhaft sein, das ist sicher. Es wird wirklich schmerzhaft sein, denn die ganze Vergangenheit hat sich im Körper angesammelt, und das Muskelgewebe muß eingeschmolzen und vom Körper reabsorbiert werden. Diese Reabsorption ist schmerzhaft, doch es lohnt sich. (53)

Findest du, daß die Bioenergetik für mich der richtige Einstieg ist, um an mir selbst zu arbeiten?

Die Bioenergetik ist eine geeignete Richtung, in der man arbeiten kann. Sie ist nicht vollständig, noch keine umfassende Lebensphilosophie, aber sie bewegt sich in der richtigen Richtung.

Der Körper ist die Basis, und viel Arbeit am Körper ist nötig, bevor du anfangen kannst, am Verstand zu arbeiten. Dann ist viel Arbeit am Verstand nötig, bevor du anfangen kannst, an der Seele zu arbeiten.

Es ist also die richtige Basisarbeit. Mit Bioenergetik anzufangen, ist der richtige Anfang. Und wenn der Anfang stimmt, ist die halbe Arbeit schon getan. Es ist sehr wesentlich und bedeutsam, aber denke daran, es ist nicht alles. Du kannst damit anfangen, aber du solltest nicht dort aufhören. Das muß man sich merken, sonst bewegt man sich im Kreis.

Der Körper ist nicht alles. Der menschliche Verstand neigt dazu, ins Extrem zu gehen. Das Christentum war körperfeindlich; es brachte lauter lebensfeindliche Einstellungen hervor. Dann schlug das Pendel ins andere Extrem aus, ins komplette Gegenteil, und Freud und Wilhelm Reich und andere fingen an, sich zu sehr dem verleugneten Teil zuzuwenden. Im

Westen ist der Körper der verleugnete Teil. Das Christentum hat den Körper nie akzeptiert – das war sein Fluch. Aber jetzt kann man aus purer Reaktion so vom Körper besessen sein, daß man vergißt, daß es noch etwas Höheres gibt als den Körper, etwas, das in uns wohnt. Man darf das Haus nicht vergessen, darf es nicht vernachlässigen; man muß jede Sorgfalt walten lassen. Dennoch ist das Haus nur das Haus; vergiß nicht den Herrn des Hauses.

Bioenergetik ist also ein guter Anfang, aber sie kann nicht das Ziel sein. Wenn die Energie ins Fließen gekommen ist, erlaube es ihr und geh mit ihr mit; wo immer sie dich hinführt, vertraue ihr. Das bedeutet Vertrauen: deiner Energie zu vertrauen. Wenn der Durst nach Liebe auftaucht, dann begib dich in die Liebe und hab keine Angst. Angst wird sich einstellen, denn Liebe verlangt viel Mut. Sie wird dich dazu bringen, dich einzulassen, dich hinzugeben und auf unbekannten Pfaden zu wandeln. Mit ihr beginnt immer ein risikoreiches Leben.

Es wird also Angst auftauchen, natürlich, aber höre nicht auf die Angst. Laß dich trotz der Angst auf die Liebe ein – um jeden Preis. Wenn Liebe in dir zu entstehen beginnt, ihre Energie zu entfalten beginnt, ist das der Augenblick, um mutig zu sein und etwas zu riskieren. Gehe dieses Risiko ein: Nur so kann sich mehr und mehr Leben für dich ereignen. Wenn du zurückschreckst, wenn du deine Energie blockierst, wird dieselbe Energie anfangen einzufrieren.

Genau dem rücken sie in der Bioenergetik auf den Leib: dieser felsähnlichen Panzerung um dich herum. Du wolltest lieben, aber irgendwie hast du es blockiert. Die Energie, die nach außen geflossen ist, konnte nicht zur Quelle zurück. Es gab keinen Weg zurück für sie. Wenn du wütend wirst und Energie ist in die Hand geflossen, um jemanden zu schlagen, ihm eine Ohrfeige zu geben, aber dann schlägst du nicht zu, sondern du lächelst – dann wird die Energie in der Hand zurückgehalten. Sie kann nicht zurückfließen – das geht nicht. Diese Energie wird wie eine schwere Last für die Hand sein, sie wird die Schönheit und Grazie deiner Hand zunichtemachen. Sie wird deine Hand tot machen.

Immer wenn also eine Energie auftaucht, folge ihr. Wenn es etwas ist, was gefährlich für andere sein kann – zum Beispiel Wut –, dann geh in dein Zimmer und schlag auf ein Kissen. Aber tu irgend etwas. Man braucht nicht destruktiv mit anderen zu werden; lasse nicht an jemand anderem deine Gewalt aus, aber mit einem Kissen kannst du gewalttätig werden. So wird deine Energie frei, und du kannst spüren, wie frische Energie nachkommt. Halte nie Energie zurück.

Wenn du dem Leben Energie gibst, wird das Leben dir ständig Energie geben. So ist die Ökologie, die innere Ökologie. Energie bewegt sich im Kreis. Das Leben gibt dir, du gibst zurück; das Leben gibt dir mehr, du gibst ihm mehr. Und der Kreislauf setzt sich fort. Es ist wie der Fluß, der ins Meer fließt, dann in die Wolken übergeht und dann wieder auf die Berge herabregnet und wieder im Fluß zum Meer fließt. Und der Kreislauf setzt sich fort – er ist nirgendwo blockiert. (54)

Wie ist deine Meinung über den Wert der neuentwickelten Therapie namens Farbpunktur?

Diese Farbpunktur liegt völlig richtig. Farbe beeinflußt den Körper, und daß man das herausgefunden hat, ist großartig. Peter Mandel (der Entwickler) hat große Arbeit geleistet. Mit dieser Arbeit läßt sich zwar nicht das Sein verändern, aber der Verstand, die Gefühle und der Körper. Es ist gut, wenn man auf diese Weise gereinigt werden kann. Dann wird Meditation sehr einfach, denn diese Probleme verhindern die Meditation. (55)

Wie funktioniert T'ai Chi?

Chi bedeutet Energie. Dieser ganze Begriff beruht darauf, daß Festigkeit eine falsche Vorstellung ist – genau wie in der modernen Physik. Diese Wände sind nicht wirklich; es ist lediglich reine Energie, aber die Elektronen bewegen sich so schnell, mit solch unglaublicher Geschwindigkeit, daß man sie wie die Flügel eines Ventilators nicht getrennt sehen kann. So entsteht der Eindruck von Festigkeit. Dasselbe gilt auch für euren Körper. Was die moderne Physik erst vor kurzem herausgefunden hat, wissen die Taoisten schon seit Tausenden von Jahren: daß der Mensch aus Energie besteht.

Man erzählt von einem T'ai-Chi-Meister, daß er sich von seinen Schülern angreifen ließ, während er einfach in der Mitte saß. Fünf bis zehn Schüler kamen aus allen Ecken des Raumes auf ihn zugerannt, um ihn zu attackieren, aber wenn sie in seine Nähe kamen, hatten sie das Gefühl, als sei er eine Wolke; da war nichts Festes ... so als ob man durch ihn hindurchlaufen könnte, und man würde kein Hindernis spüren.

Wenn du bei dieser Vorstellung, daß du Energie bist, bleibst, kannst du wie eine Wolke werden – ohne Grenzen, verschmelzend und sich vermischend mit der Existenz. Diese Anekdote ist nicht bloß eine Anekdote. Bei jemandem, der mit T'ai Chi in die Tiefe gegangen ist, kann es leicht passieren, daß du, wenn du ihn triffst, keinen Widerstand spürst; du kannst einfach durch ihn hindurchgehen. Du kannst ihn nicht verletzen, denn er ist nicht vorhanden, um verletzt zu werden. (56)

In einer Encounter-Gruppe, an der ich teilnahm, habe ich entdeckt, daß durch bestimmte Bewegungen Wut hervorgebracht wird, und ich konnte auch sehen, wie man T'ai Chi für Liebe einsetzen kann, aber mit Gefühlen wie Schmerz und Angst konnte ich nicht in Kontakt kommen.

T'ai Chi kann für sehr viele Dinge verwendet werden, und auch hierfür, weil jede Bewegung des Körpers einen Bezug zu den Emotionen haben kann. Darum nennt man sie auch Emotionen, weil sie mit den Bewegungen *(motions)* des Körpers verbunden sind. Jede Emotion hat eine bestimmte Gestik, einen Körperausdruck, der mit ihr zusammenhängt und der ihr entspricht.

Wenn du wütend wirst, haben deine Augen einen bestimmten Ausdruck, haben deine Hände einen bestimmten Ausdruck, und deine Zähne haben eine bestimmte Energie; dein Kiefer ist aggressiver. Du bist bereit, zu zerstören, aggressiv zu sein. Die Energie sammelt sich in den Händen und in den Zähnen, denn als der Mensch noch Tier war, konnte er nur auf diese Weise wütend sein. Die Tiere drücken Wut immer noch mit den Zähnen und mit den Krallen aus, und wir tragen noch immer den gleichen Mechanismus in uns.

Wenn du versuchst, wütend zu sein, ohne die Hände und Zähne und Augen zu benutzen, wirst du dich in einer fast unmöglichen Lage befinden: Du kannst nicht wütend sein. Diese spezielle Gestik des Körpers ist ein Muß. Und man kann nicht sagen, was zuerst da ist. Ja, es ist so, wie wenn man sagt: »Was war zuerst da – die Henne oder das Ei?« Kommt zuerst die Angst und dann der Ausdruck des Fürchtens, oder kommt zuerst der Ausdruck und dann die Angst? – Sie kommen beide zusammen; sie passieren gleichzeitig.

Du kannst damit experimentieren ... aber T'ai-Chi-Meister werden dir dabei nicht viel helfen können, weil sie T'ai Chi nicht auf diese Weise verwendet haben. T'ai Chi birgt viele Möglichkeiten, die in der Vergangenheit noch nicht genutzt worden sind. Tatsächlich hat man T'ai Chi benutzt, um zu unterdrücken, und nicht, um auszudrücken.

Sämtliche östlichen Techniken sind in gewisser Weise unterdrückend. Statt deine Wut, deine Traurigkeit oder deine Negativität auszudrücken, sind diese Techniken dazu gemacht, daß du die Emotionen ganz höflich überreden kannst, ins Unterbewußtsein, in den Keller zu verschwinden. Darum werden T'ai-Chi-Meister keine große Hilfe sein ... aber du kannst es allein herausfinden. Lerne T'ai Chi von ihnen, aber dann kannst du es auf sehr kathartische Weise einsetzen. Du kannst negative Emotionen durch T'ai-Chi-Bewegungen hinauswerfen; sie können so freiwerden. Du kannst diese Sache entwickeln, und es kann auch für andere hilfreich sein. Es kann eine neue Dimension im T'ai Chi werden. Ich habe schon immer gedacht, irgendwann müßte einmal diese Dimension im T'ai Chi entwickelt werden. So wie es aussieht, existiert sie im Moment noch nicht.

Deshalb erzähle ihnen nichts davon, sonst sagen sie nein ... denn der Osten ist sehr orthodox. Sie haben eine bestimmte Verwendung, und die haben sie seit ewigen Zeiten benutzt und sind darin sehr starr geworden; sie experimentieren nicht einmal mit neuen Möglichkeiten. Dasselbe gilt auch für den indischen Yoga – er ist zu einer erstarrten Wissenschaft geworden; seit dreitausend Jahren keine einzige neue Entwicklung. Und mit T'ai Chi ist es das gleiche: seit dreitausend Jahren keine einzige Verbesserung. Es ist genau da, wo es vor dreitausend Jahren schon war ... als ob keine dreitausend Jahre vergangen wären.

Der Osten ist sehr orthodox; sobald er einmal herausgefunden hat, daß eine bestimmte Sache funktioniert, wendet er sie nur auf diese Weise an. Der Westen ist sehr experimentierfreudig, darum konnte der Westen vom Ochsenkarren zum Raumschiff weitergehen. Der Osten konnte das nicht; der Osten zieht noch immer den Ochsenkarren, und es ist immer noch derselbe Ochsenkarren! Im selben Ochsenkarren hat Buddha gesessen, im selben Ochsenkarren hat Patanjali gesessen, im selben Ochsenkarren hat Laotse gesessen, und im selben Ochsenkarren sitzt der Osten heute immer noch.

Wie kann man die Bewegungen zur Katharsis benutzen?

Stehe still und halte deine Energie im Hara, konzentriere dich aufs Hara, und dann folge deinem Gefühl ... Zum Beispiel, wenn Wut kommt, fühle, wie die aus dem Hara aufsteigende Energie die Form von Wut annimmt – wie Flammen, die sich über den ganzen Körper ausbreiten. Sei ganz entspannt und laß den Körper sich mit diesen Flammen bewegen. Du wirst sehen, wie Gesten kommen – vielleicht ähnlich wie bei *Latihan** ... ganz ähnliche Bewegungen.

* *Latihan* ist eine von Subud entwickelte Methode, bei der man Körper-

Also genau wie Flammen – wenn du an Wut denkst, denke an Flammen.

Und dann beobachtet man die Bewegungen und verfolgt sie zurück?

Ja, man verfolgt sie zurück.

Man verfolgt die Energie zurück?

Verfolge die Energie, ja, und geh mit der Energie und erlaube der Energie, ihre eigene Form zu finden, und fang an, dich zu bewegen.

Experimentiere damit, und nach und nach wirst du imstande sein, die Bewegungen festzulegen: Die und die Bewegungen kommen immer, wenn du an Wut denkst, und das passiert immer, wenn du an Flammen denkst, die in dir aufsteigen und Form annehmen. Probiere es aber einige Tage lang mit der Wut, damit du zu einer exakten Formel kommst. Dann versuche es mit anderen Dingen – Traurigkeit, Haß, Eifersucht – aber achte darauf, daß du nicht durcheinanderkommst. Wenn du mit Wut arbeitest, probiere es drei Wochen lang nur mit Wut, damit es sich setzen kann. Es wird sich so sehr setzen, daß du zu jemand sagen kannst, er soll die Bewegung machen, und wenn er sie macht, wird er plötzlich feststellen, daß Wut in ihm aufsteigt, und die Wut wird frei. Kannst du mir folgen?

Dann versuche es mit etwas anderem, wenn du mit der Wut ein bestimmtes Muster festgelegt hast. Und so kannst du alle deine negativen Emotionen erforschen ...

Im T'ai Chi dauern einige Formen eine ganze Stunde – und es gibt noch viel mehr Bewegungen. Wenn man einzelne Teile übt

bewegungen nicht »macht«, sondern von innen her geschehen läßt, indem man sich dem Fluß der Energie überläßt. – *Anm. d. Übers.*

und sie miteinander kombiniert, kann man jeden Teil einzeln so herauskommen lassen, wie er heraus will.

Laß es einfach herauskommen, laß es sich in den Kosmos auflösen. Mach keinen Kreis; nimm es nicht nach innen. Laß es einfach hinausgehen. Es bewegt sich in die Existenz und verschwindet ... du hast es in die Existenz verströmt.

Und kann man es auch still tun?

Ja, du kannst es still tun ... du kannst deinen eigenen Weg finden.

Diese Wissenschaften – T'ai Chi, Yoga und ähnliches – sind Künste und eigentlich keine Wissenschaften, und jeder kann damit herumspielen und seinen eigenen Weg damit finden. Man sollte sehr frei damit umgehen. Es sind keine starren Dinge; sie lassen große Freiheit zu.

Darum erlerne die Kunst und wende sie auf deine eigene individuelle Art und Weise an – gib ihr dein eigenes Aroma. Und werde nie zu einem orthodoxen Nachfolger dieser Dinge, sonst werden sie, statt dir zu helfen, dich nur einengen. Sie sind auf eine bestimmte begrenzte Weise hilfreich, aber wenn du sie verbessern und Neues einbringen kannst, wird es für dich von ungeheurem Nutzen sein. (57)

8. KAPITEL

Funktionen des Körpers

Der Mensch scheint bereits so tief gesunken zu sein, daß er nicht einmal mehr richtig atmen kann. Könntest du darüber reden, was das bedeutet?

Die Atmung ist etwas, um das man sich kümmern muß; sie ist eines der wichtigsten Dinge. Wenn du nicht voll atmest, kannst du nicht voll leben. Dann wirst du dich in nahezu allem zurückhalten, auch in der Liebe. Auch beim Sprechen wirst du dich zurückhalten, du wirst nicht vollständig kommunizieren; etwas bleibt immer unvollständig.

Wenn erst die Atmung vollkommen ist, kommt auch alles andere ins Lot. Atmen ist Leben. Aber die Menschen ignorieren das, sie machen sich überhaupt keine Gedanken deswegen, sie schenken dem Atmen nicht die geringste Beachtung. Dabei geschieht alle Veränderung in dir nur durch Veränderungen in deiner Atmung.

Wenn du seit vielen Jahren falsch geatmet hast, zu flach geatmet hast, wird deine Muskulatur starr; dann ist es nicht bloß eine Willensfrage. Es ist, wie wenn ein Mensch sich jahrelang nicht bewegt hat: Die Beine sind eingeschlafen, die Muskeln geschrumpft, es fließt kein Blut mehr. Plötzlich beschließt er, einen langen Spaziergang zu machen – es ist schön draußen, Sonnenuntergang. Aber er kann sich nicht bewegen; mit Denken allein ist es nicht getan. Jetzt ist große Anstrengung nötig, um diese toten Beine wieder zum Leben zu erwecken.

Der Atemkanal ist von Muskeln umgeben, und wenn du falsch atmest – und das tut fast jeder –, verhärten sich diese Muskel. Jetzt wird es einige Jahre dauern, bis sich das durch eigene Anstrengung wieder ändert, und dabei verstreicht unnötig viel Zeit. Durch tiefe Massage, speziell durch Rolfing, können diese Muskeln sich entspannen, und du kannst neu anfangen. Aber wenn du nach dem Rolfing anfängst, richtig zu atmen, gib acht, daß du nicht wieder in die alte Gewohnheit zurückfällst.

Alle atmen falsch, weil unsere ganze Gesellschaft auf völlig falschen Bedingungen, Ideen und Einstellungen beruht. Zum Beispiel: Ein kleines Kind weint, und die Mutter sagt, es soll nicht weinen. Was wird das Kind tun? Das Weinen kommt, aber die Mutter sagt, es soll nicht weinen. Es wird den Atem anhalten, denn nur so kann es aufhören. Wenn du den Atem anhältst, hört alles auf: Weinen, Tränen, alles. Dann wird es allmählich zu einer festen Gewohnheit, nicht wütend zu werden, nicht zu weinen, dieses nicht zu tun, jenes nicht zu tun.

Das Kind lernt, die Kontrolle zu behalten, indem es flach atmet. Wenn es vollständig und total atmet, wie es jedes Kind von Geburt aus tut, dann wird es wild. Also verkrüppelt es sich selbst. Jedes Kind, ob Junge oder Mädchen, fängt einmal an, mit den Geschlechtsorganen zu spielen, weil das ein angenehmes Gefühl erzeugt. Das Kind hat keine Ahnung von den gesellschaftlichen Tabus und Unsinnigkeiten, doch wenn deine Mutter oder dein Vater oder sonst jemand dich mit deinen Geschlechtsorganen spielen sieht, sagen sie dir, daß du sofort damit aufhören sollst. Und es ist eine solche Ablehnung in ihren Augen, daß du schockiert bist und Angst bekommst, tief zu atmen, denn durch tiefes Atmen werden deine Geschlechtsorgane von innen massiert. Das erzeugt Probleme, und deshalb atmest du nicht tief; lieber nur flach atmen, damit du deine Geschlechtsorgane nicht spürst.

Jede Gesellschaft, die den Sex unterdrückt, erzeugt zwangsläufig diese flache Atmung. Nur die Primitiven, die keine unterdrückende Einstellung zum Sex haben, atmen vollständig. Ihre Atmung ist schön, sie ist vollständig und ganz. Sie atmen wie die Tiere, sie atmen wie die Kinder. (58)

Die Atmung verändert sich ständig mit deinen Gefühlen. Wenn du wütend bist, wird dein Atem unrhythmisch, unsymmetrisch. Wenn du sexuelle Lust verspürst, geht dein Atem wie verrückt. Wenn du ruhig, still und heiter bist, hat dein Atem eine Qualität von Musik; er ist fast wie eine Melodie. Wenn du dich in der Existenz geborgen fühlst, wenn du wunschlos und zufrieden bist, hört plötzlich der Atem beinahe auf. Wenn du in einem Zustand von Ehrfurcht und Staunen bist, steht der Atem für einen Augenblick still. Und das sind die größten Augenblicke im Leben, denn nur in diesen Augenblicken, wenn die Atmung fast aufhört, bist du völlig in Harmonie mit der Existenz; du bist in Gott, und Gott ist in dir.

Deine Atemerfahrung muß sich mehr und mehr vertiefen; sie muß untersucht, erforscht, beobachtet, analysiert werden. Schau, wie deine Atmung sich mit deinen Emotionen verändert, und umgekehrt, wie die Emotionen sich mit deiner Atmung verändern. Wenn du zum Beispiel Angst hast, beobachte die Veränderung in deinem Atem. Und dann probiere einmal, nach dem gleichen Muster zu atmen, wie wenn du Angst hast. Du wirst überrascht sein, denn wenn du deine Atmung so veränderst, als hättest du Angst, wird Angst in dir aufsteigen – sofort. Beobachte deine Atmung, wenn du in tiefer Liebe mit jemandem zusammen bist; wenn du seine Hand hältst, den Geliebten umarmst – beobachte deinen Atem. Und wenn du eines Tages still unter einem Baum sitzt, beobachte dich wieder und atme auf dieselbe Weise. Erzeuge dasselbe Muster, falle wieder in denselben Rhythmus. Atme genauso, wie wenn du den Geliebten umarmst, und du wirst überrascht sein: Die ganze Existenz wird zum Geliebten, zur Geliebten. Du wirst viel Liebe in dir spüren. Es geht Hand in Hand. Darum ist im Yoga, im Tantra, im Tao – in diesen drei großen wissenschaftlichen Systemen vom menschlichen Bewußtsein und seiner Erweiterung – die Atmung ein Schlüsselphänomen. Sie arbeiten alle mit dem Atem.

Buddhas ganzes Meditationssystem beruht auf einer bestimmten Qualität des Atmens. Er sagt: »Beobachte einfach deinen Atem, ohne ihn zu verändern. Ohne ihn irgendwie zu verändern, beobachte bloß.« Aber du wirst dich wundern: In dem Moment, wo du ihn beobachtest, verändert er sich, denn Beobachtung hat ihren eigenen Rhythmus. Darum sagt Buddha: »Du brauchst ihn nicht zu verändern; schau ihm einfach zu.« Achtsamkeit bewirkt ihre eigene Art von Atmung – sie kommt von allein. Und allmählich wirst du dich wundern: Je achtsamer du wirst, um so weniger wirst du atmen. Der Atem wird länger und tiefer.

Wenn du zum Beispiel in einer Minute sechzehn Atemzüge gemacht hattest, machst du jetzt nur noch sechs oder vier oder drei. In dem Maße, in dem du achtsamer wirst, geht dein Atem tiefer, wird länger, und du machst in derselben Zeit immer weniger Atemzüge. Dann kannst du es auch von der anderen Seite her angehen. Atme langsam und ruhig – tiefe, lange Atemzüge – und auf einmal wirst du bemerken, wie Achtsamkeit in dir aufsteigt. Es ist, als ob jede Emotion eine Entsprechung in deinem Atemsystem besitzt; sie kann durch deine Atmung ausgelöst werden.

Aber die beste Methode ist, zu beobachten, wenn du liebst, wenn du neben deinem Freund sitzt. Beobachte deinen Atem, denn dieser Atemrhythmus der Liebe ist sehr wichtig: Er wird dein ganzes Sein transformieren. Liebe ist der Zustand, in dem du am deutlichsten die Absurdität und Falschheit deiner Position als getrenntes Wesen spürst. Aber gerade durch diese Trennung, diese Absurdität, bist du in der Lage, das auszudrücken, was du auf keine andere Weise ausdrücken könntest. Gerade durch dein Anderssein bist du in der Lage, das Einssein zu feiern. Daher kommt das Paradox der Liebe: Ihr seid zwei und fühlt euch doch wie eins. Ihr seid eins, und wißt doch, daß ihr zwei seid. Einheit ist Zweiheit – das ist das Paradox der Liebe. Und es muß auch das Paradox des Gebets sein, und auch das der Meditation. Letztlich mußt du dich mit der Existenz genauso eins fühlen wie mit der Liebsten, dem Geliebten, wie mit deinem Freund, mit deiner Mutter, mit deinem Kind, in diesen seltenen, kostbaren Augenblicken. Durch deine Andersheit bist du fähig, die Einheit zu feiern.

Beobachte dich mehr und mehr in deinen Augenblicken der Liebe. Sei achtsam. Schau, wie deine Atmung sich verändert. Schau, wie dein Körper vibriert ... Wenn du deine Frau oder deinen Mann umarmst, experimentiere damit, und du wirst überrascht sein. Eines Tages, wenn ihr euch umarmt und miteinander verschmelzt, wenn ihr mindestens eine Stunde zusammensitzt, werdet ihr staunen: Es wird zu einer total psychedelischen Erfahrung werden. Wenn ihr eine Stunde lang nichts anderes tut, als euch zu umarmen, in den anderen hineinzusinken, euch zu vermischen und miteinander zu verschmelzen, wird der Atem nach und nach eins werden. Ihr werdet atmen, als ob ihr zwei Körper, aber ein Herz hättet. Ihr werdet wie eins atmen. Und wenn ihr wie eins atmet – nicht indem ihr es macht, sondern weil ihr so viel Liebe fühlt, daß der Atem nachfolgt –, das werden die großartigsten, die kostbarsten Augenblicke sein: nicht von dieser Welt, sondern vom Jenseitigen, vom Außergewöhnlichen. Und in diesen Augenblicken werdet ihr zum ersten Mal einen Schimmer von meditativer Energie erhaschen.

Du solltest lernen, ganz ruhig zu atmen, so als ob du keine Eile hättest zu atmen, als ob du dem Atem gegenüber gleichgültig wärst, losgelöst, weit weg, weit entfernt. Wenn du deinem Atem gegenüber losgelöst, weit weg, weit entfernt sein kannst, wirst du imstande sein, die Mitte zu erreichen. In diesem Augenblick wirst du weder männlich noch weiblich sein. Du wirst beides und keines von beidem sein; du wirst transzendent sein.

Wenn du abgelenkt wirst, beobachte es: Dein Atem wird ebenfalls abgelenkt sein. Wenn du nicht abgelenkt bist, wenn du still dasitzt ohne Ablenkung, atmest du ohne Aufregung, still, rhythmisch; es wird die Qualität zarter Musik haben. Und diese Qualität ist genau die Mitte, denn du machst nichts, und dennoch schläfst du nicht. Du bist weder aktiv noch inaktiv, du bist ausgeglichen. Und in diesem Augenblick des Gleichgewichts bist du der Wirklichkeit am nächsten, bist du Gott, bist du dem Himmel am nächsten.

Denke daran: Jeder deiner Atemzüge ist nicht bloß ein Atemzug, sondern auch ein Gedanke, eine Emotion, eine Phantasie. Aber das wirst du erst verstehen, wenn du deinen Atem ein paar Tage lang beobachtest. Wenn du Liebe machst, beobachte deinen Atem. Du wirst dich wundern, wie chaotisch dein Atem ist, denn sexuelle Energie ist eine sehr grobe, wilde Energie. Sexuelle Phantasien sind grob und wild, animalisch. An der Sexualität ist nichts Besonderes – jedes Tier hat sie. Wenn du sexuell erregt bist, benimmst du dich nicht anders als jedes Tier auf der Welt. Und ich sage nicht, daß daran etwas falsch ist, sich wie ein Tier zu benehmen; was ich sage, ist nur eine Tatsache. Ich stelle eine Tatsache fest. Wenn du also sexuell Liebe machst, beobachte deinen Atem: Er verliert sein Gleichgewicht.

Darum ist im Tantra der Sex erst dann erlaubt, wenn man gelernt hat, beim Lieben gleichmäßig und ohne Erregung zu atmen. Das bringt eine völlig andere Qualität in dein Lieben: Es wird zum Gebet; dann ist es heilig. Der Außenstehende bemerkt keinen Unterschied, denn er sieht, wie du mit einer Frau oder mit einem Mann Liebe machst, und von außen wird es gleich aussehen. Aber für den Insider, für den, der Bescheid weiß, macht es einen großen Unterschied. In den alten Tantra-Schulen, wo all diese Geheimnisse entwickelt wurden, wo man mit ihnen experimentierte und sie beobachtete, war dies einer der Schwerpunkte des Experimentierens: Wenn jemand Liebe machen kann, ohne daß sein Atem dadurch beeinflußt wird, dann ist es nicht länger Sex, dann ist es etwas Heiliges. Und dann wird es dich in große Tiefen deines Seins führen; es wird dir die Tore zu den Mysterien des Lebens öffnen.

Dein Atem ist nicht bloß der Atem, denn der Atem ist dein Leben; er enthält alles, was das Leben enthält. (59)

In den westlichen Ländern steigt der Bedarf an Beruhigungsmitteln, weil die Menschen unter Schlaflosigkeit leiden. Kann Meditation helfen, die Fähigkeit zum Einschlafen wiederzuerlangen, und welche Beziehung besteht zwischen Schlaf und Meditation?

Im Schlaf erreichen wir denselben Ort wie in der Meditation. Der einzige Unterschied ist, daß wir im Schlaf unbewußt sind, während wir in der Meditation völlig bewußt bleiben. Wenn jemand auch im Schlaf vollkommen bewußt bleiben kann, macht er die gleiche Erfahrung wie in der Meditation.

Wenn wir zum Beispiel jemanden in Narkose versetzen und ihn in bewußtlosem Zustand auf einer Tragbahre in einen Garten bringen, wo die Blumen in voller Blüte stehen, wo ein Duft in der Luft liegt, wo die Sonne scheint und die Vögel singen, würde dieser Mensch sich all dieser Dinge überhaupt nicht bewußt sein. Wenn wir ihn zurückbringen und er aus der Narkose aufwacht und wir ihn fragen, wie es ihm in dem Garten gefallen hat, würde er uns nichts darüber sagen können. Wenn wir ihn dann aber bei vollem Bewußtsein in denselben Garten bringen, so würde er all das erleben, was schon da war, als man ihn vorher dorthin brachte. In beiden Fällen, obwohl es derselbe Ort war, wurde sich die Person dieser schönen Umgebung im ersten Fall gar nicht bewußt, während sie sich im zweiten Fall der Blumen, des Duftes, des Vogelgesangs und des Sonnenaufgangs vollkommen bewußt wäre. Wiewohl man also im bewußtlosen Zustand zweifellos ebensoweit gelangt, ist es, wenn man bewußtlos ist, genausogut, als wäre man überhaupt nicht dort gewesen.

Im Schlaf gelangen wir in dasselbe Paradies, in das wir in der Meditation gelangen, aber wir sind uns dessen nicht bewußt. Jede Nacht reisen wir in dieses Paradies und kommen von dort zurück – ohne uns dessen bewußt zu sein. Obwohl das frische Lüftchen und der liebliche Duft des Ortes uns berühren und die Lieder der Vögel uns in den Ohren klingen, werden wir uns dessen nie bewußt. Und dennoch, wenn man auch aus diesem Paradies zurückkommt, ohne sich daran zu erinnern, wird man vielleicht sagen: »Ich fühle mich heute morgen sehr gut. Ich fühle mich sehr friedlich; ich habe letzte Nacht gut geschlafen.«

Wodurch fühlst du dich so gut? Gut geschlafen zu haben – was ist da Gutes passiert? Es kann nicht nur sein, weil du geschlafen hast; sicher mußt du irgendwo gewesen sein, irgend etwas muß mit dir passiert sein. Aber am Morgen hast du keine Ahnung mehr davon, außer einer vagen Idee, dich gut zu fühlen. Jemand, der in der Nacht tief geschlafen hat, steht morgens erfrischt auf. Das zeigt, daß die Person im Schlaf eine Quelle der Verjüngung erreicht hat – aber im unbewußten Zustand. Jemand, der unfähig ist, in der Nacht gut zu schlafen, fühlt sich am Morgen müder als am Abend zuvor. Und wenn eine Person mehrere Tage lang nicht gut schläft, wird es schwierig für sie, zu überleben, weil ihre Verbindung mit der Quelle des Lebens abgeschnitten ist. Sie ist unfähig, den Ort zu erreichen, der für sie lebensnotwendig wäre.

In New York können mindestens dreißig Prozent der Menschen nicht ohne Schlafmittel einschlafen. Die Psychologen glauben, daß, wenn diese Situation die nächsten hundert Jahre anhält, kein einziger Mensch mehr ohne Medikamente wird schlafen können. Die Menschen haben völlig den Schlaf verloren. Wenn ein Mensch, der seinen Schlaf verloren hat, dich fragen würde, wie du es machst, um einzuschlafen, und deine Antwort wäre: »Alles, was ich mache, ist, meinen Kopf auf das Kissen zu legen, und ich schlafe ein«, wird er dir nicht glauben. Er wird es für unmöglich halten und vermuten, daß es da einen Trick geben muß, den er nicht kennt – denn er legt ja auch seinen Kopf auf das Kissen, aber nichts passiert.

Gott bewahre uns vor einer Zeit in tausend oder zweitausend Jahren, wenn alle Menschen ihren natürlichen Schlaf verloren haben und nicht mehr werden glauben können, daß tausend oder zweitausend Jahre vor ihrer Zeit die Menschen einfach ihren Kopf auf das Kissen gelegt haben und eingeschlafen sind. Sie werden es für ein Märchen, einen Mythos halten. Sie werden es nicht für wahr halten. Sie werden sagen: »Das ist nicht möglich, denn wenn es auf uns nicht zutrifft, wie kann es auf irgend jemand anderen zutreffen?«

Ich weise euch auf diese Dinge hin, weil vor drei- bis viertausend Jahren die Menschen, wenn sie ihre Augen geschlossen haben, genauso leicht in Meditation gefallen sind, wie ihr heute in den Schlaf fallt. In zweitausend Jahren von heute wird es schwierig sein einzuschlafen – in New York ist es das heute schon. Es wird schon schwieriger, in Bombay einzuschlafen; es ist nur eine Frage der Zeit. Heute ist es schwer zu glauben, daß es einmal eine Zeit gab, als die

Menschen ihre Augen schlossen und sofort in Meditation waren – denn wenn ihr heute mit geschlossenen Augen dasitzt, kommt ihr nirgendwohin; in eurem Inneren schwirren die Gedanken herum, und ihr bleibt, wo ihr seid.

In der Vergangenheit war Meditation genauso leicht für die Menschen, die noch der Natur nahe waren, wie der Schlaf leicht ist für diejenigen, die naturnah leben. Zuerst verschwand die Meditation, jetzt beginnt auch der Schlaf zu verschwinden. Als erstes gehen die Dinge verloren, die bewußt sind; danach gehen die Dinge verloren, die unbewußt sind. Mit dem Verschwinden der Meditation ist die Welt nahezu unreligiös geworden, und wenn der Schlaf verschwindet, wird die Welt ganz und gar unreligiös werden. In einer schlaflosen Welt gibt es keine Hoffnung für Religion.

Ihr würdet es nicht glauben, wie eng und tief wir mit dem Schlaf verbunden sind. Wie ein Mensch sein Leben lebt, hängt völlig davon ab, wie er schläft. Wenn er nicht gut schläft, wird sein ganzes Leben ein Chaos sein: Alle seine Beziehungen werden verwickelt sein, alles wird vergiftet sein, voller Wut. Wenn aber umgekehrt eine Person tief schläft, ist eine Frische in ihrem Leben – Frieden und Freude werden ständig in ihrem Leben nachfließen. Als Grundstimmung in ihren Beziehungen, ihrer Liebe und allem anderen wird eine heitere Gelassenheit da sein. Wenn jemand jedoch seinen Schlaf verliert, werden alle seine Beziehungen ein Kuddelmuddel sein. Er wird Chaos bringen in sein Leben mit seiner Familie, seiner Frau, seinem Sohn, seiner Mutter, seinem Vater, seinem Lehrer, seinen Schülern – mit allen. Der Schlaf führt uns an jene Stelle in unserem Unbewußten, wo wir in Gott eintauchen, wenn auch nicht für allzu lang. Selbst der gesündeste Mensch erreicht diese tiefere Ebene während seiner nächtlichen acht Stunden Schlaf nur für zehn Minuten. In diesen zehn Minuten ist er so vollständig weg, so untergetaucht im Schlaf, daß nicht einmal ein Traum existiert.

Der Schlaf ist nicht total, solange man träumt; man bewegt sich zwischen dem Stadium des Schlafens und des Wachens hin und her. Der Traum ist ein Zustand, in dem man halb schläft und halb wacht. In einem Traum zu sein bedeutet – trotz der geschlossenen Augen –, daß man nicht schläft; man wird immer noch von äußeren Einwirkungen beeinflußt. Die Menschen, die du während des Tages getroffen hast – in der Nacht in deinen Träumen bist du noch mit ihnen zusammen. Träume nehmen den mittleren Zustand zwischen Schlafen und Wachen ein. Und daß du dich am Morgen nicht erinnern kannst, daß du die ganze Nacht geträumt hast, tut nichts zur Sache. In Amerika wird viel Forschung über den Schlaf durchgeführt. An die zehn große Labors experimentieren seit etwa acht bis zehn Jahren mit Tausenden von Personen.

Die Amerikaner zeigen sich an Meditation interessiert, weil sie den Schlaf verloren haben. Sie denken, vielleicht könnte ihnen Meditation den Schlaf zurückbringen, vielleicht könnte sie ihnen ein wenig Frieden in ihrem Leben bringen. Darum sehen sie in der Meditation nicht mehr als ein Schlafmittel. Als Vivekananda zum ersten Mal Meditation in Amerika einführte, kam ein Arzt zu ihm und sagte: »Ihre Meditation hat mir riesig gefallen. Es ist ein total nicht-pharmazeutisches Schlafmittel. Es ist kein Medikament, und doch bringt es einen zum Schlafen – es ist toll!« Es liegt nicht an den Yogis, daß ihr Einfluß in Amerika so sehr zunimmt – in Wirklichkeit liegt es an dem Mangel an Schlaf. Der Schlaf der Leute ist durcheinandergeraten und infolgedessen ist das Leben in Amerika voller Unbehagen, Depression, Spannung. Und darum sehen wir in Amerika einen steigenden Bedarf an Schlafmitteln – um irgendwie den Menschen Schlaf zu bringen.

Jahr für Jahr werden in Amerika Millionen Dollar für Schlafmittel ausgegeben. Zehn große Labors führen Forschung an Tausenden von Personen durch, die dafür bezahlt werden, daß sie nächtelang einen ziemlich unbequemen, schmerzhaften Schlaf auf sich nehmen. Die verschiedensten Elektroden und Tausende von Drähten werden an ihren Körpern befestigt, und man untersucht sie nach allen Gesichtspunkten, um herauszufinden, was in ihrem Inneren vorgeht. Diese Experimente brachten eine unglaubliche Entdeckung: Der Mensch träumt fast die ganze Nacht. Beim

Aufwachen sagten einige Personen, daß sie nicht geträumt hätten, während andere sagten, daß sie träumten. Tatsächlich haben aber alle geträumt. Der einzige Unterschied war, daß die mit dem besseren Gedächtnis sich daran erinnerten, daß sie träumten, während die mit dem schlechteren Gedächtnis sich nicht ans Träumen erinnern konnten. Man fand aber auch heraus, daß eine völlig gesunde Person in der Lage ist, für zehn Minuten in einen traumlosen Tiefschlaf zu gleiten.

Träume können durch Apparate registriert werden. Die Nerven im Gehirn bleiben während unseres Traumstadiums aktiv, aber wenn der Traum aufhört, hört auch die Aktivität der Nerven auf, und das Gerät zeigt eine Lücke an. Die Lücke weist darauf hin, daß zu diesem Zeitpunkt die Person weder geträumt noch gedacht hat – sie war irgendwohin verschwunden.

Es ist interessant, daß die Apparate Bewegungen im Inneren der Person während der Traumphase aufzeichnen, aber sobald sie in den traumlosen Schlaf fällt, zeigt der Apparat eine Lücke an. Man weiß nicht, wohin die Person in dieser Lücke verschwindet. Traumloser Schlaf bedeutet also, daß die Person einen Ort erreicht, der jenseits der Reichweite dieser Apparate liegt. In dieser Lücke tritt die Person in das Göttliche ein. Der Apparat ist unfähig, diesen Raum dazwischen, diese Lücke, nachzuweisen. Der Apparat zeichnet die innere Aktivität auf, solange die Person träumt; dann kommt die Lücke, und die Person verschwindet irgendwohin. Und dann, nach zehn Minuten, fängt der Apparat wieder an aufzuzeichnen. Es ist schwer zu sagen, wo die Person in diesem zehnminütigen Intervall gewesen ist. Die amerikanischen Psychologen sind sehr fasziniert von dieser Lücke; darum betrachten sie den Schlaf als das größte Mysterium.

Du schläfst jeden Tag, und doch hast du keine Ahnung, was Schlaf ist. Ein Mensch schläft sein ganzes Leben lang, und doch ändert sich daran nichts – er weiß nichts über den Schlaf. Der Grund, warum du nichts über den Schlaf weißt, ist, daß, wenn der Schlaf da ist, du nicht bist. Denk daran, du bist nur, solange der Schlaf nicht ist, und deshalb erfährst du nur das, was der Apparat auch kennt. So wie am Beginn der Lücke das Gerät stoppt und unfähig ist, der Person dorthin zu folgen, wo sie hingelangt – genauso kannst auch du dort nicht hin, denn auch du bist nichts anderes als ein Apparat.

Da du ebenfalls nie dieser Lücke begegnest, bleibt der Schlaf ein Mysterium; er bleibt jenseits deiner Reichweite. Das ist so, weil ein Mensch nur dann in den traumlosen Schlaf fällt, wenn er aufhört, in seiner »Ich-bin-heit« zu existieren. Daher kommt es, daß mit dem Wachsen des Egos der Schlaf weniger und weniger wird. Ein egohafter Mensch verliert die Fähigkeit zu schlafen, weil sein Ego, das »Ich«, sich vierundzwanzig Stunden am Tag behaupten will. Es ist das »Ich«, das wach bleibt, dasselbe »Ich«, das auf der Straße geht. Das »Ich« bleibt während der ganzen vierundzwanzig Stunden so präsent, daß man im Augenblick des Einschlafens, wenn die Zeit gekommen ist, das »Ich« fallenzulassen, unfähig ist, es loszulassen. Natürlich wird es dann schwierig, einzuschlafen. Solange das »Ich« existiert, ist Schlaf unmöglich. Und solange das »Ich« existiert, ist das Eingehen in die Existenz unmöglich.

Der Eintritt in den Schlaf und das Eingehen in die Existenz sind genau dasselbe; der einzige Unterschied besteht darin, daß man durch den Schlaf in einem unbewußten Zustand in die Existenz eintritt, während man durch Meditation in einem bewußten Zustand in die Existenz eintritt. Aber das ist ein sehr großer Unterschied. Du kannst tausende Leben lang durch den Schlaf in die Existenz eintreten, und doch wirst du nie die Existenz erfahren. Wenn du aber – und sei es nur für einen Augenblick – in die Meditation eintrittst, wirst du denselben Ort erreichen, den du im Tiefschlaf seit Tausenden und Millionen von Leben erreichst, wenn auch nur in einem unbewußten Zustand – und es wird dein Leben total transformieren.

Das Interessante ist: Sobald ein Mensch in die Meditation eintritt, in die Leere eintritt, wo auch der Tiefschlaf ihn hinführt, wird er nie wieder unbewußt – nicht einmal im Schlaf.

Ananda lebte viele Jahre lang mit Buddha, schlief jahrelang in der Nähe von Buddha. Eines Morgens fragte er Buddha: »Seit Jahren beobachte ich dich im Schlaf. Du wechselst niemals die Seite; du schläfst die ganze Nacht in derselben Position. Deine Glieder bleiben dort, wo sie beim Einschlafen waren; da ist nicht die geringste Bewegung. Viele Male bin ich in der Nacht aufgestanden, um nachzuschauen, ob du dich bewegt hast. Ich bin manche Nacht aufgeblieben, um dich zu beobachten – deine Hände, deine Füße bleiben in derselben Position; du drehst dich nie auf die andere Seite. Behältst du irgendwie die Kontrolle über deinen Schlaf während der ganzen Nacht?«

»Ich brauche keine Kontrolle zu behalten«, antwortete Buddha. »Ich schlafe in einem bewußten Zustand, deshalb finde ich es nicht nötig, die Seite zu wechseln. Ich könnte es, wenn ich wollte. Das Umdrehen von einer Seite auf die andere setzt voraus, daß man schläft; es ist ein Erfordernis deines ruhelosen Verstandes.« Ein ruheloser Verstand kann nicht einmal für eine Nacht am selben Ort ruhen, und schon gar nicht während des Tages. Sogar beim Schlafen in der Nacht zeigt der Körper die ganze Zeit seine Ruhelosigkeit.

Wenn du einen Menschen in der Nacht beim Schlafen beobachtest, wirst du sehen, daß er ständig, die ganze Zeit, ruhelos ist. Du wirst feststellen, daß er die Hände bewegt, ganz ähnlich, wie er das im Wachzustand während des Tages macht. In der Nacht im Traum kannst du ihn genauso rennen und keuchen sehen wie während des Tages – er wirkt so, als wäre er außer Atem, erschöpft. In der Nacht in den Träumen kämpft er ganz ähnlich, wie er während des Tages kämpft. Er ist voller Leidenschaften während des Tages; genauso in der Nacht. Es gibt bei einem solchen Menschen keinen grundlegenden Unterschied zwischen Tag und Nacht, außer, daß er sich nachts erschöpft hinlegt, bewußtlos; alles andere funktioniert weiter wie gewöhnlich. Darum sagte Buddha: »Ich kann die Seite wechseln, wenn ich will, aber es ist nicht nötig.«

Aber wir sind nicht bewußt. Jemand sitzt auf einem Stuhl und wippt mit den Beinen. Wenn man ihn fragt: »Warum wippst du so mit den Beinen? Es wäre verständlich, daß sie sich bewegen, wenn du gehst, aber warum bewegen sie sich, wenn du auf einem Stuhl sitzt?« Kaum hast du das gesagt, wird die Person sofort damit aufhören. Dann wird sie sich keine Sekunde mehr bewegen, aber sie wird keine Erklärung dafür haben, warum sie es getan hat. Es zeigt, wie die innere Ruhelosigkeit eine Aktivität im ganzen Körper hervorruft. Im Inneren ist der ruhelose Verstand; er kann nicht ruhig sein, nicht in derselben Lage bleiben – nicht für einen Moment. Er läßt den ganzen Körper herumzappeln: Die Beine bewegen sich, der Kopf wackelt; sogar im Sitzen wechselt der Körper von einer Seite auf die andere.

Das ist der Grund, warum ihr es so schwierig findet, auch nur zehn Minuten still in Meditation zu sitzen. An tausend verschiedenen Stellen wird der Körper euch zum Zappeln und Zucken nötigen. Wir merken das erst, wenn wir mit Achtsamkeit in Meditation sitzen. Dann erst erkennen wir, was für eine Art von Körper wir haben; er will nicht einmal eine Sekunde lang still in einer Position bleiben. Die Verwirrung, Spannung und Aufregung des Verstandes bringen den ganzen Körper in Aufruhr.

Im traumlosen Schlaf verschwindet alles für etwa zehn Minuten – wobei diese zehn Minuten nur demjenigen zugänglich sind, der völlig gesund und friedfertig ist, aber nicht jedem. Andere haben zwischen ein und fünf Minuten Zugang zu dieser Art von Schlaf; die meisten Menschen bekommen nur zwei oder eine Minute Tiefschlaf. Das bißchen Energie, das wir in dieser einen Minute erhalten, wenn wir die Quelle des Lebens erreichen, benutzen wir dafür, unsere Arbeit in den nächsten vierundzwanzig Stunden zu erledigen. Wie gering die Menge Öl auch sein mag, die die Lampe in dieser kurzen Zeitspanne erhält, wir benutzen sie, um unser Leben für ganze vierundzwanzig Stunden weiterzubetreiben. Die Lebenslampe eines Menschen brennt mit so viel Öl, wie sie in dieser Zeit erhält. Das ist der Grund, warum die Lampe so schwach brennt – es wird nicht genug Öl gesammelt, daß die Lebenslampe hell brennen kann, daß sie eine flammende Fackel werden kann.

Meditation bringt dich nach und nach zur Quelle des Lebens. Dann ist es nicht so, daß du eine Handvoll Nahrung daraus entnimmst, sondern du bist ganz einfach *in* der Quelle selbst. Dann ist es nicht so, daß du in deine Lampe mehr Öl nachfüllst – dann wird das ganze Meer von Öl für dich verfügbar. Dann fängst du an, in diesem Meer zu leben. Mit dieser Art von Leben verschwindet der Schlaf – nicht in dem Sinne, daß man nicht mehr schläft, sondern in dem Sinne, daß sogar im Schlaf im Inneren jemand hellwach bleibt. Dann existieren keine Träume mehr. Ein Yogi bleibt wach; er schläft, aber er träumt niemals – seine Träume verschwinden ganz und gar. Und wenn die Träume verschwinden, verschwinden auch die Gedanken. Was wir im Wachzustand als Gedanken kennen, nennen wir im Schlafzustand Träume. Es gibt nur einen geringfügigen Unterschied zwischen Gedanken und Träumen: Gedanken sind etwas zivilisiertere Träume, während Träume ihrem Wesen nach etwas primitiver sind. Sie sind die ursprünglicheren Gedanken.

Tatsächlich können Babys oder auch primitive Stämme nur in Bildern denken, und nicht in Worten. Des Menschen erste Gedanken sind immer Bilder. Zum Beispiel denkt ein hungriges Baby nicht in Worten: »Ich bin hungrig«, aber es kann die Brust der Mutter visualisieren; es kann sich vorstellen, wie es an der Brust saugt. Es kann von dem Wunsch erfüllt sein, zur Brust zu gelangen, aber es kann nicht die Worte bilden. Die Bildung von Worten beginnt erst viel später; als erstes kommen Bilder.

Die Sprache der Worte ist nützlich während des Tages, aber in der Nacht ist sie nicht zweckmäßig. In der Nacht werden wir wieder zu Primitiven. Im Schlaf verschwinden wir als die, die wir sind. Wir verlieren unsere Titel, unsere akademische Bildung, alles. Wir werden an den Punkt transportiert, wo sich der ursprüngliche Mensch einst befand. Darum tauchen in der Nacht im Schlaf Bilder auf und während des Tages Worte. Wenn wir tagsüber Liebe machen wollen, können wir in Worten denken, aber in der Nacht gibt es keine Möglichkeit, Liebe auszudrücken, außer durch Bilder.

Gedanken scheinen nicht so lebendig wie Träume. In Träumen taucht das ganze Bild vor dir auf. Darum haben wir mehr Spaß, einen Film, der auf einem Roman beruht, zu sehen, als den Roman selbst zu lesen. Der einzige Grund dafür liegt darin, daß der Roman in der Sprache der Worte ist, während der Film in der Sprache der Bilder ist. In der gleichen Weise macht es euch mehr Spaß, hier bei mir zu sein und mir live zuzuhören. Es würde euch nicht den gleichen Spaß machen, wenn ihr diesen Vortrag vom Tonband hört, denn hier gibt es das Bild, aber auf dem Tonband nur die Worte. Die Sprache der Bilder ist uns näher, sie ist natürlicher. In der Nacht verwandeln sich die Worte in Bilder; das ist der Unterschied.

An dem Tag, an dem die Träume verschwinden, verschwinden auch die Gedanken; an dem Tag, an dem die Gedanken verschwinden, verschwinden auch die Träume. Wenn der Tag leer von Gedanken ist, wird die Nacht leer von Träumen sein. Und merkt euch: Die Träume erlauben euch nicht zu schlafen, und die Gedanken erlauben euch nicht zu schlafen; und die Gedanken erlauben euch auch nicht, aufzuwachen. Seht zu, daß ihr diese beiden Dinge versteht: Träume lassen euch nicht schlafen, und Gedanken lassen euch nicht wach sein. Wenn die Träume verschwinden, wird der Schlaf total sein; wenn die Gedanken verschwinden, wird das Erwachen total sein. Wenn das Erwachen total ist und der Schlaf total ist, dann besteht kein großer Unterschied zwischen beiden. Der einzige Unterschied besteht darin, daß die Augen offen oder geschlossen sind und daß der Körper arbeitet oder ruht.

Ein Freund hat gefragt, warum Gott nicht im Schlaf verwirklicht wird. Meine Antwort lautet: Er kann verwirklicht werden, wenn du auch im Schlaf wach bleiben kannst. Und deshalb ist meine Meditationsmethode eine Schlafmethode: Schlafen mit Bewußtheit, in den Schlaf eintreten mit Bewußtheit. Darum lade ich euch ein, den Körper zu entspannen, den Atem zu entspannen, die Gedanken zu beruhigen. All das ist eine Vorbereitung für den Schlaf. Deshalb passiert es so häufig, daß einige Freunde während der Meditation einschlafen – das ist naheliegend; es ist eine Vorbereitung für den Schlaf. Und während sie sich darauf vorbereiten, merken sie es nicht, wenn sie einschlafen. Darum wiederhole ich die dritte Suggestion: Bleibe innen wach, bleibe innen bewußt; laß den Körper völlig entspannt sein, laß die Atmung völlig entspannt sein – entspannter, als sie normalerweise im Schlaf ist. Aber bleib innen wach. Laß im Inneren deine Bewußtheit wie eine Lampe brennen, so daß du nicht einschläfst.

Die Ausgangsbedingungen für Meditation und Schlaf sind die gleichen, aber es gibt einen Unterschied in der Schlußbedingung. Die erste Bedingung ist, daß der Körper entspannt sein soll. Wenn du an Schlaflosigkeit leidest, wird der Arzt dir als erstes beibringen, dich zu entspannen. Er wird dir dasselbe sagen wie ich: Entspanne deinen Körper, laß keine Spannung in deinem Körper sein; laß deinen Körper völlig los, wie eine Flaumfeder. Hast du schon einmal bemerkt, wie ein Hund oder eine Katze schläft? Sie schlafen, als wären sie nicht da. Hast du ein Baby beim Schlafen beobachtet? Da ist nirgendwo Spannung – seine Arme und Beine sind unglaublich locker. Beobachte einen jungen Menschen, oder einen alten Menschen, und du wirst sehen: Alles ist angespannt. Ein Arzt würde sie als erstes auffordern, sich zu entspannen.

Dasselbe gilt für den Schlaf: Die Atmung sollte entspannt sein, tief und langsam. Ihr habt gewiß beobachtet, daß beim Joggen der Atem schneller wird. Genauso, wenn der Körper sich bei der Arbeit anstrengt: Die Atmung wird schneller, der Blutkreislauf wird angekurbelt. Für den Schlaf sollte der Blutkreislauf langsamer werden – das Gegenteil vom Joggen –, dann wird die Atmung sich entspannen. Die zweite Bedingung ist also: Entspanne deinen Atem.

Die Bedingungen für die Meditation sind demnach grundlegend dieselben wie für den Schlaf: Entspanne den Körper, entspanne die Atmung, laß die Gedanken los. Und darum sind für den Schlaf ebenso wie für die Meditation die Ausgangsbedingungen gleich. Der Unterschied besteht in der Schlußbedingung. Beim ersteren bist du im Tiefschlaf; in der Meditation bleibst du hellwach – das ist alles.

Deine Frage ist also völlig berechtigt. Es *gibt* einen tiefen

Zusammenhang zwischen Schlaf und Meditation. Da ist allerdings ein sehr wesentlicher Unterschied zwischen den beiden – der Unterschied zwischen einem bewußten und einem unbewußten Zustand.

Schlaf ist Unbewußtheit, Meditation ist Erwachen. (60)

Weißt du Rat für einen, der an Schlaflosigkeit leidet?

Wenn du abends gerade am Einschlafen bist, kurz bevor du in den Schlaf sinkst, geh noch einmal rückwärts die Erinnerungen des ganzen Tages durch – *rückwärts.* Fang nicht am Morgen an. Fang genau dort an, wo du jetzt bist: im Bett, die letzte Sache, und dann geh zurück. Geh zurück, Stück für Stück, Schritt für Schritt, bis zur ersten Erfahrung am Morgen, gleich nach dem Aufwachen. Geh zurück und erinnere dich ständig daran, dich nicht zu verwickeln.

Vielleicht hat dich am Nachmittag jemand beleidigt. Sieh dich selbst, deine Gestalt, wie jemand anderer dich beleidigt – aber bleibe nur ein Beobachter. Involviere dich nicht; werde nicht wieder wütend. Wenn du wieder wütend wirst, bist du identifiziert. Dann hast du den Sinn der Meditation verfehlt. Werde nicht wütend. Er beleidigt nicht *dich,* er beleidigt die Form, die am Nachmittag da war. Diese Form ist jetzt nicht mehr da.

Du bist wie ein strömender Fluß: Die Formen fließen. In der Kindheit hattest du eine bestimmte Form; jetzt hast du diese Form nicht mehr. Diese Form ist nicht mehr da. Wie ein Fluß veränderst du dich unaufhörlich. Wenn du also in der Nacht rückwärtsschauend über die Ereignisse des Tages meditierst, denke nur daran, daß du ein Zeuge bist; werde nicht wütend. Jemand hat dich gelobt: Sei nicht begeistert. Schau dir einfach das ganze an, als ob du unbeteiligt einen Film betrachtest. Und rückwärts zu gehen, ist sehr hilfreich – besonders für Leute, die Probleme mit dem Einschlafen haben.

Wenn du irgendein Problem mit dem Schlaf hast, Schlafstörungen, Schlaflosigkeit, wenn es dir schwerfällt, einzuschlafen, wird es eine große Hilfe sein. Warum? – Weil es den Verstand zurückspult. Wenn du zurückgehst, spulst du den Verstand zurück. Am Morgen fängst du an, ihn aufzudrehen, und der Verstand verwickelt sich in viele Dinge, an vielen Orten. Unvollendet und unvollständig bleiben viele Dinge im Verstand zurück, und in dem Moment, wo es geschieht, ist keine Zeit, die Dinge sich setzen zu lassen.

Darum geh in der Nacht zurück. Es ist ein Vorgang des Zurückspulens und Entwirrens. Und wenn du zum Morgen zurückkommst, als du in deinem Bett lagst, zur ersten Sache am Morgen, wirst du wieder denselben frischen Verstand haben, den du am Morgen hattest. Und dann kannst du wie ein kleines Baby einschlafen.

So viele Menschen leiden an irgendeiner Krankheit, und keine Physiologie, keine Medizin hilft; die Krankheit bleibt. Die Krankheit scheint psychisch zu sein. Was kann man da machen? Jemandem zu sagen, seine Krankheit sei psychisch, ist keine Hilfe. Im Gegenteil, es kann sogar schaden, denn niemand fühlt sich wohl, wenn man ihm sagt, seine Krankheit sei psychisch. Was kann er dann machen? Er fühlt, daß er hilflos ist.

Dieses Zurückerinnern ist eine erstaunliche Methode. Wenn du langsam zurückgehst, langsam den Verstand zurückspulst bis zum ersten Moment, als eine bestimmte Krankheit auftrat ... wenn du nach und nach zurückgehst in die Zeit, als dich diese Krankheit zum ersten Mal befiel, wenn du bis zu diesem Moment zurückgehen kannst, wirst du erkennen, daß diese Krankheit im Grunde aus einem Komplex verschiedener anderer Dinge, verschiedener psychischer Zusammenhänge besteht. Indem du zurückgehst, werden diese Dinge an die Oberfläche kommen.

Wenn du zu dem Augenblick gelangst, als die Krankheit dich zum ersten Mal befiel, wird dir plötzlich bewußt werden, welche psychischen Faktoren dazu beitrugen. Und du brauchst gar nichts zu tun; du brauchst dir nur dieser psychischen Faktoren bewußt zu sein und weiter zurückgehen. Viele Krankheiten werden ganz einfach von dir weggehen, weil der

Komplex aufgelöst wird. Wenn du dir des Komplexes bewußt geworden bist, wird er nicht mehr gebraucht. Du bist davon befreit – gereinigt.

Es ist eine tiefgehende Katharsis. Und wenn du es täglich machen kannst, wirst du eine neue Gesundheit, eine neue Frische in dir fühlen. Und wenn wir den Kindern beibringen können, es täglich zu tun, werden sie nie von ihrer Vergangenheit belastet sein. Sie werden nie in die Vergangenheit zurückgehen müssen. Sie werden immer im Hier und Jetzt sein. Es wird keine Überbleibsel geben; nichts wird sie aus der Vergangenheit überschatten. (61)

Würdest du über die Rolle der beiden Gehirnhälften für die Persönlichkeit sprechen?

Die moderne Forschung hat eine sehr bedeutungsvolle Tatsache entdeckt, eine der bedeutungsvollsten dieses Jahrhunderts: Der Mensch hat nicht bloß *einen* Verstand, sondern zwei. Euer Gehirn ist in zwei Hälften geteilt – die rechte Hemisphäre und die linke Hemisphäre. Die rechte Hemisphäre ist mit der linken Hand verbunden, und die linke Hemisphäre ist mit der rechten Hand verbunden, überkreuz. Die rechte Hemisphäre ist intuitiv, unlogisch, irrational, poetisch, platonisch, phantasievoll, romantisch, mythisch, religiös, und die linke Hemisphäre ist logisch, rational, mathematisch, aristotelisch, wissenschaftlich, kalkulierend. Die beiden Hemisphären sind ständig miteinander im Konflikt.

Die grundlegende Politik der Welt ist in dir, die größte Politik dieser Welt spielt sich in deinem Innern ab. Du magst dir dessen nicht bewußt sein, aber sobald es dir bewußt wird, liegt das eigentliche Problem, das es zu lösen gilt, irgendwo zwischen diesen beiden Seiten des Verstandes.

Die linke Hand hat mit der rechten Hemisphäre zu tun – Intuition, Phantasie, Mythos, Poesie, Religion –, und die linke Hand wird sehr schlechtgemacht. Diese Gesellschaft ist eine Gesellschaft der Rechtshänder, und rechtshändig bedeutet:

die linke Hemisphäre. Zehn Prozent der Kinder werden als Linkshänder geboren, doch man zwingt sie, Rechtshänder zu werden. Geborene Linkshänder sind ihrem Wesen nach irrational, intuitiv, unmathematisch, nicht-euklidisch. Sie sind eine Gefahr für die Gesellschaft, darum zwingt man sie in jeder Hinsicht, Rechtshänder zu werden. Es ist nicht nur eine Frage der Hände, es ist eine Frage der Politik im Innern. Das linkshändige Kind funktioniert über die rechte Hemisphäre. Das kann die Gesellschaft nicht zulassen; es ist gefährlich, also muß man es stoppen, bevor die Dinge zu weit gehen.

Es wird vermutet, daß das Verhältnis ursprünglich fünfzig zu fünfzig betragen hat – fünfzig Prozent linkshändige Kinder und fünfzig Prozent rechtshändige Kinder –, aber die Rechtshänderpartei hat so lange regiert, daß nach und nach das Verhältnis auf zehn zu neunzig Prozent gesunken ist. Auch hier unter euch mögen viele Linkshänder sein, ohne daß ihr es wißt. Ihr mögt mit der rechten Hand schreiben und eure Arbeit mit der rechten Hand tun, aber in eurer Kindheit hat man euch vielleicht gezwungen, die rechte Hand zu benutzen. Das ist ein Trick, denn sobald du die rechte Hand benutzt, fängt die linke Hemisphäre zu funktionieren an. Die rechte Hemisphäre ist jenseits der Vernunft, sie funktioniert nicht mathematisch, sie funktioniert blitzartig, sie ist intuitiv, sehr musisch – aber irrational.

Die Minderheit der Linkshänder ist die am meisten unterdrückte Minderheit auf der Welt – mehr unterdrückt als die Neger, sogar mehr unterdrückt als die Armen. Wenn ihr diese Teilung versteht, werdet ihr viele Dinge verstehen, zum Beispiel: Bourgeoisie und Proletariat. Das Proletariat funktioniert immer über die rechte Hirnhemisphäre; die armen Leute sind intuitiver. Geht zu den primitiven Menschen, sie sind intuitiver. Je ärmer ein Mensch, desto weniger intellektuell ist er – und das mag der Grund sein, warum er arm ist. Weil er weniger intellektuell ist, kann er in der Welt der Vernunft nicht konkurrieren. Er kann sich weniger gut artikulieren, was Sprache angeht, was die Ratio angeht, was das Kalkül angeht. Er ist mehr oder weniger ein Narr. Das mag der Grund sein, warum er arm ist. Der Reiche funktioniert mehr durch die linke Hemisphäre; er ist berechnender, kalkulierend in allem, schlau, clever, logisch, und er plant. Das mag der Grund sein, warum er reich ist.

Dasselbe gilt für Männer und Frauen. Frauen sind in der rechten Hemisphäre zuhause, Männer in der linken Hemisphäre. Die Männer haben die Frauen seit Jahrhunderten beherrscht. Jetzt sind ein paar Frauen am Revoltieren, aber das Erstaunliche ist, diese Frauen sind von der gleichen Art, ja sie sind beinahe wie Männer: rational, argumentierend, aristotelisch. Es wäre denkbar – so wie die kommunistische Revolution in Rußland und China Erfolg hatte –, daß die Frauen eines Tages irgendwo, vielleicht in Amerika, Erfolg haben und die Männer stürzen. Aber bis dahin werden sie keine Frauen mehr sein, denn dann werden auch sie in der linken Hemisphäre zuhause sein.

Nur oberflächlich ändern sich die Verhältnisse; in der Tiefe bleibt derselbe Konflikt bestehen. Der Konflikt ist im Inneren des Menschen. Wenn er dort nicht gelöst wird, kann er nirgendwo anders gelöst werden. Die Politik findet in deinem Inneren statt; sie spielt sich zwischen den beiden Seiten deines Verstandes ab. Dazwischen existiert eine sehr schmale Brücke. Wird diese Brücke durch einen Unfall, durch einen physiologischen Fehler oder sonstwie unterbrochen, dann wird der Mensch gespalten, dann wird er zu zwei Personen. Das Phänomen der Schizophrenie, der gespaltenen Persönlichkeit, tritt ein. Wird die Brücke unterbrochen – und sie ist sehr empfindlich – dann wirst du zwei, du verhältst dich wie zwei verschiedene Personen. Morgens bist du ganz liebevoll, sehr nett, und abends bist du total wütend, wie ausgewechselt. Du hast keine Erinnerung an den Morgen – wie könntest du auch? Ein anderer Teil deines Verstandes war in Aktion, und der Mensch wird zu zwei Personen.

Wird jedoch diese Brücke so sehr gestärkt, daß die Trennung der beiden Verstandeshälften verschwindet und sie eins werden, dann entsteht eine Integration, eine Kristallisation. Was George Gurdjieff die »Kristallisation des Seins« nannte, ist nichts anderes als das Einswerden der beiden Verstandeshälften, das Zusammenkommen des inneren Mannes mit der inneren Frau, das Zusammenkommen von Yin und Yang, das Zusammenkommen von links und rechts, das Zusammenkommen von Logik und Unlogik, das Zusammenkommen von Plato und Aristoteles. Wenn ihr diese grundlegende Gabelung in eurem Lebensbaum versteht, könnt ihr den ganzen Konflikt verstehen, der außerhalb und innerhalb von euch vor sich geht.

Der weibliche Verstand besitzt Poesie, der männliche Verstand besitzt Effizienz, und natürlich wird bei einem ständigen Kampf auf lange Sicht die Poesie zwangsläufig unterliegen; der effiziente Verstand wird die Oberhand gewinnen, denn die Welt spricht die Sprache der Mathematik, und nicht die der Liebe. In dem Moment, in dem deine Effizienz die Oberhand über deine Poesie gewinnt, hast du etwas ungeheuer Wertvolles verloren: Du hast den Kontakt zu deinem eigenen Sein verloren. Du bist vielleicht sehr effizient geworden, aber du wirst kein richtiger Mensch mehr sein. Du wirst eine Maschine sein, ein roboterartiges Ding.

Aus diesem Grund gibt es ständig Konflikte zwischen Mann und Frau. Sie können nicht getrennt bleiben, sie müssen immer wieder in Beziehung treten, aber sie können auch nicht zusammenbleiben. Der Kampf ist nicht außen; der Kampf ist in deinem Inneren. Und meine Meinung ist: Solange du nicht den inneren Kampf zwischen deiner rechten und linken Hemisphäre gelöst hast, wirst du niemals fähig sein, friedlich zu lieben – niemals, denn der innere Kampf wird sich außen widerspiegeln. Wenn du innerlich kämpfst und dich mit deiner linken, der Vernunft-Hemisphäre identifizierst, wirst du ständig versuchen, die Oberhand über die rechte Hemisphäre zu gewinnen, und du wirst dasselbe mit der Frau machen, in die du dich verliebst. Wenn die Frau im Inneren ständig gegen ihre Vernunft kämpft, wird sie auch ständig den Mann bekämpfen, den sie liebt.

Alle Beziehungen, fast alle – die Ausnahmen sind unerheblich, nicht der Rede wert – sind häßlich. Am Anfang sind sie schön; am Anfang zeigt ihr noch nicht die Wirklichkeit, am Anfang spielt ihr euch noch etwas vor. Sobald sich die Beziehung festigt und ihr euch entspannt, quillt euer innerer Konflikt hoch und fängt an, sich in eurer Beziehung widerzuspiegeln. Dann kommen die Kämpfe, dann kommen tausendundeine Art, einander zu kritisieren und fertigzumachen. Daher die Attraktivität der Homosexualität.

Immer wenn eine Gesellschaft sich zu sehr zwischen Mann und Frau spaltet, bricht die Homosexualität unverzüglich durch, denn es gibt jedenfalls für einen Mann, der einen anderen Mann liebt, keinen so großen Konflikt. Ihre Liebesbeziehung mag nicht so befriedigend sein, mag nicht zu so großer Seligkeit und solchen orgasmischen Höhepunkten führen, aber wenigstens ist sie nicht so häßlich wie die Beziehung zwischen einem Mann und einer Frau. Frauen werden lesbisch, wenn der Konflikt zu groß wird, denn zwischen zwei Frauen ist die Liebesbeziehung zumindest nicht ein so tiefer Konflikt. Gleich und gleich treffen sich; sie können einander verstehen.

Ja, Verstehen ist möglich, aber die Anziehung geht verloren, die Polarität geht verloren. Das ist ein sehr hoher Preis. Verstehen ist möglich, aber die ganze Spannung, die Herausforderung, geht verloren. Wenn du die Herausforderung wählst, ist Konflikt die Folge, denn das wirkliche Problem liegt irgendwo in dir. Solange du dich nicht in dir verankert hast und zu einer tiefen Harmonie zwischen deinem weiblichen und deinem männlichen Verstand gelangt bist, wirst du nicht fähig sein zu lieben.

Die Leute kommen zu mir und fragen mich, wie sie in einer Beziehung tiefergehen können. Ich sage ihnen: »Zuerst gehe tiefer in die Meditation. Solange du nicht die Lösung in dir selbst gefunden hast, wirst du mehr Probleme erzeugen, als du schon hast. Wenn du in einer Beziehung bist, werden alle deine Probleme sich multiplizieren. Beobachte es nur: Die großartigste und schönste Sache auf der Welt ist die Liebe, aber kann man auch etwas Häßlicheres finden, etwas, das eine größere Hölle erzeugt?«

Mulla Nasrudin erzählte mir einmal: »Also, seit Monaten schiebe ich den Tag der Katastrophe auf, aber jetzt geht es nicht mehr, jetzt muß ich gehen.«

»Zahnarzt oder Doktor?«, fragte ich.

»Weder noch«, sagte er. »Standesamt.«

Von draußen mag es aussehen wie eine wundervolle Oase in der Wüste, aber wenn du näher kommst, beginnt die Oase auszutrocknen und zu verschwinden. Sobald du drinnen festhängst, ist es ein Gefängnis. Aber denke daran, das Gefängnis kommt nicht vom anderen, es kommt aus deinem eigenen Inneren.

Wenn deine linke Gehirnhälfte ständig die Oberhand hat, wirst du ein äußerst erfolgreiches Leben führen – so erfolgreich, daß du spätestens mit vierzig Magengeschwüre hast, mit fünfundvierzig hast du mindestens ein bis zwei Herzanfälle gehabt und mit fünfzig bist du fast tot – aber äußerst erfolgreich tot. Du magst ein großer Wissenschaftler werden, doch in deinem Sein wirst du nie groß werden. Du magst genügend Reichtümer ansammeln, doch du wirst alles verlieren, was von Wert ist. Du magst die ganze Welt erobern wie Alexander der Große, doch dein eigenes inneres Territorium bleibt unerobert.

Der linken Gehirnhälfte zu folgen, hat große Anziehungkraft – es ist das Gehirn dieser Welt. Es hat mehr mit den Dingen zu tun: mit Autos, Geld, Häusern, Macht, Ansehen.

An der rechten Gehirnhälfte orientiert sich der *Sannyasin* – ein Mensch, der mehr interessiert ist an seinem inneren Sein, seinem inneren Frieden, seiner Glückseligkeit, und dem weniger an den Dingen liegt. Wenn sie mühelos zu ihm kommen, gut; wenn sie nicht kommen, auch gut. Ihm geht es mehr um den gegenwärtigen Augenblick und weniger um die Zukunft, mehr um die Poesie des Lebens und weniger um seine Arithmetik.

Ich habe eine Anekdote gehört: Finkelstein hat beim Pferderennen enorm abgesahnt, und Muscovitz ist verständlicherweise neidisch. »Wie hast du das nur gemacht, Finkelstein?« fragt er.

»Leicht«, sagt Finkelstein. »Ich hatte einen Traum.«

»Einen Traum?«

»Ja. Ich wollte eine Dreierwette setzen, war mir aber nicht sicher wegen des dritten Pferdes. Da träumt mir eine Nacht vorher, ein Engel steht oben an meinem Bett und sagt immer wieder: ›Gesegnet seist du, Finkelstein, sieben mal sieben Segnungen über dich.‹ Beim Aufwachen fällt mir ein, sieben mal sieben ist achtundvierzig, und das Pferd mit der Nummer achtundvierzig ist ›Himmelstraum‹! Also setz ich auf ›Himmelstraum‹ als drittes Pferd – und damit hab ich abgeräumt, einfach abgeräumt!«

Da sagt Muscovitz: »Aber, Fink, sieben mal sieben ist doch neunundvierzig!«

Und Finkelstein: »Ach, du mit deiner Mathematik!«

Es gibt einen Weg, sein Leben nach der Mathematik zu leben, und einen anderen Weg, sein Leben nach dem Traum zu leben – nach Träumen und Visionen. Diese Wege sind völlig verschieden.

Erst kürzlich fragte jemand: »Gibt es Geister, Feen und ähnliche Dinge?« Ja, die gibt es – wenn du nach der rechten Gehirnhälfte lebst, gibt es sie. Wenn du nach der linken Gehirnhälfte lebst, gibt es sie nicht. Alle Kinder leben in der rechten Gehirnhälfte – sie sehen überall Geister und Feen, aber ihr redet es ihnen ständig aus und weist sie zurecht und sagt ihnen: »Das ist Unsinn! Du bist dumm! Wo ist die Fee? Da ist nichts, nur ein Schatten.« Wenn ihr das Kind erst einmal überredet habt, das hilflose Kind ... nach und nach wird es überredet und verlagert seine Orientierung von der rechten in die linke Gehirnhälfte – es hat gar keine andere Chance. Es muß in eurer Welt leben: Es muß seine Träume vergessen, es muß alle Märchen vergessen, es muß alle Poesie vergessen; es muß die Mathematik erlernen. Natürlich wird es tüchtig in Mathematik, aber im Leben wird es wie gelähmt, fast ein Krüppel. Es entfernt sich weiter und weiter von der Existenz und wird zu einer Ware auf dem Markt; sein ganzes Leben wird zu einem Schrotthaufen – aber natürlich wertvoll in den Augen der Welt.

Ein Sannyasin ist jemand, der durch die Phantasie lebt, der durch die träumende Qualität seines Verstandes lebt, der durch Poesie lebt, der dem Leben eine poetische Qualität verleiht, der durch Visionen wahrnimmt. Dann sind die Bäume grüner, als sie für euch aussehen, die Vögel sind schöner, dann nimmt alles eine leuchtende Qualität an. Gewöhnliche Kieselsteine werden zu Diamanten; gewöhnliche Felsen sind nicht mehr gewöhnlich – nichts ist gewöhnlich. Wenn du von der rechten Gehirnhälfte aus schaust, wird alles göttlich, heilig. Religion gehört zur rechten Gehirnhälfte. (62)

Bitte sprich über die physischen Sinne.

Denkt nie auch nur für einen einzigen Augenblick, daß eure physischen Sinne das seien, was sie sein sollten – das ist nicht der Fall. Man hat sie trainiert: Ihr seht die Dinge, die eure Gesellschaft euch zu sehen erlaubt. Ihr hört die Dinge, die eure Gesellschaft euch zu hören erlaubt. Ihr berührt die Dinge, die eure Gesellschaft euch zu berühren erlaubt.

Dem Menschen ist viel von seinen Sinnen verlorengegangen – zum Beispiel der Geruch. Der Mensch hat seinen Geruchssinn fast völlig eingebüßt. Schaut euch einen Hund an und seine Fähigkeit zu riechen – was für eine empfindliche Nase er hat! Der Mensch erscheint dagegen armselig. Was ist mit seiner Nase passiert? Warum kann er nicht so gut riechen wie ein Hund oder ein Pferd? Das Pferd kann kilometerweit riechen, und der Hund hat ein enormes Gedächtnis für Gerüche. Der Mensch hat kein solches Gedächtnis. Etwas hat seine Nase blockiert.

Die Leute, die sich intensiv damit beschäftigen, sagen, der Geruchssinn sei durch die Unterdrückung des Sex verlorengegangen. Physisch ist der Mensch genauso empfindsam wie jedes Tier, doch psychologisch wurde seine Nase beschädigt.

Der Geruchssinn ist eines der stärksten sexuellen Eingangstore zu eurem Körper. Durch den Geruch können die Tiere wahrnehmen, ob ein Männchen zu einem Weibchen paßt oder nicht. Der Geruch gibt einen subtilen Hinweis. Wenn das Weibchen bereit ist, sich mit dem Männchen zu paaren, strömt es einen bestimmten Geruch aus. Nur durch diesen Geruch versteht das Männchen, daß es willkommen ist. Wird dieser Geruch von den Geschlechtsorganen des Weibchens nicht abgegeben, entfernt sich das Männchen wieder: Es ist nicht willkommen.

Die Menschen haben den Geruchssinn abgetötet, weil es schwierig wäre, in einer sogenannten zivilisierten Gesellschaft zu leben, wenn unser Geruchssinn auf natürliche Weise funktionieren würde. Stell dir vor, du gehst auf der Straße und eine Frau fängt an zu riechen und gibt dir damit zu verstehen, daß du ihr willkommen bist. Sie ist mit einem anderen verheiratet, der Ehemann geht neben ihr. Das Signal ist vorhanden, daß du willkommen bist. Was machst du damit? Eine unangenehme, peinliche Situation!

Ihr schaut keinem direkt in die Augen, und wenn ihr jemanden anschaut, dann höchstens für ein paar Sekunden. Ihr schaut andere Leute nie richtig an, ihr vermeidet es ständig. Wenn du jemanden anschaust, hält man dich für aggressiv. Denke einmal darüber nach: Schaust du die Leute wirklich an? Oder vermeidest du ihren Blick? – denn wenn du ihn nicht vermeidest, bekommst du vielleicht ein paar Dinge zu sehen, die der andere lieber nicht herzeigen würde. Es zeugt von keinem guten Benehmen, wenn man etwas sieht, was der andere nicht zu zeigen bereit ist; darum ist es besser, seinem Blick auszuweichen. Wir hören auf seine Worte, aber wir schauen ihm nicht ins Gesicht – denn oft sind seine Worte und sein Gesicht widersprüchlich. Jemand sagt das eine und verrät etwas ganz anderes. Nach und nach haben wir völlig den Sinn dafür verloren, Gesichter, Augen, Gesten wahrzunehmen. Wir hören nur auf die Worte. Achtet einmal darauf, und ihr werdet euch wundern, wie die Leute ständig das eine sagen und etwas anderes zeigen. Und keiner bemerkt es, denn man hat euch trainiert, niemandem direkt ins Gesicht zu schauen. Und selbst wenn du schaust, ist es kein aufmerksamer, kein bewußter Blick. Er ist leer; es ist beinahe so, als ob du gar nicht schaust.

Wir hören Geräusche und Töne, durch Auswahl. Wir hören nicht jede Art von Tönen – wir wählen aus. Alles, was nützlich ist, hören wir. Und für verschiedene Kulturen und Länder sind verschiedene Dinge von Nutzen. Ein Mensch, der in einer primitiven Welt lebt, im Wald, im Dschungel, hat eine andersgeartete Aufnahmefähigkeit für Geräusche. Er muß unaufhörlich wach und auf die Tiere aufmerksam sein. Sein Leben ist in Gefahr. Ihr braucht nicht so wach zu sein. Ihr lebt in einer zivilisierten Welt, in der es keine Tiere mehr gibt und nicht diese Angst herrscht. Für euch geht es nicht ums Überleben. Eure Ohren funktionieren nicht mehr vollständig, weil dazu keine Notwendigkeit besteht.

Die Menschen berühren einander nicht, sie halten sich nicht bei den Händen, sie umarmen sich nicht. Und wenn du jemanden bei der Hand nimmst, fühlst du dich unsicher, und er fühlt sich unsicher. Auch wenn du jemanden in den Arm nimmst, fühlt es sich an, als ob es nicht recht wäre, und du beeilst dich, den Körper des anderen loszulassen, denn er könnte in dir etwas öffnen. Selbst Kindern ist es nicht erlaubt, ihre Eltern zu umarmen. Es herrscht eine große Angst, und jede Angst basiert im Grunde auf der Angst vor Sex. Es gibt ein Tabu gegen Sex. Eine Mutter kann ihren Sohn nicht umarmen, weil der Sohn sexuell erregt werden könnte – das ist die Angst. Ein Vater kann seine Tochter nicht umarmen; er hat Angst, er könnte sexuell erregt werden. Menschliche Wärme hat ihre spezielle Wirkung. Nichts ist verkehrt daran, körperlich erregt oder sexuell erregt zu werden. Es ist einfach ein Zeichen, daß man lebt, daß man ganz und gar lebendig ist. Aber die Angst, das Sextabu, sagt: Halte dich fern, halte Abstand.

Die ganze Bemühung des Yoga geht dahin, deinen Körper wieder lebendig, sensibel und jung zu machen und deinen Sinnen ihre maximale Funktionstüchtigkeit wiederzugeben.

Dann bewegst du dich ohne Tabus; du strömst ein Leuchten, eine Anmut und Schönheit aus. Es entsteht wieder Wärme, Offenheit – und es geschieht Wachstum. Du bist ständig frisch, jung, immer in einem Abenteuer. Der Körper wird orgasmisch. Freude umhüllt dich. Durch Freude wird der erste Schaden gutgemacht. Darum lege ich so viel Wert darauf, daß ihr euch freuen, feiern, das Leben genießen und den Körper akzeptieren sollt. Und nicht nur akzeptieren, sondern dankbar sein, daß Gott dir einen solch schönen Körper, einen solch empfindsamen Körper gegeben hat, mit so vielen Türen, durch die du mit der Wirklichkeit in Kontakt treten kannst: Augen und Ohren und Nase und Tastsinn. Öffne alle diese Fenster und laß die Winde des Lebens hereinströmen, laß die Sonne des Lebens hereinscheinen. Lerne, sensibler zu werden. Nutze jede Gelegenheit, sensibel zu sein, damit der erste Filter verschwindet.

Wenn du im Gras sitzt, schließ die Augen und werde zum Gras – werde »grasig«. Fühle, daß du das Gras bist, fühle das Grün des Grases, fühle die Nässe des Grases. Fühle den feinen Geruch, der vom Gras ausgeht. Fühle die Tautropfen auf dem Gras, als ob sie auf dir wären. Fühle das Spiel der Sonnenstrahlen auf dem Gras. Verliere dich einen Moment lang darin, und du wirst ein neues Gefühl zu deinem Körper bekommen. Und mach es in den verschiedensten Situationen: wenn du in einem Fluß bist, in einem Schwimmbecken, wenn du am Strand in der Sonne liegst, bei Nacht in den Mond schaust, mit geschlossenen Augen im Sand liegst und den Sand spürst. Es gibt Millionen von Gelegenheiten, um deinen Körper wieder lebendig werden zu lassen. Und nur du selbst kannst es tun. Die Gesellschaft hat ihren Schaden angerichtet, jetzt mußt du ihn wiedergutmachen. Und sobald du anfängst, alles mit Freude zu tun – zu hören, zu sehen, zu berühren, zu riechen –, dann hörst du die Wirklichkeit, siehst du die Wirklichkeit, riechst du die Wirklichkeit. (63)

Ich habe immer wieder Zeiten, in denen ich mich negativ fühle. Was passiert mit uns, wenn wir uns in diesem Zustand befinden?

Es gibt drei Rhythmen der menschlichen Existenz. Der erste ist der körperliche Rhythmus. Er vollendet sich in dreiundzwanzig Tagen und beeinflußt ein weites Spektrum von körperlichen Faktoren, wie etwa die Resistenz gegen Krankheiten, physische Kraft, Koordinationsfähigkeit und andere grundlegende Körperfunktionen sowie das Gefühl körperlichen Wohlbefindens.

Der zweite Rhythmus ist emotional. Er dauert achtundzwanzig Tage, genau wie der weibliche Körper achtundzwanzig Tage bis zum Beginn der Menstruation braucht. Erst jetzt wird die Wissenschaft darauf aufmerksam, daß auch der Mann eine Art monatlicher Periode hat, und daß sie alle achtundzwanzig Tage stattfindet. Die weibliche Periode ist sichtbar und körperlich. Die Periode des Mannes ist nicht sichtbar und nicht körperlich; sie ist mehr psychisch, mehr emotional, aber sie findet statt. Der emotionale Rhythmus beherrscht die Kreativität, die Sinnlichkeit, die geistige Gesundheit, die Stimmungen und die Wahrnehmung, die wir von der Welt und von uns selbst haben.

Wenn eine Frau ihre Periode hat, ist sie drei, vier, fünf Tage lang unglücklich, traurig, negativ, niedergeschlagen, wie tot und fühlt sich depressiv, reizbar und durcheinander. Aber die Frauen gewöhnen sich daran, weil es so sichtbar ist. Nach und nach lernen sie, daß es eben so zu sein hat, und nach und nach geht es ihnen nicht mehr so elend. Es ist etwas, das jeden Monat passiert, offenkundig, und so gewöhnt man sich daran. Aber das Problem des Mannes ist schwieriger. Er hat auch seine Tage – die männliche Periode, aber sie ist nicht sichtbar, und er weiß nicht, woher sie kommt und wann sie wieder geht. Es ist ein Achtundzwanzig-Tage-Rhythmus; er folgt dem Mond. Darum seid ihr auch ausgeglichener, wenn der Mond da ist, und wenn kein Mond da ist, seid ihr weniger ausgeglichen.

Und schließlich der dritte Rhythmus, der intellektuelle

Rhythmus. Er geht über eine Periode von dreiunddreißig Tagen. Er reguliert das Gedächtnis, die Aufmerksamkeit, die Aufnahmefähigkeit für Wissen sowie die logischen und analytischen Funktionen.

Die erste Hälfte eines jeden Zyklus ist positiv und die zweite Hälfte negativ. Manchmal ist ein Rhythmus eine Zeitlang in der negativen Phase und ein anderer in der positiven, oder umgekehrt. Wenn alle drei Rhythmen in der positiven Phase sind, erlebt man Höhepunkte der Freude und Ekstase. Und wenn alle drei in der negativen sind, lebt man in der Hölle. Himmel bedeutet, alle drei sind in der positiven Phase, und Hölle ist das andere Ende. Und frei zu sein von beiden ist *nirvana, moksha* – absolute Freiheit.

Du mußt nur deine Phasen verstehen und ein bißchen aufmerksamer werden. Führe ein Tagebuch über deine negativen Phasen. Innerhalb von drei, vier Monaten wirst du imstande sein, deine Kurve zu zeichnen, und dann kannst du vorhersagen, daß du nächsten Montag schlecht drauf sein wirst.

In alter Zeit haben die Yogis solche Tabellen angelegt. Die Wissenschaft vom Biorhythmus war sehr verbreitet und wurde in den Schulen des Yoga und der Sufis praktiziert. Diese Tabellen waren sehr hilfreich, denn wenn man weiß, daß man jeden Monat in der ersten Woche sehr negativ sein wird, kann man ein paar Dinge umgehen. Tu nichts in der ersten Woche, was du später bereuen könntest; streite dich nicht, werde nicht wütend. Die Leute, die ihren Tabellen entsprechend leben, werden sich in dieser Zeit nicht aus ihrem Zimmer rühren. Sie werden in diesen sieben oder vier oder drei Tagen nichts tun, denn alles, was sie tun, wird verkehrt sein.

Und dann weißt du auch, wann deine positive Stimmung dran ist. Das ist die rechte Zeit, um Kontakte zu knüpfen, Leute zu besuchen, dich mit anderen zu treffen, und nichts wird schieflaufen. Du wirst dich insgesamt völlig anders fühlen. Wenn du es in dieser Weise beobachtest, wirst du in sechs bis acht Monaten in der Lage sein, Zeuge zu bleiben, und dann gibt es keine Störung mehr. Dann weißt du, daß es einfach zur Natur gehört und nichts mit dir zu tun hat. Indem du das erkennst, fängst du an, es zu transzendieren. (64)

Warum fühle ich mich immer so destruktiv, wenn ich meine Periode habe?

Für viele Frauen sind die Tage ihrer Periode immer ein wenig destruktiv, und der Grund dafür liegt in der Biologie. Du mußt es verstehen und etwas aufmerksamer und bewußter damit umgehen, dann kannst du ein wenig über deine Biologie hinausgehen; ansonsten bleibst du ihr ausgeliefert.

Wenn du schwanger bist, hört die Periode auf, weil dieselbe Energie, die in der Periode freigesetzt wurde, jetzt kreativ wird: Sie erschafft das Kind. Wenn du nicht schwanger bist, sammelt sich diese Energie jeden Monat an, und wenn du nicht kreativ sein kannst, wird sie destruktiv. Wenn daher eine Frau ihre Periode hat, ist sie während dieser vier oder fünf Tage in einer sehr destruktiven Stimmung, weil sie nicht weiß, wohin mit dieser Energie. Und diese Energie vibriert und verfolgt dich bis in den innersten Winkel deines Wesens, und du kannst ihr keinen kreativen Ausdruck geben.

Alle kreative Energie kann destruktiv werden, und alle destruktive Energie hätte kreativ werden können. Zum Beispiel Hitler: Er wollte ursprünglich Maler werden, aber man ließ ihn nicht. Er bestand die Prüfung nicht, um eine Kunstschule zu besuchen. Der Mann, der ein Maler hätte werden können, wurde zu einem der zerstörerischsten Menschen auf der Welt. Mit dieser Energie hätte er vielleicht ein Picasso werden können. Und eines ist gewiß: Energie hatte er. Dieselbe Energie hätte unendlich kreativ werden können.

Normalerweise sind Frauen nicht destruktiv. In der Vergangenheit waren sie nie destruktiv, denn sie waren ununterbrochen schwanger. Kaum hatten sie ein Kind geboren, waren sie schon wieder schwanger. Ihr ganzes Leben lang gebrauchten sie ihre Energie. Jetzt taucht zum ersten Mal in der Welt eine neue Gefahr auf: die Destruktivität der Frauen. Denn heute ist es nicht mehr nötig, daß sie ständig schwanger werden – in der Tat ist die Schwangerschaft fast aus der Mode gekommen –, aber die Energie ist vorhanden.

Ich sehe einen tiefen Zusammenhang zwischen den Methoden der Schwangerschaftsverhütung und der Frauenemanzipationsbewegung. Die Frauen fangen an, destruktiv zu sein, und zerstören das Familienleben, ihre Beziehungen. Sie mögen auf vielerlei Arten versuchen, es zu rationalisieren, aber tatsächlich versuchen sie, sich aus der Sklaverei zu befreien. Es ist in der Tat eine destruktive Phase. Sie haben Energie und wissen nicht, was sie damit tun sollen. Durch die Schwangerschaftsverhütung ist ihr bisheriger kreativer Kanal unterbrochen. Wenn sich jetzt nicht andere Kanäle für sie öffnen, werden sie sehr destruktiv werden.

Im Westen ist das Familienleben schon fast verschwunden. Ständig gibt es Konflikte, Reibereien, Streit und häßliche Szenen. Und die Ursache – die keiner versteht – ist ein biologisches Problem.

Jedesmal, wenn du also deine Periode kommen spürst, sei besonders aufmerksam; und bevor sie anfängt, vollführe einen wilden Tanz. Du kannst über die Natur hinausgehen, weil du auch eine höhere Natur in dir hast. Man kann über die Biologie hinausgehen, und das sollte man auch, sonst bleibt man ein Sklave der Hormone. Jedesmal, wenn du dich also destruktiv fühlst, fang an zu tanzen. Was ich damit sage: Das Tanzen wird deine Energie absorbieren. Du tust aber genau das Gegenteil. Du sagst, daß du dich in diesen Tagen lieber hinlegst und gar nichts tust. Tu etwas, irgendwas: Mach einen langen Spaziergang – denn deine Energie braucht ein Ventil. Wenn du das einmal erfahren hast und weißt, daß das Tanzen dir alle Spannung nimmt, dann werden diese vier Tage der Periode zu deinen besten werden, denn du wirst nie so viel Energie haben wie an diesen Tagen. (65)

Mit mir selbst klarzukommen, wenn ich meine Periode habe, ist eine Sache, aber jetzt muß ich auch noch zentriert bleiben, wenn mein Mann seine Tage hat!

Es ist günstig zu wissen, an welchen Tagen du an deiner monatlichen Periode leidest – egal, ob du ein Mann bist oder eine Frau –, denn wenn jemand seine Tage hat, braucht er mehr Mitgefühl und Liebe als sonst. Er ist nicht die gleiche Person. Das einzige, woran ihr denken müßt, wenn ihr beide gleichzeitig eure menstruelle Krise habt, ist: Einer von euch sollte Flitterwochen machen – nur einer. Ihr könnt euch jeden Monat abwechseln; im nächsten Monat kann der andere Flitterwochen machen. Aber bleibt nicht zusammen, denn dann ist die Situation äußerst explosiv.

Außer, ihr werdet zum Beobachter, zum Zeugen eurer eigenen psychischen Zustände – was ich Meditation nenne. Hier bieten sich großartige Gelegenheiten: Wenn du traurig bist, beobachte es einfach. Es ist nur Chemie; du aber bist Bewußtsein. Laß dich nicht von der Chemie durcheinanderbringen, identifiziere dich nicht mit der Chemie. Es ist Physiologie, es ist Chemie, es ist Biologie – aber *du* bist Bewußtsein, ein Beobachter.

Und allmählich, selbst wenn deine ganze Chemie Amok läuft, wirst du lernen, zentriert zu bleiben, geerdet, unberührt – und das gilt für beide, Mann und Frau. (66)

Ich habe gehört, wie du die Siebenjahreszyklen im Leben eines Menschen erwähnt hast. Welche Bedeutung haben diese Zyklen?

In der Tat gibt es in jedem Leben einen Siebenjahresrhythmus. Wir wandeln uns alle sieben Jahre – dann ist ein Zyklus vollendet. Alle großen Veränderungen geschehen zwischen dem Ende des einen und dem Beginn des nächsten Zyklus.

Nach dem ersten Zyklus, im Alter von sieben Jahren, hört das Kind auf, ein Kind zu sein: Eine völlig neue Welt tut sich auf. Bis dahin war das Kind unschuldig, jetzt fängt es an, die

Schlauheit der Welt zu lernen, die Gerissenheit, all die Täuschungen, die Spiele; es lernt zu heucheln, es fängt an, Masken zu tragen. Eine erste Schicht von Falschheit beginnt sich um das Kind herumzulegen.

Im Alter von vierzehn tritt die Sexualität, die bisher noch überhaupt kein Thema war, plötzlich in sein Leben ... und seine Welt ändert sich, ändert sich komplett. Zum ersten Mal beginnt es sich für das andere Geschlecht zu interessieren. Eine völlig neue Sicht des Lebens taucht auf; der junge Mensch fängt an zu träumen und zu fantasieren. Und so geht es weiter ...

Im Alter von einundzwanzig wieder: Jetzt ein Machttrip, ein Egotrip, Ehrgeiz – jetzt ist er bereit für einen Powertrip: mehr Geld verdienen, berühmt werden, und was nicht alles. Das passiert im Alter von einundzwanzig; wieder vollendet sich ein Zyklus.

Dann wieder mit achtundzwanzig: Man wird seßhaft, beginnt, an Sicherheit und Komfort, an das Bankkonto zu denken. Darum haben die Hippies recht, wenn sie sagen: »Trau keinem über Dreißig.« Sie sollten besser achtundzwanzig sagen, denn das ist die Zeit, da eine Person sich etabliert.

Mit fünfunddreißig geschieht wiederum eine Veränderung, denn fünfunddreißig ist beinahe der Scheitelpunkt des Lebens. Wenn ein Mensch normalerweise mit siebzig stirbt, dann ist fünfunddreißig natürlich der Höhepunkt. Man hat die Hälfte des größeren Lebenszyklus beendet und fängt an, sich Gedanken über den Tod zu machen, man fängt an, sich zu fürchten. Angst taucht auf. Das ist das Alter, zwischen fünfunddreißig und zweiundvierzig, in dem Magengeschwüre und hoher Blutdruck, Herzinfarkt und ähnliche Probleme auftreten – durch Angst. Es ist die Angst, die all diese Dinge hervorruft: Krebs, Tbc ... Der Mensch neigt mehr zu Unfällen, weil Angst in sein Leben getreten ist. Jetzt scheint der Tod ständig näherzurücken. Am Tag, an dem man fünfunddreißig wird, hat man den ersten Schritt auf den Tod zu gemacht.

Im Alter von zweiundvierzig fängt der Mensch an, religiös zu werden. Jetzt ist der Tod nicht mehr bloß eine intellektuelle

Angelegenheit; man wird sich mehr und mehr seiner bewußt und will etwas unternehmen, *wirklich* etwas unternehmen, denn wenn man noch länger wartet, wird es zu spät sein. Mit zweiundvierzig braucht man eine Religion, so wie man mit vierzehn eine Frau oder einen Mann brauchte, um in Beziehung zu treten. Eine sexuelle Beziehung war nötig; genauso passiert es mit zweiundvierzig, aber jetzt ist eine religiöse Beziehung nötig. Man braucht einen Gott, einen Meister, irgend etwas, dem man sich hingeben kann, einen Ort, wo man hingehen und sich von seiner Last befreien kann.

Im Alter von neunundvierzig verankert sich der Mensch in seiner Religion. Die Suche ist vorüber; er hat seinen Platz gefunden.

Im Alter von sechsundfünfzig, wenn die Dinge ihren natürlichen Verlauf nehmen und der Mensch seinem Rhythmus folgt, wird er anfangen, gelegentlich einen Schimmer des Göttlichen zu erhaschen.

Mit dreiundsechzig, wenn alles naturgemäß verläuft, wird er sein erstes *satori* erleben. Und wenn es im Alter von dreiundsechzig passiert, daß er sein erstes *satori* erlebt, dann wird er mit siebzig einen schönen Tod sterben. Dann wird sein Tod kein Tod sein, sondern ein Tor zum Göttlichen, die Vereinigung mit dem Geliebten. (67)

Kannst du über Sex und Gesundheit sprechen?

Alles, was die Religionen als »schlecht« bezeichnet haben, kann auf äußerst segensreiche Weise benutzt werden.

Zum Beispiel haben sie den Sex als schlecht verdammt, als ein Wirken des Teufels, aber wenn man den Sex verdammt, kann man seine Energie nicht umwandeln – und er ist einfach Energie! Sie kann sich in jede Richtung bewegen, nach unten, nach oben. Wenn du sie akzeptierst, fängt sie durch das bloße Akzeptieren an, sich nach oben zu bewegen, weil du dich mit ihr anfreundest. In dem Moment, wo du sie ablehnst, erzeugst du eine feindliche Haltung, eine Spaltung in dir.

Diese Spaltung zwischen Gott und Teufel existiert nicht nur in den heiligen Schriften. Sie hat dich völlig durchdrungen, hat dich schizophren gemacht. Ein Teil von dir denkt: »Der gute Teil – das bin ich, und der schlechte Teil – das muß der Teufel sein.« Du spaltest dich. Wie kannst du nun jenen Teil ändern, den du aus deinem Sein ausgeschlossen hast? Er ist vorhanden, und er ist ungeheuer machtvoll. Deine Ablehnung macht ihn noch intensiver, weil du diese Energie nicht benutzt; du staust sie ständig weiter an, du unterdrückst sie ständig weiter.

Neunzig Prozent der Geisteskrankheiten auf der Welt sind nichts anderes als unterdrückte Sexualität, und fünfzig Prozent der körperlichen Krankheiten gehen auf das Konto der unterdrückten Sexualität. Wenn wir die Sexualität als etwas Natürliches akzeptieren können, werden neunzig Prozent aller Geisteskrankheiten einfach verschwinden, und fünfzig Prozent der körperlichen Krankheiten werden verschwinden, ohne eine Spur zu hinterlassen. Und zum ersten Mal werden die Menschen in einem völlig neuen Zeitalter von Gesundheit, Wohlbefinden und Ganzheit leben.

Für mich ist nur diese Ganzheit heilig, wenn deine Schizophrenie verschwunden ist; wenn du eins bist, eine integrierte Einheit. Und wenn du den Mut hast, *alles* zu akzeptieren: »Das bin ich. Was immer es auch sei, dies alles bin ich – und ich werde es benutzen, so gut ich nur kann.« (68)

Würdest du bitte über die sexuelle Energie reden?

Sexuelle Energie ist nur ein anderer Name für eure Lebenskraft.

Das Wort Sex ist von den Religionen verdammt worden; ansonsten ist nichts verkehrt daran. Es ist euer wahres Leben. Die sexuelle Energie ist eine natürliche Energie: Durch sie wirst du geboren. Sie ist schöpferische Energie. Wenn ein Maler malt oder ein Dichter dichtet oder ein Musiker spielt oder ein Tänzer tanzt, sind das alles Ausdrucksformen dieser Lebenskraft.

Nicht nur Kinder werden aus eurer sexuellen Energie geboren, sondern alles, was der Mensch auf dieser Erde geschaffen hat, ist aus der sexuellen Energie hervorgegangen. Sexuelle Energie kann viele Transformationen erfahren: Auf der untersten Ebene ist sie biologisch, auf der höchsten ist sie spirituell. Man muß verstehen, daß alle schöpferischen Menschen äußerst sexuell sind. Man kann es sehen an den Dichtern, an den Malern, an den Tänzern: Alle kreativen Menschen sind äußerst sexuell, und das gleiche gilt für die Menschen, die ich Mystiker nenne. Vielleicht sind das die sexuellsten Menschen überhaupt, denn sie sind so voller Lebensenergie, übervoll, überfließend ...

Die sexuelle Energie ist euer Potential für das spirituelle Wachstum. Erleuchtung ist nur möglich aufgrund eurer sexuellen Energie.

Ich habe beinahe fünfunddreißig Jahre lang in Büchern aller Art, in seltenen Schriften aus Tibet, Ladakh, China, Japan gesucht – und aus Indien, das die größte Anzahl von Schriften auf der Welt hat ... Nach *einer* Sache habe ich gesucht: Hat es je einen erleuchteten Menschen gegeben, der impotent war? Ein solcher Fall ist nirgendwo aufgezeichnet. Und noch nie ist jemand, der impotent war, ein großer Dichter geworden, oder ein großer Sänger, oder ein großer Bildhauer, oder ein großer Wissenschaftler. Was ist das Problem des Impotenten? Er hat keine Lebenskraft; er ist leer. Er kann nichts erschaffen, und um sich selbst als erleuchtetes Wesen zu erschaffen, benötigt man eine enorme Energie.

Sex ist zu einer Sache auf dem Marktplatz geworden. Einerseits haben die Religionen die sexuelle Energie unterdrückt und dadurch Perversionen in die Welt gesetzt, die in der gefährlichen Krankheit Aids kulminieren, für die es keine Heilung gibt. Das ganze Verdienst gebührt den Religionen, und wenn sie irgendein Gefühl für Menschlichkeit haben, dann sollten sie alle Kirchen und alle Klöster und den Vatikan selbst in Spitäler umwandeln für die Menschen, die an Aids leiden – denn dort sind die Leute zu Hause, die das alles verursacht haben. Sie sind dafür verantwortlich. Sie sind es, die die Männer zwingen, getrennt von den Frauen zu leben; sie sind es, die immer noch darauf bestehen, daß die sexuelle Enthaltsamkeit die grundlegende Voraussetzung für ein religiöses Leben sei. Doch Enthaltsamkeit ist unnatürlich, und etwas Unnatürliches kann niemals die Grundlage für ein religiöses Leben sein.

Weil Enthaltsamkeit etwas Unnatürliches ist und die Männer und Frauen von den Religionen in getrennte Klöster verbannt werden, sind es die Religionen, die den Nährboden für die Homosexualität geschaffen haben. Sie sind die Vorreiter der Homosexualität – und die Homosexualität hat zu Aids geführt, das man nicht einfach als Krankheit bezeichnen kann, weil es nicht zur Kategorie der Krankheiten zählt. Aids ist der Tod selbst. Einerseits haben also die Religionen Perversionen hervorgerufen, andererseits haben sie auf der Monogamie bestanden – was in Wirklichkeit Monotonie bedeutet. Dies hat wiederum den Beruf der Prostituierten ins Leben gerufen. Die Priester sind dafür verantwortlich, daß es Prostituierte gibt. Es ist etwas so Häßliches und Krankes, daß wir so viele schöne Frauen zu Objekten, Waren, Dingen gemacht haben, die wir ausbeuten.

Bis heute hat man immer noch nicht genau begriffen, was Sex eigentlich ist. Es ist nicht notwendig, ihn zu unterdrücken, denn er ist unsere grundlegende Energie. Man muß ihn transformieren, gewiß; man muß ihn zu seiner höchsten Reinheit erhöhen. Und indem ihr anfangt, nach oben zu steigen – und der Name der Leiter ist Meditation –, wird Sex zur Liebe, zum Mitgefühl und schließlich zur Explosion eures inneren Seins, zum Lichterlebnis, zum Erwachen, zur Erleuchtung.

Aber es ist alles sexuelle Energie. Sie kann degenerieren, sie kann zur Perversion werden. Wenn sie jedoch als etwas Natürliches verstanden und durch Meditation darin unterstützt wird, in euch nach oben zur Stille hin aufzusteigen, durch euer Herz aufwärts zu wandern, bis sie schließlich das siebente Zentrum am höchsten Punkt des Körpers erreicht, dann werdet ihr dieser Energie dankbar sein. Bis jetzt fühlt ihr nur Scham.

Diese Scham, diese Schuld geht auf das Konto der organisierten Religionen und deren Begründer. Natürlich muß man sich fragen: Weshalb haben sie aus dem Sex einen solchen Schlamassel gemacht? Und indem sie aus dem Sex einen Schlamassel gemacht haben, haben sie die ganze Welt, ihr Bewußtsein und ihr Wachstum vermasselt. Warum? – Weil das der einfachste Weg war, die Menschheit in Knechtschaft zu halten. Es war der einfachste Weg, die Menschen in der Schuld gefangen zu halten, denn wer sich schuldig fühlt, wird sein Haupt nie zur Revolte erheben können. Darum haben es all die etablierten Interessen darauf angelegt, daß die Menschen ihre Würde, ihre Selbstachtung verlieren, daß sie sich schuldig fühlen und sich schämen. Sie haben unaufhörlich den Sex verurteilt, und ihre Verurteilung hat die ganze Welt in einen unglückseligen, psychisch abnormen Zustand gebracht.

Diese ganzen Verbrechen sind von euren sogenannten tugendhaften Führern, euren religiösen Heiligen begangen worden. Schon seit Tausenden von Jahren richten sie diesen Schaden an. Statt dem Menschen zu helfen, seine Energien zu sublimieren und in Kreativität umzuwandeln, haben sie es bloß fertiggebracht, den Menschen zur Unterdrückung seiner Energien zu zwingen. Unterdrückte Energie aber wird zu einem Krebsgeschwür, unterdrückte Energie erzeugt alle Arten von Perversionen.

Die Lehrerin gibt ihren Schülern die Aufgabe, die aufregendste Sache, die sie sich vorstellen können, an die Tafel zu malen.

Fritzchen kommt nach vorne und zeichnet eine lange Zickzacklinie.

»Was ist das?« fragt die Lehrerin.

»Ein Blitz«, sagt er. »Immer wenn ich einen Blitz sehe, bin ich so aufgeregt, daß ich schreie.«

»Sehr gut«, sagt die Lehrerin.

Als nächste zeichnet Klein-Susi eine lange Wellenlinie. Sie sagt, das ist das Meer, und am Meer ist sie immer ganz aufgeregt. Die Lehrerin findet das ebenfalls ganz ausgezeichnet.

Dann kommt Mäxchen an die Tafel, schreibt: »Mo Di Mi Do«, und geht zurück an seinen Platz.

»Und was soll das«? wundert sich die Lehrerin.

»Das sind Tage«, sagt Mäxchen.

»Und was ist so aufregend an Tagen?«

»Ich weiß auch nicht«, sagt Mäxchen zur Lehrerin, »aber meine Schwester hat schon zweimal keine mehr gekriegt.«

Diese Art Aufregung hat aus der ganzen Welt ein Irrenhaus gemacht, und es wächst weiter so rapide, daß es alle wissenschaftlichen Vorhersagen ständig in den Schatten stellt.

Vor vierzig Jahren, als Indien frei wurde, hatte es vierhundert Millionen Menschen. Jetzt, nur vierzig Jahre später, hat es schon neunhundert Millionen Menschen. In vierzig Jahren sind fünfhundert Millionen Menschen produziert worden! Und bis zum Ende dieses Jahrhunderts, laut Berechnungen der Wissenschaftler, wird es zum ersten Mal die größte Nation der Welt sein! Bisher ist China an erster Stelle gewesen. Es wird die Ein-Milliarden-Grenze überschreiten! Und die religiösen Führer predigen: »Keine Schwangerschaftsverhütung, keine Geburtenkontrolle!«

Sogar als in Äthiopien täglich tausend Menschen starben, predigte der Papst unaufhörlich: »Keine Geburtenkontrolle!«, Mutter Teresa predigte: »Keine Geburtenkontrolle!« Ihr müßt die Zusammenhänge sehen: Mutter Teresa braucht Waisenkinder; ohne Waisenkinder fehlen ihr die Qualifikationen für den Nobelpreis. Doch woher bekommt man Waisenkinder, wenn Verhütungsmethoden angewandt werden? Und groteskerweise verurteilen sie die Geburtenkontrolle, weil sie nicht in Gottes Schöpfung vorkommt, aber die Medizin verurteilen sie nicht, obwohl sie ebenfalls keine Schöpfung Gottes ist. Zumindest wird die Medizin in den sechs Tagen der Welterschaffung nirgends erwähnt!

Die Medizin hat das Leben der Menschen verlängert, und kein religiöser Führer verurteilt das oder verlangt, daß die Medizin aufhören sollte, die Menschen gesünder und älter zu machen. Keinem religiösen Führer würde es einfallen, zu verlangen, daß man Krankheit duldet, weil sie von Gott gewollt ist.

Die Medizin ist akzeptabel. Sie darf die Menschen gesünder machen ... Und natürlich, wenn sie gesünder werden, werden sie auch sexueller. Aber Geburtenkontrolle kommt nicht in Frage, weil dadurch die Zahl der Gläubigen abnehmen würde. Es ist ein Wetteifern um Zahlen. Es gibt inzwischen sechshundert Millionen Katholiken. Es ist die größte Religion auf der Welt – rein zahlenmäßig. Ansonsten ist es die drittklassigste Religion auf der Welt; es ist nicht viel daran, was man religiös nennen könnte. Dennoch ist es die größte Religion, die größte allein aufgrund ihrer Zahlenstärke. Sie können es nicht zulassen, daß die Zahlen abnehmen – selbst auf die Gefahr hin, daß diese Zahlen die ganze Menschheit umbringen.

Ich bin absolut für die Geburtenkontrolle, aus zwei Gründen: Durch die Geburtenkontrolle kann die Welt gesund und ausreichend ernährt werden, und zweitens bewirkt die Anwendung von Maßnahmen zur Schwangerschaftsverhütung, daß der Sex seiner »Unheiligkeit« – beziehungsweise »Heiligkeit« – entkleidet wird. Er wird zu einem simplen Vergnügen, zu einem freudespendenden Austausch von Energien.

Meiner Ansicht nach ist die Pille die größte Erfindung des Menschen überhaupt.

Die Pille bringt die größte Revolution mit sich, denn sie vermag Mann und Frau einander gleichzustellen, sie zu befreien. Ohne die Pille ist die Frau ununterbrochen schwanger, und aufgrund ihrer Schwangerschaften kann sie nicht finanziell unabhängig sein, kann sie nicht bildungsmäßig unabhängig sein, kann sie nicht von der Beherrschung durch den Mann unabhängig sein. Wenn sie erst einmal vom Zwang zur Schwangerschaft befreit ist, wird sie ebensoviel Zeit und ebensoviel Energie haben, um kreativ zu sein. Bisher war die eine Hälfte der Menschheit unkreativ: Es gibt keine großen Dichterinnen, keine großen weiblichen Heiligen, keine großen Musikerinnen, keine großen Künstlerinnen. Die Frauen haben dazu einfach keine Zeit gehabt. Ich habe mich immer gewundert, daß sogar die Kochbücher von Männern und nicht von Frauen geschrieben werden. Die besten Köche sind Männer, nicht Frauen; große Köche findet man in sämtlichen Fünf-Sterne-Hotels – alles Männer. Merkwürdig, wo es doch immer schon eine Domäne der Frau gewesen ist; nur – sie hatte keine Energie übrig.

Wenn es nach diesen religiösen Leuten geht, wird die Frau niemals emanzipiert sein.

Man muß die sexuelle Energie begrüßen und sie durch die Alchimie der Meditation in höhere Seinszustände und in Kreativität jeder Dimension transformieren; sie darf nicht bloß zu immer mehr Kindern führen. Das Leben muß geplant werden – es darf nicht so zufällig ablaufen. (69)

Ich fühle mich so gefangen in der Angst, mit einem Mann intim zu sein und völlig die Kontrolle zu verlieren. In meinem Innern ist diese Wahnsinnsfrau eingesperrt. Wenn sie gelegentlich mal rauskommt, drehen die Männer für gewöhnlich durch, und dann verkriecht sie sich wieder in ihren Winterschlaf, sie geht auf Nummer sicher und ist total frustriert.
Kannst du bitte etwas über diese Angst vor Intimität sagen?

Die Menschheit, und insbesondere die Frau, leidet an vielen Krankheiten. Bis heute waren sämtliche sogenannten Zivilisationen und Kulturen psychologisch krank. Sie haben es nie gewagt, ihre Krankheit überhaupt zu erkennen, aber der erste Schritt zur Behandlung ist die Erkenntnis, daß man krank ist. Und die Beziehung zwischen Mann und Frau ist besonders unnatürlich gewesen.

Dazu muß man sich ein paar Fakten in Erinnerung rufen. Erstens, der Mann hat die Fähigkeit zu nur einem Orgasmus; die Frau ist zu mehrfachen Orgasmen fähig. Daraus ist ein ungeheures Problem entstanden. Es wäre zu keinem Problem geworden, wenn man den Menschen nicht Ehe und Monogamie aufgezwungen hätte. Die Natur scheint eben etwas anderes beabsichtigt zu haben. Der Mann bekommt Angst vor der Frau, einfach deshalb, weil sie, wenn er sie zum Orgasmus bringt, gleich zu mindestens einem halben Dutzend weiterer Orgasmen bereit ist – und er ist nicht in der Lage, sie zu befriedigen. Der Ausweg, den der Mann gefunden hat, ist: Gib der Frau nicht einmal einen einzigen Orgasmus. Ja, nimm ihr überhaupt jede Idee, daß sie einen Orgasmus haben kann.

Zweitens, der Sex des Mannes ist lokal, genital. Das gilt nicht für die Frau: Ihre Sexualität, ihre Sinnlichkeit ist über den ganzen Körper verteilt. Sie braucht länger, um sexuell erregt zu werden, aber noch bevor sie überhaupt warm wird, ist der Mann schon fertig. Er dreht ihr den Rücken zu und fängt an zu schnarchen. Seit Jahrtausenden leben und sterben Millionen von Frauen auf der ganzen Welt, ohne das größte Geschenk der Natur gekannt zu haben: die Freude des Orgasmus. So hat der Mann sein Ego geschützt. Die Frau braucht ein langes Vorspiel, bis ihr ganzer Körper anfängt, vor Sinnlichkeit zu vibrieren, aber das Risiko ist dann: Was macht man mit ihrer Fähigkeit, mehrfache Orgasmen zu haben?

Wenn man es vorurteilsfrei angeht, sollte man entweder den Sex nicht ganz so ernst nehmen und ein paar Freunde mit einladen, damit die Frau das ganze Spektrum ihrer Orgasmen erleben kann, oder aber man könnte einen technischen Vibrator benutzen. Mit beidem gibt es jedoch Probleme. Ein Vibrator vermag so viele Orgasmen hervorzurufen, wie die Frau haben kann, aber wenn eine Frau das erst einmal kennengelernt hat, erscheint das Organ des Mannes so ärmlich dagegen, daß sie vielleicht das technische Gerät, den Vibrator, einem Geliebten vorzieht. Lädst du aber ein paar Freunde mit dazu ein, dann ist es ein Gesellschaftsskandal – du feierst Orgien! So besteht die einfachste Methode, die der Mann gefunden hat, darin, daß die Frau sich nicht einmal bewegen darf, während er mit ihr Sex macht; sie muß fast wie eine Leiche daliegen. Und die Ejakulation des Mannes kommt schnell – in höchstens zwei, drei Minuten; in dieser kurzen Zeit wird sich die Frau überhaupt nicht bewußt, was sie verpaßt.

Für die biologische Fortpflanzung ist der Orgasmus nicht notwendig. Für das spirituelle Wachstum hingegen ist der Orgasmus eine Notwendigkeit. Meiner Ansicht nach hat die orgasmische Erfahrung der Ekstase die Menschen schon früh auf die Idee der Meditation gebracht, um nach einer gesteigerten, intensiveren, vitaleren Erfahrung Ausschau zu halten. Der Orgasmus ist eine Offenbarung der Natur, daß in jedem von uns ein riesiges Potential ekstatischer Freude schlummert. Er gibt uns einen Vorgeschmack davon – damit wir uns auf die Suche machen können.

Die Erfahrung des Orgasmus, ja sogar die Erkenntnis, daß es ihn gibt, ist eine ziemlich neue Entdeckung. Erst in diesem Jahrhundert wurden die Psychologen darauf aufmerksam, welche Probleme die Frauen damit haben. Durch die Psychoanalyse und andere psychologische Richtungen ist man zu demselben Schluß gekommen: Die Frau wird an ihrer spirituellen Entwicklung gehindert; sie bleibt auf dem Niveau einer Dienstmagd.

Zur Zeugung von Kindern genügt die Ejakulation des Mannes; biologisch ist das kein Problem. Aber psychologisch ist es eines. Die Frauen sind reizbarer, mäkeliger, zickiger, und der Grund dafür liegt darin, daß man ihnen etwas vorenthalten hat, was ihr Geburtsrecht ist; und sie haben noch nicht einmal eine Ahnung davon! Nur in der westlichen Gesellschaft hat die jüngere Generation den Orgasmus für sich entdeckt. Und es ist gewiß kein Zufall, daß diese sich auf den Weg gemacht hat, nach der Wahrheit, nach der Ekstase zu suchen – denn so flüchtig der Orgasmus auch ist, gibt er dir doch einen Schimmer des Jenseitigen.

Beim Orgasmus geschieht zweierlei: Das eine ist, daß das Denken mit seinem ständigen Geschnatter aufhört; für einen Moment wird es zum Nicht-Denken. Und das zweite: Die Zeit steht still. Dieser kurze Moment orgasmischer Freude ist so immens und so erfüllend, daß er der Ewigkeit gleicht. Schon in sehr frühen Tagen entdeckten die Menschen, daß es diese beiden Dinge sind, die dir die größtmögliche Lust geben, die die Natur zu geben vermag. Und daraus zogen sie eine einfache und logische Schlußfolgerung: Wenn du deinen schnatternden Verstand stoppen und so still werden kannst, daß alles aufhört – einschließlich der Zeit –, dann bist du frei von der Sexualität. Du brauchst nicht abhängig zu sein von einer anderen Person, Mann oder Frau; du kannst diesen Zustand der Meditation auch allein erreichen. Und der Orgasmus kann nicht mehr als ein flüchtiger Augenblick sein, aber Meditation kann über die ganzen vierundzwanzig Stunden ausgedehnt werden. Ein Mann wie Gautam Buddha lebt jeden Augenblick seines Lebens in orgasmischer Freude – und es hat nichts mit Sex zu tun.

Ich werde immer wieder gefragt, warum so wenige Frauen erleuchtet worden sind. Neben anderen Gründen ist der wichtigste Grund: Sie hatten nie eine Erfahrung des Orgasmus; das Fenster zum grenzenlosen Himmel hat sich nie aufgetan. Sie lebten, gebaren Kinder und starben. Die Frau wurde von der Biologie und vom Mann als Fabrik zur Erzeugung von Kindern benutzt.

Im Osten ist es selbst heute noch sehr schwierig, eine Frau zu finden, die den Orgasmus kennt. Ich habe sehr intelligente, gebildete, kultivierte Frauen gefragt – sie haben keine Ahnung davon. Tatsächlich gibt es in den Sprachen des Ostens nicht einmal ein Wort, das man als Übersetzung für Orgasmus nehmen könnte. Es wurde nicht benötigt; man ist einfach nie darauf gestoßen.

Und der Mann hat der Frau beigebracht, daß nur Prostituierte Spaß am Sex haben dürfen: Sie stöhnen und seufzen und schreien und geraten ganz außer sich. Als ehrbare Lady darf man solche Dinge nicht tun. Also bleibt die Frau angespannt und fühlt sich zutiefst erniedrigt – sie wurde benutzt. Und viele Frauen haben mir berichtet, daß sie nach dem Sex, während ihr Ehemann gleich schnarcht, geweint haben.

Eine Frau ist wie ein Musikinstrument: Ihr ganzer Körper besitzt eine ungeheure Sinnlichkeit, und diese Sinnlichkeit muß entfacht werden. Dazu ist ein Vorspiel nötig. Und nach dem Sex sollte der Mann nicht gleich einschlafen. Das ist häßlich, unzivilisiert, unkultiviert. Eine Frau, die dir so viel

Freude geschenkt hat, braucht auch ein bißchen Nachspiel – schon aus reiner Dankbarkeit.

Deine Frage ist sehr wichtig und wird in Zukunft noch viel wichtiger werden. Dieses Problem muß gelöst werden. Aber die Ehe ist ein Hindernis, die Religion ist ein Hindernis, eure verrotteten alten Ideen sind Hindernisse. Sie hindern die eine Hälfte der Menschheit daran, Freude zu erleben, und ihre ganze Energie, die zu Blüten der Freude aufblühen könnte, wird sauer, vergiftet und äußert sich durch Herumnörgeln und Zickigkeit. All dies Nörgeln, diese Zickigkeit würden verschwinden.

Mann und Frau sollten keinen eheähnlichen Vertrag miteinander haben. Sie sollten sich lieben, aber ihre Freiheit behalten. Sie schulden einander überhaupt nichts. Und das Leben sollte mehr Bewegungsfreiheit zulassen. Eine Frau, die mit vielen Männern Kontakt hat, und ein Mann, der mit vielen Frauen Kontakt hat, sollten die Regel sein. Aber das geht nur, wenn Sex als Spiel gilt, als Spaß. Es ist keine Sünde, es ist Spaß. Und seit der Einführung der Pille fällt die Angst vor dem Kinderkriegen weg.

Die Pille ist meiner Ansicht nach die größte Revolution in der Geschichte der Menschheit.

Ihre Implikationen stehen dem Menschen noch nicht in ihrer ganzen Tragweite zur Verfügung. In der Vergangenheit war das Problem, daß Sex bedeutet hat, mehr und mehr Kinder zu bekommen. Es hat die Frau kaputtgemacht, denn sie war immer schwanger, und ständig schwanger zu sein und zwölf oder zwanzig Kinder zur Welt zu bringen, ist eine Tortur. Man hat die Frauen wie Zuchtvieh benutzt. Aber die Zukunft kann völlig anders aussehen – und der Unterschied wird nicht vom Mann ausgehen. So wie Marx über das Proletariat gesagt hat: »Proletarier der Welt, vereinigt euch, ihr habt nichts zu verlieren« ... aber alles zu gewinnen! Er sah die Gesellschaft in zwei Klassen geteilt: reich und arm. Ich sehe die Gesellschaft in zwei Klassen geteilt: Mann und Frau.

Der Mann ist jahrhundertelang der Herr gewesen, und die

Frau die Sklavin. Man hat sie versteigert, hat sie verkauft, hat sie bei lebendigem Leibe verbrannt. Alles, was an Unmenschlichem getan werden kann, hat man den Frauen angetan – und sie stellen die eine Hälfte der Menschheit dar.

Die Zukunft könnte ein völlig anderes Bild präsentieren. Alle Frauen der Welt müßten nur für ein getrenntes Wahlsystem kämpfen, in dem die Frauen nur Frauen und die Männer nur Männer wählen. Dann würde jedes Parlament zur Hälfte aus Frauen und zur Hälfte aus Männern bestehen. Und die Männer wären in kleine Parteien aufgespalten, aber die Frauen müßten darauf achten, keine Spaltungen zu erzeugen, sondern sich über die grundlegenden Dinge einig zu sein, denn es ist eine Frage von Tausenden von Jahren der Sklaverei: Ihr könnt euch Parteien nicht leisten. Es sollte nur eine einzige internationale Partei der Frauen geben, und diese sollte alle Regierungen der Welt übernehmen.

Dies scheint der einzige Weg zu sein, um den Status der Frauen zu verändern: die freie Anwendung wissenschaftlicher Methoden, die die Beziehung zwischen Mann und Frau transformieren können, und das Aufgeben des Konzeptes der Ehe, die etwas absolut Häßliches ist, weil sie schlichtweg eine Art von Privatbesitz darstellt. Menschen kann man nicht besitzen; sie sind kein Eigentum. Und die Liebe sollte einfach ein fröhliches Spiel sein. Und wenn ihr Kinder wollt, dann sollten die Kinder der Gemeinschaft gehören, so daß die Frau nicht mehr zur Mutter, Ehefrau oder Prostituierten abgestempelt ist. Diese Stempel müssen beseitigt werden.

Deine Frage: *»Ich fühle mich so gefangen in der Angst, intim zu sein und völlig die Kontrolle zu verlieren.«* Jede Frau hat Angst, denn wenn sie mit einem Mann die Kontrolle verliert, dreht der Mann durch. Er packt es nicht; seine Sexualität ist so begrenzt. Weil er der Gebende ist, verliert er beim Sex Energie. Die Frau verliert beim Sex keine Energie – im Gegenteil, sie fühlt sich bereichert. Nun, dies sind Tatsachen, die man in Rechnung stellen muß. Jahrhundertelang hat der Mann die Frau genötigt, sich zu kontrollieren; er hat sie auf Abstand gehalten und ihr nie erlaubt, allzu intim zu werden. Sein ganzes Gerede über Liebe ist eine Farce.

»In meinem Innern ist diese Wahnsinnsfrau eingesperrt. Wenn sie gelegentlich mal rauskommt, drehen die Männer für gewöhnlich durch, und dann verkriecht sie sich wieder in ihren Winterschlaf, sie geht auf Nummer sicher und ist total frustriert.«

Das ist nicht nur deine Geschichte; es ist die Geschichte aller Frauen. Alle leben sie in tiefer Frustration. Und weil sie keinen Ausweg finden, weil sie nicht wissen, was ihnen vorenthalten wird, haben sie nur ein Ventil: Man findet sie in den Kirchen, den Tempeln, den Synagogen, wo sie zu Gott beten. Aber dieser Gott ist ebenfalls ein männlicher Chauvinist. In der christlichen Dreifaltigkeit ist kein Platz für eine Frau. Alle sind Männer: der Vater, der Sohn, der heilige Geist. Es ist der reinste Schwulen-Club.

Da fällt mir ein: Am Anfang erschuf Gott den Mann und die Frau aus Lehm und hauchte ihnen Leben ein. Er erschuf sie als gleich. Aber wenn man sich die Welt ansieht, begreift man: Wer auch immer sie erschaffen hat, war ein bißchen doof. Er erschuf Mann und Frau und machte auch ein kleines Bett für sie zum Schlafen. Das Bett war aber so klein, daß nur eine Person darin schlafen konnte. Sie waren gleich, aber die Frau bestand darauf: Das Bett war für *sie,* und er sollte auf dem Boden schlafen. Ihr werdet euch wundern: In dieser ersten Nacht der Schöpfung nahmen alle Polsterschlachten ihren Anfang.

Sie mußten Gott einschalten. Dabei wäre die Lösung so einfach gewesen: Ein Doppelbett mußte her! Jeder Schreiner hätte es machen können. Aber Gott ist ein Mann, und er ist genauso borniert wie jeder andere Mann. Er demolierte die Frau, machte sie kaputt. Und danach erschuf er Eva, aber jetzt war die Frau nicht mehr dem Manne gleich – sie wurde aus einer von Adams Rippen erschaffen und war nur dazu da, dem Mann zu dienen, für ihn zu sorgen und von ihm benutzt zu werden.

Die Christen erzählen euch nicht die ganze Geschichte. Sie fangen mit ihrer Geschichte bei Adam und Eva an, doch Eva ist bereits auf das Niveau der Sklaverei reduziert. Und seit jenem Tag hat die Frau auf tausenderlei Art und Weise in Sklaverei gelebt. Finanziell hat man ihr nicht erlaubt, unabhängig zu sein. Bildungsmäßig hat man ihr nicht erlaubt, dem Mann gleich zu sein, denn das würde sie finanziell unabhängig machen. Religionsmäßig hat man ihr weder erlaubt, die Schriften zu lesen noch jemand anderem zuzuhören, der die Schriften vorliest.

Der Frau sind auf vielfältige Weise die Flügel gestutzt worden. Und der größte Schaden, der ihr zugefügt wurde, ist die Ehe – denn weder Mann noch Frau sind monogam. Psychologisch gesehen sind sie polygam. So hat man ihre ganze Psychologie auf widernatürliche Weise vergewaltigt. Und weil die Frau vom Mann abhängig war, mußte sie alle möglichen Erniedrigungen hinnehmen – denn der Mann war der Herr, er war der Besitzer, er hatte das ganze Geld. Und um seine polygame Natur zu befriedigen, erschuf der Mann sich Prostituierte.

Die Prostitution ist ein Nebenprodukt der Ehe. Und diese häßliche Institution der Prostitution wird nicht aus der Welt verschwinden, solange die Ehe nicht verschwindet. Sie ist ihr Schatten – denn der Mann will nicht in einer monogamen Beziehung festgenagelt sein, und er hat die Bewegungsfreiheit, er hat das Geld, er hat die Bildung, er hat die ganze Macht. So erfand er die Prostitution. Eine Frau kaputtzumachen, indem man sie zur Prostituierten macht, ist der häßlichste Mord, den man begehen kann. Groteskerweise sind alle Religionen gegen die Prostitution, dabei sind gerade sie deren Ursache. Sie alle sind für die Ehe und können eine einfache Tatsache nicht sehen: daß die Prostitution ihre Existenz der Ehe verdankt.

Jetzt versucht die Frauenemanzipationsbewegung, den Männern all die Dummheiten, die sie mit den Frauen angestellt haben, nachzumachen. In London, New York, San Francisco findet man männliche Prostituierte. Das ist ein neuer Trend. Es ist aber kein revolutionärer Schritt, es ist ein reaktionärer Schritt.

Das Problem ist, daß du nur dann eine orgasmische Erfahrung haben kannst, wenn du beim Sex die Kontrolle verlierst. Deshalb sollten zumindest meine Leute verstehen, daß die Frau stöhnen und seufzen und schreien muß. Das liegt daran, daß ihr ganzer Körper beteiligt ist – total beteiligt. Ihr braucht keine Angst davor zu haben. Es ist ungeheuer heilsam: Sie wird nicht mehr zickig zu euch sein, und sie wird nicht mehr an euch herummäkeln, denn all die Energie, die sonst in die Zickigkeit geht, wird transformiert in eine immense Freude. Und habt keine Angst vor den Nachbarn. Es ist *ihr* Problem, wenn sie sich über euer Stöhnen und Seufzen aufregen, es ist nicht euer Problem. Ihr behindert ja niemanden ...

Macht eure Liebe zu einem wahren Fest, und nicht bloß zu einer schnellen Nummer. Tanzt, singt, macht Musik – und laßt den Sex nicht bloß im Kopf stattfinden. Zerebraler Sex ist nicht authentisch. Sex muß spontan sein. Ihr müßt dafür die richtige Situation kreieren. Euer Schlafzimmer sollte ein heiliger Ort sein, ein Tempel. In eurem Schlafzimmer solltet ihr nichts anderes machen. Singt und tanzt und spielt miteinander, und wenn die Liebe von allein passiert, ganz spontan, dann werdet ihr eine große Überraschung erleben: Die Biologie offenbart euch einen Schimmer von Meditation.

Und macht euch keine Gedanken darüber, daß die Frau ganz außer sich gerät. Sie *muß* verrückt werden: Ihr ganzer Körper gerät in einen völlig anderen Zustand. Sie kann die Kontrolle nicht behalten. Wenn sie kontrolliert, bleibt sie wie eine Leiche. Aber Millionen von Menschen schlafen mit Leichen.

Ich habe eine Geschichte von Cleopatra, der schönsten Frau, gehört: Als sie starb, wurde ihr Körper nach altem ägyptischem Ritus drei Tage lang nicht begraben. In diesen drei Tagen wurde sie vergewaltigt – ihr Leichnam! Als ich das zum ersten Mal hörte, habe ich mich gefragt: Was müssen das für Männer sein, die eine tote Frau vergewaltigen? Aber dann kam mir, daß das vielleicht gar nicht so abwegig ist, denn alle Männer haben die Frauen zu Leichen degradiert, zumindest wenn sie mit ihnen Liebe machen.

Die älteste Abhandlung über Liebe und Sex ist das *kamasutra* von Vatsayana: Aphorismen über den Sex. Er beschreibt vierundachtzig Stellungen für den Geschlechtsverkehr. Als die christlichen Missionare in den Osten kamen, waren sie erstaunt, denn sie kannten nur eine einzige Stellung: der Mann obenauf. So hat der Mann mehr Bewegungsfreiheit, und die Frau liegt unter ihm wie eine Leiche.

Vatsayanas Vorschlag trifft den Nagel auf den Kopf: Die Frau sollte oben sein. Der Mann oben ist etwas sehr Unkultiviertes; die Frau ist zu zart. Aber der Grund, warum die Männer es so eingerichtet haben, daß sie oben sind, ist der, daß sie auf diese Weise die Frau unter Kontrolle haben. Begraben unter dem Monster, bleibt die Schöne zwangsläufig unter Kontrolle. Die Frau darf noch nicht einmal ihre Augen aufmachen, denn dann wäre sie ja eine Dirne. Sie muß sich wie eine Lady benehmen. Diese Position, mit dem Mann oben, nennt man im Osten die Missionarsstellung.

Eine große Revolution in der Beziehung zwischen Mann und Frau steht uns bevor. Rund um die Welt, in den höher entwickelten Ländern, entstehen Institute, wo man den Leuten beibringt, wie man liebt. Es ist traurig, daß sogar die Tiere wissen, wie man liebt, aber der Mensch muß es erst wieder lernen. Und das Wichtigste bei diesem Unterricht sind Vorspiel und Nachspiel. Dadurch wird die Liebe zu einer göttlichen Erfahrung.

Du mußt deine Angst, mit einem Mann intim zu sein und völlig die Kontrolle zu verlieren, loslassen. Laß doch ruhig diesen Dummkopf Angst haben! Wenn er unbedingt Angst haben will, ist das seine Sache. Sei du einfach authentisch, du selbst. Sonst belügst du dich selbst, du machst dir etwas vor und machst dich kaputt. Was spielt es für eine Rolle, wenn der Mann durchdreht und nackt aus dem Zimmer rennt? Schließ die Tür ab! Und laß die ganze Nachbarschaft wissen, daß dieser Mann spinnt. Aber du brauchst dich nicht zu kontrollieren und dir damit die Möglichkeit nehmen, eine orgasmische Erfahrung zu haben.

Durch die Erfahrung des Orgasmus erfahrt ihr Vereinigung

und Verschmelzung, Egolosigkeit, Gedankenfreiheit, Zeitlosigkeit.

Dies kann euch auf den Weg bringen, nach einer Methode zu suchen, wie ihr auch ohne den Mann, ohne den Partner, Ego, Verstand und Zeit verlieren und allein in die orgasmische Freude eintauchen könnt. Das nenne ich wahre Meditation.

Darum komm aus deinem Winterschlaf und hör auf, auf Nummer sicher zu gehen – und deine ganze Frustration wird verschwinden. Warum solltest du dir um den Mann Gedanken machen? Überlaß es ihm, sich zu fragen: »Was mach ich denn nur? Diese Frau wird ja ganz verrückt! Sie springt auf mich drauf und fängt an, mir das Gesicht zu zerkratzen ...!«

Aber hier, an diesem Platz (dem Ashram in Poona), unter meinen Leuten, kann er davon nicht viel Aufhebens machen. Er muß es als eine natürliche Sache hinnehmen. Ansonsten sollte er lieber meditieren – wer sagt denn, daß er mit einer Frau Liebe machen muß? Nicht die Frauen haben die Meditation entdeckt. Vielleicht waren es solche durchgedrehten Männer, die die Meditation für sich entdeckten, nur um den Frauen und all diesen Problemen zu entkommen: Nur noch still sitzen und nichts tun ... und der Frühling kommt, und das Gras wächst von allein. – Laß ihn das doch machen!

Ich habe gehört: Ein fetter Amerikaner geht auf der Straße und sieht ein Schild: »Die neue Wunderkur! Schlank in vierundzwanzig Stunden – tausend Dollar! Schlank in sechs Stunden – fünftausend Dollar!«

Neugierig geworden, betritt er den Laden und fragt die Empfangsdame nach der Vierundzwanzig-Stunden-Kur. Man führt ihn in einen großen Raum. Darin steht ein schönes nacktes Mädchen mit einem Schild um den Hals: »Fang mich und fick mich! Aber zuerst mußt du mich fangen!«

Das ist die Abmagerungskur! – Er findet das sehr verführerisch und denkt: »Wenn das die Tausend-Dollar-Kur ist, dann muß die Fünftausend-Dollar-Kur noch fünfmal besser sein.« Und er bucht gleich für eine sechsstündige Behandlung für fünftausend Dollar.

Er wird entkleidet und in einen anderen großen Raum geführt. Dann wird die Tür hinter ihm verriegelt. Er findet sich allein in dem Raum mit einem riesigen Gorilla. Und auf dem Schild um dessen Hals steht: »Ich fang dich, ich fick dich!«

Mach dir keine Gedanken! Hab Spaß bei dem ganzen Spiel, geh spielerisch damit um. Und wenn ein Mann durchdreht... es gibt noch Millionen anderer Männer! Eines Tages wirst du einen Typen finden, der verrückt genug ist und nicht durchdreht. Und selbst wenn er durchdreht und um das Bett herumrennt: Auf diese Weise kriegt er seine Abmagerungskur ganz umsonst! (70)

An welchem Punkt ist der menschliche Verstand pervertiert worden?

Der menschliche Verstand wurde pervertiert, als er anfing, entgegen seiner eigenen Natur auf die Priester und Politiker zu hören. Perversion fängt in dem Augenblick an, wo du gegen deine Natur gehst. Du kannst deine Natur nicht aus dem Fenster werfen; sie ist in dir drin. Aber wenn du gegen sie angehst, wird ihr natürlicher Ausdruck verhindert. Und wenn der natürliche Ausdruck verhindert wird, findet die unnatürliche Energie einen anderen Weg; sie muß herauskommen.

So zum Beispiel hat das Zölibat zur Folge, daß Millionen von Menschen pervers sind. Ihre Perversion wurzelt in der Idee der sexuellen Enthaltsamkeit, des Zölibats. Daraus entsteht Homosexualität, entsteht lesbische Liebe, entsteht Sodomie, entsteht Pornographie. Und jetzt hat all diese Perversion eine neue Krankheit in die Welt gesetzt: Aids, für das es kein Heilmittel gibt. Aber noch immer sagt kein einziger Mensch, der irgendwie maßgeblich wäre, daß das Zölibat daran schuld ist, denn das würde bedeuten, sämtliche Religionen zu provozieren und sich mit ihnen anzulegen.

Ich hätte nie gedacht, daß die Menschheit so arm ist: Es gibt nicht einmal ein Dutzend Leute, die bereit sind, die Wahrheit auszusprechen, und die nicht zögern, zu gegebener Zeit ihr ganzes Ansehen aufs Spiel zu setzen. Ich bin von den Intellektuellen dieser Welt sehr enttäuscht: Keiner sagt, daß man das Zölibat zum Verbrechen erklären sollte. Im Gegenteil, die Regierungen erlassen Gesetze, die die Homosexualität zum Verbrechen erklären. Ihr macht die Symptome zum Verbrechen – aber *warum* die Leute homosexuell werden, danach fragt niemand.

Und wer sind überhaupt die Menschen, die sich der Homosexualität zuwenden? Die Mönche, Soldaten, Strafgefangenen und die jungen Männer in den getrennten Internaten und Studentenheimen. Sie werden mit vierzehn sexuell reif und müssen mindestens noch zehn Jahre bis zu ihrer Heirat warten. Dabei haben die Biologen festgestellt, daß die Sexualität der Männer, ihre sexuelle Energie, mit etwa achtzehn Jahren den Höhepunkt erreicht. Bis sie dann endlich heiraten, sind sie schon wieder auf dem absteigenden Ast. Aber während sie auf dem Höhepunkt ihrer Energie sind, wird es ihnen verwehrt, mit den Mädchen zusammenzusein. Und dasselbe gilt für die Mädchen. Wenn gemischte Wohnheime nicht erlaubt sind, kommt es zur Homosexualität. Weil man Nonnen und Mönchen nicht erlaubt, zusammen im selben Kloster zu leben, ist die Homosexualität eine Notwendigkeit.

Wenn man ihr die Grundlage entzieht, verschwindet die Perversion. Schafhirten, die mit ihren Schafen allein in entlegenen Gegenden, in den Bergen leben, fangen an, mit ihren Tieren Sex zu haben. So kommt es zur Sodomie: Andere Menschen sind nicht in der Nähe, sie sind völlig allein; also wird ihre sexuelle Energie irgendeinen Ausweg finden.

Perversion gibt es, solange die Religionen den Menschen manipulieren. Die Religionen haben den Menschen ihre Regeln und Disziplinen auferlegt, ohne Verständnis für die menschliche Natur, ohne Kenntnis der menschlichen Psychologie. Und sie tun es immer noch! Sie zwingen Regierungen, die Homosexualität zum Verbrechen zu erklären, auf das mindestens fünf Jahre Gefängnisstrafe stehen. Und das Groteske ist: Im Gefängnis ist die Homosexualität überhaupt gang und gäbe! Wenn man die Homosexuellen einsperrt, gibt man ihnen also erst recht die Gelegenheit dazu – ein neues Betätigungsfeld!

Aber kein Mensch steht auf und weist darauf hin, daß das Zölibat die eigentliche Ursache ist – denn alle Religionen predigen Enthaltsamkeit.

Möglicherweise bin ich der einzige, der dafür eintritt, daß man das Zölibat gänzlich abschaffen sollte und daß Mönche und Nonnen zusammenleben dürfen. Diese ganze Unnatürlichkeit muß aufhören!

Perversion entsteht, weil die Religionen gegen die Natur sind.

Und der Hauptgrund für sämtliche Perversionen ist Gott.

Wenn man will, daß Perversion verschwindet, muß man Gott für tot erklären. Denn nur wenn Gott stirbt, können diese Religionen verschwinden, und die Menschen können endlich ihrer Natur entsprechend in Freiheit leben.

Die Kuh Elsa steht auf der einen Seite des Zauns, und der Bulle Ferdinand auf der andern. Da zwinkert Elsa hinüber zu Ferdinand, und der springt über den Zaun auf ihre Seite.

»Bist du nicht der Bulle Ferdinand?« fragt sie.

»Sag einfach Ferdinand zu mir«, sagt er. »Der Zaun war doch höher, als ich dachte.«

So werden die Dinge pervertiert.

Die Religionen haben sich als die größte vom Menschen erzeugte Katastrophe erwiesen. Ein Desaster, ein Selbstmordversuch des Menschen an sich selbst.

Die Religionen haben lauter unnatürliche Institutionen hervorgebracht: das Zölibat einerseits, und die Ehe andererseits. Und sie haben die Ehe über alles gepriesen. Sie sagen: »Ehen werden im Himmel geschlossen.« Aber fragt die Verheirateten – sie leben in der Hölle. Es ist schon komisch: Die Ehen passieren im Himmel, aber die Verheirateten leben in der Hölle.

Aber wenn jemand irgend etwas gegen die Ehe sagt, verdirbt er es sich sogar mit denen, die selbst in der Hölle leben. Es findet keinen Beifall.

Es gibt eine Anekdote über Leo Tolstoi, Tschechow und Gorki, die drei großen russischen Romanschriftsteller: Vor der Revolution saßen sie in Leo Tolstois Garten und unterhielten sich über alles mögliche, und dabei kamen sie auch auf das Thema Frauen zu sprechen. Tschechow sagte etwas, Gorki sagte etwas, nur Tolstoi schwieg. Da wandten sich die beiden zu ihm und fragten ihn: »Warum sagst du denn nichts dazu?« Und er sagte: »Ich werde etwas dazu sagen, aber erst, wenn ich mit einem Fuß im Grab stehe. Ich werde es sagen, und dann sofort ins Grab springen, denn wenn meine Frau es hört ... Sie macht mir jetzt schon die Hölle heiß. Warum sollte ich es noch schlimmer machen? Also schweige ich lieber.«

Hymie Goldberg klingelt am Tor der psychiatrischen Klinik. Eine Schwester öffnet ihm, und er fragt: »Ist vor kurzem einer ihrer Patienten entsprungen?«

»Warum wollen Sie das wissen?« fragt die Schwester.

Da sagt Goldberg: »Jemand hat meine Frau entführt.« (71)

Was ist deiner Meinung nach die beste Methode, ein Kind zur Welt zu bringen?

Das Kind im Mutterleib kennt keine Angst. Es gibt keinen Grund dafür. Aber sobald es aus dem Schoß der Mutter herauskommt, geht eine große Angst durch sein ganzes Sein. Es wird herausgerissen – so wie wenn man einen Baum mitsamt den Wurzeln aus der Erde reißt: Der ganze Baum kommt ins Zittern und Schwanken; er wird entwurzelt, seine Basis wird zerstört. Er hatte nur diese eine Lebensgrundlage, er kennt keine andere Art zu existieren. Bisher hat die Erde für ihn gesorgt, und jetzt wird er entwurzelt ...

Wenn das Kind aus dem Mutterleib herauskommt, erlebt es den größten Schock seines Lebens.

Nicht einmal der Tod wäre ein solcher Schock, denn er würde ohne Vorwarnung kommen. Wenn der Tod käme, wäre es wahrscheinlich bewußtlos. Aber wenn das Neugeborene aus dem Bauch der Mutter kommt, ist es bei Bewußtsein – ja, es wird zum ersten Mal bewußt. Sein neunmonatiger Schlaf, sein friedlicher Schlaf, wird unterbrochen. Und dann wird die Schnur durchtrennt, die das Kind mit der Mutter verband.

In dem Moment, wo man die Schnur durchschneidet, die das Kind mit der Mutter verbindet, erzeugt man ein angstvolles Individuum. Es ist nicht die richtige Methode. Aber so ist es bisher gemacht worden. Und unwissentlich hat diese Methode für die Priester und die sogenannten Religionen den Weg zur Ausbeutung des Menschen bereitet.

Das Kind muß behutsamer und langsamer von der Mutter losgelöst werden. Es darf nicht ein solcher Schock sein. Und das läßt sich arrangieren. Man kann eine intelligentere Methode finden.

Es sollte kein grelles Licht im Raum sein, denn das Kind hat neun Monate in absoluter Dunkelheit gelebt, und seine Augen, die noch nie das Licht gesehen haben, sind sehr empfindlich. Doch in allen Kliniken sind helle Lampen, Neonlicht, und man setzt das Kind plötzlich diesem Licht aus. Das ist meistens der Grund, warum Menschen an schwachen Augen leiden und später eine Brille brauchen. Kein Tier braucht je eine Brille. Oder habt ihr schon mal ein Tier mit Brille die Zeitung lesen sehen? Seine Augen sind das ganze Leben bis zum Tod völlig gesund. Nur die Menschen ... Und es fängt schon mit der Geburt an.

Das Kind sollte im Dunkeln oder in ganz sanftem Licht, vielleicht bei Kerzenschein, zur Welt kommen. Dunkelheit wäre das Beste, aber wenn etwas Licht gebraucht wird, dann sind Kerzen am besten.

Wie haben es die Ärzte bisher gemacht? Sie geben dem Kind nicht einmal ein bißchen Zeit, um sich an die neue Wirklichkeit zu gewöhnen. Die Art, wie sie das Kind in Empfang nehmen, ist so häßlich! Sie hängen es an den Füßen auf und geben ihm einen Klaps auf den Popo. Dieses unsinnige Ritual soll den Zweck haben, dem Kind zu helfen, daß es den ersten Atemzug macht. Denn im Mutterleib hat es nicht selbst geatmet; die Mutter hat alles für das Kind erledigt: geatmet, gegessen, alles. Was für eine Begrüßung in dieser Welt: kopfüber aufgehängt zu werden und einen Schlag auf den Hintern zu bekommen! Ein toller Anfang! Aber die Ärzte haben es eilig. Das Kind würde sonst nämlich ganz von allein zu atmen anfangen.

Man sollte es auf den Bauch der Mutter legen, obenauf. Und bevor die verbindende Nabelschnur durchtrennt wird, sollte man das Kind eine Weile auf dem Bauch der Mutter liegen lassen. Vorher war es innen drinnen, unterhalb – jetzt ist es obendrauf. Das ist keine allzu große Veränderung. Die Mutter ist nahe; das Kind kann sie fühlen, sie berühren. Es ist mit ihrer Schwingung vertraut. Es weiß ganz genau, daß dieser Bauch sein Zuhause ist. Jetzt ist es herausgekommen, aber das ist sein Zuhause. Laßt das Kind eine Weile so mit der Mutter sein, damit es sich von außen an sie gewöhnen kann; von innen ist sie ihm vertraut. Und die verbindende Schnur schneidet erst durch, wenn das Kind von selbst zu atmen angefangen hat.

Aber wie wird es heute gemacht? Man durchschneidet die Schnur und schlägt das Kind, damit es zu atmen anfängt. Es passiert unter Zwang, es ist gewaltsam – und außerdem völlig unwissenschaftlich und unnatürlich!

Laßt das Kind von alleine atmen. Es wird ein paar Minuten dauern. Habt es nicht gar so eilig! Es geht ja schließlich um das ganze Leben dieses Menschen. Geht halt für zwei oder drei Minuten länger eine Zigarette rauchen oder flüstert eurer Freundin noch ein paar Nettigkeiten ins Ohr. Wem schadet das schon? Wozu die Eile? Habt ihr nicht mal drei Minuten für das Kind übrig? Länger braucht es nicht. Wenn man es einfach in Ruhe läßt, fängt das Kind innerhalb von drei Minuten zu atmen an. Und wenn es von allein zu atmen anfängt, entsteht das Vertrauen, daß es auch allein leben kann. Und dann könnt ihr die Schnur durchschneiden, dann ist sie unnötig geworden. Es wird kein Schock mehr sein für das Kind.

Und dann das Wichtigste: Steckt das Kind nicht unter Decken oder ins Bett. Neun Monate lang war es ohne Decke, nackt, ohne Kissen, ohne Bettlaken, ohne Bett. Macht nicht so schnell eine so große Veränderung. Das Kind braucht eine kleine Wanne mit Wasser von der gleichen Zusammensetzung wie im Mutterleib – eine Lösung wie Meerwasser: dieselbe Menge Salz, dieselbe Menge chemischer Substanzen, genau gleich. Dies ist ein zusätzlicher Beweis, daß das Leben zuerst im Meer entstanden sein muß. Es entsteht immer noch in Meerwasser. Darum fängt eine Schwangere an, Salziges zu essen; ihre Gebärmutter nimmt das Salz auf. Das Kind braucht also genau das gleiche Salzwasser wie im Meer. Bereitet eine kleine Wanne davon vor und legt das Kind hinein, dann wird es sich wunderbar geborgen fühlen. Es ist eine vertraute Situation.

Ein japanischer Zen-Mönch hat durch ein phantastisches Experiment bewiesen, daß ein drei Monate altes Baby schon schwimmen kann. Er hat sich langsam herangetastet: Zuerst probierte er es mit neun Monate alten Babys, dann mit sechs Monate und schließlich mit drei Monate alten Babys. Und ich sage ihm, er ist noch weit entfernt! Sogar ein Neugeborenes kann schwimmen, denn das hat es schon im Bauch der Mutter getan.

Gebt also dem Kind eine Situation, die ähnlich ist wie im Mutterbauch. Auf diese Weise wird es mehr Vertrauen haben, und kein Priester wird es so leicht ausbeuten und ihm mit dem Höllenfeuer und all diesem Humbug kommen können. (72)

9. KAPITEL

Ernährung

Kannst du über den Zusammenhang zwischen Ernährung und Körper reden?

Den mystischen Traditionen des Osten zufolge ist alles, was du zu sein glaubst, nichts anderes als Nahrung. Dein Körper ist Nahrung, dein Geist ist Nahrung, deine Seele ist Nahrung. Jenseits der Seele gibt es jedoch mit Sicherheit etwas, was nicht Nahrung ist. Dieses Etwas wird *anatta,* Nicht-Selbst, genannt. Es ist völliges Leersein. Buddha nennt es *shunya,* die Leere. Es ist reiner Raum. Es beinhaltet nichts als sich selbst; es ist inhaltloses Bewußtsein.

Solange ein Inhalt da ist, gibt es Nahrung, und mit Nahrung ist alles gemeint, was von außen aufgenommen wird. Der Körper braucht physische Nahrung; ohne sie wird er aufhören zu existieren. Durch sie überlebt er; er enthält nichts als physische Nahrung.

Dein Geist beinhaltet Erinnerungen, Gedanken, Wünsche, Begierden, Eifersucht, Macht-Trips und tausenderlei andere Dinge. Das ist auch alles Nahrung, auf einer subtileren Ebene ist es Nahrung. Gedanken sind Nahrung. Wenn du nährende Gedanken hast, weitet sich deine Brust; wenn du Gedanken hast, die dir Energie geben, fühlst du dich gut. Jemand sagt etwas Schönes über dich, ein Kompliment, und sieh, was mit dir passiert: Du fühlst dich genährt. Jemand sagt etwas Falsches über dich, und beobachte: Es ist, als ob dir etwas weggenommen wird; du fühlst dich schwächer als vorher.

Das Denken ist Nahrung in subtiler Form. Der Geist ist nichts anderes als die Innenseite des Körpers. Darum beeinflußt das, was du ißt, dein Denken. Wenn du Fleisch ißt, wirst du in einer bestimmten Art und Weise denken. Wenn du dich vegetarisch ernährst, wird dein Denken mit Sicherheit eine andere Qualität haben.

Wißt ihr, was die bedeutsamste Tatsache in der indischen Geschichte ist? – Indien hat in seiner ganzen zehntausendjährigen Geschichte nie irgendein Land angegriffen. Niemals – nicht ein einziger aggressiver Akt! Wie ist das möglich? Warum? Die Menschen sind die gleichen hier wie anderswo. Aber es ist einfach so, daß eine andere Art von Körper einen anderen Geist hervorgebracht hat.

Du kannst es selbst beobachten. Iß etwas und beobachte; iß etwas anderes und beobachte. Mach dir Notizen, und du wirst bewußter werden. Du wirst überrascht sein, du wirst entdecken, daß alles, was du verdaust, nicht nur physisch ist: Es hat auch einen psychologischen Aspekt. Es macht deinen Geist empfänglich für bestimmte Ideen, bestimmte Wünsche.

Darum hat man seit alters her eine Art der Ernährung gesucht, die den Verstand nicht stärkt, sondern ihm hilft, sich aufzulösen; eine Art der Ernährung, die nicht das Denken, sondern die Meditation, das Nicht-Denken fördert.

Es lassen sich aber keine festen, fertigen Regeln aufstellen, weil die Menschen verschieden sind und jeder für sich selbst entscheiden muß.

Und beobachte auch, was du in deinen Kopf hereinläßt. Die Leute sind völlig unachtsam; sie lesen ständig alles und jedes, sie sehen ständig fern – jedes dumme, blödsinnige Stück. Sie hören ständig Radio, klatschen und tratschen mit Leuten, und alle stopfen sich ständig gegenseitig Müll in die Köpfe. Müll ist alles, was sie haben.

Vermeide solche Situationen, in denen du unnötigerweise mit Müll beladen wirst. Du hast schon zuviel davon! Du mußt ihn loswerden. Aber du sammelst immer mehr davon an, als ob es etwas besonders Wertvolles wäre.

Rede weniger, höre nur auf das Wesentliche, sei telegraphisch beim Reden und Zuhören. Wenn du weniger redest, wenn du weniger zuhörst, wirst du nach und nach erleben, wie ein Gefühl von Sauberkeit, von Reinheit in dir aufsteigt –

so als hättest du gerade ein Bad genommen. Das ist der notwendige Nährboden für die Meditation.

Und lies nicht immer jeden Mist.

Ich hatte einmal einen verrückten Nachbarn, der sich sehr für Zeitungen interessierte. Er kam jeden Tag, um alle Zeitungen von mir einzusammeln. Wenn er manchmal krank oder ich nicht zu Hause war, kam er später vorbei. Einmal war ich zehn Tage weg, und als ich wieder da war, kam er, um sich die Zeitungen abzuholen.

Ich sagte ihm: »Aber die sind doch schon zehn Tage alt!«

Er sagte: »Was macht das schon! Es ist ja immer der gleiche Mist! Nur das Datum ist anders.«

Dieser Verrückte muß einen lichten Augenblick gehabt haben. Ja, es gibt sehr verstörte Augenblicke im Leben der sogenannten »normalen« Leute, und umgekehrt auch. Er sprach die Wahrheit, als er sagte: »Es ist derselbe alte Schrott. Was spielt das für eine Rolle? Ich habe viel Zeit, und ich brauche etwas zu tun.«

Ich fragte ihn: »Was hast du denn in diesen zehn Tagen gemacht?«

Er sagte: »Ich hab die alten Zeitungen gelesen – immer wieder von vorn.«

Laß ein paar Pausen in deinem Denken, in denen du nicht beschäftigt bist. Diese Momente des unbeschäftigten Bewußtseins sind der erste Schimmer von Meditation, der erste Vorbote des Jenseitigen, das erste Aufleuchten des Nicht-Denkens. Und wenn dir das gelingt, dann solltest du außerdem darauf achten, keine Nahrung zu dir zu nehmen, die Aggression und Gewalt fördert – keine Nahrung, die vergiftet ist.

Heute bestätigen auch die Wissenschaftler, daß beim Töten eines Tieres durch die Angst alle möglichen Gifte freigesetzt werden. Der Tod ist keine leichte Sache. Wenn ihr ein Tier tötet, beginnt es vor Angst innerlich zu zittern – das Tier möchte weiterleben. Alle möglichen Gifte werden freigesetzt.

Wenn du Angst hast, schüttet auch dein Körper Giftstoffe

aus. Diese Gifte haben einen Zweck: Sie versetzen dich in die Lage, entweder zu kämpfen oder die Flucht zu ergreifen. Manchmal geschieht es, daß du aus Wut Dinge tun kannst, die du dir sonst niemals zugetraut hättest. Du kannst plötzlich einen Felsen bewegen, den du normalerweise nicht einmal zum Wackeln gebracht hättest. Aber Wut ist da, und Gift wird freigesetzt.

Aus Angst können Menschen so schnell rennen, daß sie sogar Olympialäufer hinter sich lassen. Stell dir mal vor, wie du rennst, wenn jemand mit einem Dolch hinter dir her ist, um dich zu töten! Du wirst dein Bestes geben; dein ganzer Körper wird auf Hochtouren laufen.

Wenn ein Tier getötet wird, erlebt es Wut, Angst und Panik. Es schaut dem Tod ins Gesicht: Alle Drüsen des Tieres setzen die verschiedensten Giftstoffe frei. Deshalb kam man auf die Idee, die Tiere bewußtlos zu machen, ihnen Betäubungsmittel zu geben, bevor man sie tötet. In den modernen Schlachthäusern werden Betäubungsmittel eingesetzt. Aber das macht keinen so großen Unterschied – oder nur einen sehr oberflächlichen, denn im tiefsten Kern, wohin kein Betäubungsmittel jemals reichen kann, findet die Begegnung mit dem Tod statt. Das passiert vielleicht nicht bewußt, das Tier ist sich dessen nicht bewußt, aber es passiert wie in einem Traum. Das Tier erlebt einen Alptraum.

Fleisch zu essen bedeutet, vergiftete Nahrung zu essen.

Vermeidet alles, was auf der physischen Ebene vergiftet ist, und vermeidet alles, was auf der psychischen Ebene vergiftet ist. Und auf der psychischen Ebene sind die Dinge komplizierter.

Wenn du denkst, du bist ein Hindu, bist du vergiftet. Wenn du denkst, du bist ein Moslem, bist du vergiftet. Wenn du denkst, du bist ein Christ, ein Dschaina, ein Buddhist, bist du vergiftet. Und ihr seid langsam vergiftet worden – so langsam, daß ihr euch daran gewöhnt habt. Ihr seid süchtig.

Es ist euch vom ersten Tag an mit dem Löffel eingegeben worden; schon mit der Muttermilch seid ihr vergiftet worden. Jede Art von Konditionierung ist Gift. Zu denken, daß man ein Hindu ist, bedeutet, sich selbst von der Menschheit getrennt zu sehen. Zu denken, daß man ein Deutscher oder ein Chinese ist, bedeutet, sich selbst von der Menschheit getrennt zu sehen; es bedeutet, feindschaftlich und nicht freundschaftlich zu denken.

Versteht euch selbst nur als Menschen. Wenn ihr ein wenig Intelligenz habt, werdet ihr euch selbst nur als menschliches Wesen sehen können, und wenn eure Intelligenz etwas weiter reicht, werdet ihr sogar das Attribut »menschlich« fallenlassen. Ihr werdet euch selbst einfach nur als ein Wesen betrachten. Und »Wesen« umfaßt alles: die Bäume und die Berge und die Flüsse und die Sterne und die Vögel und die Säugetiere.

Werdet größer, werdet grenzenlos. Warum lebt ihr in Höhlen? Warum verkriecht ihr euch in kleine dunkle schwarze Löcher? Aber ihr denkt, daß ihr in großen ideologischen Systemen lebt. Ihr lebt *nicht* in großen ideologischen Systemen, weil es keine großen ideologischen Systeme gibt. Keine Idee ist groß genug, den Menschen zu beinhalten. Kein Begriff kann das Sein umfassen. Alle Begriffe verkrüppeln und lähmen.

Sei kein Katholik und kein Kommunist – sei einfach ein Mensch. Das ist alles Gift, das sind alles Vorurteile. Seit eh und je bist du durch diese festgelegten Vorstellungen hypnotisiert worden. Sie sind dir ins Blut, in die Knochen, bis ins Mark gegangen. Du mußt sehr wachsam sein, um all diese Vergiftungen loszuwerden.

Dein Körper ist nicht so sehr vergiftet wie dein Denken. Der Körper ist ein einfaches Phänomen; er kann sehr leicht gereinigt werden. Wenn du bis jetzt von nicht-vegetarischer Nahrung gelebt hast, kannst du damit aufhören – das ist keine große Sache. Und wenn du aufhörst, Fleisch zu essen, wird dein Körper innerhalb von drei Monaten vollständig frei sein von all den Giften, die durch nicht-vegetarisches Essen entstanden. Es ist einfach. Die Physiologie ist nicht sehr kompliziert.

Aber das eigentliche Problem liegt in der Psychologie. Ein Dschaina-Mönch ißt niemals vergiftetes Essen, ißt niemals

Fleisch, aber sein Geist ist durch den Dschainismus so verunreinigt und vergiftet wie kein anderer.

Wahre Freiheit ist Freiheit von jeglicher Ideologie. Könnt ihr nicht einfach ohne irgendeine Ideologie leben? Wozu braucht ihr eine Ideologie? Warum ist eine Ideologie so unbedingt nötig?

Sie ist nötig, weil sie euch hilft, dumm zu bleiben. Sie ist nötig, weil sie euch hilft, unintelligent zu bleiben. Sie ist nötig, weil sie euch vorgefertigte Antworten liefert und ihr nicht selbst eure Antwort finden müßt.

Der wirklich intelligente Mensch wird sich an keiner Ideologie festklammern – wozu auch? Er wird nicht die Last vorgefertigter Antworten mit sich herumschleppen. Er weiß, daß er genug Intelligenz besitzt, um sich in jeder möglichen Situation zurechtzufinden. Wozu die unnötige Last der Vergangenheit tragen? Welchen Sinn soll das haben?

Wenn du deine vergiftete Nahrung aufgibst, wirst du dich wundern: Eine neue Intelligenz wird in dir freigesetzt. Und diese neue Intelligenz wird es dir ermöglichen, dich nicht weiterhin mit Schrott vollzustopfen. Diese neue Intelligenz wird dich in die Lage versetzen, die Vergangenheit und ihre Erinnerungen fallenzulassen, unnötige Wünsche und Träume fallenzulassen, Eifersucht, Wut, Traumata und alle Arten von psychologischen Verletzungen loszulassen.

Weil ihr eure psychologischen Wunden nicht loslassen könnt, werdet ihr Opfer des Psycho-Schwindels. Die Welt ist voll von Psychoanalytikern der verschiedensten Richtungen; es gibt sie in allen Schattierungen. Die Welt ist voll von allen möglichen Psychotherapien. Aber warum werden so viele Psychotherapien gebraucht? – Sie werden gebraucht, weil ihr nicht intelligent genug seid, eure eigenen Wunden zu heilen. Anstatt sie zu heilen, anstatt sie dem Wind und der Sonne zu öffnen, bemüht ihr euch weiter, sie im Verborgenen zu halten.

Ihr braucht Psychotherapeuten, damit sie euch helfen, eure Wunden ans Tageslicht zu bringen, so daß sie heilen können, so daß es möglich wird, sie ausheilen zu lassen. Aber es ist sehr schwierig, einen wirklichen Psychotherapeuten zu finden. Von hundert Psychotherapeuten sind neunundneunzig Psycho-Schwindler, keine Psychotherapeuten.

Vielleicht erstaunt es euch zu hören, daß mehr Psychotherapeuten und Psychoanalytiker Selbstmord begehen als Menschen irgendeines anderen Berufs. Die Rate ist fast doppelt so hoch. Was sind das für Menschen? Und wie können sie anderen helfen? Was haben sie eigentlich die ganze Zeit gemacht, als sie anderen geholfen haben?

Mehr Psychoanalytiker werden verrückt, geisteskrank, als Menschen in anderen Berufen. Es sind fast doppelt so viele. Warum? Und sie wollten anderen Menschen helfen, geistig gesund zu werden, während sie selbst geisteskrank waren. Es ist sehr wahrscheinlich, daß sie sich wegen ihrer eigenen Geisteskrankheit für Psychotherapie interessierten. Vielleicht versuchten sie auf diese Weise, Heilung für sich selbst zu finden.

Es mag euch überraschen zu hören, daß Psychotherapeuten der einen Richtung zu Psychotherapeuten der anderen Richtung in Therapie gehen. Der Freudianer geht zum Jungianer, der Jungianer geht zum Freudianer und so weiter und so fort. Das ist eine sehr merkwürdige Situation.

Wenn deine Intelligenz in dir frei wird, kannst du alles tun, was nötig ist. Du kannst deine eigenen Wunden heilen, du kannst deine eigenen Traumata sehen; du mußt nicht zu einem Primärtherapeuten gehen.

Ich lasse alle Arten von Therapie in dieser Kommune zu (Oshos Sannyas-Ashram und Therapiezentrum in Poona). In der Tat, nirgendwo sonst auf der Welt stehen so viele Psychotherapien zur Verfügung. Warum erlaube ich diese Therapien? Einfach wegen euch, weil ihr noch nicht bereit seid, eure Intelligenz freiwerden zu lassen.

In dem Maße, in dem die Kommune tiefer und tiefer zur Verwirklichung des inneren Wesens vordringt, können wir die Therapien fallenlassen. Wenn die Kommune wirklich zum Blühen kommt, wird keine Therapie mehr nötig sein. Dann ist Liebe die Therapie, dann ist Intelligenz die Therapie. Dann ist das Leben von Tag zu Tag, von Augenblick zu Augenblick, aufmerksam und bewußt, die Therapie. Dann sind alle Dinge, die du den Tag über machst – Saubermachen und Kochen und Waschen –, die Therapie.

Therapien gibt es hier nur vorübergehend. An dem Tag, an dem ich davon überzeugt bin, daß die meisten von euch über die Therapien hinausgewachsen sind, werden die Therapien verschwinden, weil dann die Mehrheit von euch in der Lage sein wird, auch die anderen zur Intelligenz hinüberzuziehen.

Wir versuchen, eine intelligente Form des Lebens zu finden. Ich habe nicht viel von einem religiösen Menschen an mir; ich bin kein Heiliger, ich habe nichts mit Spiritualität am Hut. Alle diese Kategorien treffen auf mich nicht zu. Man kann mich in keine Kategorie einordnen, in keine Schublade stecken. Aber eines kann man sagen: daß meine ganze Anstrengung dahingeht, euch zu helfen, jene Energie in euch freizusetzen, die man »Liebes-Intelligenz« nennen könnte. Wenn Liebes-Intelligenz frei wird, bist du geheilt.

Die dritte Art vergifteter Nahrung ist spirituell. Dies betrifft das Ego. Das Ego braucht ständige Aufmerksamkeit; es nährt sich von Aufmerksamkeit; Aufmerksamkeit ist seine Nahrung. Aber nicht nur der Politiker giert nach Aufmerksamkeit – immer mehr Aufmerksamkeit von immer mehr Leuten –, auch eure sogenannten Heiligen tun dasselbe.

Es gibt keinen Unterschied zwischen Heiligen und Politikern und Filmstars, überhaupt keinen Unterschied. Ihr grundlegendes Bedürfnis ist das gleiche – Aufmerksamkeit: »Mehr Leute sollen auf mich aufmerksam werden, mehr Leute sollen zu mir aufschauen.« Das wird zur Nahrung für das Ego, und es ist das subtilste Gift.

Physisch, psychologisch, spirituell – laß deinen physiologischen Körper rein sein von allen inneren und äußeren Giften und deinen Geist unbelastet von allen Arten von Müll und Schrott. Und laß deine Seele frei sein von der Idee des »Ich«. Wenn die Seele frei ist von der Idee des »Ich«, dann bist du in dem inneren Raum angekommen, den man Nicht-Selbst, *anatta,* nennt. Das ist Freiheit, das ist *nirvana,* das ist Erleuchtung. Du bist nach Hause gekommen. Jetzt mußt du nirgendwo mehr hingehen; jetzt kannst du dich niederlassen, ausruhen und entspannen. Jetzt kannst du die millionenfachen Freuden genießen, mit denen die Existenz dich überschüttet.

Wenn diese drei Arten von vergifteter Nahrung fallengelassen werden, wirst du leer. Aber diese Leere ist keine negative Leere. Dann bist du leer in dem Sinne, daß alle Gifte, alle Inhalte verschwunden sind. Gleichzeitig aber bist du voll – voll von etwas, das man nicht benennen kann, voll von etwas, das manche »Gott« nennen. (73)

Kein Tier ernährt sich wie der Mensch. Jedes Tier hat seine spezielle Nahrung. Wenn man Kühe in den Garten führt und sich selbst überläßt, werden sie nur ein ganz bestimmtes Gras fressen. Sie werden nicht wahllos alles fressen – sie sind sehr wählerisch. Sie wissen instinktiv, was sie fressen müssen. Nur der Mensch ist völlig desorientiert, er hat keinen Instinkt für sein Essen. Er ißt wahllos alles mögliche. Man kann eigentlich nichts finden, was nicht irgendwo auf der Welt von Menschen gegessen wird. An manchen Orten ißt man Ameisen, an manchen Orten ißt man Schlangen, an manchen Orten ißt man Hunde. Die Menschen essen einfach alles. Die Menschen sind verrückt. Sie haben keine Ahnung, was in Harmonie mit ihrem Körper ist und was nicht. Sie sind total verwirrt.

Der Mensch sollte natürlicherweise Vegetarier sein, denn sein ganzer Körper ist für vegetarische Nahrung gemacht. Auch die Wissenschaftler geben zu, daß der Mensch entsprechend der Struktur seines Körpers kein Fleischesser sein sollte. Der Mensch stammt von den Affen ab, und die Affen sind Vegetarier – strenge Vegetarier. Wenn Darwin recht hat, dann sollte der Mensch also Vegetarier sein. Es gibt heute Methoden, um festzustellen, ob eine bestimmte Tierart zu den Pflanzen- oder Fleischfressern gehört: Es hängt vom Darm, von der Länge des Darmtraktes, ab.

Fleischfressende Tiere haben einen sehr kurzen Darm. Tiger und Löwen haben einen sehr kurzen Darm, weil Fleisch vorverdaute Nahrung ist. Es bedarf keines langen Darms, um es zu verdauen. Die Arbeit des Verdauens hat das Tier schon geleistet. Und jetzt eßt ihr das Fleisch dieses Tieres. Es ist schon einmal verdaut worden, deshalb ist kein langer Darm nötig. Der Darm des Menschen ist einer der längsten. Das bedeutet, daß der Mensch ein Pflanzenfresser ist. Ein langer Verdauungsweg ist nötig, und eine große Menge Kot muß ausgeschieden werden.

Wenn der Mensch, der also kein Fleischfresser ist, trotzdem immer Fleisch ißt, wird der Körper stark belastet. Im Osten ist diese Tatsache von allen großen Meditierern – Buddha, Mahavira ... – betont worden. Dabei geht es gar nicht um die Idee der Gewaltlosigkeit – die ist sekundär –, sondern darum: Wenn du wirklich tief in Meditation gehen willst, muß der Körper gewichtslos, natürlich und im Fluß sein. Der Körper muß unbeschwert sein. Aber der Körper eines Menschen, der Fleisch zu sich nimmt, ist sehr stark belastet.

Beobachte einmal, was geschieht, wenn du Fleisch ißt. Wenn du ein Tier tötest, was passiert mit dem Tier, wenn es getötet wird? Natürlich will kein Lebewesen getötet werden. Das Leben will sich selbst erhalten; das Tier stirbt nicht freiwillig. Wenn jemand dich tötet, wirst du nicht bereitwillig sterben. Wenn ein Löwe sich auf dich stürzt und dich tötet, was wird in deinem Bewußtsein vor sich gehen? Dasselbe passiert mit dem Löwen, wenn du ihn tötest: Furcht, Qual, Agonie, Todesangst, Wut, Schmerz, Aggression, Trauer – all dies passiert mit dem Tier. Im ganzen Körper breiten sich Gewalt, Schrecken und Entsetzen aus. Der ganze Körper wird überschwemmt von Toxinen und Giftstoffen. Sämtliche Drüsen setzen Gifte frei, denn das Tier leistet großen Widerstand gegen das Sterben. Und dann nimmst du dieses Fleisch zu dir – dieses Fleisch enthält all die Gifte, die das Tier freigesetzt hat. Die ganze Energie ist vergiftet, und dann werden diese Gifte von deinem Körper aufgenommen.

Und das Fleisch, das du ißt, gehörte zum Körper eines Tieres und hatte dort einen ganz bestimmten Zweck. Eine bestimmte Art von Bewußtheit war im Körper des Tieres vorhanden. Du aber bist auf einer höheren Bewußtseinsstufe, und wenn du das Fleisch des Tieres ißt, geht dein Körper auf die tiefere Ebene, auf die niedrigere Stufe des Tieres. Dadurch entsteht eine Kluft zwischen deinem Bewußtsein und deinem Körper, und daraus resultieren Spannung und Unruhe.

Man sollte die Dinge essen, die natürlich sind – natürlich für den Menschen. Obst, Nüsse, Gemüse – iß davon so viel, wie du kannst. Und das Schöne daran ist, daß du nicht mehr davon essen kannst, als du brauchst. Alles, was natürlich ist, gibt dir immer eine Befriedigung, weil es deinen Körper satt macht, weil es dich sättigt. Es macht dich zufrieden. Das, was unnatürlich ist, gibt dir nie dieses Gefühl von Zufriedenheit. Du kannst ein Eis nach dem andern essen – du fühlst dich nie richtig satt. Im Gegenteil, je mehr du davon ißt, desto mehr möchtest du essen. Es nährt dich nicht, dein Verstand wird nur ausgetrickst. Du ißt es nur, weil es gut schmeckt, und nicht, weil dein Körper es braucht. Die Zunge hat die Kontrolle übernommen.

Die Zunge sollte nicht die Kontrolle haben. Sie hat keine Ahnung vom Magen; sie hat keine Ahnung vom restlichen Körper. Die Zunge hat eine bestimmte Aufgabe zu erfüllen: die Nahrung zu schmecken. Von Natur muß die Zunge beurteilen, welches Essen für deinen Körper geeignet und welches Essen für deinen Körper nicht geeignet ist. Sie ist einfach ein Wächter an der Tür; sie ist nicht der Herr im Haus. Wenn jedoch der Türwächter zum Hausherrn wird, dann gerät alles durcheinander.

Die Werbung weiß heute sehr gut, wie man Zunge und Nase täuschen kann – und sie weiß, daß dies nicht die Herren sind. Vielleicht ist euch gar nicht bewußt, wieviel Lebensmittelforschung auf dieser Welt betrieben wird. Man hat herausgefunden, wenn man dir Nase und Augen zuhält und dir eine Zwiebel zu essen gibt, dann kannst du nicht sagen, was du ißt. Mit zugehaltener Nase kannst du eine Zwiebel nicht von einem Apfel unterscheiden, weil der Geschmack zur Hälfte vom Geruchssinn kommt. Er wird von der Nase mitbestimmt, und zur Hälfte wird er von der Zunge bestimmt. Und diese beiden haben die Kontrolle übernommen. Heute weiß man:

Ob Eiskrem nahrhaft ist oder nicht, spielt keine Rolle. Man kann ein Aroma zusetzen, man kann bestimmte chemische Stoffe zusetzen, die zwar die Zunge befriedigen, aber vom Körper nicht benötigt werden.

Die Menschen sind verwirrt – verwirrter als die Kühe. Man kann eine Kuh nicht überreden, ein Eis zu essen. Versucht es mal!

Natürliche Ernährung – und mit »natürlich« meine ich das, was euer Körper braucht ...

Ein Tiger hat andere Bedürfnisse; er muß sehr aggressiv sein. Wenn du das Fleisch eines Tigers ißt, wirst du aggressiv, aber wie wird sich deine Aggressivität Ausdruck verschaffen? Du lebst in der menschlichen Gesellschaft und nicht im Dschungel. Du wirst die Aggressionen unterdrücken müssen. Damit beginnt ein Teufelskreis. Was geschieht, wenn du die Aggression unterdrückst? Wenn du dich wütend und aggressiv fühlst, wird eine bestimmte vergiftete Energie freigesetzt, denn das Gift versetzt dich erst in die Lage, daß du wirklich gewalttätig werden und jemanden töten kannst. Die Energie geht in deine Hände, in deine Zähne – das sind die beiden Körperteile, wo Tiere ihre Aggression ausdrücken. Aber auch der Mensch gehört dem Tierreich an ...

Wenn du wütend bist, wird Energie frei – sie gelangt in die Hände, in die Zähne, in den Kiefer –, aber du lebst in der menschlichen Gesellschaft, und dort ist es nicht immer von Vorteil, wenn man wütend wird. Du lebst in einer zivilisierten Welt; du kannst dich nicht wie ein Tier verhalten. Wenn du dich wie ein Tier verhältst, wirst du einen zu hohen Preis dafür zahlen müssen – und du bist nicht bereit, soviel dafür zu bezahlen. Was wirst du also tun? Du wirst die Wut in deiner Hand und in deinen Zähnen unterdrücken; du wirst weiter ein falsches Lächeln lächeln, und in deinen Zähnen wird sich die Wut weiter anstauen.

Selten bekomme ich Leute mit einem natürlichen Kiefer zu Gesicht. Er ist nicht natürlich, sondern blockiert und steif, weil soviel Wut darin steckt. Wenn man den Kiefer einer Person preßt, kann die Wut frei werden. Auch die Hände werden mit der Zeit häßlich; sie verlieren ihre Anmut, ihre Flexibilität, weil dort zuviel Wut unterdrückt wird. Wer mit Tiefenmassage arbeitet, macht die Erfahrung, daß Leute, denen man die Hände tief berührt und massiert, oft anfangen, wütend zu werden – ohne Grund. Du massierst jemanden, und plötzlich steigt Wut in ihm auf. Du preßt seinen Kiefer, und wieder spürt die Person Wut hochkommen. Die Leute tragen viel angestaute Wut mit sich herum.

Das sind die Verunreinigungen des Körpers. Sie müssen ausgeschieden werden. Wenn du sie nicht ausscheidest, wird der Körper schwer bleiben. Yoga-Übungen sind dazu da, um alle möglichen im Körper angesammelten Gifte auszuscheiden. Durch die Yoga-Übung werden sie freigesetzt, und der Körper eines Yogi hat eine ganz eigene Geschmeidigkeit. Yoga-Übungen sind völlig anders als andere Übungen: Sie machen den Körper nicht stärker, sondern geschmeidiger. Und wenn dein Körper geschmeidiger ist, bist du in einem anderen Sinn stark: Du bist jünger. Sie lassen deinen Körper fließender, flüssiger werden, ohne Blockaden. Der ganze Körper existiert dann als organische Einheit, mit einem ihm eigenen, tief verwurzelten Rhythmus – nicht wie der Lärm auf dem Marktplatz, sondern wie ein Orchester. Ein tiefer Rhythmus im Innern, keine Blockaden – dann ist der Körper rein. Yoga-Übungen können sehr viel dazu beitragen.

Jeder trägt eine Menge Müll in seinem Bauch herum, denn das ist der einzige Raum im Körper, wo all die unterdrückten Dinge Platz haben. Es gibt keinen anderen Raum. Wenn ihr etwas unterdrücken wollt, müßt ihr es in den Bauch tun. Wenn ihr weinen wollt – weil eure Frau gestorben ist, jemand, den ihr liebt, ein Freund ist gestorben –, aber das schickt sich nicht. Man würde denken, du bist ein Schwächling, wenn du wegen einer Frau weinst. Also wirst du es unterdrücken. Wohin mit deinem Weinen? Du schluckst es runter – in den Bauch. Das ist der einzige Ort im Körper, die einzige Stelle, wo Raum dafür da ist, wo du es hinstecken kannst.

Alles, was ihr im Bauch unterdrückt habt – und jeder hat Gefühle vieler Art unterdrückt: Liebe, Sexualität, Wut, Traurigkeit, Weinen – ja sogar Lachen. Man darf ja nicht einmal aus dem Bauch heraus lachen. Es sieht zu ungehobelt aus, zu vulgär – man ist unzivilisiert, wenn man das tut. So unterdrückt ihr das alles, und weil ihr so viel unterdrückt habt, könnt ihr nicht tief atmen; ihr müßt flach atmen. Wenn ihr tief atmen würdet, könnte die Energie aus diesen verdrängten Wunden frei werden. Davor habt ihr Angst. Jeder hat Angst, in den Bauch zu gehen.

Bei der Geburt atmet jedes Kind im Bauch. Beobachtet ein schlafendes Baby: Der Bauch bewegt sich auf und ab – nicht die Brust! Kein Kind atmet durch die Brust; es atmet im Bauch. Jetzt ist es noch völlig frei; es hat noch nichts unterdrückt. Noch ist der Bauch leer, und diese Leerheit macht den Körper schön. Ist der Bauch erst einmal voll von unterdrücktem Zeug, dann wird der Körper in zwei Teile gespalten – einen oberen und einen unteren. Dann seid ihr nicht mehr eins; ihr seid zwei. Der untere ist der abgelehnte Teil. Die Einheit ist verlorengegangen; euer Sein ist gespalten. Die Schönheit ist verlorengegangen, die Anmut ist nicht mehr da. Ihr habt zwei Körper statt einen – und zwischen den beiden bleibt immer ein Abstand. Euer Gehen hat keine Schönheit. Irgendwie schleppt ihr eure Beine durch die Gegend. Wenn der Körper eine Einheit ist, tragen euch die Beine. Wenn der Körper aber in zwei Teile gespalten ist, dann müßt ihr die Beine tragen.

Ihr könnt euren Körper nur noch dahinschleppen. Er ist wie eine Last – ihr könnt ihn nicht genießen. Ihr genießt es nicht, einfach nur zu gehen; ihr genießt es nicht, einfach nur zu schwimmen; ihr genießt es nicht, schnell zu laufen – weil euer Körper nicht eins ist. Alle diese Bewegungen verlangen, damit sie einem Spaß machen, daß der Körper wieder zu einer Einheit wird. Es muß wieder eine Harmonie entstehen, und dazu muß der Bauch vollkommen gereinigt werden.

Um den Bauch zu reinigen, ist es nötig, ganz tief zu atmen, denn wenn du tief einatmest und tief ausatmest, läßt der Bauch alles los, was er bisher festgehalten hat. Beim Ausatmen entspannt sich der Bauch. Deshalb ist *pranayama,* tiefes, rhythmisches Atmen, so wichtig. Die Betonung sollte dabei auf dem

Ausatmen liegen, damit alles, was der Bauch unnötig mit sich herumgeschleppt hat, frei wird. Und wenn der Bauch keine Emotionen mehr festhält, dann wird auch deine Verstopfung, falls du daran leidest, mit einemmal verschwinden. Wenn du Emotionen im Bauch zurückhältst, wirst du verstopft sein, weil der Bauch sich nicht frei bewegen kann. Du übst eine tiefgehende Kontrolle über ihn aus; du kannst ihm keine Freiheit erlauben. Verstopfung gibt es also, weil Emotionen unterdrückt werden. Verstopfung ist eher eine psychische Krankheit als eine körperliche. Sie hat mehr mit der Psyche zu tun als mit dem Körper.

Achtet jedoch darauf: Ich trenne Psyche und Körper nicht. Sie sie sind zwei Aspekte desselben Phänomens. Körper und Psyche sind nicht zwei getrennte Dinge. Eigentlich sollte man nicht »Körper und Psyche« sagen; der richtigere Ausdruck wäre »Körper-Psyche«. Euer Körper ist ein psychosomatisches Phänomen. Die Psyche ist der feinstofflichere Teil des Körpers, und der Körper ist der grobstofflichere Teil der Psyche. Beide beeinflussen sich gegenseitig; sie laufen parallel. Wenn du etwas in der Psyche unterdrückst, wird auch dein Körper auf Unterdrückungskurs gehen. Und wenn die Psyche alles losläßt, wird auch der Körper alles loslassen. Aus diesem Grund lege ich so viel Wert auf Katharsis. Die Katharsis ist ein Reinigungsprozeß.

All diese Dinge sind Disziplinen zur Reinigung: Fasten, natürliche Nahrung, tiefes, rhythmisches Atmen, Yoga-Übungen, immer natürlicher, flexibler und beweglicher zu leben, immer weniger unnatürliche Verhaltensweisen anzunehmen, nichts zu unterdrücken, dem Körper das Sagen zu lassen, der Weisheit des Körpers zu folgen.

Wenn der Körper rein wird, wirst du erleben, wie gewaltige neue Energien in dir aufsteigen, wie sich neue Dimensionen vor dir eröffnen, wie sich plötzlich neue Türen, neue Möglichkeiten öffnen. Der Körper hat viele verborgene Kräfte. Wenn sie freiwerden, wirst du nicht glauben können, daß so viele Dinge im Körper verborgen waren, und so nah! (74)

Es gibt zwei verschiedene Arten von Essen. Das eine ist Essen, das du gerne essen möchtest, auf das du Lust hast, von dem du fantasierst. Daran ist nichts verkehrt, nur solltest du einen kleinen Trick kennen. Manches Essen übt eine große Anziehung auf dich aus, ohne daß es vor dir steht.

Andererseits kann es vorkommen, daß dich im Restaurant, im Hotel eine bestimmte Speise verlockt – der Duft aus der Küche, die Farben, das Aroma. Du hattest nicht an diese Speise gedacht, doch plötzlich ist dein Appetit geweckt. Es wird dir aber nicht viel bringen, denn es ist kein echtes Bedürfnis. Wenn du diese Speise zu dir nimmst, macht sie dich nicht satt. Du kannst essen und essen, aber es bringt nichts: Du bleibst unbefriedigt.

Die Befriedigung ist das Wichtigste beim Essen. Aus dem unbefriedigten Verlangen entsteht die Sucht.

Meditiere jeden Tag ein wenig vor dem Essen: Schließe die Augen und fühle, was dein Körper braucht – egal, was es ist! Noch bevor es etwas zu essen gibt, bevor du es überhaupt zu Gesicht bekommst. Fühle einfach in dich hinein und finde heraus, was dein Körper braucht, worauf du Appetit hast, wonach es dich gelüstet.

Dr. Leonard Pearson* nennt das *summendes* Essen – Essen, das in dir summt. Iß davon, so viel du willst, doch bleib dabei. Das andere Essen nennt er *winkendes* Essen: Es verführt dich zum Essen, weil es angeboten wird. Das hat mehr mit dem Kopf zu tun als mit einem echten Bedürfnis. Wenn du auf deine summende Nahrung hörst, kannst du so viel davon essen, wie du willst, und du wirst keine Probleme damit haben, denn es wird dich befriedigen.

Der Körper verlangt nach dem, was er benötigt. Er verlangt nie nach etwas anderem. Und weil ihn das zufriedenstellt, tritt eine Sättigung ein, und du wirst nie zuviel essen. Das Problem entsteht mit dem Essen, das dich verführt. Weil es angeboten wird, erweckt es in dir Gelüste, und du ißt davon. Es kann

* Dr. L. & L. Pearson, *Psycho-Diät. Abnehmen durch Lust am Essen.* Rowohlt, 1977.

dich aber nicht befriedigen, weil der Körper gar keinen Bedarf danach hat. Wenn es dich nicht befriedigt, fühlst du dich nicht satt, und weil es dich nicht satt macht, ißt du mehr. Aber so viel du davon auch ißt, es wird dich nicht befriedigen, weil von Anfang an das Bedürfnis danach gefehlt hat.

Als erstes müssen die primären Bedürfnisse befriedigt werden, dann verschwinden die sekundären von selbst. Die Leute achten aber nie auf ihre primären Bedürfnisse, und darum werden die sekundären zum Problem. Wenn du auf dein summendes Essen hörst, wird das winkende Essen verschwinden. Das zweite ist nur deshalb ein Problem, weil du völlig verlernt hast, deinen inneren Bedürfnissen zu folgen. Man hat dir beigebracht, nicht darauf zu achten. Man hat dir starre Regeln beigebracht: bestimmte Dinge zu essen und andere nicht. Der Körper kennt aber keine starren Regeln.

Es wurde herausgefunden, wenn man kleine Kinder mit Essen alleinläßt, essen sie nur das, was der Körper braucht. Das war überraschend. Viele psychologische Untersuchungen liegen heute vor, und einige sind verblüffend: Wenn ein Kind an einer Krankheit leidet, für die Äpfel gut sind, wird es Äpfel essen. Es läßt alles andere liegen und greift nach einem Apfel.

Genauso machen es auch die Tiere. Nur die Menschen haben diese Sprache verlernt ... Nicht einmal einen Esel kann man zum Narren halten; er wird das richtige Fressen finden. Aber die Menschen kann man zum Narren halten. Überall werdet ihr durch Reklame, bunte Plakate, Fernsehen und Kino verführt und von eurem summenden Körper abgelenkt. Irgendeine Firma hat ein Interesse, dir etwas Bestimmtes zu verkaufen. Das ist zum Wohl dieser Firma, zu ihrem Nutzen, aber nicht zu deinem Wohl. Irgend so ein Coca-Cola-Produzent hat ein Interesse, dir sein Coca-Cola zu verkaufen. Das hat nichts mit deinem Körper zu tun; es ist eine Verführung. Überall, wo man hinkommt, gibt es heute Coca-Cola: Coca-Cola ist offenbar eines der universellsten Dinge geworden. Selbst in der Sowjetunion, wo nichts erlaubt ist, was aus Amerika kommt – aber es gibt Coca-Cola! Von überall winkt dir die Flasche zu und ruft: »Komm her!« – Und auf einmal hast du Durst, aber dieser Durst ist nicht echt. Ich sage nicht, daß ihr nicht Coca-Cola trinken sollt, aber achtet darauf, ob es in euch summt.

Es wird ein paar Tage dauern, vielleicht auch ein paar Wochen, bis du spüren kannst, was dein Körper verlangt. Iß so viel, wie du willst, von dem, worauf du Lust hast. Und kümmerte dich nicht um das, was andere sagen. Wenn du auf ein Eis Lust hast, dann iß ein Eis. Iß, bis du satt bist, iß nach Herzenslust, und du wirst sehen: Plötzlich bist du satt, bist du befriedigt. Und wenn du Befriedigung spürst, verschwindet das Verlangen, dich vollzustopfen. Es ist das unbefriedigte Verlangen, das dich mehr und mehr Dinge in dich hineinstopfen läßt, ohne daß dies den Zweck erfüllt. Du bist schon voll, aber immer noch nicht satt; daraus entsteht das Problem.

Als erstes fang also an, etwas Natürliches wieder zu erlernen. Es wird wiederkommen, weil wir es nur vergessen haben; es ist schon im Körper vorhanden. Mache vor dem Frühstück die Augen zu und schau, was du essen willst, wonach es dich wirklich verlangt. Denke nicht darüber nach, was im Kühlschrank ist, sondern schau nur, worauf du Lust hast. Und dann geh und besorge es dir und iß es. Iß davon, soviel du willst. Und wenn du dich ein paar Tage total daran hältst, wirst du nach einiger Zeit sehen, daß dich kein winkendes Essen mehr verführen kann.

Zweitens solltest du beim Essen gut kauen. Schlucke es nicht hastig runter, denn es ist etwas Orales ist. Du kannst es im Mund genießen. Du kannst es einfach länger kauen! Statt zehn Bissen kannst du einen Bissen mehr genießen, indem du ihn zehnmal länger kaust. Du wirst einen Bissen genießen, als wären es zehn.

Es geschah einmal, daß ein Mann irgendwo in Japan heißen Kaffee trank und sich dabei den Schlund verbrannte. Es gab Komplikationen, und er mußte im Hals operiert werden. Man mußte die Speiseröhre unterbrechen, sonst wäre er gestorben. Die Ärzte befestigten einen Schlauch an seinem Magen, und er mußte das Essen zuerst kauen und dann in den Schlauch tun; von da gelangte es in den Magen.

Dieser Mann machte eine erstaunliche Erfahrung: Er konnte sein Essen weiterhin genauso genießen wie vorher. Auch die Ärzte waren erstaunt. Der Arme hatte ihnen sehr leid getan, weil er sein Essen nicht mehr würde genießen können. Tatsächlich konnte er es aber weiter genießen – ja, er genoß es sogar mehr als vorher, weil er sein Essen jetzt kaute. Und wenn er es nicht in den Magen bringen wollte, warf er es einfach weg. Jetzt konnte er essen, soviel er wollte. Es brauchte nicht mehr alles Essen in den Magen zu gelangen; Mund und Magen waren völlig getrennt.

Kaue also alles, was du ißt, länger, denn genießen kannst du es nur, solange du es noch nicht geschluckt hast. Nach dem Schlucken gibt es keinen Geschmack mehr, nichts dergleichen. Warum sich beeilen? Kaue es länger, schmecke es länger. Tue alles, um den Geschmack so intensiv wie möglich zu erleben. Wenn du etwas ißt, rieche zuerst daran. Freue dich an dem Geruch, denn das Schmecken beruht zur Hälfte auf dem Riechen.

Darum rieche am Essen, schau dir dein Essen an! Nimm dir Zeit dafür – es besteht keine Eile. Mach eine Meditation daraus. Selbst wenn andere denken, du bist verrückt geworden, mach dir keine Gedanken. Schau dir das Essen von allen Seiten an. Berühre es mit geschlossenen Augen, berühre es mit deiner Wange. Fühle es in jeder Weise, rieche immer wieder daran. Dann nimm einen kleinen Bissen und kau ihn, genieße ihn.

Mach eine Meditation daraus. Eine sehr kleine Menge wird ausreichen, und sie wird dir mehr Befriedigung geben. (75)

Wie trägt Fasten zum Wohlbefinden des Körpers bei?

Immer wenn du fastest, hat dein Körper nichts mehr zu verdauen. Er kann dann dafür arbeiten, die toten Zellen und Giftstoffe auszuscheiden. Es ist so, wie wenn du einen Tag

Urlaub machst und den ganzen Samstag oder Sonntag das Haus putzt. Die ganze Woche warst du ständig unterwegs und so beschäftigt, daß du deine Wohnung nicht saubermachen konntest.

Wenn der Körper nichts zu verdauen hat, wenn du nichts gegessen hast, fängt der Körper an, sich selbst zu reinigen. Ein spontaner Prozeß kommt in Gang, und der Körper beginnt alles auszuscheiden, was er nicht benötigt und was ihn belastet.

Fasten ist eine Reinigungsmethode. Von Zeit zu Zeit ist es gut zu fasten – nichts zu tun, nichts zu essen, nur auszuruhen. Nimm so viel Flüssigkeit wie möglich zu dir und ruh dich aus, dann wird dein Körper sich reinigen.

Wenn du von Zeit zu Zeit das Gefühl hast, längeres Fasten wäre gut, kannst du auch länger fasten – aber geh dabei sehr liebevoll mit deinem Körper um. Wenn du spürst, daß das Fasten deinem Körper auf irgendeine Weise schadet, hör damit auf. Wenn das Fasten dem Körper hilft, wirst du mehr Energie spüren; du wirst dich lebendiger fühlen, du wirst dich jünger und vitaler fühlen. Das sollte das Kriterium sein. Wenn du spürst, daß du schwächer wirst, wenn du ein leichtes Zittern im Körper wahrnimmst, dann gib acht: Jetzt ist es keine Reinigung mehr, sondern es fängt an, dir zu schaden. Hör auf damit.

Aber man sollte die ganze Wissenschaft vom Fasten erlernen. Am besten ist es, mit jemandem zu fasten, der das Fasten schon lange praktiziert und mit dem ganzen Ablauf vertraut ist, jemand, der sämtliche Symptome kennt – zum Beispiel, was passiert, wenn es einem zu schaden anfängt, und was passiert, wenn es nicht schadet.

Nach einem richtigen, reinigenden Fasten wirst du dich wie neu fühlen: jünger, reiner, leichter, glücklicher. Der Körper wird besser funktionieren, weil er Ballast abgeworfen hat.

Fasten ist jedoch nur nötig, wenn man sich falsch ernährt hat. Wenn man sich nicht falsch ernährt hat, besteht keine Notwendigkeit zu fasten. Fasten ist nur notwendig, wenn man mit dem Körper bereits falsch umgegangen ist – und wir alle ernähren uns falsch. (76)

Empfiehlst du eine bestimmte Art der Ernährung oder die Einhaltung einer Diät?

Als erstes: Ich halte nichts vom Fasten, ich halte etwas von Festen. Meine ganze Methode beruht auf dem Feiern. Ich bin nicht gegen eure Genüsse – sie sind zwar nicht alles, und man muß über sie hinausgehen, aber für sich genommen sind sie etwas Schönes. Ein Mensch sollte nichts unterdrücken, denn alles, was unterdrückt wird, rächt sich. Sobald du anfängst, dir irgend etwas zu versagen, wendest du dich gegen das *tao*. *Tao* ist ein Fest, kein Fasten. Es bedeutet, natürlich zu leben. Fasten hat nur Sinn, wenn es auf natürliche Weise zustande kommt.

Manchmal fasten auch die Tiere. Ihr habt vielleicht beobachtet, wie euer Hund manchmal fastet. Du stellst ihm sein Futter hin, und er verweigert es. Er ist aber kein Dschaina – er fastet nicht aus Überzeugung. Er hat einfach keinen Appetit. Es ist keine Frage des Prinzips, keine Frage der Philosophie. Er ist krank, sein ganzes Wesen sträubt sich gegen das Futter. Er würde sich lieber erbrechen, statt zu fressen. Er sucht sich Gras, frißt es und erbricht es. Er möchte sich erleichtern; sein Magen ist nicht in der Lage, noch mehr zu verdauen. Aber Fasten tut er nicht. Es ist etwas Natürliches.

Wenn dir manchmal nach natürlichem Fasten zumute ist – nicht als Regel, nicht aus Prinzip, nicht aus weltanschaulichen Gründen, nicht aus selbstauferlegter Disziplin, sondern aus dem natürlichen Wunsch heraus –, dann ist es gut. Selbst dann, denk daran, steht dein Fasten im Dienst des Feierns; du fastest, um wieder gut essen zu können. Fasten darf immer nur ein Mittel zum Zweck und niemals Selbstzweck sein. Und als Mittel wird es nur selten notwendig, nur ab und zu. Und wenn du ganz bewußt ißt und jeden Bissen wirklich genießt, dann wirst du dich niemals überessen.

Mein Akzent liegt auf Bewußtheit, nicht auf einer bestimmten Essensregel. Eßt gut, und genießt es bis ins letzte. Merk dir die Regel: Je weniger du dein Essen genießt, um so mehr mußt du essen, um das wettzumachen. Wenn du langsam ißt, jeden Bissen kaust und auskostest, dann gehst du ganz im Essen auf. Essen muß eine Meditation sein. Ich bin nicht gegen Wohlgeschmack, weil ich nicht gegen die Sinne bin. Sensibel, empfindlich sein, heißt intelligent, heißt lebendig sein.

Eure sogenannten Religionen haben versucht, euch gefühllos zu machen, euch abzustumpfen. Sie sind gegen den Geschmack, sie möchten eure Zungen am liebsten vollkommen abtöten, damit ihr überhaupt nichts mehr schmeckt. Aber das ist kein gesunder Zustand; nur wenn man krank ist, stumpft die Zunge ab. Wenn man Fieber hat, ist die Zunge empfindungslos. Bei voller Gesundheit ist die Zunge hochempfindlich, voll Leben, durchblutet und energiegeladen. Nein, ich bin nicht gegen Geschmack, ich bin für Geschmack. Eßt gut, genießt den Geschmack; er ist göttlich.

Und genauso wie für den Geschmack müßt ihr auch für die Schönheit offen sein und sie genießen. Hört Musik und genießt sie. Berührt Steine, Blätter, Menschen – spürt die Wärme und die Struktur der Oberfläche, kostet alles aus. Nutzt alle eure Sinne, nutzt sie mit ihrem ganzen Potential, dann lebt ihr wirklich, und euer Leben wird zur Flamme. Es hört auf, öde zu sein, es wird vor Energie und Vitalität lodern. Ich habe nichts für die Leute übrig, die euch gepredigt haben, die Sinne abzutöten. Sie sind Feinde des Körpers.

Vergeßt nicht: Der Körper ist euer Tempel, der Körper ist eine göttliche Gabe. Er ist so zart und schön und wunderbar – ihn abzutöten wäre undankbar gegen Gott. Gott hat euch Geschmack verliehen; ihr habt ihn nicht selbst erfunden, ihr habt nichts dazugetan. Gott hat euch Augen gegeben, und Gott hat diese psychedelische Welt so farbig erschaffen, und er gab euch Augen. Laßt zwischen euren Augen und dieser farbigen Welt eine tiefe Vereinigung geschehen. Gott hat alles so geschaffen und zu einer großen Harmonie gefügt. Zerstört diese Harmonie nicht!

Die sogenannten *mahatmas* und Heiligen befinden sich nur auf Ego-Trips, und die einfachste Methode, sich groß und heilig zu fühlen, ist, den Körper zu unterdrücken. Kinder tun das auch: Das kleine Kind fühlt den Stuhlgang kommen; es hält ihn zurück und fühlt sich stark dabei, weil es so seinen Willen spürt; es unterwirft sich nicht dem Körper. Seine Blase ist voll, aber das Kind hält zurück. Es will dem Körper beweisen: Ich bin nicht dein Sklave, ich bin dein Herr. Aber das sind selbstzerstörerische Angewohnheiten.

Hör auf deinen Körper. Der Körper ist nicht dein Feind, und wenn dein Körper dir etwas mitteilt, dann handle entsprechend, denn der Körper hat seine eigene Weisheit. Mische dich nicht ein, geh nicht auf Kontrollstation.

Darum lehre ich euch keine bestimmte Diät, ich lehre euch lediglich Bewußtheit. Eßt mit vollem Bewußtsein, eßt meditativ, dann werdet ihr nie zuviel oder zuwenig essen. Zuviel ist so übel wie zuwenig. Überessen ist so schädlich wie zu strenges Fasten – beides sind Extreme. Die Natur will dich ausgeglichen, in einer Art Gleichgewicht, also halte dich in der Mitte. Geh nicht ins Extrem.

Ins Extrem gehen heißt, neurotisch zu werden. Es gibt zwei Arten von Eßneurotikern: diejenigen, die immer weiteressen und nicht auf den Körper hören. Ihr Körper schreit und brüllt: »Hör doch auf!«, und sie essen trotzdem weiter. Das ist die eine Sorte Neurotiker.

Und dann gibt es noch die andere Sorte. Ihr Körper schreit immerzu: »Ich sterbe vor Hunger!«, aber sie haben sich Fasten auferlegt. Keins von beiden hat etwas mit Religion zu tun; beides ist neurotisch, beides ist pathologisch. Diese Leute brauchen Behandlung, sie gehören ins Krankenhaus. Ein religiöser Mensch lebt ausgeglichen; gleich, was er tut, er hält immer die Mitte ein. Er geht nie ins Extrem, weil alle Extreme zu Spannungen führen, zu Ängsten. Wenn du zuviel ißt, entsteht Angst, denn der Körper fühlt sich überfordert. Und wenn du zuwenig ißt, kommt Angst auf, weil der Körper hungrig ist.

Ein religiöser Mensch ist jemand, der weiß, wann er aufhören muß. Aber das muß aus eurer Bewußtheit kommen und darf nicht aus irgendeiner Doktrin hergeleitet werden. Wenn ich euch sage, wieviel ihr essen sollt, dann bringt das Gefahren mit sich, denn es kann sich nur um Durchschnittswerte handeln. Der eine ist sehr dünn und der andere sehr dick, und wenn ich euch vorschreibe, wieviel ihr essen dürft – »drei Kartoffeln« – dann mag das für den einen zuviel und für den andern noch gar nichts sein. Also gebe ich euch keine starren Regeln; ich gebe euch einfach einen Sinn für Bewußtheit.

Hör auf den Körper: Du hast *deinen* Körper. Und jeder hat seine Art von Energie, seine Art, am Leben teilzunehmen. Wenn man Professor an einer Universität ist, lebt man sich körperlich nicht sehr stark aus, und deshalb braucht man nicht viel zu essen, nur etwas Leichtes. Arbeitet man körperlich, dann braucht man mehr und reichhaltigeres Essen als ein Professor. Eine starre Regel ist da gefährlich. Keine Regel eignet sich als allgemeine Regel.

George Bernard Shaw hat einmal gesagt, daß es nur eine goldene Regel gibt, und die ist, daß es keine goldenen Regeln gibt.

Vergiß das nicht, es gibt keine goldenen Regeln. Es kann sie gar nicht geben, denn jedes Individuum ist so einzigartig, daß ihm niemand etwas vorschreiben kann. Also gebe ich euch nur eine gewisse Einsicht. Und meine Einsicht ist kein Prinzip, sie hat nichts mit Gesetzen zu tun. Mein Schwerpunkt liegt auf Bewußtheit, denn heute wirst du vielleicht mehr Nahrung benötigen und morgen nicht so viel. Es ist außerdem nicht einfach nur eine Frage des Unterschieds von Mensch zu Mensch, sondern dein Leben selbst ändert sich von Tag zu Tag. An einem Tag tust du gar nichts – da brauchst du nicht viel zu essen. Wenn du aber den ganzen Tag lang ein Loch im Garten gräbst, hast du wahrscheinlich einen Bärenhunger. Man braucht nur aufzupassen und wird fähig sein, auf die Stimme des Körpers zu hören. Halte dich an den Körper.

Der Körper ist weder der Meister noch der Sklave. Der Körper ist dein Freund – mach ihn dir zum Freund. Derjenige, der sich immerzu vollstopft, ist in derselben Falle wie derjenige, der immer nur fastet. Beide sind taub, sie hören nicht auf den Körper.

Iß aus Spaß an der Freude – dann bist du Mensch, menschlich, ein höheres Wesen. Liebt aus Freude an der Liebe – dann seid ihr Menschen, höhere Wesen. Hört aus Freude am Hören, und ihr werdet frei sein von der Beschränkung der Instinkte.

Ich bin nicht gegen das Glück – ich bin ganz und gar dafür. Ich bin ein Hedonist.

Und damit will ich sagen, daß alle großen Mystiker der Welt immer Hedonisten gewesen sind. Wenn jemand kein Hedonist ist und so tut, als wäre er ein religiöser Mensch, dann ist er keiner ... dann ist er ein Psychopath.

Denn Glück ist das eigentliche Ziel, die eigentliche Quelle, der eigentliche Zweck aller Dinge. Gott ist auf der Suche nach Glück – durch euch, durch millionenfache Formen. Gestattet ihm alles erdenkliche Glück und verhelft ihm zu immer höheren Stufen, höheren Bereichen des Glücks. Dann seid ihr religiös, und dann werden eure Tempel zu Orten des Feierns, und eure Kirchen werden nicht mehr so häßlich und traurig dastehen, so dunkel und tot wie Friedhöfe. Dann werden sie voll sein von Lachen, von Gesang, von Tanz, und es wird ein großer Jubel herrschen.

Die Religion hat sehr gelitten unter diesen Predigern der Selbstfolter. Die Religion muß von all dem Unsinn gereinigt werden. Viel Unrat ist heute mit der Religion vermengt.

Religion ist ihrem Wesen nach nichts anderes als Freude. Folglich ist alles gut, was dir Freude macht. Und was dich unglücklich, elend oder traurig macht, ist Sünde. Laßt das zu eurem Maßstab werden. Und ich gebe euch keine starren Regeln, weil ich weiß, wie der menschliche Verstand funktioniert. Wenn erst einmal eine starre Regel gegeben wird, vergißt du deine eigene Wachheit und fängst an, die Regel zu befolgen. Auf eine starre Regel kommt es nicht an. Ihr würdet nur der Regel folgen und nicht mehr wachsen.

Hört euch ein paar Anekdoten an:

Karl kommt nach Hause und findet in der Küche einen Riesenhaufen von zerbrochenem Geschirr vor.

»Was ist denn hier passiert?«, fragt er seine Frau.

»Irgend etwas stimmt nicht mit meinem Kochbuch«, erklärt sie. »Da steht, daß zum Abmessen eine alte Tasse ohne

Henkel genügt – elfmal hab ich schon versucht, den Henkel abzuschlagen, aber jedesmal ist die Tasse mit draufgegangen.«

Wenn das Kochbuch es vorschreibt, dann muß es eben so gemacht werden. Der menschliche Verstand ist beschränkt – vergeßt das nicht. Wenn ihr erst eine starre Regel habt, befolgt ihr sie auch stur.

Herr Wichtig gibt eine kleine Abendgesellschaft. Die Türklingel geht, und der Diener öffnet. Er kennt den Besucher und läßt ihn ein.

»Lassen Sie bitte Ihren Schirm bei der Tür«, sagt der Diener.

»Ich hab keinen«, sagt der Besucher.

»Dann gehen Sie wieder nach Hause und holen sich einen. Der Herr hat gesagt, daß jeder seinen Schirm an der Tür zurücklassen muß, sonst darf ich niemanden einlassen.«

Vorschrift ist Vorschrift.

Nach einer mörderischen Verfolgungsjagd hat das Polizeiauto die Bankräuber beinahe eingeholt, da biegt der Fahrer des Polizeiautos plötzlich in eine Tankstelle ein und ruft von dort seinen Chef an.

»Na, was ist? Habt ihr sie erwischt?«, fragt der Inspektor aufgeregt.

»So eine Scheiße!« sagt der Bulle. »Wir hatten sie fast eingeholt; es fehlten nur noch fünfhundert Meter. Da seh ich, daß schon wieder fünftausend Kilometer um sind, und wir mußten anhalten und Öl wechseln.«

Was kann man machen, wenn alle fünftausend Kilometer ein Ölwechsel vorgeschrieben ist? Zuerst muß das Öl gewechselt werden!

Ich gebe euch nie starre Regeln, weil ich weiß, wie dumm der menschliche Verstand ist und sein kann. Ich gebe euch nur ein Gefühl, einen Sinn dafür, wo's lang geht. Seid bewußt und lebt durch Bewußtheit.

Gewöhnlich lebt ihr ein sehr unbewußtes Leben. Ihr eßt zuviel, weil ihr unbewußt seid – ihr wißt nicht, was ihr tut. Ihr werdet eifersüchtig, ihr werdet herrschsüchtig, denn ihr seid unbewußt und wißt nicht, was ihr tut. Ihr werdet verrückt vor Wut, ihr laßt euch regelrecht vom Teufel reiten, wenn ihr vor Wut tobt, und ihr tut Dinge, von denen ihr gar nicht wißt, daß ihr sie tut.

Jesus sagte am Kreuz – es waren seine letzten Worte, und von ungeheurer Bedeutung – er sagte: »Vater vergib ihnen, denn sie wissen nicht, was sie tun.« Nun hat aber die Christenheit diese ungeheuren Worte niemals richtig gedeutet. Was Jesus sagt, ist eine einfache Botschaft: »Diese Menschen sind unbewußt. Sie haben keine Ahnung, was Bewußtheit ist, also kann man sie auch nicht verantwortlich machen. Ganz gleich, was sie tun, sie tun es im Schlaf; sie sind Schlafwandler. Bitte vergib ihnen. Man kann sie nicht verantwortlich machen.«

Wenn einer von euch also zuviel ißt, dann bete ich zu Gott: »Vater, vergib ihm. Er weiß nicht, was er tut.« Und wenn einer fastet, muß ich wieder zu Gott beten: »Vergib ihm, denn er weiß nicht, was er tut.«

Die wahre Frage ist nicht, was du tust, sondern ob du dein Wesen von Bewußtheit erhellen läßt – und dieses Bewußtsein wird dann alles ändern.

Ihr seid wie Betrunkene. – Ich habe gehört:

Paul erzählt Peter, daß er zu einer Totenwache gehen will, und Peter erbietet sich, ihn zu begleiten. Unterwegs schlägt Peter vor, ein oder zwei Gläschen zu heben, und im Nu sind sie randvoll. Danach weiß Paul die Adresse nicht mehr.

»In welchem Haus ist denn dein Freund aufgebahrt?« fragt Peter. – »Ich weiß nicht mehr die Hausnummer, aber das hier ist ganz bestimmt die richtige Straße.«

Nach ein paar Minuten peilt Paul ein Haus an und meint, das ist es. Sie stolpern in den dunklen Flur, öffnen eine Tür und kommen in ein Wohnzimmer. Es ist dunkel, bis auf den schwachen Schimmer einiger Kerzen, die auf dem Klavier stehen. Sie gehen zum Klavier, knien nieder und beten. Peter bleibt aber noch lange genug stehen, um einen Blick auf das Klavier zu werfen.

»Paul«, sagt er, »ich habe deinen Freund zwar nicht gekannt, aber das muß ich sagen: er hat 'ne Menge prächtiger Zähne gehabt.«

Das ist eure Situation. So sind die Menschen. Das einzige, was ich euch gerne geben möchte, ist eine Prise Bewußtheit. Das wird euer ganzes Leben verändern. Es geht nicht darum, euch zu disziplinieren, sondern darum, in euch ein Licht anzustecken. (77)

Welche Beziehung besteht zwischen dem Essen und unseren Emotionen?

Du hast es sicher auch schon beobachtet: Wenn du in einer sehr liebevollen, fließenden Beziehung bist, wirst du nicht viel essen; du brauchst keine Diät. Die Liebe erfüllt dich so sehr, daß du kein Bedürfnis hast, dich mit allem möglichen Zeug vollzustopfen. Aber wenn keine Liebe da ist, fühlst du dich leer, und diese Leere tut so weh, daß du sie mit etwas füllen willst. Warum versuchst du das mit Essen? Weil Liebe und Essen psychologisch miteinander verbunden sind.

Das Kind hat von der Brust seiner Mutter gleichzeitig mit der Nahrung auch Liebe bekommen. Immer wenn die Mutter Liebe in sich spürte, war sie bereit, ihrem Kind die Brust zu geben, fühlte sie aber keine Liebe, etwa wenn sie ärgerlich war, dann entzog sie ihm die Brust. Die Mutterbrust ist unser erster Kontakt mit einem anderen Körper.

Es ist daher nicht verwunderlich, daß die Maler, Bildhauer und Dichter alle so sehr von der weiblichen Brust besessen sind. Es ist absolut unglaublich, daß die Maler seit Millionen von Jahren immer wieder die weiblichen Brüste gemalt haben und Bildhauer ihr ganzes Leben damit zugebracht haben, sie in Stein zu meißeln, in Marmor.

Wenn ihr die indischen Tempel kennt, zum Beispiel in Khajuraho – es ist unglaublich! Dreißig von den Tempeln sind noch vorhanden; es müssen aber Hunderte gewesen sein, denn die Ruinen existieren noch. Aber sogar diese dreißig Tempel … ein einziger Tempel ist schon unfaßbar, und sich dreißig vorzustellen, macht einen ganz schwindlig! Zu zählen, wie viele nackte Frauen in einem einzigen Tempel dargestellt sind, ist schier unmöglich, denn es sind Tausende – überall, an jeder Säule, an jeder Wand. Kein Zoll wurde freigelassen. Und riesige Brüste, wie sie nur in der Phantasie existieren! So riesige Brüste gibt es gar nicht, kann es gar nicht geben, denn mit so einem Gewicht könnte eine Frau gar nicht aufrecht stehen! Und Khajuraho ist nicht der einzige Ort. In Indien gibt es allerorts Tausende von Tempeln – Puri, Konarak, Ellora – herrliche Skulpturen, aber aus einem kranken Verstand.

Warum malen alle diese Maler, die großen Maler der Welt, die weibliche Brust? Irgendwie müssen sie zu kurz gekommen sein, irgendwie muß die Mutter nicht liebevoll genug gewesen sein. Fast jedes Kind wird zu früh von der Brust genommen. Nur in primitiven Gesellschaften bekommen die Kinder die Mutterbrust, solange sie wollen; und nur dort findet man nicht diese Fixiertheit auf die Brüste. Sie haben keine Bilder, keine Skulpturen mit Brüsten, keine Gedichte, keine Lieder, nichts. Die Brüste tauchen in ihrer Phantasie überhaupt nicht auf.

Wegen der Brust sind Liebe und Nahrung tief im Bewußtsein miteinander verknüpft. Daher fängst du immer, wenn dir Liebe fehlt, an zu essen und dich vollzustopfen. Wenn du geliebt wirst, hört dieses Stopfen von selbst auf; dann besteht keine Notwendigkeit dafür. Liebe ist eine solche Nahrung, eine so subtile, unsichtbare Nahrung – wer denkt da noch an Kaugummi?

Ich kann nicht verstehen, warum die Menschen Kaugummi kauen. Ist denn die ganze Welt verrückt? Kaugummi zu kauen gibt dir keine Nahrung, aber es muß etwas bringen, etwas Psychologisches. Vielleicht ist es ein Ersatz für die Brust, und der Mund hat etwas zu tun. (78)

Ich bin ein zwanghafter Zuvielesser. Hast du nicht ein paar Ratschläge für mich?

Wie wär's mit einer kleinen Meditation, wenn du hungrig bist? – Es hat keine Eile. Wenn du Hunger spürst, schließ die Augen und meditiere über den Hunger und darüber, wie er sich im Körper anfühlt. Du hast den Kontakt dazu verloren, denn euer Hunger ist weniger im Körper als im Denken. Du ißt jeden Tag um ein Uhr. Du schaust auf die Uhr, und es ist gerade eins – sofort hast du Hunger. Aber die Uhr geht vielleicht gar nicht richtig. Wenn jemand sagt: »Die Uhr ist um Mitternacht stehengeblieben; sie geht nicht. Es ist erst elf«, dann wird dein Hunger wieder weggehen. Dein Hunger war falsch; dieser Hunger ist nur eine Angewohnheit, vom Verstand kreiert und nicht vom Körper. Der Verstand sagt: »Ein Uhr – du hast Hunger.« Jetzt mußt du Hunger haben. Du hast immer um ein Uhr Hunger, also bist du auch jetzt hungrig.

Euer Hunger ist zu fast neunundneunzig Prozent eine Gewohnheit. Wenn du einmal ein paar Tage lang fastest, wirst du den echten Hunger kennenlernen, und du wirst dich wundern. Die ersten drei bis vier Tage wirst du dich sehr hungrig fühlen, aber am vierten oder fünften Tag wirst du dich nicht mehr so hungrig fühlen. Das ist unlogisch, denn je länger du fastest, um so hungriger müßtest du sein. Nach dem dritten Tag wirst du dich aber weniger hungrig fühlen, und nach dem siebten Tag wirst du den Hunger vielleicht ganz vergessen. Nach dem elften Tag vergißt fast jeder den Hunger völlig, und der Körper fühlt sich absolut wohl. Wieso? Und wenn du weiter fastest ... Leute, die viel mit Fasten experimentiert haben, sagen, daß erst nach dem einundzwanzigsten Tag wieder richtiger Hunger auftaucht.

Das bedeutet also, daß drei Tage lang dein Verstand dir eingeredet hat, daß du hungrig bist, weil du nichts zu dir genommen hast; aber das war kein Hunger. Innerhalb von drei Tagen wird es dem Verstand zu dumm, dich daran zu erinnern, denn du hörst nicht auf ihn; es läßt dich kalt. Am vierten Tag schweigt der Verstand, und der Körper fühlt keinen Hunger. Drei Wochen lang wirst du keinen Hunger spüren, weil du genug Fett gespeichert hast – dieses Fett wird ausreichen. Erst nach der dritten Woche wirst du Hunger spüren. Und das gilt für den Durchschnittskörper.

Wenn du zuviel Fett gespeichert hast, wirst du vielleicht nicht einmal nach drei Wochen Hunger spüren. Es ist durchaus möglich, daß deine Fettdepots ausreichen, um davon neunzig Tage lang, drei Monate, leben zu können. Wenn der Körper das gespeicherte Fett aufgezehrt hat, wirst du zum erstenmal richtigen Hunger spüren. Aber es ist nicht einfach. Du kannst es auch mit dem Durst ausprobieren; das ist leichter. Nimm einen Tag lang kein Wasser zu dir und warte. Trinke nicht aus Gewohnheit. Warte und beobachte, was Durst eigentlich bedeutet; was würde Durst in der Wüste für dich bedeuten?

Du weißt es nur durch deine Zunge, aber die Zunge ist trügerisch. Die Zunge steht schon so lange im Dienste deines Verstandes, daß sie deinem Körper nicht mehr dient. Die Zunge kann dich täuschen; sie ist zum Sklaven des Verstandes geworden. Sie kann sagen: »Iß weiter – es schmeckt so lecker!« Die Zunge dient nicht mehr dem Körper, sonst würde sie sagen: »Hör auf! Was du da ißt, hat keinen Nutzen. Hör auf zu essen!« Sogar die Zunge einer Kuh oder eines Ochsen ist enger mit dem Körper verwurzelt als deine Zunge. Man kann keinen Ochsen dazu zwingen, jedes Gras zu fressen – er ist wählerisch. Du kannst deinen Hund nicht zum Fressen zwingen, wenn er krank ist – er wird sofort rauslaufen, ein wenig Gras fressen und sich erbrechen. Er hat einen besseren Kontakt zu seinem Körper als du.

Als erstes muß man sich über dieses körperliche Phänomen zutiefst bewußt werden. Eine neue Geburt, eine Auferstehung des Körpers ist notwendig, denn dein Körper ist tot. Allmählich wirst du dann fühlen, wie im Körper mit all seinen Bedürfnissen, mit seinem Durst und seinem Hunger, sich alles um das Herz dreht. Das pulsierende Herz ist nicht bloß ein Mechanismus; es ist das pulsierende Leben, der Pulsschlag des Lebens selbst. Und dieses Pulsieren bringt dir Zufriedenheit und Glück. (79)

Mehrere Sannyasins haben mir erzählt, daß du nichts von Makrobiotik hältst. Stimmt das? Ich wüßte gerne, ob deine Kritik eher gegen einen übertriebenen Ernährungsfimmel oder gegen die Prinzipien der Makrobiotik gerichtet war. Makrobiotik ist reiner Taoismus. Es gibt keine Regeln oder Verbote. Ihr Nachdruck liegt auf Bewußtsein, Freiheit, Sensitivität und Anpassungsfähigkeit. Es hat überhaupt nichts mit Essensmarotten, strenger Diät oder fanatischen Ansichten zu tun. Brauner Reis wird von einigen Leuten fälschlich als der Grundstein der Makrobiotik angesehen, aber er ist nur ein Element und kann benutzt oder abgelehnt, anerkannt oder ignoriert werden. Kannst du bitte dazu Stellung nehmen?

Ich bin von vornherein gegen alle Marotten. Egal, was es für eine Marotte ist, ich bin dagegen, weil Marotten Psychopathen anziehen. Marotten sind die Tarnungen verrückter Leute. Leute, die abnormal sind, verstecken sich hinter Marotten und legen sich Systeme, Theorien, Dogmen zurecht, womit sie ihre Neurosen rationalisieren.

Ich lebte einmal mit einer Frau zusammen. Sie war sehr liebenswert, aber in punkto Sauberkeit hatte sie eine Manie. Den ganzen Tag putzte sie und richtete das Haus her – ohne Sinn, da sie niemals jemanden ins Haus ließ. Wenn Gäste kamen, traf sie sie im Garten.

Ich fragte sie: »Du bringst dein Haus den ganzen Tag auf Hochglanz, aber wie ich sehe, läßt du nie jemanden hinein.«

Sie sagte: »Ach, die Leute machen doch nur alles schmutzig.«

»Warum machst du dann sauber?«

Sie sagte: »Sauberkeit ist Gott am nächsten.«

So eine Frau ist verrückt. Sie versteckt sich einfach hinter der Sauberkeit. Sie hat ein Ritual daraus gemacht. Wenn sie den ganzen Tag putzt, bleibt sie beschäftigt. Das Putzen wurde zu ihrem ganzen Lebensinhalt, eine reine Verschwendung. Aber man kann auch nicht sagen, daß Sauberkeit etwas Schlechtes sei. Sauberkeit ist gut. Und das ist ihr Vorwand. Sie hat einen völlig plausiblen Vorwand für ihre Verrücktheit.

Selbst ihrem Mann erlaubte sie nicht, ins Wohnzimmer zu kommen. Ebenso vermied sie es, Kinder zu bekommen, weil Kinder schmutzig sind und Ärger bringen und alles unordentlich machen könnten. Ihr ganzes Leben war der Sauberkeit gewidmet.

Ich sagte zu ihr: »Du hast ja wirklich bewiesen, daß Sauberkeit Gott am nächsten steht. Du hast sie zu einem Gott gemacht und ihr dein ganzes Leben geopfert.«

Aber sie sagte: »Bin ich etwa im Unrecht?«

Man kann nicht sagen, daß sie unrecht hat. Sauberkeit ist gut, hygienisch – aber sie hat ihre Grenzen. Der Fanatiker überschreitet immer die Grenze. Er ist innerlich völlig durcheinander. Ich sagte zu der Frau: »Mache eins: Drei Tage lang tust du keinen Handgriff im Haus. Wenn du drei Tage normal bleibst, auch ohne das Haus zu putzen, werde ich mich dir anschließen und auch den ganzen Tag das Haus putzen.«

Sie sagte: »Drei Tage ohne Putzen? Das ist unmöglich. Da werde ich ja verrückt.«

Sie ist schon verrückt. Immer wenn sich jemand hinter einer Marotte versteckt, bin ich dagegen, egal, was die Marotte ist – sei es Makrobiotik oder etwas anderes. Ich bin gegen jede besessene Einstellung. Laßt mich eine Anekdote erzählen:

Ein Mann kam von einem Fußballspiel nach Hause. Seine Frau schaute von der Zeitung auf und sagte: »Schau hier, Fritz, da ist ein Bericht in der Zeitung von einem Mann, der mit einem Freund einen Tausch gemacht hat: seine Frau gegen eine Fußballsaisonkarte. Du bist ein begeisterter Fußballfan, aber du würdest so etwas doch nicht machen, oder?«

Fritz sagte: »Natürlich nicht. Das ist geradezu lächerlich und sträflich – die Saison ist ja schon halb vorbei.«

Das ist die Logik eines Anhängers, eines Fanatikers. Aber diese Leute können sich hinter den triftigsten Gründen verstecken.

Mahatma Gandhi machte sich ständig Gedanken über seinen Stuhlgang. Er war fast besessen davon. Manchmal, wenn der Magen verdorben ist, mag man daran denken, aber immerzu darüber nachzugrübeln, zu meditieren und zu brüten, ist Unsinn. Aber er machte sich ständig Sorgen deswegen – als ob es das wichtigste Problem von der Welt wäre! Ob er betete oder sich anschickte, mit dem Vizekönig zusammenzutreffen, oder ob er an einer Konferenz am runden Tisch teilnahm, die über das Schicksal von Indiens Freiheit entscheiden sollte: Er nahm zuerst einmal ein Klistier. Es ist erstaunlich: In seinem Tagebuch erwähnt er Klistiere genausooft wie Gott. Das Klistier scheint sein zweiter Gott gewesen zu sein. Aber wenn man mit ihm darüber argumentieren wollte, gab er sich vollkommen vernünftig: Der Darm muß vollkommen sauber sein, weil der ganze Körper vergiftet wird, wenn der Darm nicht rein ist, und nur mit einem sauberen Darm kann der Geist klar sein. Wie kann der Geist gesund sein ohne einen gesunden Körper? Er disputierte und dachte dauernd darüber nach. Aber in Wirklichkeit ist es eine Marotte, eine Art Krankheit. Es deutet nicht auf einen gesunden Geist hin; es ist das Zeichen für eine Neurose.

Ich bin gegen diese Art von Einstellung. Das habe ich zu vielen Sannyasins gesagt, weil sie häufig mit ihren Marotten zu mir kommen. Ein junger Mann kam zu mir und sagte, er wolle von mir lernen, nur von Wasser zu leben! Ich sagte zu ihm: »Du willst mich wohl zu einem Verbrecher machen. Wenn ich dir sage, du sollst von Wasser leben, wirst du sterben.« Er war mager und dünn, fast am Zusammenbrechen, aber er hatte die Marotte, daß Reinheit nur durch Wasser möglich ist. Nur Wasser ist rein, und alles andere ist unrein. Seine Augen waren gelb, krank. Er aß nicht richtig, sein Körper war ausgemergelt, und er fieberte. Und je fiebriger er wurde, desto mehr versuchte er, sich zu reinigen. Ich muß solchen Leuten sagen, daß sie sich in einer sehr, sehr gefährlichen Richtung bewegen.

Auch Anhänger der Makrobiotik kommen zu mir. Ich bin gegen nichts Bestimmtes, weil ich nicht für etwas Bestimmtes bin. Ich bin nur für das Leben – das Leben mit seinem ungeheuren Reichtum.

Du sagst: *»Makrobiotik ist reiner Taoismus.«* Kein Prinzip, keine Theorie kann reiner Taoismus sein. Selbst Taoismus ist nicht reiner Taoismus. Darauf hat Laotse sein ganzes Leben bestanden. Er versagte es seinen Schülern und lehnte alle Bitten ab, eine Theorie aus seinem ganzen Prinzip zu machen, weil er sagte: »Sobald man das Tao ausspricht, ist es nicht mehr das Tao. Die Wahrheit kann nicht gesagt werden, man kann sie nicht zur Theorie machen.« Nur ganz zum Schluß schrieb er etwas – und das auch nur unter Druck.

Er war dabei, China zu verlassen. Es scheint, er wollte nach Indien. Jeder muß letzten Endes nach Indien aufbrechen. Indien ist kein geographischer Ort; es ist der Ursprung allen menschlichen Bewußtseins. Jeder, der sich zurückorientieren will, muß in den Orient kommen. Orient bedeutet einfach Orientieren.

Laotse ... natürlich geben die chinesischen Gelehrten nicht zu, daß er nach Indien gehen wollte; das würde ihr Ego verletzen. Sie sagen, daß er in den Süden ging. Aber Indien liegt im Süden. Sie sagen, daß er in den Süden zog, aber Indien ist der Süden für China. Und natürlich erscheint es bedeutungsvoll, daß Laotse nach Indien zurückkam. Es ist bezeichnend; jeder muß kommen. »Indien« ist jedermanns Zuhause. Er wurde an der chinesischen Grenze von den Grenzbeamten festgehalten, und sie sagten: »Wir erlauben dir nicht, das Land mit deinem Schatz zu verlassen. Du mußt deinen Schatz hierlassen.« Er fragte: »Was meint ihr?« Sie sagten: »Bevor du unser Land verläßt, mußt du ein Buch schreiben. Du weißt etwas, und du mußt es niederschreiben und der Regierung übergeben. Dann kannst du gehen.« So wurde er an der Grenze von diesen Beamten dazu gezwungen. Er zog sich drei Tage zurück und schrieb in Eile das ganze *Tao Te King*.

Aber in der ersten Zeile sagt er: »Das Tao kann nicht ausgesprochen werden, und das Tao, das man ausspricht, ist nicht mehr das Tao.« Darum ist selbst der Taoismus nicht das reine Tao – der *Ismus* macht es unrein.

Darum vergiß, daß Makrobiotik reiner Taoismus sein könnte. Sie ist eine Theorie, eine Hypothese. Wenn es keine Regeln oder Verbote gibt, warum mußt du dir dann unnötigerweise über Makrobiotik den Kopf zerbrechen? Warum legst du Wert darauf, dich selbst einen Anhänger der Makrobiotik zu nennen, wenn es keine Regeln gibt? Aber es gibt sie.

»Makrobiotik hat nichts mit braunem Reis zu tun.« Sie sind verrückt nach braunem Reis. Sie denken, daß brauner Reis Gott ist, und wenn du nicht von braunem Reis lebst, kannst du Gott nicht erkennen. Aber du sagst: *»Brauner Reis wird von einigen Leuten fälschlich als der Grundstein der Makrobiotik angesehen, aber er ist nur ein Element und kann benutzt oder abgelehnt, anerkannt oder ignoriert werden.«*

Aber was bleibt dann übrig? Wenn selbst brauner Reis wegfällt und ignoriert wird und es keine Prinzipien und keine Anweisungen gibt und es reiner Taoismus ist, was bleibt dann übrig? Dann kann ich erfreut sagen: »Ja, folge der Makrobiotik – kein Problem.«

Ich bin gegen Marotten. Ich bin gegen ein diszipliniertes Leben. Ich bin nicht gegen Disziplin; ich bin gegen diszipliniertes Leben. Disziplin sollte von Augenblick zu Augenblick aus deinem inneren Wesen kommen.

Sie sollte ein inneres Licht sein, nicht von außen aufgezwungen. Man sollte mit dem Leben in tiefem Einklang sein. Man darf keiner Lehre folgen. Wenn du einer Lehre folgst, hast du schon einen Beschluß gefaßt. Du lebst durch diesen Beschluß.

Du lebst von einem Punkt aus, der schon festgelegt ist. Dann bist du nicht frei. Du kannst nicht flexibel sein. Deine Prinzipien, deine Ideen, dein Standpunkt, deine vorgefaßte Meinung werden dir nicht erlauben, flexibel zu sein. Du wirst deinen Schlußfolgerungen entsprechend reagieren.

Aber wenn du frei bist und in jedem Augenblick frisch entscheidest, was du für richtig hältst, und dich dabei nicht von vergangenen Vorsätzen leiten läßt, dann ist das vollkommen in Ordnung. Dann hast du Disziplin – wirkliche Disziplin, aber kein diszipliniertes Leben.

Jeder Mensch, der wirklich lebendig ist, kommt ohne Charakter aus, kann keinen Charakter haben. Charakter ist immer tot – eine tote Struktur um dich herum, überdeckt von der Vergangenheit, von vergangenen Erfahrungen. Wenn du aus einem Charakter heraus handelst, handelst du überhaupt nicht; du reagierst nur. Du entsprichst nicht der Situation. Jedes Eingehen auf jede Situation muß spontan sein. Das Leben erschafft eine Situation, eine Herausforderung, und du antwortest darauf. Du antwortest durch dein Wesen, nicht von einem Standpunkt aus, und durch keinen Vorsatz. Nicht durch die Vergangenheit, aus dem Hier und Jetzt kommt die Antwort – rein, frisch, neu.

Das ist die Disziplin, die ich liebe. Aber jede andere Disziplin, die du dir aufzwingst, die du praktizierst, ist gefährlich. Sie wird dich abtöten. Es gibt schon genug von solchen lebenden Toten. Ihre Disziplin hat sie getötet. (80)

Ich hasse mein Übergewicht, aber trotz all der Diätkuren, die ich schon ausprobiert habe, kann ich nicht auf Dauer abnehmen.

Du hast eine sehr perfektionistische Idee, wie dein Körper sein sollte, wie du sein solltest. Du hast eine sehr präzise Vorstellung, und hinter dieser präzisen Vorstellung bleibst du zurück und kannst dich selbst nicht so akzeptieren, wie du bist. Du lehnst dich selber ab. Und weil du dich ablehnst, fühlst du dich schlecht.

Zertrümmere einfach diese Vorstellungen und Ideen – diese Ideale und Ziele, die du im Kopf hast, wie die Dinge sein sollten und wie du sein solltest. Gib sie auf! Dir fehlt nämlich gar nichts, nichts ist verkehrt mit dir; deine Energie kann anfangen zu fließen. Sobald du in die Gegenwart kommst, wird dein Körper anfangen, an Gewicht zu verlieren. Es ist diese ständige feindselige Einstellung gegenüber deinem Körper, die ihn dick sein läßt, denn wenn du ständig gegen deinen Körper bist, fühlt er sich unsicher, und wegen dieser Unsicherheit ißt er zuviel.

Er ist wie ein Kind, das seiner Mutter nicht vertrauen kann. Wenn das Kind der Mutter nicht vertrauen kann, wird es ihre Brust nicht loslassen wollen, weil es kein Vertrauen hat; es weiß nicht, wann es die Brust wieder bekommt. Es ist nicht sicher, es kann sich ihrer nie sicher sein – darum wird es klammern. Es wird soviel trinken, wie es nur kann. Es wird sich vollstopfen, denn die Zukunft ist ungewiß. Wenn das Kind weiß, daß die Mutter es liebt, wenn es weiß, daß die Mutter erreichbar ist – immer, wenn sie gebraucht wird, ist sie da –, dann braucht das Kind sich nicht vollzustopfen. Es kann sich ausruhen, es kann so viel essen, wie es jetzt gerade braucht, und es muß nicht horten.

In der Tat ist Fett ein Horten; man hortet für eine ungewisse Zukunft. Ein Mensch kann drei Monate ohne Nahrung auskommen; soviel Fett kann man speichern. Es ist eine alte, eine uralte Gewohnheit; es ist biologisch. Es gab einmal Zeiten, vor Tausenden von Jahren, als die Menschen Jäger waren, da war die Nahrung nicht sicher. Einen Tag gab es etwas zu essen, und zwar reichlich, und dann gab es wieder tagelang gar nichts. Die Menschen tragen immer noch diese biologische Gewohnheit in sich. Sie hängt mit der Ungewißheit zusammen. Heute ist das kein Problem mehr – zumindest nicht in Amerika; es gibt genug zu essen. Zum ersten Mal hat die Gesellschaft genug zu essen. Die Amerikaner dürften eigentlich überhaupt nicht dick sein. Die Inder dürfen dick sein, denn dort ist das Essen ungewiß.

Ich will damit sagen, daß heute, wo genug Essen vorhanden ist – gutes Essen, nahrhaftes Essen –, keine physische Notwendigkeit besteht, so viel zu essen. Heute ist es psychologische Unsicherheit, die diesen Mechanismus im Körper auslöst, und dann fühlt auch der Körper sich unsicher. Er kennt nur eine Methode, um sich vor Unsicherheit zu schützen, und die besteht darin, mehr zu essen, immer weiterzuessen und sich vollzustopfen. Essen wird zur Dauerbeschäftigung.

Laß die Ideale fallen! Es gibt nichts an dir zu verbessern; du bist vollkommen, so wie du bist. Und fang an zu leben! Statt zu denken, wie du in der Zukunft leben wirst, wenn du erst vollkommen geworden bist, wenn du so und so sein wirst und eine bestimmte Norm erfüllst, die dein Kopf aufgestellt hat ... das Leben findet hier und jetzt statt und gleitet dir durch die Finger. Morgen kommt der Tod – nur heute gibt es Leben ... es ist immer heute.

Fang an zu leben und fang an zu genießen. Je mehr du genießt, desto weniger wirst du essen. Ein wirklich glücklicher Mensch ißt nicht viel. Nur aus Unglück, Schmerz, Leere und Sinnlosigkeit versucht man sich an etwas zu klammern – egal was, und wenn es das Essen ist. (81)

Der Körper hat viel Weisheit angesammelt, der Körper ist sehr weise. Wenn du zuviel ißt, sagt dein Körper: »Hör auf!« Der Verstand ist nicht so weise. Der Verstand sagt: »Das schmeckt lecker – noch ein bißchen mehr!« Wenn du auf den Verstand hörst, wird es dem Körper auf die eine oder andere Weise schaden. Wenn du auf den Verstand hörst, wird er als erstes sagen: »Iß weiter«, denn der Verstand ist töricht, wie ein Kind. Er weiß nicht, was er sagt. Er ist ein Neuankömmling, er hat noch nicht soviel Erfahrung. Er ist nicht weise, er ist ein Narr. Hör auf den Körper. Wenn der Körper sagt: »Hunger«, dann iß. Wenn der Körper sagt: »Stop!«, dann hör auf.

Wenn du auf den Verstand hörst, ist es so, wie wenn ein kleines Kind einen alten Mann führt – sie fallen beide in den Graben. Wenn du auf den Verstand hörst, wirst du dich zunächst zu sehr nach den Sinnen richten, bis du dessen überdrüssig wirst. Die Sinne bringen Leid, die Sinne bringen mehr Ängste, Konflikte und Schmerzen. Wenn du zuviel ißt, bekommst du Schmerzen, du wirst erbrechen, und dein ganzer Körper gerät durcheinander. Dann sagt der Verstand: »Essen ist schlecht; du mußt fasten.« Aber Fasten ist ebenfalls gefährlich. Wenn du auf den Körper hörst, wird er niemals zuviel essen und er wird niemals zuwenig essen – er wird sich einfach ans *Tao* halten.

Verschiedene Wissenschaftler haben sich mit diesem Problem befaßt und ein sehr schönes Phänomen entdeckt: Kleine Kinder essen immer nur dann, wenn sie hungrig sind, und sie schlafen, wenn sie müde sind. Sie hören auf ihren Körper. Doch die Eltern stören sie ständig und zwingen sie: »Zeit zum Abendessen, Zeit zum Mittagessen, Zeit für dies und das, Zeit zum Schlafengehen – komm jetzt!« Sie lassen ihrem Körper keine Freiheit. Ein Forscher probierte, die Kinder sich selbst zu überlassen. Er arbeitete mit fünfundzwanzig Kindern. Sie wurden nicht gezwungen, schlafen zu gehen, sie wurden nicht gezwungen, aufzustehen. Sechs Monate lang wurden sie zu gar nichts gezwungen. Das brachte eine sehr tiefe Erkenntnis.

Sie schliefen gut, hatten weniger Träume – keine Alpträume, denn die Alpträume waren durch die Eltern erzeugt worden, weil sie sie gezwungen hatten. Sie aßen gut, aber nie zuviel – nie mehr und nie weniger als nötig. Sie genossen ihr Essen, und manchmal aßen sie gar nichts. Wenn der Körper sich nicht gut fühlte, aßen sie nichts, und sie wurden nie vom Essen krank. Und noch etwas, das keiner je vermutet hätte, fand man dabei heraus – und das war wie ein Wunder. Nur ein Meister des *Tao* könnte das verstehen – ein Laotse oder Tschuangtse oder Sosan. Es war folgende Entdeckung: Man erkannte, daß ein krankes Kind bestimmte Nahrungsmittel mied. Man versuchte zu verstehen, warum es diese Nahrungsmittel nicht aß, und als man sie analysierte, entdeckte man, daß diese Nahrungsmittel bei der betreffenden Krankheit gefährlich waren. Wie konnte das Kind das wissen? – Nur durch den Körper.

In Wachstumsphasen aßen die Kinder mehr von dem, was für ihr Wachstum benötigt wurde. Analysen ergaben, daß diese Bestandteile hilfreich waren und daß das Essen sich änderte, wenn die Bedürfnisse sich änderten. Einen Tag aß das Kind etwas, und am nächsten Tag rührte es dasselbe Essen nicht an. Die Wissenschaftler konnten sehen, daß der Körper seine eigene Weisheit hat.

Wenn du dem Körper sein Recht läßt, bist du auf dem richtigen Pfad, dem großen Weg. Und das gilt nicht nur fürs Essen, das gilt für das ganze Leben. Dein Sex macht dir Probleme wegen deines Verstands, dein Magen macht dir Probleme wegen deines Verstands. Du mischst dich ständig in den Körper ein. Misch dich nicht ein! Wenn du es drei Monate lang schaffst, dich nicht einzumischen, dann wirst du auf einmal sehr gesund sein, und ein großes Wohlbefinden wird sich in dir ausbreiten. (82)

10. KAPITEL
Sucht

Was ist die Grundursache für Sucht, jegliche Sucht?

Überall um euch herum sind Leute, die viel darin investiert haben, daß ihr nicht total lebt. Es ist schon erstaunlich: Warum haben sie ein so großes Interesse daran, daß die Menschen nicht total leben? – Weil ihre ganze Ausbeutung der Menschheit davon abhängt.

Ein Mensch, der sein Leben total lebt, wird keinen Alkohol trinken oder irgend welche anderen Drogen nehmen. Aber natürlich können die Leute, die am Alkohol und an den Drogen Millionen Dollar verdienen, nicht zulassen, daß ihr total lebt.

Total zu leben ist etwas so Beglückendes, daß man sich sein Glück nicht durch den Alkohol zerstören mag. Alkohol ist etwas für unglückliche Menschen, für Menschen, die Kummer haben und ihre Probleme und Ängste wenigstens für ein paar Stunden loswerden wollen. Der Alkohol ändert überhaupt nichts, aber nur ein paar Stunden Ruhe zu haben, scheint für Millionen von Menschen eine absolute Notwendigkeit zu sein.

Für einen Menschen, der total lebt, ist jeder Augenblick eine solche Erfüllung! Vor den Kinos würde man keine Schlangen mehr sehen, denn wer will schon anderen beim Lieben zuschauen, wenn er selber lieben kann? Wozu sollte man noch ins Kino gehen? Wenn das eigene Leben ein solches Abenteuer und eine so wunderbare Entdeckungsreise ist, wen interessieren dann drittklassige Film-Stories?

Ein Mensch, der total lebt, verliert jeden Ehrgeiz. Er ist jetzt schon so glücklich. Er kann sich gar nicht vorstellen, daß noch mehr möglich wäre. Der übliche Wahnsinn des menschlichen Verstandes – das Verlangen nach immer mehr – kommt daher, daß ihr nicht total lebt. Immer ist eine Kluft da, immer fehlt etwas. Man weiß, daß es hätte besser sein können. Aller Ehrgeiz entsteht durch dieses nur teilweise gelebte Leben. Und so geht das ganze Spiel der Gesellschaft immer weiter: Die Leute wollen reich werden, sie wollen berühmt werden, sie wollen Politiker werden, sie wollen Präsidenten und Premierminister werden.

Bisher bestand das Menschsein darin, daß es nicht erlaubt war, total zu leben. Alles mögliche wurde unternommen, um es zu verhindern, denn Menschen, die total leben, würden viele etablierte Interessen auf der Welt zunichte machen.

Der totale Mensch ist die größte Gefahr für das Establishment.

Einen Menschen, der das Leben in seiner Fülle, in seiner Ganzheit genießt, kann man nicht versklaven. Man kann ihn nicht zwingen, zur Armee zu gehen, um Menschen zu töten und getötet zu werden. Eure ganze gesellschaftliche Struktur würde zusammenbrechen.

Mit dem totalen Menschen bekommt die Gesellschaft eine andere Qualität: ohne Ambitionen, aber voller Lebensfreude – und ohne all die »Größen«. Vielleicht habt ihr noch nie darüber nachgedacht, aber »Größen« kann es nur geben, weil Millionen von Menschen so klein gehalten werden. Wer hätte sonst je von einem Gautam Buddha gehört? Wenn es Millionen von Gautam Buddhas, von Mahaviras, von Jesus Christussen gäbe – wer würde auf sie aufmerksam werden? Diese wenigen »Größen« sind nur deshalb groß, weil es Millionen von Menschen nicht gestattet ist, total zu leben. Wer würde in die Kirchen gehen, wenn es keine unglücklichen Menschen gäbe? In die Tempel, Synagogen und Moscheen? Wen würde man dort antreffen? Wer würde sich dann noch um Gott, um Himmel und Hölle kümmern?

Ein Mensch, der jeden Augenblick mit einer solchen Intensität lebt, daß das Leben selbst schon zum Paradies geworden ist, daß das Leben selbst schon göttlich geworden ist – ein solcher Mensch hat es nicht nötig, leblose Statuen, tote Schriften, wurmstichige Ideologien und stupiden Aberglauben zu verehren.

Der totale Mensch ist die größte Gefahr auf dieser Welt für das bestehende Establishment. (83)

Muß ich die Wurzeln meiner alten Muster kennen und verstehen, um sie aufgeben zu können, oder reicht Bewußtheit aus?

Hier verläuft die Trennungslinie zwischen der westlichen Psychologie und der östlichen Mystik.

Die westliche Psychologie ist der Versuch, die Wurzeln deiner alten Muster zu verstehen, aber das hilft niemandem, sie loszuwerden. Du verstehst zwar mehr, wirst nüchterner, wirst normaler, dein Denken ist nicht mehr so ein Chaos, alles ist ein wenig geordneter als zuvor, aber die Probleme bleiben die gleichen – sie gehen nur in den Untergrund. Du kannst deine Eifersucht verstehen, du kannst deine Wut verstehen, deinen Haß, deine Habsucht, deinen Ehrgeiz – aber all dein Verständnis bleibt rein intellektuell. Darum sind selbst die größten Psychologen des Westens weit entfernt von den Mystikern des Ostens.

Sigmund Freud, der Begründer der westlichen Psychologie, hatte dermaßen Angst vor dem Tod, daß schon die bloße Erwähnung des Wortes ihn ohnmächtig werden ließ; er verlor das Bewußtsein. So groß war seine Paranoia vor dem Tod! Es passierte ihm dreimal. Er fürchtete sich so sehr vor Gespenstern, daß er nicht einmal an einem Friedhof vorbeigehen wollte. Also, ein Mann wie Sigmund Freud, von ungeheurem intellektuellem Scharfsinn, der sämtliche Wurzeln des Verstandes kennt, der selbst die subtilsten Funktionen der Psyche kennt, und bleibt doch immer noch ein Gefangener seines Denkens!

Bewußtheit führt dich über den Verstand hinaus. Sie trachtet nicht danach, die Probleme des Verstandes und ihre Wurzeln zu verstehen; sie läßt den Verstand einfach beiseite und schlüpft aus ihm heraus. Aus diesem Grund hat der Osten keine Psychologie entwickelt. Es ist doch seltsam, daß der Osten, der seit mindestens zehntausend Jahren konsequent und konzentriert auf dem Gebiet des menschlichen Bewußtseins arbeitet, keine Psychologie, keine Psychoanalyse oder Psychosynthese entwickelt hat. Es ist erstaunlich, daß in zehntausend Jahren niemand diese Sache berührt hat. Statt den Verstand verstehen zu wollen, hat der Osten eine völlig andere Methode entwickelt. Diese Methode besteht darin, die Identifikation mit dem Verstand zu lösen: »Ich bin nicht der Verstand.« Sobald sich dieses Bewußtsein im Menschen verankert, wird der Verstand machtlos.

Die ganze Macht des Verstandes besteht darin, daß du dich mit ihm identifizierst. Deshalb fand man es nutzlos und unnötig, nach den Wurzeln zu graben, die Ursachen hinter den Ursachen zu suchen und durch Träume – durch die Analyse und Interpretation der Träume – daran zu arbeiten. Und jeder Psychologe findet andere Wurzeln, andere Interpretationen, andere Ursachen! Die Psychologie ist noch keine Wissenschaft; sie beruht noch immer auf Fiktionen.

Wenn ihr zu einem Sigmund Freud geht, wird er euren Traum in einem sexuellen Rahmen interpretieren. Sein Denken ist vom Sex besessen. Alles, was man zu ihm bringt, wird er sogleich mit einer sexuellen Deutung versehen. Oder geht zu Alfred Adler, dem Begründer einer anderen psychologischen Schule, der analytischen Psychologie. Er ist besessen von einer anderen Idee: dem Willen zur Macht. Alle eure Träume werden dort nach der Idee vom Willen zur Macht interpretiert. Oder geht zu Carl Gustav Jung: Er interpretiert jeden Traum als fernes Echo aus euren früheren Leben. Seine Interpretation ist mythologisch. Und es gibt noch viele andere Schulen …

Assagioli machte eine große Anstrengung, alle diese Schulen in der Psychosynthese zusammenzubringen, aber seine Psychosynthese ist absolut nutzlos. Die Psychoanalyse enthält zumindest ein Körnchen Wahrheit, und die analytische Psychologie enthält ebenfalls ein Körnchen Wahrheit, doch die Psychosynthese ist nur ein Mischmasch. Sie hat von der einen

Schule einen Teil übernommen, von der anderen Schule einen anderen Teil, und hat sie zusammengefügt. Assagioli ist ein großer Intellektueller. Er hat es geschafft, die einzelnen Puzzlestücke an die richtigen Stellen zu tun. Aber was bei Sigmund Freud bedeutsam war, in einem bestimmten Zusammenhang Bedeutung hatte, ist nun aus dem Zusammenhang gerissen. Assagioli hat nur das genommen, was ihm bedeutsam erschien – aber ohne den Zusammenhang verliert es völlig die Bedeutung. Assagioli hat sein ganzes Leben lang an dieser Synthese gearbeitet, aber es ist ihm nicht gelungen, etwas wirklich Bedeutsames zu schaffen. Alle diese Schulen haben harte Arbeit geleistet.

Der Osten hingegen hat den Verstand einfach beiseite gelassen. Statt nach den Ursachen, Wurzeln und Gründen zu suchen, hat der Osten eines erforscht: Woher bekommt der Verstand seine Macht? Woher kommt die Energie, die ihn aufrechterhält? – Die Energie, die den Verstand aufrechterhält, kommt von eurer Identifikation: »Das bin ich.« Der Osten hat diese Brücke unterbrochen.

Bewußtheit bedeutet, sich bewußt zu sein: »Ich bin nicht der Körper, ich bin nicht der Verstand, ich bin nicht einmal das Herz – ich bin reine Bewußtheit.« In dem Maße, in dem sich diese Bewußtheit vertieft und kristallisiert, wird der Verstand mehr und mehr ein Schattendasein führen. Sein Einfluß auf euch verliert all seine Macht. Und wenn sich die Bewußtheit hundertprozentig verankert hat, löst der Verstand sich ganz einfach auf.

Die westliche Psychologie muß erst noch herausfinden, warum sie erfolglos ist. Tausende von Menschen unterziehen sich der Psychoanalyse und anderen therapeutischen Methoden, aber kein einziger von ihnen – nicht einmal die Begründer dieser Schulen – kann erleuchtet genannt werden. Von keinem einzigen könnte man sagen, daß er keine Probleme mehr hat, daß er ohne Ängste, Sorgen, Leiden oder Paranoia sei. Das alles ist in ihnen noch genauso vorhanden wie in euch.

Sigmund Freud wurde etliche Male von seinen Schülern gefragt: »Sie psychoanalysieren uns alle; wir bringen Ihnen unsere Träume, um sie von Ihnen interpretieren zu lassen. Es wäre ein großartiges Experiment, wenn Sie uns erlauben würden, mit Ihnen eine Psychoanalyse zu machen. Geben Sie uns Ihre Träume, und wir werden versuchen, sie zu analysieren und herauszufinden, was sie bedeuten, woher sie kommen, worauf sie hinweisen.« Doch Sigmund Freud gab dazu nie seine Einwilligung. Darin zeigt sich eine immense Schwäche im ganzen System der Psychoanalyse. Er hatte Angst, daß man in seinen Träumen dieselben Dinge finden würde, die er bei anderen fand. Damit würde er seine Überlegenheit als der Begründer, als der Meister, einbüßen.

Er hatte keinen blassen Schimmer von Menschen wie Gautam Buddha oder Mahavira oder Nagarjuna. Solche Menschen träumen nicht, und darum gibt es bei ihnen nichts zu analysieren. Diese Menschen haben sich so weit vom Verstand entfernt, daß alle Verbindungen unterbrochen sind. Sie leben in der Bewußtheit, nicht im Intellekt. Sie handeln aus Bewußtheit, nicht aus dem Verstand und seinen Erinnerungen. Und da sie nichts unterdrücken, brauchen sie nicht zu träumen.

Träume sind eine Nebenerscheinung der Unterdrückung. Es gibt Eingeborenenstämme, deren Angehörige gar nicht oder nur gelegentlich träumen. Sie staunen, wenn sie hören, daß die zivilisierten Menschen fast die ganze Nacht träumen. Von acht Stunden Schlaf träumt ihr sechs Stunden lang. Ein Eingeborener hingegen schläft einfach acht Stunden in tiefer Stille, ohne Störung. Sigmund Freud kannte nur die kranken Leute des Westens. Er kannte niemanden, der bewußt war. Sonst wäre die Geschichte der westlichen Psychologie ganz anders verlaufen.

Ich sage nicht, daß du versuchen sollst, die Wurzeln deines Verstandes und seine Muster zu verstehen. Es ist einfach eine sinnlose Zeitverschwendung. Bewußtheit allein ist genug, mehr als genug. Je mehr du bewußt wirst, um so mehr wirst du aus den Fesseln des Verstandes herausschlüpfen und den Verstand wie ein lebloses Fossil zurücklassen. Es ist nicht notwendig, sich zu fragen, woher die Habsucht stammt. Die wirkliche Frage ist, wie man aus ihr herauskommt. Die Frage ist nicht, woher das Ego stammt. Das sind intellektuelle Fragen, die bedeutungslos sind für einen Sucher.

Außerdem spielen dabei viele verschiedene philosophische Standpunkte eine Rolle: Woher die Habsucht stammt, woher das Ego kommt, woher deine Eifersucht, dein Haß, deine Grausamkeit stammen – wenn du nach dem Ursprung von alledem forschst. Die Psyche ist ein unermeßlich großer Komplex. Tatsächlich reicht ein Leben nicht aus, um sämtliche Probleme der Psyche und deren Wurzeln herauszufinden. Die Wurzeln mögen aus Tausenden von Leben stammen. Allmählich kommt aber die westliche Psychologie dem näher, zum Beispiel in der Primärtherapie.

Janov meinte, daß man den Anfang der Probleme finden müsse – was für ihn als Christ, der nur an ein einziges Leben glaubt, bedeutete: Die Wurzeln müssen irgendwo in der Kindheit liegen. Also begann er daran zu arbeiten, den Leuten ihre Kindheit wieder in Erinnerung zu bringen, und dabei stolperte er über eine neue Tatsache: In tiefer Hypnose erinnert man sich nicht nur an seine Kindheit, sondern auch an seine Geburt. Man erinnert sich auch an die neun Monate im Mutterleib, und einige wenige, sehr sensible Menschen erinnern sich auch an frühere Leben.

Da bekam er selber Angst, in einen Tunnel geraten zu sein, der kein Ende zu haben schien. Man geht ins letzte Leben zurück, und das führt einen wiederum durch eine ganze lange Passage zu einem weiteren Leben.

Die Psyche ist viele Leben alt, darum wird man ihre Wurzeln nicht in der Gegenwart finden können. Vielleicht wird man eine Reise rückwärts durch Tausende von Leben machen müssen, und das ist keine einfache Sache. Und selbst wenn man verstehen lernt, woher die Habsucht kommt, macht das keinen Unterschied. Dann wird man immer noch lernen müssen, wie man sie aufgibt. Es gibt so viele Probleme, und wenn man anfängt, jedes Problem einzeln loszulassen, wird man Millionen von Leben brauchen, um mit dem Verstand ganz ans Ende zu kommen. Und während man an einem Problem arbeitet, nehmen die anderen Probleme zu und gewinnen an Energie, Vitalität und Einfluß. Dieses ganze Spiel ist unsinnig.

Im Osten – in China, Indien, Japan, Arabien – hat sich in der gesamten Vergangenheit niemand jemals darauf eingelassen. Es ist ein Kampf mit Schatten. Der Osten wendet eine völlig andere Vorgehensweise an – und zwar mit größtem Erfolg. Diese Leute haben ihre Bewußtheit aus dem Verstand herausgelöst. Sie haben sich als Beobachter außerhalb des Verstandes gestellt, und es geschieht ein Wunder: Indem sie zum Beobachter werden, verliert der Verstand alle Macht über sie; er wird machtlos. Und dann besteht keine Notwendigkeit mehr, irgend etwas verstehen zu wollen.

Im selben Verhältnis, in dem die Bewußtheit immer mehr zunimmt, nimmt der Verstand immer mehr ab. Wenn die Bewußtheit fünfzig Prozent beträgt, reduziert sich der Verstand auf fünfzig Prozent. Wenn die Bewußtheit siebzig Prozent beträgt, bleiben nur noch dreißig Prozent für das Denken übrig. An dem Tag, an dem die Bewußtheit hundertprozentig ist, verschwindet das Denken von der Bildfläche.

Darum beruht der ganze östliche Ansatz darauf, in einen Zustand der Gedankenstille, des Nicht-Denkens zu gelangen. In dieser Stille, dieser Reinheit, dieser Ruhe ist die Gedankentätigkeit mit all ihren Problemen und Ursachen nicht mehr da. Das Denken hat sich einfach verflüchtigt, wie Tautropfen sich in der Morgensonne verflüchtigen, ohne eine Spur zu hinterlassen.

Darum ist meine Antwort an dich: Bewußtheit ist nicht nur genug, sie ist mehr als genug. Du brauchst nichts anderes.

In der westlichen Psychologie ist noch kein Platz für Meditation, und deswegen bewegt sie sich ständig im Kreis, ohne eine Lösung zu finden. Es gibt Leute, die seit fünfzehn Jahren zum Psychoanalytiker gehen. Sie haben schon ein Vermögen darauf verschwendet – denn Psychoanalytiker ist der bestbezahlte Beruf. Fünfzehn Jahre Psychoanalyse, und alles, was diese erreicht hat, ist: Die Leute sind nach der Psychoanalyse süchtig geworden! Sie können ohne Psychoanalyse nicht mehr leben. Statt auch nur ein einziges Problem zu lösen, hat die Psychoanalyse ein zusätzliches Problem geschaffen. Es ist fast wie Drogensucht. Wenn diese Leute von einem Psychoanalytiker genug haben, gehen sie zu einem anderen. Ohne Psychoanalyse haben sie das Gefühl, daß ihnen etwas fehlt.

Aber es hat noch keinem geholfen. Die Psychoanalytiker geben selbst zu, daß es im ganzen Westen keinen einzigen Menschen gibt, der vollständig analysiert worden ist. Aber so blind sind die Menschen, daß sie diese einfache Sache nicht sehen können: warum es, trotz Tausenden von Psychoanalytikern, keinen einzigen Menschen gibt, der vollkommen analysiert wurde und über Verstand und Psyche hinausgegangen ist?

Die Analyse kann niemanden über die Psyche hinausführen. Der Weg darüber hinaus liegt in der Bewußtheit, der Weg über Denken und Psyche hinaus liegt in der Meditation.

Dieser Weg ist einfach, und im Osten hat er Tausende von Erleuchteten hervorgebracht. Sie haben nichts mit dem Verstand selbst gemacht, aber sie haben etwas anderes gemacht: Sie sind wach geworden, aufmerksam, bewußt. Sie haben den Verstand als Objekt betrachtet – genauso, wie man einen Baum, eine Säule, einen anderen Menschen betrachtet. Sie haben versucht, den Verstand als etwas Getrenntes wahrzunehmen, und es ist ihnen gelungen.

In dem Augenblick, wo es gelingt, den Verstand als getrennt von sich zu sehen, stirbt der Verstand, und an seine Stelle tritt Klarheit. Der Intellekt verschwindet, und Intelligenz tritt in Erscheinung. Man reagiert nicht mehr, sondern handelt spontan.

Reaktion *(reaction)* beruht immer auf deinen vergangenen Erfahrungen, und spontanes Handeln *(response)* ist wie ein Spiegel: Du stellst dich davor, und er spiegelt dich wider; er zeigt dein Gesicht. Der Spiegel hat kein Gedächtnis. In dem Moment, wo du weggehst, ist er wieder klar, ohne Spiegelbild.

Ein Meditierer wird letztlich zu einem Spiegel. Jede Situation spiegelt sich in ihm wider, und er antwortet darauf aus dem gegenwärtigen Augenblick heraus, mit vollkommener Präsenz. Darum ist jede seiner Handlungen von einer Neuheit, Frische, Klarheit, Anmut, Schönheit. Er wiederholt nicht irgendeine alte Idee. Das müßt ihr verstehen: Keine Situation ist jemals genau wie eine andere Situation, die ihr schon erlebt habt. Wenn ihr aus der Vergangenheit heraus reagiert, seid ihr nicht in der Lage, die gegenwärtige Situation zu meistern; ihr hinkt weit hintennach. Das ist der Grund für euren Mißerfolg. Ihr seht die Situation nicht, sondern seid mehr mit eurer Reaktion beschäftigt: Ihr seid blind für die Situation.

Ein Meditierer hält einfach die Augen offen und bleibt verfügbar, die Situation zu sehen und eine Antwort aus sich heraus entstehen zu lassen. Er hat keine vorgefertigte Antwort.

Eine schöne Geschichte über Gautam Buddha …

Eines Morgens fragte ihn ein Mann: »Gibt es Gott?« Buddha sah den Mann an, schaute ihm in die Augen und sagte: »Nein, es gibt keinen Gott.«

Am Nachmittag desselben Tages fragte ein anderer Mann: »Wie denkst du über Gott? Gibt es einen Gott?« Wieder sah er den Mann an, schaute ihm in die Augen und sagte dann: »Ja, es gibt einen Gott.«

Ananda, der bei ihm war, war sehr verwirrt, aber wie immer achtete er darauf, sich nicht einzumischen. Seine Zeit würde kommen, nachts, wenn alle gegangen waren und Buddha sich schlafen legte. Wenn er etwas fragen wollte, war das die beste Zeit.

Aber noch am selben Abend, bei Sonnenuntergang, kam ein dritter Mann mit fast der gleichen Frage, nur etwas anders formuliert. Er sagte: »Es gibt Menschen, die an Gott glauben, und Menschen, die nicht an Gott glauben. Ich selbst weiß nicht, wo ich stehen soll. Hilf mir.«

Jetzt war Ananda äußerst gespannt, was Buddha sagen würde. An ein und demselben Tag hatte er zwei völlig widersprüchliche Antworten gegeben, und nun bot sich eine dritte Gelegenheit – und eine dritte Antwort gab es nicht.

Doch Buddha gab eine dritte Antwort. Er sagte nichts,

sondern schloß die Augen. Es war ein schöner Abend. In dem Mangohain, in dem Buddha weilte, hatten sich die Vögel auf ihren Bäumen niedergelassen. Die Sonne war untergegangen, ein kühles Lüftchen regte sich. Als der Mann Buddha mit geschlossenen Augen dasitzen sah, dachte er, vielleicht ist das die Antwort, und so setzte er sich neben ihn und schloß ebenfalls die Augen.

So verging eine Stunde, dann öffnete der Mann die Augen, berührte Buddhas Füße und sagte: »Wie groß ist dein Mitgefühl! Du hast mir die Antwort gegeben. Ich werde dir ewig dankbar sein.«

Ananda traute seinen Ohren nicht. Buddha hatte doch kein einziges Wort gesagt! Als der Mann völlig glücklich und zufrieden weggegangen war, richtete Ananda die Frage an Buddha: »Das geht zu weit! Du solltest auch an mich denken – du treibst mich noch zum Wahnsinn! Ich bin einem Nervenzusammenbruch nahe! Dem einen Mann sagst du, es gibt keinen Gott, dem anderen sagst du, es gibt einen Gott, und dem dritten antwortest du gar nichts. Und dieser komische Typ sagt, daß er die Antwort bekommen hat, und er ist völlig zufrieden und dankbar und berührt deine Füße. Was geht hier vor sich?«

Buddha sagte: »Ananda, als erstes mußt du dir merken: Das waren nicht deine Fragen, und diese Antworten wurden nicht dir gegeben. Was kümmerst du dich unnötig um die Probleme anderer Leute? Löse zuerst deine eigenen Probleme.«

Ananda sagte: »Das stimmt. Es waren nicht meine Fragen, und die Antworten waren nicht für mich. Aber was kann ich tun? Ich habe Ohren, und ich kann hören, und ich habe alles gehört und gesehen. Und jetzt bin ich total verwirrt – was ist denn nun richtig?«

Buddha sagte: »Richtig? Bewußtheit ist richtig. Der erste Mann war ein Theist. Er wollte eine Bestätigung von mir – er glaubte bereits an Gott. Er war mit einer Antwort, einer fertigen Antwort gekommen, nur um sie sich von mir bestätigen zu lassen, damit er überall herumerzählen kann: ›Ich habe recht. Buddha denkt auch so!‹ Ich mußte ihm nein sagen

– nur um seinen Glauben zu zerstören, denn Glauben ist nicht Wissen.

Der zweite Mann war ein Atheist. Er war ebenfalls mit einer fertigen Antwort gekommen – daß es keinen Gott gibt –, und er wollte meine Bestätigung, um seinen Unglauben zu stärken, damit er überall weiterverkünden kann, daß ich mit ihm einer Meinung bin. Zu ihm mußte ich sagen: ›Doch, es gibt Gott!‹ Aber meine Absicht war die gleiche.

Wenn du meine Absicht sehen kannst, gibt es keinen Widerspruch. Ich habe den vorgefaßten Glauben des ersten Mannes zerstört, und ich habe den vorgefaßten Unglauben der zweiten Person zerstört. Glaube ist positiv, Unglaube ist negativ, aber es ist das gleiche. Keiner von beiden war ein Wissender, und keiner von beiden war ein demütig Suchender; sie waren beide in ihrem Vorurteil gefangen.

Der dritte Mann war ein Suchender. Er hatte keine vorgefaßte Meinung, sein Herz war offen. Er sagte zu mir: ›Es gibt Menschen, die glauben, und es gibt Menschen, die nicht glauben. Ich selbst weiß nicht, ob Gott existiert oder nicht. Hilf mir.‹ Und die einzige Hilfe, die ich ihm geben konnte, war eine Unterweisung in stiller Bewußtheit. Worte wären nutzlos gewesen. Als ich die Augen schloß, verstand er den Hinweis. Er war ein Mann von einer gewissen Intelligenz – offen und verletzlich. Er schloß die Augen.

Und als ich tiefer in die Stille eintrat und er an dem Schwingungsfeld meiner Stille und meiner Präsenz teilhatte, ließ auch er sich in die Stille hineinsinken, in die Bewußtheit. Nach einer Stunde schien es, als seien nur ein paar Minuten vergangen. Er hatte keine Antwort in Worten erhalten, aber er hatte die authentische Antwort durch die Stille erhalten: Kümmere dich nicht um Gott. Es spielt keine Rolle, ob Gott existiert oder nicht. Worauf es ankommt, ist, ob Stille existiert, ob Bewußtheit existiert oder nicht.

Wenn du still und bewußt bist, bist du selbst ein Gott. Gott ist nicht etwas weit von dir Entferntes; entweder bist du der Verstand, oder du bist Gott. In Stille und Bewußtheit schmilzt der Verstand; er verschwindet, und es enthüllt sich deine

Göttlichkeit. Obwohl ich nichts zu ihm sagte, erhielt er die Antwort, und er hat sie in völlig richtiger Weise aufgenommen.«

Bewußtheit bringt dich an den Punkt, wo du fähig bist, mit eigenen Augen die höchste Wirklichkeit deiner selbst und des Universums zu erkennen. Und du machst die wundersame Erfahrung, daß du und das Universum nicht getrennt seid, daß du ein Teil des Ganzen bist. Für mich ist das die einzige Bedeutung von heilig.

Man hat dich erzogen zum Analysieren und Verstehen, zur geistigen Gymnastik. Aber diese Dinge werden niemandem helfen; sie haben noch nie jemandem geholfen. Darum fehlt dem Westen eine höchst wertvolle Dimension – die Dimension der Erleuchtung, des Erwachens. All sein Reichtum ist nichts im Vergleich zu dem Reichtum, der aus der Erleuchtung kommt, aus dem Erreichen des Zustandes von Nicht-Denken.

Deshalb sieh zu, daß du nicht in deinem Denken verstrickt bist. Werde statt dessen zu einem Beobachter am Straßenrand, der die Gedanken auf der Straße vorbeiziehen sieht. Bald wird die Straße leer sein. Der Verstand lebt als Parasit. Du bist mit ihm identifiziert, und das verleiht ihm sein Leben. Deine Bewußtheit durchtrennt die Verbindung und führt seinen Tod herbei.

Die alten Schriften des Ostens sagen, daß der Meister ein Tod ist – eine sehr seltsame Aussage, aber von immenser Bedeutung. Der Meister ist ein Tod, weil Meditation der Tod des Verstandes ist. Meditation ist der Tod des Egos. Meditation ist der Tod deiner Persönlichkeit, und die Geburt und Wiederauferstehung deines essentiellen Seins. Und wer das essentielle Sein kennt, der kennt alles.

Becky Goldberg telefoniert mit dem Geschäftsführer des Hotels: »Ich bin hier oben auf Zimmer fünfhundertzehn«, ruft sie aufgeregt in den Hörer. »Und ich muß Ihnen sagen, direkt vor meinem Fenster läuft ein Mann splitterfasernackt in seinem Zimmer herum, und er hat die Vorhänge nicht zugezogen!«

»Ich komme sofort zu Ihnen hinauf«, sagt der Geschäftsführer. Als er Beckys Zimmer betritt und aus dem Fenster schaut, sagt er: »Sie haben recht, gnädige Frau, der Mann scheint nackt zu sein. Aber man kann ihn nur von der Taille aufwärts sehen. Sein Fenster verdeckt ihn, egal, wo er in seinem Zimmer steht.«

»Ja, das schon«, kreischt Becky, »aber stellen Sie sich mal aufs Bett!«

Der Verstand ist ein seltsamer Genosse. Wo es kein Problem gibt, kreiert er eines. Wozu soll man aufs Bett steigen? Nur um zu sehen, daß da ein Nackter im Zimmer ist? Man muß sich über all diese Dummheiten des Verstandes bewußt werden. Ich stimme zwar nicht mit der Evolutionstheorie von Charles Darwin überein, doch ich habe einen gewissen Respekt vor dieser Theorie. Selbst wenn es vielleicht historisch nicht richtig ist, daß aus den Affen Menschen wurden, so ist es psychologisch ganz gewiß richtig, denn der menschliche Verstand ist genau wie ein Affe – in jeder Hinsicht dumm.

Es bringt nichts, sich tief in den Müll des Verstandes hineinzugraben. Er ist nicht dein Sein – das bist nicht du. Er ist nur der Staub, den du viele, viele Leben lang um dich herum angesammelt hast.

Eine junge Frau kommt zum Arzt. Sie fürchtet, daß sie Gangrän hat, denn sie hat zwei kleine Flecken entdeckt – einen auf jedem Oberschenkel. Nachdem der Doktor sie sehr sorgfältig untersucht hat, sagt er ihr, daß es kein Gangrän ist und daß sie sich keine Sorgen zu machen braucht.

Als das Mädchen sich zum Gehen wendet, fragt er sie: »Ach, übrigens, ist Ihr Freund Zigeuner?«

»Ja, das ist er«, antwortet das Mädchen. »Aber wieso denn?«

»Dann sagen Sie ihm doch«, sagt der Arzt, »daß seine Ohrringe nicht echt sind.«

So funktioniert unser Verstand – er ist ein großer Entdecker.

Eine alte Definition lautet: Ein Philosoph ist ein Blinder, der in dunkler Nacht in einem dunklen Haus ohne Licht nach einer schwarzen Katze sucht, die gar nicht dort ist. Das ist aber noch nicht alles – er findet sie! Und er schreibt großartige Abhandlungen, Dissertationen und Systematiken, um die Existenz der schwarzen Katze logisch zu beweisen.

Hütet euch vor dem Verstand! Er ist blind. Er hat noch nie etwas gewußt, aber er ist ein großer Hochstapler. Er gibt vor, alles zu wissen.

Sokrates hat die Menschheit in zwei Kategorien eingeteilt. Die eine Kategorie nennt er die wissenden Ignoranten – die Leute, die denken, sie wüßten, aber im Grunde sind sie unwissend. So funktioniert der Verstand. Die zweite Kategorie nennt er die ignoranten Wissenden – die Leute, die denken: »Wir wissen nichts«, aber in ihrer Bescheidenheit, in ihrer Unschuld kommt das Wissen zu ihnen.

Es gibt also Hochstapler des Wissens – das Wirken des Verstandes –, und es gibt die Bescheidenen, die sagen: »Wir wissen nichts.« In ihrer Unschuld liegt Wissen – und das ist das Wirken von Meditation und Bewußtheit. (84)

Am Ende eines Tages habe ich immer das Bedürfnis nach einer kleinen Belohnung: ein paar Bierchen, Zigaretten oder Drogen. Jetzt bringt keines dieser Dinge mir irgendeine Befriedigung, und doch habe ich den Wunsch, etwas zu bekommen, eine Art von Belohnung.

Was ist dieses Verlangen, und wie kann es befriedigt werden?

Es kann durch nichts befriedigt werden.

Man muß den subtilen Mechanismus des Wünschens verstehen. Wünsche funktionieren folgendermaßen: Der Wunsch macht dein Glück von einer Bedingung abhängig: »Wenn ich dieses Auto bekomme, oder jene Frau, oder dieses Haus, dann werde ich glücklich sein.« Wenn der Wunsch erfüllt wird, fällt auch die Bedingung weg, die du für dein Glück aufgestellt hast – und wegen dieser Erleichterung fühlst du dich gut. In Wahrheit hast du aber nur ein völlig überflüssiges Hindernis für dein Glück beseitigt.

Es wird aber nicht lange dauern, dann denkst du wieder: »Wenn ich das Hindernis wieder herstelle und es dann wieder beseitigen kann, werde ich auch wieder die Erleichterung empfingen, die ich das letzte Mal gefühlt habe.« Und aus diesem Grund führen dich Wünsche, selbst wenn du sie erfüllen kannst, immer wieder zu neuen Wünschen.

Kannst du dem folgen? Zuerst stellst du eine Bedingung auf. Du sagst: »Erst wenn ich diese Frau bekomme, werde ich glücklich sein. Ich kann nur mit dieser Frau glücklich sein.« Und von da an strampelst du dich ab, diese Frau zu bekommen, und je schwieriger es ist, desto enthusiastischer, desto fiebriger wirst du.

Je schwieriger es ist, desto größer ist die Herausforderung. Je schwieriger es ist, desto eher setzt du alles auf eine Karte: Du bist bereit, alles aufs Spiel zu setzen. Und die Hoffnung und der Wunsch, diese Frau zu besitzen, werden dadurch immer größer. Es ist so hart, so schwierig! Es muß etwas Großes sein – nur darum fällt es einem nicht in den Schoß. Du jagst und jagst und jagst ihr nach, und eines Tages bekommst du die Frau. Und an dem Tag, wo du die Frau bekommst, ist die Bedingung erfüllt: »Wenn ich diese Frau bekomme, bin ich glücklich.« Die Bedingung hast du zuerst aufgestellt; jetzt hast du die Frau und fühlst dich erleichtert. Jetzt mußt du nicht mehr hinter ihr her sein, du hast erreicht, was du wolltest. Du bist am Ziel. Du fühlst dich gut – und zwar, weil du erleichtert bist.

Einmal traf ich Mulla Nasrudin, und er fluchte vor Schmerzen. Ich fragte ihn: »Was ist los? Hast du Magenschmerzen oder Kopfweh oder sonst irgend etwas? Was fehlt dir denn? Du scheinst ja höllisch zu leiden!«

Er sagte: »Nichts ist los. Meine Schuhe sind nur zu klein.« – »Aber warum trägst du sie dann?«

Er sagte: »Das ist das einzig Angenehme, was ich am Abend erlebe – daß ich meine Schuhe ausziehen kann. Es ist soooo ein Genuß. Und es ist meine einzige Freude. Darum kann ich diese Schuhe nicht wegwerfen. Sie sind eine Nummer zu klein, es ist wirklich die Hölle, aber am Abend ist es der Himmel. Wenn ich heimkomme, ziehe ich meine Schuhe aus, falle auf mein Sofa und habe das Gefühl, daß ich alles erreicht habe. Es ist phantastisch!«

Das gleiche tut ihr auch. Ihr bereitet euch Schmerzen und Leid, ihr fiebert und kommt nicht zur Ruhe. Eines Tages kommt ihr dann nach Hause, zieht die Schuhe aus und sagt: »Großartig, das ist wirklich großartig! Jetzt bin ich am Ziel!« – Aber wie lange wird es andauern? Die Erleichterung hält nur einige Minuten an, dann sehnst du dich wieder nach etwas Neuem.

Die Frau ist jetzt uninteressant, weil du sie bekommen hast. Du kannst daraus nie wieder eine Bedingung machen und sagen: »Erst wenn ich diese Frau bekomme, werde ich glücklich sein«, denn du hast sie ja schon. Jetzt schaust du dich um und siehst andere Frauen: »Wenn ich diese Frau dort haben könnte ...« Jetzt kennst du den Trick: Erst mußt du dein Glück von einer Bedingung abhängig machen, dann mußt du verzweifelt versuchen, sie zu erfüllen, und dann erlebst du eine ungeheure Erleichterung. – Also, das ist unsinnig.

Ein weiser Mann sieht sofort, daß überhaupt keine Bedingung notwendig ist. Man kann auch bedingungslos glücklich sein. Warum soll man zu kleine Schuhe tragen und leiden? Nur, um am Ende erleichtert zu sein? Warum soll man nicht die ganze Zeit leicht und froh sein? Aber dann merkst du es gar nicht – das ist das Problem. Um etwas zu merken, braucht man den Kontrast. Sonst bist du glücklich und weißt es gar nicht.

Und das ist die Definition eines wirklich glücklichen Menschen: Ein wahrhaft glücklicher Mensch weiß gar nicht, daß er glücklich ist, er weiß gar nicht, was Glück ist. Wie kann jemand, der einfach glücklich ist, wissen, daß er glücklich ist?. Nur unglückliche Leute sagen: »Ich bin glücklich, alles läuft großartig.« So reden die unglücklichen Leute. Ein wirklich glücklicher Mensch weiß nichts vom Glück. Es ist einfach da, es ist immer da, es ist wie das Atmen.

Das Atmen zum Beispiel macht dich nicht besonders glücklich. Mach eines: Halte dir die Nase zu. Mach einige Yoga-Übungen und halte deinen Atem an ... halte ihn so sehr und so lange an, wie du kannst. Wenn es anfängt, unangenehm zu werden, halte ihn noch weiter an. Sei ein echter Yoga-Jünger und halte ihn weiter an, bis du wirklich nicht mehr kannst. Schließlich wird der Atem herausplatzen, und du wirst eine enorme Erleichterung spüren.

Das ist töricht – aber so machen es alle. Und deshalb erwartest du am Abend eine Belohnung.

Das Glück ist hier und jetzt, es braucht keine Bedingung. Glück ist etwas Natürliches. Erkenne einfach den Punkt, auf den es ankommt! Mach dein Glück nicht von Bedingungen abhängig, sei einfach grundlos glücklich. Man braucht keinen Grund für das Glück zu erfinden. Sei einfach glücklich.

Bäume sind glücklich, und sie bekommen kein Bier und auch keine Zigaretten am Abend – und sie sind vollkommen glücklich. Schau dich um! Der Wind ist glücklich und die Sonne auch, der Sand ist glücklich und das Meer auch. Alles und jedes ist glücklich – nur der Mensch nicht.

Weil niemand sonst Bedingungen stellt. Sei einfach glücklich. Und wenn du nicht glücklich sein kannst, dann stell wenigstens keine so unmöglichen Bedingungen, sonst wird es zu schwierig. Insofern hat Mulla recht: Viel braucht es nicht. Ich verstehe ihn. Er ist sehr viel intelligenter, als ihr glaubt. So ein einfacher Trick – Schuhe zu tragen, die um eine Nummer zu klein sind. So einfach ist das! Niemand kann dich daran hindern – und am Abend bist du glücklich! Nur ein kleiner Trick; befolge ihn und sei so glücklich, wie du kannst.

Du aber sagst: »Ich kann erst glücklich sein, wenn mir dieses phantastische Haus gehört.« Da stellst du eine große Bedingung! Es kann dich Jahre kosten, und du wirst müde und erschöpft dabei, und wenn du dem Palast deiner Wünsche nahe kommst, stehst du vielleicht schon am Rande des Grabes. So läuft das ab. Du verschwendest dein ganzes Leben, und dein phantastisches Haus wird dein Grab. Oder du sagst: »Solange ich nicht eine Million Dollar habe, kann ich nicht glücklich sein.« Und dann mußt du dafür hart arbeiten und dein ganzes Leben verschwenden. Mulla Nasrudin ist viel intelligenter: Mach dich mit ein paar kleinen Tricks so glücklich wie möglich.

Aber wenn du verstehst, worauf es ankommt, dann brauchst du überhaupt keine Bedingungen. Sieh den entscheidenden Punkt: Durch Bedingungen wirst du nicht glücklich, sie geben dir nur eine Erleichterung. Aber dieses Gefühl ist nicht von Dauer; keine Erleichterung dauert ewig, sondern immer nur ein paar Minuten.

Hast du es nicht immer wieder beobachtet? Du wolltest dir ein Auto kaufen, und dann steht das Auto vor deiner Tür, und du stehst davor und bist sehr, sehr glücklich. Wie lange hält das an? Am nächsten Tag ist es schon ein altes Auto, einen Tag alt. Zwei Tage später ist es zwei Tage alt, alle Nachbarn haben es gesehen und bewundert – Schluß! Danach redet kein Mensch mehr darüber. Deshalb müssen die Autofirmen jedes Jahr neue Modelle herausbringen – damit du dir neue Ziele setzen kannst. Die Leute sind auf diese Sachen nur scharf, um diese Erleichterung zu spüren, und die Erleichterung ist zu haben.

Kennt ihr diese Geschichte schon:

Ein Bettler saß unter einem Baum, und ein Auto, das gerade vorbeifuhr und einem reichen Mann gehören mußte, hatte eine Panne. Der Fahrer fing an, es zu reparieren, und währenddessen stieg der reiche Besitzer aus und sah den Bettler unter dem Baum sitzen und sich ausruhen. Es war ein schöner Tag, die Sonne schien, es wehte ein leichter Wind, und so setzte sich der Reiche neben den Bettler und sagte: »Warum arbeitest du nicht?«

Der Bettler fragte: »Wozu?«

Und der Reiche sagte: »Wenn du arbeitest, kannst du Geld verdienen.«

Und der Bettler fragte: »Wozu?«

Der Reiche wurde ein bißchen ärgerlich: »Wenn du Geld hast, kannst du auch ein dickes Bankkonto haben.«

Und der Bettler fragte: »Wozu?«

Der Reiche wurde noch ärgerlicher und sagte: »Wozu? – Dann kannst du dich im Alter zur Ruhe setzen.«

»Aber«, sagte der Bettler, »ich sitze doch jetzt schon und ruhe mich aus! Warum soll ich warten, bis ich alt werde? Und noch dazu all diesen Unsinn machen? – Geld verdienen, ein Bankkonto haben und schließlich ruhen. Siehst du nicht – ich ruhe jetzt schon! Wozu warten?«

Wozu denn bis zum Abend warten? Und wozu auf das Bier warten? Warum nicht Wasser trinken und es genauso genießen?

Ihr kennt sicher die Geschichte von Jesus, wie er Wasser in Wein verwandelte. Die Christen haben sie mißverstanden. Sie glauben, daß er wirklich Wasser in Wein verwandelte, aber das stimmt nicht. Er muß seinen Jüngern das gleiche Geheimnis beigebracht haben, das ich euch beibringe. Er muß zu ihnen gesagt haben: »Trinkt mit solchem Genuß, daß aus dem Wasser Wein wird.«

Man kann Wasser mit solchem Genuß trinken, daß es einen fast betrunken macht. Versucht es! Wasser allein kann euch berauschen. Es liegt ganz an euch. Es liegt nicht am Bier oder Wein. Und wenn ihr es nicht glauben könnt, fragt einen Hypnotiseur, der weiß Bescheid. Wenn man jemandem, der hypnotisiert wurde, Wasser zu trinken gibt und ihm sagt, daß es Wein sei, wird er davon berauscht – von Wasser!

Ärzte haben neuerdings Erfahrungen mit Placebos gemacht, und manchmal ist das Ergebnis sehr verwirrend. In einem Krankenhaus wurde folgendes Experiment durchgeführt: Zwanzig Patienten, die alle dieselbe Krankheit hatten, wurde Medizin verabreicht, und einer anderen Gruppe von zwanzig Leuten mit derselben Krankheit wurde nur Wasser gegeben – nur um zu sehen, ob Wasser auch wirken kann. Weder die Ärzte noch die Patienten wußten, was Wasser und was Medizin war, denn wenn die Ärzte es wissen, werden sie sich anders verhalten. Wenn der Arzt Wasser verabreicht, wird er nicht so ernsthaft dabei sein können, und der Patient kann

Verdacht schöpfen. Deshalb wußten weder die Ärzte noch die Patienten, woran sie waren – die Unterlagen wurden geheimgehalten.

Und das Wunder ist, daß die gleiche Anzahl von Patienten durch das Wasser wie durch die Medizin geheilt wurden. Nach zwei Wochen waren siebzehn von den zwanzig Personen aus beiden Gruppen gesund. Und das Wunderbare ist, daß die Leute, die nur Wasser bekamen, länger gesund blieben als die, die Medizin genommen hatten; diese waren nach ein paar Wochen wieder beim Arzt.

Wie ist das möglich? Warum hat das Wasser so gut geholfen? Die Vorstellung, daß die Medizin hilft, ist Medizin, nicht die Medizin selbst. Und weil Wasser nur Wasser ist, kann es keinen Schaden anrichten; die Medizin kann schaden. Und deshalb kamen die Leute, die Medizin erhalten hatten, wieder zum Arzt. Sie fingen an, ein paar Wünsche, eine neue Krankheit, neue Probleme zu erzeugen ... Keine Medizin kann wirksam sein, ohne das ganze System auf die eine oder andere Weise zu beeinflussen. Sie wird Reaktionen erzeugen, aber Wasser kann keine Reaktion erzeugen. Das ist reine Hypnose.

Man kann Wasser mit solchem Genuß, mit solcher Andacht trinken, daß es zu Wein wird. Die Zen-Leute trinken Tee mit so großer Zeremonie, mit solchem Ritual, mit so viel Bewußtheit, daß sogar gewöhnlicher Tee etwas ganz Außergewöhnliches wird. Gewöhnlicher Tee wird verwandelt.

Ganz alltägliche Handlungen kann man verwandeln – ein Morgenspaziergang kann etwas Berauschendes sein, und wenn er es nicht ist, dann stimmt etwas nicht mit dir. Der bloße Anblick einer Rose kann berauschend sein, und wenn dich das nicht berauschen kann, dann kann dich nichts berauschen. In die Augen eines Kindes zu schauen, kann etwas Berauschendes sein.

Lerne, jeden Augenblick überschwenglich zu leben. Halte nicht nach Ergebnissen Ausschau – es gibt keine. Das Leben führt nirgendwohin, es hat kein Ziel. Das Leben ist kein Mittel zum Zweck.

Das Leben ist nur im Hier und Jetzt. Lebt es. Lebt es total, lebt es bewußt, lebt es überschwenglich – und ihr seid erfüllt.

Die Erfüllung darf nicht aufgeschoben werden, sonst erfährt man sie nie. Die Erfüllung ist immer jetzt – oder nie. (85)

Kann ein Kettenraucher meditativ werden? Ich rauche seit fünfundzwanzig Jahren und habe das Gefühl, daß durch das Rauchen meine Meditation nicht so tief geht. Trotzdem kann ich das Rauchen nicht aufgeben. Kannst du mir etwas dazu sagen?

Ein Meditierer kann gar nicht rauchen, einfach weil er nie nervös ist, weil er sich nie ängstlich oder verspannt fühlt.

Das Rauchen hilft dir – zumindest vorübergehend – deine Ängste, deine Spannungen, deine Nervosität zu vergessen. Dasselbe läßt sich auch durch andere Dinge erreichen; Kaugummi hat die gleiche Wirkung, aber das Rauchen eignet sich dafür am besten.

Tief in deinem Unterbewußtsein besteht ein Zusammenhang zwischen dem Rauchen und dem Saugen der Milch an der Brust deiner Mutter. Durch den Fortschritt der Zivilisation kommt es, daß heute kaum eine Frau mehr bereit ist, ihr Kind zu stillen – natürlich nicht, denn es verdirbt die Brust. Die Brüste verlieren ihre Rundheit, ihre Schönheit. Aber das Kind hat andere Bedürfnisse. Das Kind braucht keine runden Brüste, denn wenn die Brust rund ist, stirbt das Kind. Wenn die Brust wirklich rund wäre, könnte das Kind beim Saugen nicht atmen; seine Nase würde durch die Brust zugedeckt, und es würde ersticken.

Ein Kind hat ganz andere Bedürfnisse als ein Maler, ein Dichter oder ein Mann von ästhetischem Empfinden. Das Kind braucht eine längliche Brust, damit seine Nase frei bleibt und es beides zugleich tun kann: atmen und sich Nahrung holen. Deshalb wird jedes Kind versuchen, die Brust nach seinen Bedürfnissen zu formen. Und keine Frau will sich die Brust verderben. Das gehört zur Schönheit ihres Körpers, ihrer Formen.

Je mehr die Zivilisation fortschreitet, desto früher werden die Kinder von der Brust der Mutter weggenommen. Aber das Verlangen, von der Brust zu trinken, geht in der Vorstellung der Menschen weiter, und immer wenn sie in einem nervösen Zustand sind, in Spannung, unter Streß, dann hilft die Zigarette. Es hilft ihnen, wieder zum Kind zu werden, sich zu entspannen wie auf dem Schoß der Mutter.

Die Zigarette ist sehr symbolisch. Sie ist wie die Brustwarze der Mutter, und der hindurchziehende Rauch ist so warm wie die Milch. Da ist eine gewisse Parallele ... und du wirst dadurch abgelenkt, und für einen Augenblick fühlst du dich wieder wie ein Kind ohne Ängste, ohne Probleme, ohne Verantwortung.

Du sagst, du rauchst seit dreißig Jahren, ein Kettenraucher. Du willst aufhören, aber du kannst es nicht. Es geht auch gar nicht – denn du mußt an den Ursachen arbeiten, die dazu geführt haben.

Ich habe schon bei vielen meiner Sannyasins Erfolg gehabt. Anfangs haben sie über meinen Vorschlag gelacht. Sie wollten es nicht glauben, daß ihnen eine so einfache Lösung helfen soll. Ich sagte zu ihnen: »Versuche nicht, mit dem Rauchen aufzuhören, sondern besorge dir lieber ein Milchfläschchen, wie man sie für kleine Kinder benutzt. Am Abend unter deiner Bettdecke, wenn dich keiner sieht, trinke die Milch, genieße die warme Milch. Es kann zumindest nicht schaden.«

Sie sagen: »Aber wie soll das helfen?«

Ich sage: »Vergiß das Wie und Warum, tu's einfach. Damit nimmst du was Gutes zu dir, bevor du schlafen gehst – und es kann nicht schaden. Und mein Gefühl sagt mir, daß du am nächsten Tag nicht mehr so ein großes Bedürfnis nach Zigaretten haben wirst. Zähle sie mit!« Sie waren überrascht, daß die Zigaretten nach und nach weniger wurden, denn das Grundbedürfnis, bei dem sie mittendrin steckengeblieben waren, wurde nun befriedigt. Sie sind keine Kinder mehr, sie reifen plötzlich, und die Zigarette verschwindet.

Du kannst nicht damit aufhören. Du mußt etwas tun, was dir nicht schadet; du mußt einen gesünderen Ersatz für die

Übergangszeit haben, damit du erwachsen werden kannst und die Zigaretten von allein wegfallen.

Kleine Kinder wissen das – ich habe das Geheimnis von ihnen gelernt. Wenn ein Kind weint und schreit, weil es hungrig ist und die Mutter weit weg, dann steckt es den Daumen in den Mund und lutscht daran. So vergißt es seinen Hunger und sein Weinen und Schreien und schläft ein. Es hat einen Ersatz gefunden – und obwohl dieser Ersatz ihm keine Nahrung liefert, hat es zumindest das Gefühl, etwas ähnliches zu bekommen. Es entspannt sich.

Ich habe ein paar von meinen Sannyasins sogar das Daumenlutschen empfohlen. Wenn du zu sehr Angst hast, dir ein Fläschchen zu besorgen und es mit Milch zu füllen, weil vielleicht deine Frau dahinterkommt oder deine Kinder dich dabei ertappen, dann ist es das beste, du gehst mit dem Daumen im Mund schlafen. Saug daran und genieße es!

Sie lachen zwar immer, aber wenn sie wiederkommen, erzählen sie: »Es hilft! Am nächsten Tag waren es weniger Zigaretten, und es werden immer weniger!« Es kann ein paar Wochen dauern, bis die Zigaretten ganz verschwinden. Und wenn sie einmal ganz verschwunden sind, ohne daß *du* es abgestellt hast ... Wenn *du* es abstellst, ist es Unterdrückung, und alles, was unterdrückt wird, versucht nur, wieder aufzutauchen, mit um so größerer Kraft, nun erst recht!

Stell nie etwas ab. Suche nach der tieferliegenden Ursache und sieh zu, daß du irgendeinen harmlosen Ersatz dafür findest.

Auf diese Art verschwindet die tieferliegende Ursache – die Zigarette ist nur ein Symptom.

Das erste ist also: Hör auf, damit aufhören zu wollen. Das zweite ist: Besorg dir ein gutes Fläschchen und schäme dich nicht deswegen. Wenn es dir peinlich ist, dann nimm den Daumen. Mit deinem eigenen Daumen wird es zwar nicht so gut gehen, aber helfen wird es auch. Ich habe noch nie erlebt, daß jemand mit dem, was ich hier sage, keinen Erfolg gehabt hätte. Eines Tages, ganz plötzlich, kann man nicht mehr glauben, daß man unnötig seine Gesundheit ruiniert hat und statt frischer Luft lieber schmutzigen Rauch eingeatmet und seine Lunge damit kaputtgemacht hat.

Und das Rauchen wird mehr und mehr zum Problem werden. Denn in dem Maße, wie die Frauenemanzipation zunehmen wird, werden Kinder nicht mehr gestillt werden. Ich sage nicht, daß sie unbedingt an der Brust gestillt werden müssen, aber sie sollten irgendeine Ersatzbrust bekommen, damit ihr Unbewußtes keine Wunde davonträgt, die ihnen später Probleme machen wird – Kaugummikauen und Zigaretten und Zigarren ... Das alles sind verschiedene Symptome, je nach Land und Leuten. In Indien kauen sie immer *pan*-Blätter, oder viele Leute nehmen Schnupftabak. Das ist alles das gleiche. Schnupftabak scheint weit davon entfernt zu sein, ist es aber nicht. Menschen, die nervös, verspannt, gestreßt sind, nehmen eine Prise Schnupftabak. Das verschafft ihnen einen guten Nieser, fegt das Hirn leer, schüttelt sie durch und durch – und sie fühlen sich besser. Aber all diese Ängste werden zurückkommen. Der Schnupftabak kann sie nicht aus der Welt schaffen. Ihr müßt die Nervosität an der Wurzel packen. Welchen Grund hast du, nervös zu sein?

Viele Journalisten haben zu mir gesagt: »Eins der größten Probleme mit dir ist unsere Nervosität.« Sie sagen: »Und merkwürdig – wenn wir Politiker interviewen, fühlen *die* sich nervös; wir machen sie nervös. Aber hier bei dir werden *wir* nervös, und sofort meldet sich das Verlangen nach einer Zigarette, aber du läßt uns nicht rauchen: ›Ihr dürft hier nicht rauchen!‹ – Du bist allergisch! Nicht schlecht, deine Strategie: Wir dürfen nicht rauchen, und du machst uns nervös und verspannt, und dann hast du diese Allergie, die es uns verbietet zu rauchen! Du läßt uns kein Hintertürchen.«

Aber warum werden sie überhaupt in meiner Gegenwart nervös? Diese Politiker sind doch mächtige Leute – wenn *die* sie nervös machen würden, wäre das nur begreiflich. Aber die Realität ist, daß diese mächtigen Leute innen einfach nur hohl sind, daß ihre Macht nur von anderen geborgt ist und sie daher Angst haben um ihre Respektabilität. Jedes Wort, das sie von sich geben, müssen sie sich zweimal überlegen. Und sie sind nervös, daß die Journalisten sie in eine Situation bringen könnten, in der ihr Einfluß auf die Leute zunichte gemacht wird. Das Image, das sie von sich aufgebaut haben, muß ständig besser werden. Das ist ihre Angst. Und aufgrund dieser Angst können die Journalisten – jeder beliebige Journalist, der gar keine Macht hat – sie nervös machen.

Für mich gibt es da kein Problem. Ich habe keinen Wunsch nach Respektabilität. Ich bin schon genug in Verruf geraten – sie können mich nicht noch mehr in Verruf bringen. Ich habe schon alles getan, was mich hätte nervös machen können. Das habe ich längst geschafft. Was können sie mir anhaben? Ich habe keine Macht zu verlieren und darf alles sagen, was ich will, weil ich mir keine Gedanken darüber mache, ob ich mir selbst widerspreche, ob ich inkonsequent bin. Im Gegenteil, ich genieße es, mir selbst zu widersprechen und inkonsequent zu sein. Deshalb werden *sie* nervös, und ihre Nervosität drängt sie, etwas zu tun, sich mit etwas zu beschäftigen, damit keiner merkt, wie nervös sie sind.

Schau einfach mal genau hin: Wenn du meinst, du brauchst jetzt eine Zigarette, schau genau hin, warum du sie brauchst. Da ist etwas, was dich nervös macht, und du willst nicht ertappt werden.

Dazu fällt mir ein ...

Eines Tages, in einer Kirche in New York, sieht der Bischof beim Betreten der Kirche einen sonderbaren Mann – ein völliger Hippie-Typ. Doch bei seinem Anblick wurde der Bischof nervös, denn dieser Mann sah ihm in die Augen und sagte: »Weißt du nicht, wer ich bin? Ich bin der Herr, Jesus Christus.«

Sofort rief der Bischof in Rom an: »Was soll ich machen?« fragte er den Papst. »Ein Mann, der aussieht wie ein Hippie, aber auch wie Jesus Christus! Und ich bin ganz alleine hier. Es ist noch früh, und er ist eben erst hereingekommen! Man hat mir nie gesagt, was zu tun ist, wenn Jesus Christus kommt! Ich brauche klare Anweisungen, damit ich nichts falsch mache.«

Der Papst wurde selber nervös und sagte: »Tu einfach so, als wärst du beschäftigt. Was kannst du sonst machen? Und in der Zwischenzeit ruf die Polizei. Aber tu so, als wärst du sehr beschäftigt, damit der Mann nicht merkt, daß du nervös bist.«

Zigaretten helfen dir, so zu tun, als wärst du beschäftigt. Sie verbergen deine Nervosität. Deshalb versuche nicht, damit aufzuhören, denn sonst wirst du nur noch nervöser und fällst in die alte Gewohnheit zurück. Das Verlangen ist da, weil etwas in dir unerfüllt geblieben ist – erfülle es! Und es gibt einfache Mittel, um es zu erfüllen. Ein einfaches Babyfläschchen genügt schon. Es gibt dir gute Nahrung, macht dich gesünder und wird dir den Wunsch nehmen, beschäftigt auszusehen. (86)

Eines Tages kam ein Mann zu mir. Er hatte dreißig Jahre darunter gelitten, daß er Kettenraucher war; er war krank, und sein Arzt hatte ihm gesagt: »Sie werden nie gesund werden, wenn Sie nicht mit dem Rauchen aufhören.« Aber er war ein chronischer Raucher; er konnte nichts dagegen tun. Er hatte alles versucht; es war nicht so, daß er es nicht versucht hätte. Er hatte nichts unversucht gelassen und viel darunter gelitten; aber er schaffte es immer nur einen oder zwei Tage lang, dann packte ihn die Sucht wieder, so überwältigend stark, daß sie ihn einfach mitriß. Und schon verfiel er wieder der alten Abhängigkeit.

Wegen dieser Abhängigkeit vom Rauchen hatte er sein ganzes Selbstvertrauen verloren: Er wußte, er brachte eine solche Kleinigkeit, wie das Rauchen aufzugeben, nicht fertig. Er war in seinen eigenen Augen wertlos geworden, hielt sich für den wertlosesten Menschen der Welt und hatte keine Achtung mehr vor sich selbst. Dann kam er zu mir.

Er fragte mich: »Was kann ich nur tun? Wie kann ich mit dem Rauchen aufhören?« Ich sagte: »Niemand kann das. Das mußt du verstehen. Dein Rauchen ist jetzt keine Entscheidungssache mehr. Es gehört jetzt zu deinen festen Gewohnheiten; es hat Wurzeln in dir geschlagen. Dreißig Jahre sind eine lange Zeit. Die Gewohnheit ist in deinem Körper verwurzelt, hat seine ganze Chemie verändert, hat deinen ganzen Körper erfaßt. Jetzt kannst du nicht einfach mit dem Kopf an das Problem herangehen; dein Kopf kann gar nichts ausrichten. Der Kopf ist impotent; er kann zwar einen Prozeß in Gang bringen, aber ihn dann nicht so leicht wieder stoppen. Wenn du erst einmal mit dem Rauchen angefangen hast und es nun schon so lange tust, dann bist du ein großer Yogi – eine dreißigjährige Disziplin im Rauchen! Es hat sich verselbständigt; du mußt es entautomatisieren.« Der Mann sagte: »Was meinst du mit ›entautomatisieren‹?«

Genau darum geht es bei der Meditation – Entautomatisierung.

Ich sagte zu ihm: »Tu jetzt eins: Denke nicht mehr ans Aufhören. Es ist außerdem überhaupt nicht notwendig. Du hast jetzt dreißig Jahre lang geraucht und hast es überlebt; natürlich hast du gelitten, aber auch daran hast du dich gewöhnt. Und was macht es schon, ob du wegen dem Rauchen ein paar Stunden früher stirbst? Was willst du mit dieser Zeit denn hier anfangen? Was hast du bisher mit deiner Zeit angefangen? Was soll's also – ob du nun Montag stirbst oder Dienstag oder Sonntag, ob dieses Jahr oder nächstes Jahr – was macht das schon aus?«

Er sagte: »Ja, das ist wahr, es ist gleichgültig.« Darauf sagte ich: »Denke einfach nicht mehr daran; wir wollen gar nicht mehr aufhören. Was wir vielmehr tun – wir versuchen, es zu verstehen. Wenn du also das nächste Mal rauchst, dann mache eine Meditation daraus.«

Er sagte: »Eine Meditation aus dem Rauchen?« Ich sagte: »Ja. Wenn die Zen-Leute aus dem Teetrinken eine Meditation machen können, wenn sie daraus eine Zeremonie machen können – warum nicht auch aus dem Rauchen? Rauchen kann eine genauso schöne Meditation sein.«

Er war wie elektrisiert. Er sagte: »Was sagst du da?« Er wurde ganz lebendig! Er sagte: »Meditation? Sag mir wie – ich kann's gar nicht erwarten!«

Ich erklärte ihm die Meditation. Ich sagte: »Tu eins: Wenn du die Zigarettenschachtel aus der Tasche holst, mach es ganz langsam. Genieße es, es hat keine Eile. Sei bewußt, wach, aufmerksam. Hole sie langsam heraus, mit voller Bewußtheit. Dann nimm die Zigarette aus der Schachtel, ganz bewußt und langsam – nicht so wie bisher: überstürzt, unbewußt und mechanisch. Dann klopfe mit der Zigarette leicht auf die Schachtel – aber sehr achtsam. Höre auf das Geräusch, so wie die Zen-Leute aufmerksam lauschen, wenn der Samowar zu singen anfängt und der Tee langsam zu kochen beginnt ... Und das Aroma! Rieche an der Zigarette ... wie gut das riecht!«

Er sagte: »Was sagst du da? Wie gut?«

»Natürlich riecht es gut. Tabak ist etwas Göttliches, wie alles andere auch. Rieche ihn – so riecht Gott!«

Er sah etwas verdutzt drein. Er sagte: »Wie? Machst du Witze?«

Ich sagte: »Nein, ich mache keine Witze.«

Selbst wenn ich Witze mache, mache ich keine Witze. Ich bin ein ganz seriöser Mann.

»Und dann steck dir die Zigarette in den Mund, ganz bewußt, und zünde sie ganz aufmerksam an. Genieße jeden Schritt, jede kleine Bewegung, und mache so viele kleine Schritte daraus wie möglich, bis hin zum Inhalieren, so daß du es mit immer mehr Bewußtheit tust.

Dann der erste Zug: Gott in der Form des Zigarettenrauchs! Die Hindus sagen: ›*Annam Brahm*‹ – ›Nahrung ist Gott‹. Warum nicht Rauch? Alles ist Gott. Fülle deine Lunge ganz tief – das ist *pranayama*. – Ich gebe euch das neue Yoga für das neue Zeitalter! – Und dann blase den Rauch aus und entspanne dich ... der nächste Zug – und alles ganz, ganz langsam.

Wenn dir das gelingt, wirst du dich wundern: Bald wirst du die Dummheit von dem ganzen erkennen. Nicht, weil andere es sagen, nicht, weil andere sagen, daß es schlecht ist. Du wirst es selbst erkennen. Und das wird nicht bloß intellektuell sein. Du wirst es mit deinem ganzen Wesen erkennen. Du wirst es mit jeder Faser deines Seins erkennen. – Und wenn es aufhört, hört es auf. Und wenn nicht, dann eben nicht. Du brauchst dir deswegen keine Sorgen zu machen.«

Nach drei Monaten kam er wieder und sagte: »Es hat aufgehört.«

»So«, sagte ich, »dann versuche es jetzt auch mit anderen Dingen.«

Dies ist das Geheimnis, das ganze Geheimnis: Ihr müßt euch entautomatisieren. Wenn ihr geht, geht langsam, aufmerksam. Wenn ihr schaut, schaut aufmerksam, und ihr werdet sehen: Die Bäume sind grüner als je zuvor, und die Rosen sind rosiger als je zuvor.

Hört zu! Wenn jemand redet und den letzten Klatsch erzählt: Hört zu, hört ganz aufmerksam zu. Und wenn ihr redet, redet aufmerksam.

Ihr müßt alles, was ihr im Wachzustand tut, entautomatisieren. (87)

Ich möchte dich bitten, über das Drogenproblem zu reden.

Es ist nichts Neues, es ist so alt wie die Menschheit. Es hat noch nie eine Zeit gegeben, in der die Menschen nicht auf der Suche nach einem Fluchtweg gewesen wären. Das älteste Buch der Welt, die Rig Veda, erwähnt an vielen Stellen den Gebrauch von Drogen. Der Name der Droge war *soma*. Seit ältesten Zeiten haben alle Religionen versucht, die Menschen vom Gebrauch von Drogen abzuhalten. Sämtliche Regierungen waren immer gegen Drogen. Dennoch haben die Drogen sich als machtvoller erwiesen als alle Regierungen und alle Religionen, denn niemand durchschaute die wahre Psychologie des Drogenanwenders.

Die Menschen sind unglücklich. Ihr Leben ist voller Angst, Sorgen und Frustrationen. Und es scheint keinen Ausweg zu geben, außer Drogen. Der einzige Weg, den Gebrauch von Drogen zu verhindern, besteht darin, die Menschen glücklich, freudig und zufrieden zu machen.

Auch ich bin gegen Drogen, weil sie nur dazu beitragen, daß ihr euer Unglück zeitweilig vergeßt, aber sie helfen euch nicht, gegen Unglück und Leid anzugehen, sondern machen euch nur schwächer.

Die Gründe, warum die Religionen und die Regierungen gegen Drogen sind, und meine Gründe, warum ich Drogen ablehne, sind jedoch völlig verschieden. Jene wollen, daß die Menschen unglücklich und frustriert bleiben, weil ein Mensch im Elend niemals rebellisch ist; er quält sich in seinem Innersten, er hat kein Zentrum. Er kann sich eine bessere Gesellschaft, eine bessere Kultur, einen besseren Menschen überhaupt nicht vorstellen. Durch sein Elend wird er eine leichte Beute der Priester, die ihn trösten, indem sie sagen: »Gesegnet sind die Armen, gesegnet sind die Schwachen, gesegnet sind die Leidenden, denn sie werden das Königreich Gottes erben.«

Eine leidende Menschheit ist auch den Politikern ausgeliefert, denn die leidende Menschheit braucht eine Hoffnung – die Hoffnung auf eine klassenlose Gesellschaft irgendwann in der Zukunft, die Hoffnung auf eine Gesellschaft, in der es keine Armut, keinen Hunger, kein Elend mehr geben wird. Kurz und gut, solange die Menschen eine Utopie haben, nahe am Horizont, können sie weitermachen und geduldig ihr Leiden ertragen. Macht euch die Bedeutung des Wortes Utopie klar: Utopie bedeutet etwas, das niemals geschieht. Es ist wie der Horizont: Er ist so nahe, daß man denkt, man kann hinlaufen zu dem Ort, wo sich Himmel und Erde berühren. Aber man kann sein ganzes Leben lang laufen und wird nie an diesen Ort kommen, denn es gibt ihn nicht. Er ist eine Halluzination.

Die Politiker leben von Versprechungen, die Priester leben von Versprechungen. In den letzten zehntausend Jahren hat keiner von ihnen die Ware abgeliefert. Sie sind gegen die Drogen, weil die Drogen ihnen ihr ganzes Geschäft vermiesen. Wenn die Leute anfangen, Opium, Haschisch oder LSD zu nehmen, scheren sie sich nicht mehr um den Kommunismus, und es ist ihnen egal, was morgen passiert; sie kümmern sich nicht um das Leben nach dem Tode, um Gott und das Paradies. Sie finden ihre Erfüllung in diesem Moment.

In diesem Punkt weichen meine Gründe ab. Auch ich bin gegen Drogen, aber nicht, weil sie den Religionen und den Politikern ihre Basis nehmen, sondern weil sie euer inneres spirituelles Wachstum zunichte machen. Die Drogen hindern euch daran, das gelobte Land zu erreichen. Ihr bleibt in Halluzinationen stecken, obwohl ihr fähig wäret, die wahre Sache zu erlangen. Die Drogen geben euch ein Spielzeug.

Aber da die Drogen nicht so einfach verschwinden werden, wünsche ich mir, daß die Regierungen und die wissenschaftlichen Labors die Drogen verfeinern, damit sie gesünder und ohne Nebenwirkungen sind, was heute möglich ist. Wir könnten eine Droge erzeugen ähnlich jener, die Aldous Huxley *soma* genannt hat, in Anlehnung an die Rig Veda – eine Droge ohne Nebenwirkungen, die nicht süchtig macht und einfach nur Freude, Glückseligkeit, Tanzen und Singen hervorruft.

Wenn wir nicht aus jedem Menschen einen Gautam Buddha machen können, haben wir auch nicht das Recht, ihm die Möglichkeit zu verwehren, zumindest ein paar flüchtige Einblicke in jenen ekstatischen Zustand zu erhalten, in dem Gautam Buddha ständig gelebt hat. Vielleicht können solche flüchtigen Einblicke einen Menschen dazu bringen, daß er mehr davon erleben will. Früher oder später würde er von dieser Droge genug haben, weil er damit immer nur dieselbe Szenerie erlebt, und so schön eine Szenerie auch sein mag: Durch die Wiederholung wird sie langweilig.

Als erstes sollte man also eine Droge ohne alle Nebenwirkungen erzeugen. Und zweitens sollten die Leute, die sie genießen wollen, es dürfen. Sie würden sich damit bald langweilen. Und das wird sie an den Punkt bringen, wo sie anfangen werden, eine Meditationsmethode zu suchen, die sie zur höchsten Seligkeit führt.

Deine Frage dreht sich in erster Linie um die New-Age-Generation. Die Kluft zwischen den Generationen ist ein neueres

Phänomen unserer Welt; es hat früher nicht existiert. In der Vergangenheit haben die Sechs- bis Siebenjährigen angefangen, mit ihren Händen und ihrem Verstand im traditionellen Beruf des Vaters mitzuarbeiten. Mit vierzehn waren sie schon Handwerker und Arbeiter; sie haben geheiratet und viele Pflichten übernommen. Im Alter von zwanzig bis vierundzwanzig hatten sie selber Kinder, und dadurch hat es nie eine solche Kluft zwischen den Generationen gegeben. Die Generationen gingen nahtlos ineinander über.

Zum ersten Mal in der menschlichen Geschichte gibt es jetzt diese Kluft zwischen den Generationen. Das hat eine sehr weitreichende Bedeutung. Zum ersten Mal habt ihr jungen Leute heute bis zum Alter von fünf- bis sechsundzwanzig, wenn ihr von der Universität kommt, keine Verantwortung, keine Kinder, keine Sorgen. Ihr habt die ganze Welt noch vor euch und könnt davon träumen, wie ihr sie besser und reicher machen wollt, wie ihr eine Rasse von Supermenschen kreieren wollt. Und in diesen Jahren zwischen vierzehn und vierundzwanzig ist der Mensch ein Träumer, weil seine Sexualität heranreift, und mit seiner Sexualität reifen auch die Träume heran. In den Schulen und Universitäten wird die Sexualität unterdrückt, und deshalb geht die ganze Energie ins Träumen. Der junge Mensch wird Kommunist, Sozialist, Anarchist – alles mögliche. In dieser Zeit beginnt er, die Frustration zu spüren, weil so, wie unsere Welt funktioniert – die Bürokratie, die Regierung, die Politiker, die Gesellschaft, die Religion –, es unmöglich erscheint, daß aus seinem Traum jemals Wirklichkeit werden kann.

Wenn er von der Universität zurückkommt, ist er voller Ideen, aber alle seine Ideale werden von der Gesellschaft zunichte gemacht. Und bald vergißt er den neuen Menschen und das neue Zeitalter. Er kann nicht einmal einen Job finden; er kann sich selbst nicht ernähren. Wie kann er an eine klassenlose Gesellschaft denken, in der es weder arm noch reich gibt?

An diesem Punkt wendet er sich den Drogen zu; sie verschaffen ihm zumindest eine vorübergehende Erleichterung.

Aber alle Drogen sind heute so beschaffen, daß sie süchtig machen und man die Dosis immer mehr erhöhen muß. Sie wirken zerstörerisch auf den Körper, auf das Gehirn, und bald ist man ihnen hilflos ausgeliefert. Man kann nicht mehr ohne die Droge leben, und mit der Droge findest du in diesem Leben keinen Platz für dich. Ich meine aber nicht, daß die Jungen dafür verantwortlich sind, und es ist reine Dummheit, sie dafür zu bestrafen und ins Gefängnis zu stecken. Sie sind keine Kriminellen; sie sind Opfer.

Die Leute an der Macht entscheiden sich für das Dümmste: Verbote und Strafen. Aber sie sollten wissen, daß man seit zehntausend Jahren mit Verboten keinen Erfolg hat. Immer wenn der Alkohol verboten wird, nimmt die Zahl der Alkoholiker zu, und eine gefährlichere Sorte Alkohol wird verfügbar. Tausende Menschen sterben an Vergiftung – und wer trägt die Schuld? Man bestraft junge Menschen mit jahrelangem Gefängnis und begreift nicht, daß jemand, der Drogen nimmt oder drogensüchtig ist, keine Strafe, sondern Behandlung nötig hat. Er sollte in eine psychiatrische Klinik aufgenommen werden, wo man sich um ihn kümmert, wo man ihn das Meditieren lehrt und ihn allmählich von den Drogen zu einem besseren Leben hinführt.

Statt dessen bringt man sie gewaltsam ins Gefängnis – zehn Jahre Knast! Das menschliche Leben wird überhaupt nicht geachtet. Wenn man einen jungen Mann von zwanzig für zehn Jahre ins Gefängnis steckt, nimmt man ihm seine wertvollsten Jahre – und es ist völlig zwecklos, denn im Gefängnis kommt er noch viel leichter an alle Drogen. Die Insassen sind alle alte Hasen im Drogenkonsum und bringen es den Neulingen bei. Und wenn die zehn Jahre um sind, kommen sie als Experten wieder heraus. Im Gefängnis lernt man nur eines: Nichts, was du tust, ist unrecht – außer du wirst erwischt. Also laß dich bloß nicht erwischen! Und dort gibt es Experten, von denen man lernen kann, wie man sich nicht erwischen läßt.

Diese ganze Sache ist völlig absurd. Auch ich bin gegen Drogen, aber auf eine völlig andere Weise.

Ich glaube, ihr habt mich verstanden. (88)

Kann man LSD als Hilfe für die Meditation benutzen?

Man kann LSD als Hilfe benutzen, aber es ist eine äußerst gefährliche Hilfe. Es ist nicht so einfach. Wenn man ein Mantra benutzt, kann sogar das schwer wieder aufzugeben sein, aber wenn man Acid benutzt, wird es noch viel schwieriger, es wieder aufzugeben.

In dem Moment, wo du einen LSD-Trip nimmst, hast du es nicht mehr in der Hand. Die Chemie übernimmt die Kontrolle, und du bist nicht mehr der Herr. Und wenn du erst einmal die Kontrolle abgegeben hast, wird es schwierig, sie zurückzugewinnen. Dann ist nicht mehr die Chemie dein Sklave, sondern *du* bist jetzt der Sklave. Dann hast du es nicht mehr in der Hand, das Steuer zu übernehmen. Wenn du LSD als Hilfe verwendest, machst du den Herrn zum Sklaven, und das wird sich auf deine ganze Körperchemie auswirken.

Dein Körper wird anfangen, nach LSD zu verlangen. Jetzt ist es nicht bloß eine Abhängigkeit des Verstandes, wie bei einem Mantra. Wenn du Acid als Hilfe benutzt, wird das Verlangen zu etwas Körperlichem; das LSD geht bis in die letzten Zellen des Körpers. Es verändert sie, deine innere chemische Struktur wird verändert. Dann fangen alle Körperzellen an, Acid zu brauchen, und es wird schwierig, es aufzugeben.

LSD kann dich nur dann zur Meditation führen, wenn dein Körper darauf vorbereitet wurde. Wenn du mich also fragst, ob es im Westen benutzt werden kann, sage ich dir, daß es für den Westen überhaupt nicht geeignet ist. Nur der Osten kann es benutzen – wenn der Körper total darauf vorbereitet wird. Im Yoga hat man es benutzt, im Tantra hat man es benutzt – es gibt Schulen des Tantra und des Yoga, die LSD als Hilfe benutzt haben. Aber dann muß man zuerst den Körper darauf vorbereiten. Ein langer Reinigungsprozeß des Körpers ist notwendig. Wenn der Körper so rein wird, daß du Herr über den Körper wirst, dann kann selbst die Chemie dich nicht mehr beherrschen. So hat Yoga es erlaubt, aber auf eine sehr spezielle Weise.

Zuerst muß die Körperchemie gereinigt werden. Dadurch kannst du den Körper so beherrschen lernen, daß du sogar die Kontrolle über deine Körperchemie erlangst. Es gibt zum Beispiel bestimmte Yogaübungen ... man kann Gift einnehmen und durch eine bestimmte Yogaübung dem Blut befehlen, daß es sich nicht mit dem Gift mischt, und das Gift wird durch den Körper hindurchgehen und mit dem Urin wieder ausgeschieden werden, ohne sich mit dem Blut vermischt zu haben. Wenn man das zuwege bringt, wenn man seine Körperchemie so zu beherrschen vermag, dann kann man *alles* benutzen, denn dann bleibt man der Herr.

Im Tantra, besonders im »linken« Tantra, wird Alkohol als Hilfe für die Meditation benutzt. Das erscheint absurd, ist es aber nicht. Die Sucher nehmen Alkohol in einer bestimmten Menge zu sich und versuchen dann, bewußt zu bleiben. Die Bewußtheit darf nicht verlorengehen. Nach und nach wird die Alkoholmenge erhöht, aber die Bewußtheit muß scharf bleiben. Die Person nimmt den Alkohol zu sich, er wird vom Körper absorbiert, doch der Verstandesmechanismus bleibt davon unberührt. Die Bewußtheit geht nicht verloren. Allmählich wird die Alkoholmenge immer mehr gesteigert. Durch diese Praktik gelangt man an den Punkt, wo jede Menge Alkohol gegeben werden kann und der Verstand trotzdem wach bleibt. Erst dann kann man auch LSD als Hilfe einsetzen.

Der Westen kennt keine solchen Praktiken zur Reinigung des Körpers und zur Steigerung der Bewußtheit durch Veränderungen der Körperchemie. Acid wird im Westen ohne jegliche Vorbereitung genommen. So kann es nicht helfen; ganz im Gegenteil, es kann den Verstand schwer schädigen.

Da gibt es viele Probleme. Wer einmal auf einen LSD-Trip gegangen ist, bekommt einen Vorgeschmack von etwas, das er vorher noch nie gekannt hat, etwas, das er noch nie gefühlt hat. Wenn man anfängt, Meditation zu üben, ist es ein langer Prozeß, aber LSD ist kein Prozeß. Sobald man es nimmt, ist der Prozeß vorbei, und der Körper beginnt zu arbeiten. Meditation ist ein langer Prozeß – man muß ihn jahrelang praktizieren, nur dann wird es Resultate geben. Wenn man aber eine Abkürzung erlebt hat, wird es schwierig, einen langen Prozeß durchzustehen. Der Verstand wird sich danach sehnen, die Hilfe der Droge in Anspruch zu nehmen. Darum wird es schwierig zu meditieren, wenn man erst einmal einen Vorgeschmack durch die Chemie bekommen hat. Es wird schwierig sein, etwas auf sich zu nehmen, was ein langwieriger Prozeß ist. Meditation benötigt mehr Durchhaltevermögen, mehr Vertrauen, mehr Geduld, und das wird schwierig sein, weil man jetzt vergleichen kann.

Zweitens ist jede Methode abzulehnen, bei der man nicht die ganze Zeit über die Kontrolle behält. Wenn du meditierst, kannst du jeden Augenblick damit aufhören. Sobald du aufhören willst, kannst du es im selben Augenblick abbrechen. Du kannst herauskommen. Aber einen LSD-Trip kann man nicht abbrechen; wenn du erst einmal LSD eingenommen hast, mußt du den ganzen Zyklus durchlaufen. Du bist nicht mehr der Herr.

Alles, was dich zum Sklaven macht, wird dir letztendlich spirituell nicht helfen, weil Spiritualität grundsätzlich bedeutet, Herr über sich selbst zu werden. Aus diesem Grund empfehle ich keine Abkürzungen. Ich bin nicht gegen LSD, manchmal mag ich sogar dafür sein, aber dazu ist eine lange vorausgehende Vorbereitung nötig. Nur dann kannst du der Herr bleiben. Aber dann ist LSD auch keine Abkürzung. Es würde sogar länger dauern als Meditation. Hatha-Yoga benötigt viele Jahre, um den Körper vorzubereiten. Zwanzig Jahre, fünfundzwanzig Jahre ... erst dann ist der Körper bereit. Dann kann man jede Art von chemischer Hilfe benutzen, und es wird dem Sein nicht schaden. Aber dann dauert der Prozeß noch viel länger. Dann kann man LSD verwenden; unter diesen Voraussetzungen bin ich dafür. Wenn du bereit bist, deinen Körper zwanzig Jahre lang auf den Gebrauch von LSD vorzubereiten, dann ist es nicht schädlich – aber dasselbe läßt sich mit Meditation in zwei Jahren erzielen! Der Körper ist grobstofflicher, darum ist seine Beherrschung schwieriger. Das

Bewußtsein ist feinstofflicher, darum ist seine Beherrschung einfacher. Der Körper ist weiter weg von deinem Sein, deshalb ist der Abstand größer; beim Bewußtsein ist der Abstand kleiner.

Hatha-Yoga war in Indien die primitivere Methode, um den Körper für die Meditation vorzubereiten. Es dauerte so lange, den Körper vorzubereiten, daß Hatha-Yoga manchmal Methoden entwickeln mußte, um das Leben zu verlängern, damit man damit weitermachen konnte. Es war ein so langwieriger Prozeß, daß sechzig, siebzig Jahre unter Umständen nicht ausreichten. Das Problem ist, wenn die Meisterschaft in diesem Leben nicht erreicht werden kann, mußt du im nächsten Leben wieder mit dem ABC anfangen, weil du einen neuen Körper hast. Die ganze Anstrengung war umsonst. Du hast aber im nächsten Leben kein neues Bewußtsein, deshalb bleibt dir alles, was du bewußtseinsmäßig erreicht hast, erhalten, während alles, was durch den Körper erreicht wird, jedesmal beim Tod verlorengeht. Darum mußte Hatha-Yoga Methoden zur Verlängerung des Lebens auf zwei- bis dreihundert Jahre erfinden, damit die Meisterschaft erreicht werden konnte.

Wenn die Meisterschaft durch das Bewußtsein erzielt wird, kann man auch den Körper verändern, aber die Vorbereitung des Körpers bleibt auf den Körper allein beschränkt. Hatha-Yoga erfand viele Methoden, damit der Prozeß zu Ende geführt werden konnte, aber dann hat man noch bessere Methoden entdeckt – wie man direkt Kontrolle über den Verstand erlangen kann: Raja-Yoga. Bei diesen Methoden kann der Körper ein wenig hilfreich sein, doch man braucht sich nicht allzu sehr damit abzugeben. Deshalb haben Adepten des Hatha-Yoga gesagt, daß LSD verwendet werden kann, aber Raja-Yoga kann nicht sagen, daß LSD verwendet werden kann, weil Raja-Yoga keine Methodik zur Vorbereitung des Körpers hat. Meditation wird direkt angewendet.

Manchmal kann es vorkommen – aber nur sehr selten –, daß jemand, der durch LSD einen Vorgeschmack bekommt, ohne davon abhängig zu werden, dadurch einen großen Durst entwickelt, weiterzusuchen. Es kann also gut sein, es einmal zu probieren, aber es ist schwierig zu wissen, wann und wie man aufhören soll. Der erste Trip ist gut; es ist gut, das einmal erlebt zu haben. Du wirst dir einer anderen Welt bewußt und fängst an, danach zu suchen und zu forschen – aber dann wird es schwierig, wieder aufzuhören. Das ist das Problem. Wenn du aufhören kannst, dann ist es gut, LSD einmal zu nehmen. Aber das ist ein großes »Wenn«.

Mulla Nasruddin behauptete oft, er trinke nie mehr als ein Glas Wein. Seine Freunde protestierten, denn sie hatten ihn oft ein Glas nach dem anderen trinken sehen. Dann sagte er: »Das zweite Glas wird vom ersten getrunken. ›Ich‹ trinke nur das erste. Das zweite wird vom ersten Glas getrunken, und das dritte vom zweiten. Ich bin dann nicht mehr Herr der Lage. Nur beim ersten bin ich der Herr, also kann ich nicht sagen, daß ich mehr als eines trinke. ›Ich‹ trinke nur ein Glas – immer nur eins!«

Beim ersten bist du der Herr; beim zweiten bist du es nicht mehr. Das erste wird versuchen, ein zweites zu nehmen, und dann wird es ständig so weitergehen. Dann hast du es nicht mehr in der Hand. Etwas anzufangen ist einfach, denn du bist der Herr, aber etwas zu beenden ist schwierig, denn du bist nicht der Herr. Ich bin also nicht gegen LSD ... doch wenn, dann nur unter einer Bedingung. Die Bedingung ist: Wenn du der Herr bleiben kannst, okay. Du kannst alles benutzen, aber bleibe der Herr. Und wenn du nicht der Herr bleiben kannst, dann betrete überhaupt nie eine gefährliche Straße. Betrete sie überhaupt nicht. Das wird besser sein. (89)

11. KAPITEL

Altern

Zumindest in der westlichen Gesellschaft wird die Jugend als das A und O angesehen – und in gewisser Weise sollte es wohl auch so sein. Aber die natürliche Folge davon ist, daß die Geburtstage nicht mehr ein Anlaß zur Beglückwünschung sind, sondern zu einer unbehaglichen, unvermeidlichen Tatsache des Lebens werden. Es wird unhöflich, jemand nach seinem Alter zu fragen. Graue Haare werden gefärbt, Zähne überkront oder ganz ersetzt, demoralisierte Brüste und Gesichter werden geliftet, Bäuche gestrafft und Krampfadern gestützt – aber alles heimlich. Man nimmt es zweifellos nicht mehr als Kompliment, wenn einem jemand sagt, man sähe so alt aus, wie man ist. Meine Erfahrung ist aber: Je älter ich werde, desto besser wird jedes Jahr; doch daß es so sein würde, hat mir niemand je gesagt, und nie hört man jemanden ein Loblied auf das Älterwerden singen.
Könntest du über die Freuden des Älterwerdens reden?

Deine Frage beinhaltet viele Dinge. Erstens ist der westliche Verstand konditioniert durch die Idee, daß man nur ein einziges Leben, siebzig Jahre, hat und daß die Jugend nie wiederkehrt. Für den Westen kommt der Frühling nur einmal; natürlich entsteht dadurch ein tiefes Verlangen, sich so lange wie möglich daran festzuhalten und auf jede mögliche Weise so zu tun, als wäre man noch jung.

Im Osten wurde der ältere Mensch immer respektiert und geschätzt. Er hatte mehr Erfahrung, hatte viele Jahreszeiten kommen und gehen sehen, hatte alle Arten von Erfahrungen, gute wie schlechte, durchlebt. Er war gereift, war nicht mehr unausgegoren. Er hatte eine gewisse Integrität erlangt, wie sie nur das Alter mit sich bringt. Er war nicht kindisch und klammerte sich nicht mehr an Teddybären; er war kein Jugendlicher mehr und tändelte nicht mehr herum in dem Glauben, es sei Liebe.

Er war durch all diese Erfahrungen hindurchgegangen, hatte gesehen, daß Schönheit vergeht, hatte gesehen, daß alles ein Ende nimmt, daß sich alles auf das Grab zubewegt. Von dem Augenblick, als er der Wiege entwuchs, ging es nur noch in eine Richtung – und die verläuft von der Wiege hin zum Grab. Man kann nirgendwo anders hingehen; man kann nicht fehlgehen, selbst wenn man es wollte. Egal, was man tut, man erreicht das Grab.

Der alte Mensch wurde geachtet und geliebt; er hatte eine gewisse Reinheit des Herzens erlangt, denn er hatte die Begierden durchlebt und erkannt, daß jede Begierde zu Frustration führt. Die Begierden waren Erinnerungen der Vergangenheit. Er hatte alle Arten von Beziehungen erlebt und gesehen, daß jede Art von Beziehung zur Hölle wird. Er war durch all die dunklen Nächte der Seele hindurchgegangen. Er hatte eine gewisse Unberührtheit erlangt – die Reinheit eines Beobachters. Er war nicht mehr interessiert, an irgendwelchen Fußballspielen teilzunehmen. Einfach indem er sein Leben gelebt hatte, war er zur Transzendenz gekommen; dafür wurde er geachtet, seine Weisheit wurde geachtet.

Doch der Osten geht von der Idee aus, daß das Leben nicht nur eine kurze Zeitspanne von siebzig Jahren ist, in der die Jugend nur einmal kommt. Der Gedanke ist: So wie alles in der Existenz sich ewig bewegt – der Sommer kommt, die Regenzeit kommt, der Winter kommt, und dann wieder der Sommer; alles bewegt sich im Kreis wie ein Rad –, so bildet das Leben keine Ausnahme. Der Tod ist das Ende eines Rades und der Anfang eines neuen: Wieder wirst du Kind sein, wieder wirst du ein junger Mensch sein, und wieder wirst du alt werden. So war es von Anfang an, und so wird es sein bis ganz zum Ende – bis du so erleuchtet bist, daß du aus dem Teufelskreis abspringen und in ein völlig anderes Gesetz eintreten kannst. Aus der Individualität kannst du ins Universale springen. Darum bestand für den Osten keine Eile, und es gab kein Anhaften.

Der Westen basiert auf der jüdischen Tradition, die nur an ein einziges Leben glaubt. Das Christentum ist nur ein Zweig des Judaismus. Jesus war ein Jude; er wurde geboren als Jude, lebte als Jude und starb als Jude. Er hatte keine Ahnung, daß er ein Christ war. Würdet ihr ihm irgendwo begegnen und ihn begrüßen mit: »Hallo, Jesus Christus« – er würde nicht verstehen, daß er gemeint ist, denn er hatte keine Ahnung, daß sein Name Jesus war, und keine Ahnung, daß er Christus war. Sein Name war Joshua, ein hebräischer Name, und er war ein Messias Gottes und kein Christ. Jesus Christus ist eine Übersetzung aus dem Hebräischen ins Griechische. Auch die mohammedanische Religion ist ein Nebenprodukt der gleichen jüdischen Tradition. Diese drei Religionen glauben an nur ein Leben. An ein einziges Leben zu glauben, ist sehr gefährlich, denn es gibt einem keine Möglichkeit, Fehler zu machen; es gibt einem keine Möglichkeit, genügend Erfahrungen von allem zu sammeln; man ist immer in Eile.

Der ganze westliche Verstand ist wie der Verstand eines Touristen, der zwei, drei Kameras mit sich herumschleppt und es kaum erwarten kann, alles zu fotografieren, weil er nur ein dreiwöchiges Visum hat. In drei Wochen muß er das ganze Land abgrasen – alle großen Sehenswürdigkeiten. Er hat keine Zeit, sie sich direkt anzuschauen; er wird sie sich anschauen, wenn er wieder zu Hause ist – in Ruhe, im Fotoalbum. Immer wenn ich an Touristen denke, sehe ich diese alten Damen vor mir, die von einem Ort zum nächsten hasten – von Ajanta nach Ellora, vom Taj Mahal nach Kashmir –, immer in Eile, weil das Leben so kurz ist.

Nur der westliche Verstand konnte das Sprichwort »Zeit ist Geld« prägen. Im Osten passieren die Dinge langsam; es gibt keine Eile – man hat die ganze Ewigkeit. Wir waren schon mal hier, und wir werden wieder hier sein – wozu also die Eile? Genieße alles, intensiv und total.

Die eine Sache ist also: Durch die Idee, daß es nur ein einziges Leben gibt, ist der Westen zu sehr auf das Jungsein fixiert, und darum wird alles getan, um so lange wie möglich jung zu bleiben und den Prozeß des Alterns hinauszuzögern.

Das erzeugt Heuchelei und verhindert echtes Wachstum. Es erlaubt euch nicht, im Alter wirklich weise zu werden – denn ihr *haßt* das Alter. Das Alter erinnert euch nur an den Tod, sonst gar nichts. Alt zu werden bedeutet, ihr seid fast bei der Endstation angekommen – nur noch ein Stop, dann endet der Zug. Der Schlußpunkt ist nicht mehr weit entfernt.

Ich hatte eine Vereinbarung mit meinem Großvater. Er mochte es gerne, wenn ich ihm die Füße massierte, und ich sagte zu ihm: »Denk daran, wenn ich ›Komma‹ sage, dann heißt das: Paß auf, der Semikolon kommt bald. Wenn ich ›Semikolon‹ sage, mach dich bereit, denn der Punkt kommt bald. Und wenn ich einmal ›Punkt‹ sage, meine ich es auch.« Darum fürchtete er das »Komma« sehr, und wenn ich »Komma« sagte, dann sagte er: »Schon gut, aber laß doch den Semikolon noch ein wenig warten. Komm nicht so schnell zum Schlußpunkt!«

Das Alter bedeutet für den Westen nur die Warnung, daß bald der Schlußpunkt kommt: Zögere das Semikolon noch ein wenig hinaus. Aber wen versuchst du zu täuschen? Wenn man erkannt hat, daß die Jugend vorüber ist, kann man der ganzen Welt etwas vormachen, doch man ist nicht mehr jung; man macht sich nur lächerlich. Die Leute bemühen sich, jung zu bleiben, aber sie wissen nicht, daß gerade ihre Angst, die Jugend zu verlieren, ihnen nicht erlaubt, sie total zu leben.

Und zweitens erlaubt die Angst vor dem Verlust der Jugend euch nicht, die Gnade des Alters anzunehmen. Ihr verpaßt sowohl die Jugend – ihre Freude, ihre Intensität – als auch die Gnade und die Weisheit und den Frieden, die das Alter mit sich bringt. Aber das Ganze beruht lediglich auf einer falschen Vorstellung vom Leben. Solange der Westen nicht die Idee aufgibt, daß es nur ein Leben gibt, können sich diese Heuchelei, dieses Anklammern und diese Angst nicht ändern.

In Wirklichkeit ist mit einem Leben nicht alles vorbei; ihr habt viele Male gelebt, und ihr werdet noch viele Male leben. Darum lebt jeden Augenblick so total wie möglich; es besteht keine Eile, zum nächsten Augenblick zu springen. Zeit ist *nicht* Geld, Zeit ist unerschöpflich. Sie steht dem Armen genauso zur Verfügung wie dem Reichen. Die Reichen sind nicht reicher, was die Zeit betrifft, und die Armen sind nicht ärmer. Das Leben ist eine ewige Inkarnation.

Was man an der Oberfläche sehen kann, ist sehr tief in den Religionen des Westens verwurzelt. Sie sind sehr knauserig, indem sie euch nur siebzig Jahre geben. Wenn ihr es mal auszurechnen versucht, so geht beinahe ein Drittel eures Lebens im Schlaf verloren, ein Drittel eures Lebens müßt ihr damit vergeuden, Geld für Essen, Kleidung und Unterkunft zu verdienen. Das wenige, was übrigbleibt, muß man für Studium, Fußballspiele, Kino, stupide Diskussionen und Streitereien abziehen. Wenn du in siebzig Jahren auch nur sieben Minuten für dich selbst reservieren kannst, rechne ich dich zu den Weisen. Doch es ist schwierig, von deinem ganzen Leben auch nur sieben Minuten zu reservieren. Wie solltest du also dich selber finden können? Wie kannst du das Mysterium deines Seins, deines Lebens erkennen? Wie kannst du begreifen, daß der Tod nicht das Ende ist? Weil du versäumt hast, das Leben direkt zu erfahren, wirst du die großartige Erfahrung des Todes ebenfalls versäumen. Ansonsten gibt es beim Tod nichts zu befürchten. Es ist ein schöner Schlaf, ein traumloser Schlaf – ein Schlaf, der notwendig ist, damit du still und friedlich in einen anderen Körper eingehen kannst. Es ist ein chirurgischer Eingriff, fast wie eine Narkose. Der Tod ist ein Freund und kein Feind.

Wenn ihr einmal verstanden habt, daß der Tod ein Freund ist, und anfangt, das Leben ohne die Angst, daß es nur die kurze Zeitspanne von siebzig Jahren dauert, zu leben; wenn eure Sichtweise sich für die Ewigkeit eures Lebens öffnet: dann wird sich alles verlangsamen, dann besteht keine Notwendigkeit zur Eile. Die Menschen hetzen sich bei allem, was sie tun. Ich war Zeuge, wie jemand seine Aktentasche geschnappt, Sachen hineingestopft, seine Frau geküßt hat – ohne zu sehen, ob es überhaupt seine Frau ist oder jemand anders –, und gleichzeitig hat er sich noch von seinen Kindern verabschiedet. Das ist keine Art zu leben! Und wo kommt man bei diesem Tempo hin?

Ich habe gehört: Ein junges Paar hat sich einen neuen Wagen gekauft, und sie rasen mit Höchstgeschwindigkeit dahin. Die Frau fragt immer wieder ihren Mann: »Wohin fahren wir?« – denn Frauen sind konservativ: »Wohin fahren wir?«

Der Mann sagt: »Hör mit deiner lästigen Fragerei auf! Freu dich doch über das Tempo, mit dem wir fahren. Es ist doch völlig egal, wohin wir fahren! Hauptsache, wir fahren schnell!«

Das Tempo ist wichtiger geworden als das Ziel, und das Tempo ist deshalb so wichtig geworden, weil das Leben so kurz ist. Ihr müßt so viele Dinge erledigen, daß ihr es nicht schafft, wenn ihr nicht schnell genug macht. Ihr könnt nicht einmal ein paar Minuten stillsitzen – es kommt euch wie Zeitverschwendung vor. In diesen paar Minuten hättet ihr schon wieder ein paar Dollar mehr verdienen können.

Mit geschlossenen Augen Zeit verschwenden? Und was wirst du da drinnen schon finden? Wenn du es wirklich wissen willst, geh in ein x-beliebiges Krankenhaus und schau dir ein Skelett an. – Das ist in dir drin. Warum machst du dir unnötige Probleme, indem du nach innen schaust? Wenn du in dich hineinschaust, wirst du nur ein Skelett finden. Und wenn du erst einmal dein Skelett erblickt hast, wird das Leben noch schwieriger werden. Wenn du deiner Frau einen Kuß gibst, wird dir in den Sinn kommen: Es sind zwei Skelette, die sich küssen. Jemand müßte Röntgenbrillen erfinden, dann könnten die Leute sich die Röntgenbrillen aufsetzen und würden überall lachende Skelette sehen. Wahrscheinlich käme man nicht mehr dazu, die Brille abzunehmen, denn so viele lachende Skelette können das beste Herz zum Stillstand bringen. »Mein Gott – so sieht die Wirklichkeit aus? Deswegen haben wohl diese Mystiker den Menschen immer gesagt: ›Schaut nach innen‹? – Hütet euch vor ihnen!«

Der Westen hat keine Tradition in der Mystik. Er ist extravertiert: Schaut nach außen! Da gibt es so viel zu sehen. Aber er ist sich nicht bewußt, daß innen nicht nur ein Skelett ist, sondern daß noch etwas mehr dahinter ist – dein Bewußtsein.

Wenn du die Augen zumachst, wirst du kein Skelett finden. Du wirst deine wahre Lebensquelle finden.

Was der Westen braucht, ist eine tiefe Begegnung mit der eigenen Lebensquelle – dann hört sich alle Eile auf. Dann wird man genießen, was das Leben in der Jugend bringt, man wird genießen, was das Leben im Alter bringt, und man wird es auch genießen, wenn das Leben den Tod bringt.

Dann hat man eines gelernt: Wie man alles genießen kann, was einem begegnet, wie man alles zu einem Fest machen kann. Das nenne ich authentische Religion: die Kunst, alles in ein Fest, in ein Lied, in einen Tanz zu verwandeln.

Ein alter Mann kommt zum Arzt und sagt zu ihm: »Sie müssen etwas tun, um meine Geilheit zu senken.« Der Doktor wirft einen Blick auf den zittrigen Alten und sagt: »Na na, Opa, ich glaube, deine Geilheit spielt sich nur im Kopf ab.«

»Ja, aber darum geht's doch, Bubi«, sagt der Alte. »Ich hätt' sie gern ein bißchen tiefer.«

Auch der alte Mann will noch ein Playboy sein. Das zeigt eines mit Sicherheit: daß er in seiner Jugend nicht total gelebt hat. Er hat die Jugend verpaßt und hängt ihr immer noch nach. Jetzt läßt sich nichts mehr daran ändern, aber sein ganzes Sinnen und Trachten kreist ständig um die Tage seiner Jugend, die er nicht gelebt hat – damals war er in Eile.

Wenn er seine Jugend richtig gelebt hätte, würde er im Alter frei sein von allen Unterdrückungen, frei von seiner Sexualität. Er müßte seinen sexuellen Instinkt nicht aufgeben – durch das Ausleben verschwindet er von allein, löst er sich auf. Wenn ihr ungehindert lebt, ohne Einmischung seitens der Religionen, der Priester, dann verschwindet er von allein. Ansonsten verbringt ihr eure Jugend in der Kirche, und im Alter lest ihr den *Playboy* und versteckt ihn in der Heiligen Schrift. Jede Heilige Schrift hat nur den einen Zweck: Zeitschriften wie den *Playboy* darin zu verstecken, damit euch die Kinder nicht ertappen, denn das wäre peinlich.

Ich habe von drei Männern gehört, drei alten Männern: Der eine war siebzig, der zweite achtzig und der dritte neunzig. Sie waren alte Freunde im Ruhestand und pflegten spazierenzugehen und auf einer Parkbank zu sitzen und über alles mögliche zu schwätzen. Eines Tages schaute der jüngste von den dreien, der Siebzigjährige, etwas traurig drein. Der zweite, der Achtzigjährige, fragte ihn: »He, was ist denn los mit dir? Was schaust du so traurig drein?«

Er sagte: »Ich fühle mich schuldig. Vielleicht hilft es mir und erleichtert mich, wenn ich euch davon erzähle. Da ist mir folgendes passiert: Eine schöne Dame war bei uns zu Gast, und als sie gerade ein Bad nahm, schaute ich durchs Schlüsselloch. Und dabei hat mich meine Mutter erwischt.«

Die beiden alten Freunde lachten und sagten: »Du bist ein Dummkopf. So was macht doch jeder mal in seiner Kindheit.«

Er sagte: »Es war aber nicht in meiner Kindheit. Es war heute.«

Der zweite Mann sagte: »Dann ist es wirklich ernst. – Aber ich muß euch auch was erzählen, was mir seit drei Tagen passiert. Es liegt mir wie ein Stein auf der Brust. Seit drei Tagen streikt meine Frau und will keine Liebe mit mir machen.«

Der erste Mann sagte: »Das ist wirklich schlimm.«

Aber der dritte, der älteste, lachte und sagte: »Frag ihn zuerst, was er mit ›Liebe‹ meint.«

Also fragte er, und der zweite sagte: »Es ist keine große Sache. Ich nehme die Hand meiner Frau und drücke sie dreimal. Dann schläft sie ein, und ich schlafe auch ein. Aber seit drei Tagen sagt sie jedesmal, wenn ich ihre Hand nehmen will: ›Nein, nicht heute, heute nicht! Schäm dich, du alter Bock! Heute nicht!‹ – Und so haben wir seit drei Tagen keine Liebe mehr gemacht.«

Der dritte Alte sagte: »Aber das ist noch gar nichts! Ich muß euch beichten, was mir passiert ist, denn ihr seid noch jung, und vielleicht kann es euch einmal helfen. Letzte Nacht – gegen Ende der Nacht, gegen Morgen – machte ich Anstalten, mit meiner Frau zu schlafen, da sagte sie zu mir: ›Was machst du denn schon wieder, du Depp?‹

Ich sagte: ›Was ich mache? Ich will mit dir Liebe machen‹, und sie sagte: ›Das ist schon das dritte Mal in dieser Nacht. Was schläfst du denn nicht und läßt mich auch schlafen? Liebe, Liebe, Liebe!‹ – Ich fürchte, ich verliere mein Gedächtnis. Eure Probleme sind nichts dagegen! Ich hab mein Gedächtnis verloren!«

Wenn man alten Leuten zuhört, muß man sich wundern: Sie reden nur von Dingen, die sie hätten leben sollen, aber als es noch möglich gewesen wäre, haben sie die Zeit verstreichen lassen. Damals haben sie die Heilige Schrift gelesen und auf den Priester gehört. Diese Priester und diese heiligen Schriften haben die Menschen verdorben, denn sie haben ihnen unnatürliche Ideen eingegeben und können ihnen nicht erlauben, auf natürliche Weise zu leben.

Wenn wir eine neue Menschheit haben wollen, müssen wir die ganze Vergangenheit auslöschen und mit allem ganz von vorne anfangen. Und das erste Grundprinzip wird sein: Erlaubt jedem Menschen, helft jedem Menschen, lehrt jeden Menschen, seiner Natur entsprechend zu leben, und nicht irgendwelchen Idealen entsprechend – und ganz ohne Angst zu leben, total und intensiv. Dann werden die Kinder ihre Kindheit genießen, die jungen Leute werden ihre Jugend genießen, und die alten Leute werden jene anmutige Würde besitzen, die von Natur aus kommt, wenn man sein ganzes Leben im Einklang mit der Natur gelebt hat.

Wenn dein Alter nicht voller Weisheit und Gnade ist, voller Licht und Freude, Zufriedenheit, Erfüllung, voll Seligkeit ... wenn nicht in deinem bloßen Dasein Blumen erblühen und der Duft der Ewigkeit spürbar wird, dann sei gewiß, daß du nicht gelebt hast. Wenn es nicht auf diese Weise geschieht, bedeutet es, daß du irgendwann abgeirrt bist, irgendwann auf die Priester gehört hast – auf diese Verderber, diese Kriminellen –, daß du irgendwann gegen die Natur gegangen bist – und die Natur rächt sich dafür. Ihre Rache besteht darin, daß sie dein Alter zerstört und häßlich macht – häßlich für andere und häßlich in deinen eigenen Augen. Ansonsten hat das Alter eine Schönheit, wie sie nicht einmal die Jugend haben kann.

Die Jugend hat eine gewisse Reife, aber sie ist noch nicht weise. Sie hat noch zuviel Torheit in sich; sie hat etwas Dilettantisches. Das Alter malt auf dem Gemälde deines Lebens die vollendenden Striche. Und wenn man die letzten Striche vollendet hat, ist man bereit, freudig zu sterben, tanzend zu sterben. Man ist bereit, den Tod willkommen zu heißen. (90)

12. KAPITEL

Tod, Euthanasie, Selbstmord

Was ist ein natürlicher Tod?

Das ist eine bedeutsame Frage, aber sie enthält viele Möglichkeiten. Die einfachste und offensichtlichste ist, daß ein Mensch ohne Grund stirbt. Er wird einfach nur alt und immer älter, und der Übergang vom hohen Alter zum Tod geschieht ohne jede Krankheit. Der Tod ist einfach der Endpunkt des Alterns, an dem alles in deinem Körper, in deinem Gehirn, zu funktionieren aufgehört hat. Das wäre die gewöhnliche und offensichtliche Bedeutung eines natürlichen Todes.

Aber für mich hat ein natürlicher Tod eine sehr viel tiefere Bedeutung: Man muß ein natürliches Leben führen, um zu einem natürlichen Tod zu kommen. Ein natürlicher Tod ist der Höhepunkt eines natürlich gelebten Lebens ohne jede Unterdrückung – einfach so, wie die Tiere leben, die Vögel leben, die Bäume leben, ohne jede Gespaltenheit, ein Leben der Losgelassenheit, wo du der Natur erlaubst, durch dich hindurchzufließen, ohne jede Behinderung deinerseits, so als wärst du abwesend und als würde das Leben sich von allein bewegen.

Statt daß *du* das Leben lebst, lebt das Leben dich. Du bist zweitrangig. Dann wird der Höhepunkt ein natürlicher Tod sein. Meiner Definition nach kann nur ein erwachter Mensch eines natürlichen Todes sterben. Im übrigen sind alle anderen Tode unnatürlich – weil alle Leben unnatürlich sind.

Wie soll man zu einem natürlichen Tod gelangen, wenn man ein unnatürliches Leben lebt? Der Tod wird als endgültiger Höhepunkt, als Crescendo, dein ganzes Leben widerspiegeln. In kondensierter Form ist er alles, was du gelebt hast. Also sind nur sehr wenige Menschen auf der Welt natürlich gestorben, weil nur sehr wenige Menschen natürlich gelebt haben. Unsere Konditionierungen gestatten uns nicht, natürlich zu sein. Unsere Konditionierungen lehren uns von Anfang an, daß wir mehr zu sein haben als Natur, daß nur natürlich zu sein heißt, animalisch zu sein. Wir haben übernatürlich zu sein. Und das scheint sehr logisch. Alle Religionen haben das gelehrt: Mensch sein heißt, die Natur zu transzendieren. Und sie haben ganze Jahrhunderte der Menschheit dazu überredet, die Natur transzendieren zu müssen. Niemandem ist es gelungen, die Natur zu transzendieren. Gelungen ist ihnen nur eines: ihre natürliche, spontane Schönheit, ihre Unschuld zu zerstören.

Der Mensch braucht die Natur nicht zu transzendieren.

Ich sage euch vielmehr: Der Mensch muß die Natur erfüllen – was kein Tier kann. Das ist der Unterschied.

Die Religionen waren schlau und betrügerisch, sie haben die Menschen hereingelegt. Sie trafen die Unterscheidung, daß nur Tiere natürlich wären, ihr dagegen übernatürlich sein müßt. Kein Tier kann fasten. Ihr könnt kein Tier davon überzeugen, daß Fasten etwas Göttliches ist. Das Tier weiß nur, daß es Hunger hat und daß es keinen Unterschied gibt zwischen Fasten und Hungerhaben. Ihr könnt kein Tier davon überzeugen, sich gegen die Natur zu wenden.

Das gab den sogenannten religiösen Leuten ihre Chance, weil der Mensch die Fähigkeit hat, gegen die Natur zumindest anzukämpfen. Er wird nie den Sieg davontragen, aber kämpfen kann er. Und indem er kämpft, wird er nicht die Natur zerstören, sondern nur sich selber zerstören.

Genau auf die Art hat der Mensch sich zerstört – all seine Freude, all seine Liebe, all seine Größe – und ist zu etwas geworden, was nicht über dem Tier steht, sondern unter ihm, in jeder Hinsicht. Vielleicht habt ihr nie darüber nachgedacht.

Kein Tier in freier Wildbahn ist homosexuell. Der bloße Gedanke – und die ganze Tierwelt wird in ein Gelächter ausbrechen. Es ist einfach dumm! Aber in einem Zoo, wenn keine Weibchen vorhanden sind, werden Tiere homosexuell, aus schierer Not.

Aber der Mensch hat die ganze Welt zu einem Zoo gemacht.

Millionen und Abermillionen sind homosexuell, lesbisch, sodomitisch und was nicht alles ... alle möglichen Perversionen. Und wer ist schuld? – Die Leute, die euch lehrten, über die Natur hinauszugehen, übernatürliche Göttlichkeit zu erlangen.

Immer wenn man etwas erzwingt, wird das Resultat keine Besserung bringen. In vielen Bereichen haben verschiedene Religionen den Versuch gemacht, den Menschen über die Natur hinauszuhieven. Im Resultat scheiterten sie alle, ohne eine einzige Ausnahme.

Du wirst als natürliches Wesen geboren. Du kannst nicht über dich selbst hinaus. Das ist genauso, wie wenn du dich selber an deinen Schnürsenkeln hochziehen willst. Du magst ein bißchen hopsen, aber früher oder später wirst du zu Boden fallen und vielleicht ein paar Knochenbrüche davontragen. Fliegen kannst du nicht.

Aber genau das geschah: Die Menschen haben versucht, sich in die Lüfte zu erheben. Die Natur transzendieren heißt, sich selbst transzendieren. Du und Natur, ihr seid nichts Getrenntes. Aber daß man ihnen vor Augen führte: »Ihr seid keine Tiere!«, paßte ihren Egos. Also muß man über der Natur stehen und darf sich nicht benehmen wie ein Tier.

Die Menschen haben sogar versucht, den Tieren ihr Tierverhalten auszutreiben. Sie haben versucht, sie ein wenig über die Natur hinauszuführen. Im viktorianischen Zeitalter hat man in England Hunde bekleidet, wenn die Leute sie zum Spaziergang mitnahmen. Die Hunde hatten Jacken an, damit sie nicht natürlich aussahen, damit sie nicht nackt und bloß sein mußten. Denn das ist etwas Tierisches, und diese reizenden Leute wollten ihre Hunde ein wenig über die Tiere hinausheben. Ihr werdet lachen, aber im viktorianischen England wurden sogar die Stuhlbeine bekleidet, einfach nur, weil sie »Beine« hießen. Und Beine mußten bekleidet sein. Bertrand Russell – er hat fast ein ganzes Jahrhundert gelebt, ein langes Leben – erinnert sich, daß es in seiner Kindheit genügte, nur die Füße einer Frau zu sehen, um sexuell erregt zu werden. Die Kleider waren so gemacht, daß sie die Füße bedeckten.

Man konnte die Füße nicht sehen. Noch vor hundert Jahren gab es den Aberglauben, daß die Frauen aus königlichen Familien zusammengewachsene Beine hätten. Königshäuser hatten irgendwie anders zu sein als die gemeine, gewöhnliche Menschheit! Und niemand konnte es überprüfen; es war unmöglich festzustellen, ob bei ihnen die Beine ebenfalls getrennt waren. Aber das Ego ... auch diese königlichen Leute stellten nicht klar: »Das ist Unsinn. Wir sind ebenso menschlich wie ihr!« Das Ego hinderte sie daran. Wenn das Volk sie auf ein höheres Podest stellte, was ging sie das an? Man machte einfach königliche Miene. Das war einer der Gründe, warum königliche Familien nicht wollten, daß irgendein gemeiner Bürgerlicher in die königliche Familie einheiratete, denn er konnte die ganze Sache bloßstellen – daß diese Leute genauso menschlich sind wie jeder andere auch, daß sie nichts Königliches an sich haben. Aber jahrhundertelang hat man diese Vorstellung gepflegt.

Auch ich möchte euch anders als die Tiere, aber nicht in dem Sinne, daß ihr etwa die Natur transzendieren könnt. Nein, ihr könnt nur immer tiefer in die Natur hineingehen, ihr könnt sogar noch natürlicher werden als Tiere. Sie sind nicht frei. Sie befinden sich in einem tiefen Koma. Sie können nichts anderes tun als das, was ihre Vorfahren schon seit Jahrtausenden getan haben.

Ihr könnt natürlicher sein als jedes Tier. Ihr könnt in die Abgründe der Natur hinuntertauchen, und ihr könnt zu den höchsten Höhen der Natur aufsteigen. Aber ihr werdet in keinem Fall über sie hinausgehen. Ihr könnt immer natürlicher werden, ihr werdet in immer mehr Dimensionen natürlich werden.

Für mich ist der religiöse Mensch nicht der, der über der Natur steht, sondern der, der total natürlich ist, ganz und gar natürlich, der die Natur nach allen Richtungen hin erforscht hat, der nichts unerforscht gelassen hat.

Tiere sind Gefangene; sie haben eine ganz bestimmte, begrenzte Lebenszone.

Der Mensch hat die Fähigkeit und die Intelligenz und die

Freiheit, zu forschen. Und wenn ihr die Natur total erforscht habt, seid ihr zu Hause angekommen.

Die Natur ist eure Heimat. Und dann ist der Tod eine Freude, ist er eine Feier. Dann sterbt ihr ohne jede Klage, sterbt ihr mit tiefer Dankbarkeit, weil das Leben euch so viel gegeben hat und der Tod nur der letzte Gipfel all dessen ist, was ihr gelebt habt.

Es ist genau, wie wenn die Kerze kurz vor dem Erlöschen am hellsten brennt. Der natürliche Mensch flammt, ehe er stirbt, am hellsten auf; einen Moment lang ist er reines Licht, reine Wahrheit. Für mich ist das ein natürlicher Tod. Aber er will verdient sein; ihr bekommt ihn nicht umsonst. Die Chance bekommt ihr umsonst, aber ihr müßt forschen, ihr müßt ihn euch verdienen, ihr müßt seiner würdig sein.

Den Tod eines authentischen Menschen einfach nur zu sehen, ihm einfach nur beizuwohnen, während er stirbt, kann dich plötzlich mit einer seltsamen Freude erfüllen. Deine Tränen werden keine Tränen der Traurigkeit, des Kummers sein, sie werden Tränen der Dankbarkeit und der Seligkeit sein. Denn wenn ein Mensch auf natürliche Weise stirbt, der sein Leben voll gelebt hat, verströmt er sein Dasein in die gesamte Natur, und diejenigen, die dabei und ihm nahe sind, werden darin gebadet ... eine plötzliche Frische, eine Brise, ein neuer Duft und ein neues Gefühl, daß der Tod nichts ist, wovor man Angst haben muß, daß der Tod etwas ist, das man sich verdient haben muß, dessen man würdig sein muß.

Ich lehre euch die Kunst des Lebens.

Aber sie kann auch die Kunst des Sterbens genannt werden. Beides ist das gleiche. (91)

Ich habe eine Ausbildung als Arzt und habe das immer für eine gute Sache gehalten. Zum Wesen meiner Arbeit, meiner Tätigkeit gehört allerdings die Weigerung, Krankheit und Tod, Siechtum und menschliches Leiden zu akzeptieren. Könntest du bitte etwas darüber sagen?

Hier muß man unterscheiden: Krankheit, Siechtum und Leiden gehören in dieselbe Kategorie, aber der Tod ist etwas völlig anderes. Im westlichen Denken werden Krankheit, Siechtum, Leiden und Tod in einem Atemzug genannt – sie werden in einen Topf geworfen. Daraus entstehen Probleme.

Der Tod ist etwas Schönes – Krankheit nicht, Leiden nicht, Siechtum nicht. Der Tod ist schön. Er ist kein Schwert, welches dein Leben durchtrennt. Der Tod ist wie eine Blüte – die höchste Blüte, die im letzten Augenblick erblüht. Er ist der Höhepunkt. Der Tod ist die Blüte am Baum des Lebens. Er bedeutet nicht das Ende des Lebens, sondern sein Crescendo. Er ist der höchste, letztendliche Orgasmus. Nichts ist verkehrt am Tod; er ist schön – aber nur, wenn man zu leben und zu sterben weiß. Es gibt eine Kunst des Lebens, und es gibt eine Kunst des Sterbens, und die zweite Kunst ist von größerem Wert als die erste. Aber diese zweite Kunst lernt man nur, wenn man die erste gelernt hat. Nur diejenigen, die wissen, wie man richtig lebt, wissen auch, wie man richtig stirbt. Und nur dann wird der Tod zu einem Tor zum Göttlichen.

Das erste ist also: Halte bitte den Tod da heraus. Nimm nur Krankheit, Siechtum und Leiden. Gegen den Tod braucht man nicht zu kämpfen. Das erzeugt Probleme im westlichen Denken, in den westlichen Krankenhäusern, in der westlichen Medizin. Sie bekämpft den Tod. In den Krankenhäusern vegetieren viele Menschen dahin, die nur durch Medikamente am Leben erhalten werden. Man zwingt sie unnötig zum Leben, wo sie auf natürliche Weise gestorben wären. Durch medizinische Hilfe wird ihr Tod hinausgezögert. Sie haben keinen Nutzen mehr, und das Leben hat keinen Nutzen mehr für sie. Das Spiel ist aus; sie sind am Ende. Sie jetzt noch am Leben zu erhalten, verlängert nur ihr Leiden. Manche liegen schon im Koma, und ein Mensch kann monate- und jahrelang im Koma sein. Aber wegen der feindseligen Einstellung zum Tod ist es zu einem großen Problem für das westliche Denken geworden: Was macht man mit einem Menschen, der im Koma liegt und sich nie wieder erholt, der aber jahrelang am Leben erhalten werden kann? Er ist eine Leiche, praktisch ein atmender Leichnam, nichts anderes. Er vegetiert einfach dahin; das ist doch kein Leben! Was hat das für einen Sinn? Warum läßt man ihn nicht sterben? – Das macht die Angst vor dem Tod. Der Tod ist ein Feind – und wie könnte man sich dem Feind, dem Tod, ausliefern?

Daraus ist eine große Kontroverse im westlichen medizinischen Denken entstanden. Was soll man tun? Soll man einen solchen Menschen sterben lassen? Soll man ihn selbst entscheiden lassen, ob er sterben will? Soll man die Familie entscheiden lassen, ob sie ihn sterben lassen will? – Denn oft ist die Person nicht mehr bei Bewußtsein und kann es nicht selbst entscheiden. Ist es aber richtig, jemandem zu helfen, daß er sterben kann? Das macht dem westlichen Verstand große Angst. Hilfe beim Sterben? Das ist Mord! Wo die ganze Wissenschaft doch dazu da ist, die Menschen am Leben zu erhalten!

Also, das ist unsinnig. Leben an sich hat keinen Wert, wenn keine Freude da ist, wenn kein Tanz da ist, wenn keine Kreativität da ist, wenn keine Liebe da ist – Leben an sich ist bedeutungslos. Leben, nur um zu leben, ist bedeutungslos. Es kommt der Moment, wo man genug gelebt hat, es kommt der Moment, wo es natürlich ist zu sterben, es kommt der Moment, wo es schön ist zu sterben. Genau wie wenn man den ganzen Tag gearbeitet hat, und es kommt der Moment, wo man einschläft: Genauso ist der Tod eine Art von Schlaf – nur tiefer. Du wirst wiedergeboren, in einem neuen Körper mit einem neuen Funktionsmechanismus, neuen Möglichkeiten, neuen Herausforderungen. Dieser Körper ist alt geworden, und du mußt ihn zurücklassen; er ist nur eine vorübergehende Wohnstatt.

Im Osten haben wir eine andere Sichtweise: Der Tod ist nicht dein Feind, sondern dein Freund. Der Tod bringt dir Ruhe. Du bist müde geworden, hast dein Leben gelebt, kennst alle Freuden, die das Leben bringen kann, hast deine Kerze zur Gänze abgebrannt. Jetzt geh in die Dunkelheit, ruh dich eine Weile aus, und dann kannst du wiedergeboren werden. Der Tod wird dich wiederbeleben, dich erfrischen.

Das erste also: Der Tod ist kein Feind.

Das zweite: Der Tod ist die großartigste Erfahrung im Leben, wenn du bewußt sterben kannst. Und du kannst nur dann bewußt sterben, wenn du dich nicht davor fürchtest. Wenn du dich dagegen wehrst, wirst du panische Angst bekommen. Und wenn die Angst so groß wird, daß du sie nicht aushalten kannst, bewirkt eine natürliche Reaktion im Körper, daß körpereigene Drogen freiwerden, durch die du bewußtlos wirst. Es gibt einen Punkt, wo du es nicht mehr aushältst: Du verlierst das Bewußtsein. So sterben Millionen von Menschen unbewußt und verpassen damit einen großartigen Augenblick – den größten überhaupt: die Erfahrung des *samadhi, satori,* die Erfahrung der Meditation. Sie ist ein Geschenk der Natur.

Wenn du wachsam bleiben und sehen kannst, daß du nicht dein Körper bist ... und es bleibt dir nichts anderes übrig, als es zu sehen, denn der Körper wird verschwinden. Zuerst kannst du sehen, daß du nicht der Körper bist; du bist von ihm getrennt. Als nächstes wirst du sehen, daß du dich auch vom Verstand trennst; dann wird der Verstand verschwinden. Und dann wirst du nur eine Flamme der Bewußtheit sein, und das ist der größte Segen, den es gibt. Darum denke vom Tod nicht so, wie du von Krankheit, Siechtum und menschlichem Leiden denkst. (92)

Vor einigen Monaten war ich mit meinem Freund bei seinem sterbenden Vater. Sein Körper war fast am Ende. Es waren viele Menschen um ihn. Auf die meisten reagierte er gleichgültig, aber als alle weg waren, öffnete er plötzlich die Augen und sagte zu uns: »Es fühlt sich an, als hätte ich zwei Körper: Der eine ist krank, aber der andere ist völlig gesund.« Wir sagten zu ihm: »Genauso ist es! Der gesunde Körper, das ist dein wahres Selbst; halte dich an ihn.« Er sagte: »Ja«, und schloß die Augen, und während wir bei ihm saßen, veränderte sich die kranke Energie rund um das Krankenbett. Diese neue Energie war unglaublich – es war, wie wenn wir in deiner Gegenwart sitzen ... so eine wunderbare Stille. Nachdem wir gegangen waren, erholte er sich für kurze Zeit, kehrte nach Hause zurück und starb dann friedlich in seinem Bett. Obwohl ich seit zehn Jahren bei dir bin, fühlte ich mich so unwissend angesichts dieses Menschen, der bereit war, mit so großem Vertrauen und solcher Klarheit und solchem Frieden alles loszulassen.

Die Erfahrung, die du gemacht hast, ist immer möglich, wenn jemand stirbt. Alles, was man dazu braucht, ist ein wenig Aufmerksamkeit. Dieser sterbende Mensch war bewußt – und es bedarf keiner sehr großen Bewußtheit, um diese Erfahrung zu machen.

Im Augenblick des Todes fangen dein physischer und dein spiritueller Körper an, sich voneinander zu lösen. Normalerweise sind sie so eng miteinander verbunden, daß du ihre Getrenntheit nicht wahrnimmst. Aber im Augenblick des Todes, kurz vor Eintritt des Todes, fangen diese beiden Körper an, ihre gegenseitige Identifikation zu lösen. Von jetzt an werden sie verschiedene Wege gehen: Der physische Körper kehrt zu den physischen Elementen zurück, und der spirituelle Körper geht auf seiner Pilgerreise weiter zur nächsten Geburt in einer neuen Form, in einem neuen Mutterschoß.

Wenn der Sterbende ein wenig aufmerksam ist, kann er es selbst wahrnehmen, und weil ihr zu ihm gesagt habt: »Der gesündere Körper, das bist du, und der kranke, sterbende Körper bist nicht du ...« In solchen Augenblicken fällt es leicht, zu vertrauen, denn es geschieht direkt vor den Augen der betreffenden Person: Er kann sich nicht länger mit dem zerfallenden Körper identifizieren, und die Tatsache, daß er der gesündere, der tiefere Körper ist, leuchtet ihm unmittelbar ein.

Aber ihr hättet diesem Mann noch ein Stück weiter helfen können – es war gut so, aber nicht gut genug. Allein schon seine Erfahrung, sich von der Identifikation mit dem physischen Körper zu lösen, veränderte sofort die Energie im Raum: Sie wurde still und friedlich. Wenn ihr aber die Kunst gelernt hättet, wie man einem Sterbenden helfen kann, hättet ihr an diesem Punkt nicht haltgemacht. Ihr hättet ihm eine zweite Sache unbedingt sagen sollen, denn er hatte Vertrauen – im Angesicht des Todes vertraut jeder.

Nur das Leben erzeugt Probleme und Zweifel und Aufschieben, aber beim Tod bleibt keine Zeit mehr, etwas aufzuschieben. Der Mensch kann nicht sagen: »Ich werde versuchen, es zu sehen«, oder: »Ich werde es morgen sehen.« Er muß es jetzt sofort tun, in diesem Augenblick, denn selbst der nächste Augenblick ist ungewiß. Höchstwahrscheinlich wird er ihn nicht überleben. Und was hat er schon zu verlieren, wenn er vertraut? In jedem Fall wird ihm der Tod alles wegnehmen. Darum fehlt die Angst davor, zu vertrauen, und es fehlt die Zeit, darüber nachzudenken. Da ist nur das klare Erkennen, daß der physische Körper sich immer weiter entfernt.

Es war ein guter Schritt, ihm zu sagen: »Der gesündere Körper – das bist du.« Der zweite Schritt wäre gewesen, ihm zu sagen: »Du bist derjenige, der beide Körper beobachtet. Der Körper, der stirbt, ist der physische, und der Körper, den du als gesund wahrnimmst, ist der psychische. Aber wer bist *du?* Du kannst beide Körper wahrnehmen ... also mußt du etwas Drittes sein; du kannst nicht eines von diesen beiden sein.« Das ist der ganze Prozeß des *bardo.* Nur in Tibet hat man die Kunst des Sterbens so weit entwickelt. Während die ganze Welt versucht hat, die Kunst des Lebens zu entwickeln, hat Tibet als einziges Land der Welt die ganze Wissenschaft und Kunst des Sterbens entwickelt. Sie nennen es *bardo.*

Wenn ihr dem Manne gesagt hättet: »Es ist gut, daß du diesen Schritt gemacht hast; du bist aus dem physischen Körper heraus, aber jetzt bist du mit dem psychischen Körper identifiziert. Aber auch das bist nicht du; du bist nur Bewußtheit, reines Bewußtsein, die Wahrnehmungsinstanz ...« Wenn ihr diesem Mann hättet helfen können, zu verstehen, daß er weder dieser noch der andere Körper ist, sondern etwas Körperloses, Formloses, ein reines Bewußtsein – dann wäre sein Tod zu einem völlig anderen Phänomen geworden.

Ihr habt mitbekommen, wie sich die Energie veränderte. Dann hättet ihr noch eine weitere Energietransformation sehen können. Ihr habt gesehen, wie die Stille sich herabsenkte; dann hättet ihr auch eine Art von Musik sehen können, eine Art von tanzender Energie, eine Art von Duft, der den ganzen Raum erfüllt. Auf dem Gesicht des Sterbenden wäre ein neues Phänomen zu sehen gewesen: die Lichtaura. Wenn er auch den zweiten Schritt vollzogen hätte, dann wäre dieser Tod sein letzter Tod gewesen. Im *bardo* nennen sie das »den großen Tod«, denn danach wird man nicht mehr in einer neuen Form wiedergeboren, in einem neuen Gefängnis; dann geht man in die Ewigkeit ein, ins ozeanische Bewußtsein, welches das ganze Universum erfüllt.

Behaltet dies im Gedächtnis – viele von euch mögen in diese Situation kommen. Vielleicht werdet ihr einen Freund oder einen Verwandten, eure Mutter oder euren Vater beim Sterben begleiten. Helft ihnen, zwei Dinge zu erkennen: Erstens, daß sie nicht der physische Körper sind – und das ist für einen Sterbenden leicht zu erkennen. Und zweitens – was ein wenig schwieriger ist, aber wenn er das erste erkennen konnte, wird diese zweite Erkenntnis möglich: Er ist auch nicht dieser zweite Körper – er ist jenseits von beiden Körpern. Er ist reine Freiheit und reines Bewußtsein.

Hätte der Vater deines Freundes auch den zweiten Schritt vollzogen, dann hättet ihr ein Wunder erleben können, das um ihn herum passiert wäre: nicht bloß eine Stille, sondern etwas viel Lebendigeres, etwas, das der Ewigkeit, der Unsterblichkeit angehört. Und alle Anwesenden wären von Dankbarkeit überwältigt gewesen, daß sein Tod keine Zeit für Trauer war, sondern zu einem Augenblick des Feierns wurde.

Wenn ihr ihren Tod in einen Augenblick des Feierns transformieren könnt, habt ihr eurem Freund, eurer Mutter, eurem Vater, eurem Bruder, eurer Frau, eurem Mann sehr geholfen. Dann habt ihr ihnen das größte Geschenk gemacht, das die Existenz bereithält. Und in der Nähe des Todes ist es sehr leicht.

Kinder machen sich keine Gedanken um Leben und Tod; es betrifft sie nicht. Die jüngeren Leute sind viel zu sehr beschäftigt mit ihren biologischen Spielen, mit ihren Ambitionen, reicher zu werden, mächtig zu werden, mehr Ansehen zu erlangen; sie haben keine Zeit, über ewige Fragen nachzudenken.

Aber im Angesicht des Todes, kurz bevor der Tod kommt, hat man keine Ambitionen mehr. Und ob man reich oder arm ist, macht keinen Unterschied; ob man ein Verbrecher oder ein Heiliger ist, macht keinen Unterschied. Der Tod führt euch jenseits aller Unterschiede des Lebens und jenseits aller dummen Spiele des Lebens.

Aber statt dem Sterbenden zu helfen, machen die Leute diesen wunderbaren Augenblick zunichte. Er ist der kostbarste im ganzen Leben eines Menschen. Selbst wenn er hundert Jahre gelebt hätte, ist dies der kostbarste Augenblick. Statt dessen fangen sie an zu weinen und zu jammern und Mitleid zu zeigen, und sie sagen: »Es ist der falsche Moment! Es sollte nicht sein!« Oder sie fangen an, ihn zu trösten, und sagen: »Mach dir keine Sorgen, die Ärzte sagen, du wirst gerettet!«

Das ist alles töricht. Und selbst die Ärzte übernehmen ihren Part bei diesen Dummheiten. Sie sagen euch nicht, daß euer Tod bevorsteht. Sie vermeiden das Thema und machen euch weiter Hoffnung. Sie sagen: »Machen Sie sich keine Sorgen, Sie werden es überleben«, obwohl sie genau wissen, daß der Mensch sterben wird. Sie geben ihm falschen Trost und haben keine Ahnung, daß dies der Augenblick ist, in dem man einem Menschen seinen Tod vollkommen bewußt machen muß – so absolut wach und bewußt, daß er das reine Bewußtsein erfährt. Dies kann der Augenblick des großen Sieges werden. Dann gibt es für diesen Menschen keinen Tod mehr – nur noch das ewige Leben. (93)

Euthanasie ist das Hauptthema bei den bevorstehenden Parlamentswahlen in Holland. Die Politiker streiten sich um die richtige Gesetzesformel in dieser Frage. Bitte kommentiere dies.

Euthanasie – die Freiheit, seinen Tod selbst zu wählen – sollte als Geburtsrecht eines jedes Menschen anerkannt werden. Man könnte dafür eine Altersgrenze festlegen, zum Beispiel fünfundsiebzig Jahre. Die Spitäler sollten bereit sein, jedem zu helfen, der nach fünfundsiebzig seinen Körper loswerden will. Jedes Spital sollte eine Abteilung für Sterbende haben, und wer sich entschlossen hat zu sterben, sollte eine besondere Behandlung und Unterstützung bekommen. Er sollte einen schönen Tod haben.

Jedes Krankenhaus müßte einen Meditationslehrer haben.

Der Sterbende sollte einen Monat Zeit haben, um es sich zu überlegen ... Wenn er es sich anders überlegt, kann er zurücktreten, denn keiner zwingt ihn. Personen, die in einem emotionalen Zustand Selbstmord begehen wollen, können nicht einen Monat lang emotional bleiben – ihre Emotionalität wird vorübergehen. Die meisten Selbstmörder hätten, wenn sie einen Augenblick länger gewartet hätten, überhaupt nicht Selbstmord begangen. Nur aus Zorn, aus Eifersucht, aus Haß oder ähnlichem vergessen sie den Wert des Lebens.

Das ganze Problem besteht darin, daß die Politiker denken, die Anerkennung der Euthanasie würde bedeuten, Selbstmord wäre kein Verbrechen mehr. Nein, das würde es keineswegs bedeuten. Selbstmord wäre immer noch ein Verbrechen.

Die Euthanasie würde der Zustimmung eines medizinischen Beirates bedürfen. Nach einer einmonatigen Ruhezeit im Krankenhaus – und jede Art von Hilfe ist möglich, damit die Person ruhig und entspannt werden kann ... Freunde können zu Besuch kommen, die Ehefrau, die Kinder, denn schließlich geht es ja auf eine lange Reise. Man sollte den Menschen nicht daran zu hindern versuchen – er hat lange genug gelebt, und wenn er nicht mehr weiterleben will ... sein Werk ist getan.

In diesem Monat sollte man ihn Meditation lehren, damit er beim Sterben meditieren kann. Und der Tod sollte mit medizinischer Hilfe wie der Schlaf kommen – ganz allmählich, Hand in Hand mit der Meditation, ein immer tiefer werdender Schlaf.

Wir könnten den Tod von Tausenden von Menschen in Erleuchtung verwandeln.

Und die Angst vor Selbstmord ist unbegründet, denn ein

solcher Mensch begeht nicht Selbstmord. Und wenn jemand versucht, Selbstmord zu begehen, bleibt es nach wie vor ein Verbrechen. Man muß um Erlaubnis fragen. Es geht nur mit der Erlaubnis des medizinischen Beirates ... und man hat einen Monat Zeit, währenddessen man jederzeit seinen Entschluß ändern kann. Bis zum letzten Tag hat die Person die Möglichkeit zu sagen: »Ich will nicht sterben«, und sie kann nach Hause gehen. Das ist kein Problem; es ist ihre freie Entscheidung.

Gegenwärtig herrscht in einigen Ländern eine merkwürdige Situation. Jemand versucht, Selbstmord zu begehen: Wenn es ihm gelingt – gut; wenn es ihm nicht gelingt, gibt ihm das Gericht die Todesstrafe. Seltsam! – Er wollte es ja selber tun! Man hat ihn mitten in der Tat erwischt. Dann zieht sich die Verhandlung über zwei Jahre hin; Richter und Rechtsanwälte diskutieren darüber, hin und her, und schließlich muß der Mensch gehängt werden, nochmal! Wo er es doch schon von Anfang an selbst tun wollte! Wozu all dieser Unsinn?

Die Euthanasie wird zu einer immer größeren Notwendigkeit, weil durch die Fortschritte der Medizin das Leben der Menschen verlängert wird. Die Wissenschaftler haben kein einziges Skelett aus der Zeit vor fünftausend Jahren gefunden, das einem Menschen gehört hätte, der bei seinem Tod mehr als vierzig Jahre alt war. Vor fünftausend Jahren war das längste, was ein Mensch leben konnte, vierzig Jahre, und von zehn Kindern, die zur Welt kamen, starben neun innerhalb von zwei Jahren – nur eines überlebte. Das Leben war also ungeheuer wertvoll.

Auf Hippokrates geht der Eid des ärztlichen Berufsstandes zurück, daß das Leben in jedem Falle unterstützt werden muß. Er konnte nicht ahnen – denn er war kein Seher –, er ahnte nicht voraus, daß der Tag kommen würde, wo von zehn Kindern alle zehn überleben. Das ist heute der Fall. Einerseits überleben diese neun Kinder, andererseits hilft die Medizin den Menschen, länger zu leben – neunzig Jahre, hundert Jahre sind keine Seltenheit. In den höher entwickelten Ländern sind Neunzigjährige oder Hundertjährige leicht anzutreffen.

In der Sowjetunion gibt es Menschen, die das Alter von hundertfünfzig Jahren erreicht haben, und einige Tausend sind sogar hundertachtzig Jahre alt – und sie arbeiten noch. Aber ihr Leben ist langweilig geworden. Hundertachtzig Jahre, stellt euch das einmal vor ... immer dasselbe tun: Die Knochen werden ihnen weh tun, und es besteht keine Aussicht, daß sie bald sterben werden. Der Tod scheint noch weit entfernt; sie arbeiten noch und sind gesund.

In Amerika gibt es Tausende von Menschen in den Spitälern, die nur noch im Bett liegen und an alle möglichen Instrumente angeschlossen sind. Viele von ihnen hängen an künstlichen Atemgeräten. Was hat das für einen Sinn, wenn ein Mensch selbst nicht mehr atmen kann? Was erwartet man noch von ihm? Und warum belastet man die ganze Nation mit dieser Person, wenn so viele Menschen auf den Straßen verhungern und sterben?

Dreißig Millionen Menschen leben in Amerika auf der Straße – ohne Unterkunft, ohne Nahrung, ohne Kleidung –, während Tausende von Menschen Spitalbetten, Ärzte und Schwestern in Beschlag nehmen: ihre Arbeit, ihre Mühe, all die Medikamente. Jeder weiß, daß sie früher oder später sterben werden, aber man versucht, sie so lange wie möglich am Leben zu erhalten. Sie *wollen* sterben. Sie tun es laut kund, daß sie sterben wollen, aber die Ärzte dürfen ihnen dabei nicht helfen. Diese Menschen brauchen zweifellos mehr Rechte. Man zwingt sie zum Leben, und Zwang ist in jeder Hinsicht undemokratisch.

Deshalb würde ich meinen, daß es eine ganz rationale Sache sein sollte. Laßt es fünfundsiebzig oder achtzig Jahre sein, dann hat man ausreichend lange gelebt. Die Kinder sind erwachsen ... Wenn du achtzig bist, sind deine Kinder fünfzig, fünfundfünfzig; auch sie werden alt. Du brauchst dich nicht mehr um sie zu kümmern und dir Sorgen zu machen. Du bist im Ruhestand. Jetzt bist du nur noch eine Last. Du weißt nichts mehr mit dir anzufangen.

Darum sind alte Menschen oft so gereizt – weil sie keine Aufgabe haben, keine Achtung bekommen, keine Würde haben. Niemand kümmert sich um sie, niemand beachtet sie. Sie sind bereit, zu streiten und wütend zu werden und herumzuschreien. Das ist nur ihre Frustration, die so zutage tritt; der wahre Grund ist, sie wollen sterben. Aber das können sie nicht einmal aussprechen. Es ist unchristlich – der bloße Gedanke ans Sterben ist unreligiös.

Man sollte ihnen diese Freiheit geben, aber nicht nur die Freiheit zu sterben. Sie sollten die Freiheit haben, sich einen Monat lang darauf vorzubereiten, wie man stirbt. In dieser Vorbereitung sollte Meditation ein wesentlicher Teil sein, sollte die körperliche Betreuung ein wesentlicher Teil sein. Wenn sie sterben, sollten sie heil und gesund, still und friedlich sterben, indem sie langsam in den Schlaf hinübergleiten. Und wenn ihre Meditation auch im Schlaf verankert ist, können sie sogar erleuchtet sterben. Dann werden sie erfahren, daß nur der Körper zurückgelassen wird und daß sie ein Teil der Ewigkeit sind.

Ein solcher Tod wird besser sein als der gewöhnliche Tod, denn beim gewöhnlichen Tod hat man keine Chance, erleuchtet zu werden. In der Tat werden immer mehr Menschen es vorziehen, in diesen Krankenhäusern zu sterben, in diesen speziellen Sterbekliniken, wo sämtliche Vorkehrungen getroffen werden können. Auf diese Weise kann man das Leben auf eine freudige, ekstatische Weise verlassen, mit einem Gefühl großer Dankbarkeit.

Ich bin ganz und gar für die Euthanasie, aber nur unter diesen Bedingungen. (94)

Ein Freund von mir hat vor einiger Zeit Selbstmord begangen, und ich habe sehr starke Emotionen deswegen. Er war Sannyasin, und ich habe das Gefühl, du hast ihn nicht beschützt.

Ein paar Dinge muß man verstehen. Erstens, du akzeptierst den Tod nicht; darin liegt das Problem. Du klammerst dich zu sehr ans Leben.

Und denkst du, ich müßte die Leute vor dem Sterben

beschützen? Ich muß ihnen helfen, total zu leben und total zu sterben – das ist meine Arbeit. Für mich ist der Tod ebenso schön wie das Leben. Du hast die Vorstellung, daß ich die Leute vor ihrem Tod beschützen sollte. Dann wäre ich aber gegen sie. Der Tod ist etwas Schönes; nichts ist verkehrt daran. In der Tat mag manchmal das Leben verkehrt sein, aber der Tod ist nie verkehrt, denn der Tod ist eine Entspannung, der Tod ist ein Loslassen.

Du erzeugst das Problem durch deine Angst; es hat nichts mit deinem Freund zu tun. Sein Tod hat dich betroffen gemacht. Er hat dir die Tatsache bewußt gemacht, daß auch du sterben mußt, und das kannst du nicht akzeptieren. Jetzt willst du einen Trost von mir. Ich spende niemandem Trost. Ich spende nur die Wahrheit, und der Tod ist ebenso wahr wie das Leben. Aber die Menschen leben mit der Vorstellung, daß der Tod etwas Feindliches sei, etwas, das man vermeiden muß. Solange man ihn vermeiden kann, ist es gut. Man muß irgendwie weiterleben, man muß sich irgendwie dahinschleppen. Selbst wenn das Leben keine Bedeutung hat, muß man weiterleben. Man mag leiden, man mag gelähmt sein, man mag verrückt sein. Man mag für niemanden von Nutzen sein, man mag eine Last für sich selbst sein, und jeder Augenblick mag voll häßlichen Leidens sein, aber dennoch muß man weiterleben, so als ob das Leben an sich wertvoll wäre. Diese Vorstellung tragen die Menschen in ihrem Denken. Der Tod ist ein Tabu. Aber für mich ist er das nicht. Für mich sind Leben und Tod beide etwas Schönes; es sind zwei Aspekte derselben Energie.

Darum muß ich euch helfen zu leben, und ich muß euch helfen zu sterben. Das ist meine Art, euch zu beschützen. Laß dir das völlig klar sein, sonst wird dich das immer verwirren. Wenn jemand krank ist, ein Sannyasin wird krank, dann fängt er an, sich zu fragen, ob er mir vertrauen kann, weil er krank geworden ist. Ich bin nicht dazu hier, um euch vor Krankheit zu beschützen. Ich bin hier, um euch zu helfen, Krankheit zu verstehen, sie in Stille zu durchleben, sie zu beobachten, sie zu sehen, ohne beunruhigt zu sein. Krankheit gehört zum

Leben. Wenn also jemand denkt, daß ich ihn vor Krankheit beschützen sollte, wird er nie in der Lage sein, mich zu verstehen. Er ist aus den falschen Gründen hier. Und wenn jemand stirbt, werde ich ihm helfen zu sterben.

Der Tod kann eine glanzvolle Erfahrung sein, er kann ein großer Höhepunkt sein. Der Tod beunruhigt die Menschen immer deshalb, weil sie ihn zurückweisen. Du weist ihn zurück, du bist gegen den Tod. Du willst nicht sterben; du willst für immer und ewig hier sein, aber das ist nicht möglich. Das ist das eine ...

Das andere ist: Weil es kein natürlicher Tod, sondern ein Selbstmord war, hast du die Vorstellung, daß ich Sannyasins davor beschützen sollte. Ich sollte Selbstmord verhindern; kein Sannyasin sollte Selbstmord begehen. – Warum? Es gehört zu eurer Freiheit. Wenn ein Sannyasin beschließt, daß das Spiel vorüber ist und er nach Hause gehen will – wer bin ich denn, daß ich ihn daran hindere? Ich werde einfach sagen: »Geh glücklich und tanzend. Geh nicht traurig. Mach es zu einer glücklichen Reise zurück nach Hause.«

Aber jener Sannyasin hat mich nie gefragt. Und selbst wenn er es hätte, dann hätte ich ihm gesagt: »Es ist deine Freiheit; ich mische mich nicht in deine Freiheit ein. Es ist dein Leben, es ist dein Tod. Wer bin ich denn, daß ich mich da einmische? Alles, was ich tun kann, ist, dir die Methode verfügbar zu machen, die alles schön macht.« Und auch ein Selbstmord kann schön sein.

Es wird euch überraschen, aber in Indien gibt es eine Religion, den Dschainismus, die den Selbstmord gestattet – ja, ihn als eine religiöse Handlung erlaubt! Sie erlaubt ihren Sannyasins, Selbstmord zu begehen, wenn sie sich dazu entschließen. Ich denke, das beweist eine besonders große Akzeptanz von Freiheit; keine andere Religion hat das gewagt. Früher oder später wird jedes Land der Welt den Selbstmord als Grundrecht anerkennen müssen, denn wenn ein Mensch sterben will, wer seid ihr – eure Gerichte, eure Polizei und euer Gesetz –, ihn daran zu hindern? Wer seid ihr? Wer gibt euch das Recht dazu? Weshalb sollte er sich schuldig fühlen?

Weshalb sollte er sich als Verbrecher fühlen? Weshalb kann er nicht seine Freunde einladen und tanzend und singend sterben? Weshalb sollte er es wie ein Verbrechen begehen?

Selbstmord ist kein Verbrechen. Euer Gesetz macht es zu einem Verbrechen. In einer besseren Welt, in der die Freiheit mehr respektiert wird, wird jemand, der sterben will, seine Freunde einladen. Ein paar Tage lang wird er mit seinen Freunden zusammensein, er wird tanzen und singen und gute Musik hören, Gedichte lesen und sich bei den Nachbarn verabschieden. An einem Tag wird er alle um sich versammeln und wird einfach sterben. Und sie werden ihm einen schönen Abschied geben! In einer besseren Welt wird Selbstmord kein Verbrechen sein.

Du mußt nur deine Einstellung ändern. Und du mußt dir über mich ganz im klaren sein. Ich bin kein gewöhnlicher Lehrer, der die Menschen tröstet. Meine Verpflichtung besteht gegenüber der Wahrheit, nicht gegenüber dem Trost. Wie unbequem die Wahrheit auch immer sein mag, meine Verpflichtung besteht gegenüber der Wahrheit.

Dies ist für mich eine geheiligte Sache: die Freiheit.

Wenn jemand beschließt, Selbstmord zu begehen, ist das völlig in Ordnung. Du solltest fähig sein, ihm diese Freiheit zuzugestehen. Aber du sträubst dich dagegen. Er hat bereits Selbstmord begangen, und du gibst ihm nicht die Erlaubnis, es getan zu haben. Das ist dein Problem – nicht seines. Er hat das Problem nicht verursacht, er hat einfach ein Problem angerührt, das schon immer in dir existiert hat. Laß ihn jetzt also gehen. Sag ihm adieu, entspann dich und hab Verständnis dafür.

Dieser Augenblick der Traurigkeit kann zu einer großen Einsicht führen, denn etwas ist in der Tiefe deines Herzens angerührt worden. Jetzt verliere keine Zeit! Meditiere darüber. Schau es dir von allen Seiten, von allen Blickwinkeln an. Sei nicht einfach nur wütend; sei nicht einfach nur traurig. Laß es auch zu einem großen Augenblick der Meditation werden. Ja, Traurigkeit ist da, Wut ist da, so als ob er dich betrogen hätte. Er war dein Freund und hat nicht einmal etwas zu dir gesagt. Wie konnte er es wagen? Er hat dich getäuscht! Auf diese Weise fühlst du tief in dir eine große Wut. Und du bist auch auf mich wütend: Wie konnte ich ihn das tun lassen? Er hat mich nie gefragt, doch hätte er es getan, dann hätte ich es ihm erlaubt. Aber er hat mich nie gefragt. Und tatsächlich besteht keine Notwendigkeit, mich zu fragen. Wenn er gehen will, will er gehen.

Alles ist gut. Ja, sogar Selbstmord ist gut. Man braucht Courage, das zu akzeptieren. Das erste Tabu auf der Welt war Sex, und nun wird der Sex allmählich akzeptiert. Jetzt hätte auch der Selbstmord einen Freud nötig, jemanden wie Freud, der dieses zweite Tabu zerstört.

Das sind die beiden Tabus: Sex und Tod. Jetzt wird jemand gebraucht, der den Tod akzeptabel macht, der ihn zu einem Grund zum Feiern macht; jemand, der den Mythos zerstört, daß etwas daran falsch sei und daß nur Feiglinge Selbstmord begehen. Das ist falsch. Tatsächlich ist genau das Gegenteil der Fall: Die Feiglinge klammern sich weiter an das Leben. Doch manchmal kommt ein Mensch an einen Punkt, wo er keinen Sinn mehr im Leben sehen kann. Er gibt seine Fahrkarte zurück an Gott. Er sagt: »Behalte deine Welt; ich gehe. Ich habe genug gesehen von diesem Film.«

Ich habe von George Bernard Shaw gehört, daß er einmal eingeladen war, ein Theaterstück zu sehen. Mittendrin stand er plötzlich auf. Der Autor fragte: »Wohin gehen Sie denn?«

Er sagte: »Ich habe die Hälfte gesehen.«

Der Autor sagte: »Aber die andere Hälfte kommt noch!«

Bernard Shaw sagte: »Aber sie wurde vom selben Mann geschrieben; das reicht mir.«

Man hat die Hälfte des Lebens gesehen; dann sieht man, daß es vom selben Mann geschrieben wurde. Welchen Sinn hätte es dann zu bleiben? Man geht nach Hause und ruht sich aus!

Meditiere darüber. Das ist ein guter Moment. Du bist traurig, wütend – ja, aber meditiere darüber, und du wirst davon profitieren. Dieser Sannyasin hat ein paar Leuten einen guten Dienst erwiesen. Versäume nicht diesen Moment, indem du einfach nur wütend und traurig bist. Füge Meditation hinzu, denk darüber nach: Warum fühlst du dich so? Und mache es zu deinem eigenen Problem. Gib nicht ihm die Schuld, denn das ist unsinnig. Aber so machen wir's: Wir fragen uns, *warum* beging er Selbstmord? Das ist nicht der springende Punkt. Warum es dir weh tut – das ist der springende Punkt. Warum er sich umbrachte, ist seine Entscheidung. Warum hat er dir nichts gesagt? Auch das ist seine Entscheidung. Wer weiß, warum er entschieden hat, niemandem etwas zu sagen? Wer weiß, warum er entschieden hat, es an diesem betreffenden Tag zu tun?

Er scheint sehr friedlich gestorben zu sein. Einer der Ärzte der Kommune war dort und sah, wo er starb: Er lag sehr friedlich auf der Straße, beinahe als wäre er dort eingeschlafen, eine Hand unter dem Kopf, ganz als ob der Aufruhr vorüber wäre; der Sturm war vorüber.

Das ist nicht das Problem: Warum er es tat, warum er nichts sagte. Das ist auch nicht das Problem: Warum Osho ihn nicht daran gehindert hat, warum er nicht auf ihn aufgepaßt hat. Auch das ist nicht das Problem für dich. Für dich ist das Problem: Warum kannst du es nicht akzeptieren? Wo schmerzt es dich? Du mußt tief hineingehen, die Wunde finden und in die Tiefe gehen. Und es wird eine große Erkenntnis für dich sein, daß du den Tod nicht akzeptierst, daß du Angst vor dem Tod hast, daß sogar deine Beziehung zu mir keine Beziehung des Vertrauens, sondern nur des Trostes und der Habgier ist. Du willst mich für einige von deinen Vorstellungen benutzen: daß ich dich beschützen sollte, daß ich eine Art von Sicherheit für dich sein sollte. Das bin ich nicht! Ich bin keine Garantie für irgend etwas. Ich bin ein sehr verantwortungsloser Mensch. Wer mir die Hand geben will, muß mir seine Hand geben in dem totalen Bewußtsein, daß er sich mit einem verantwortungslosen Mann zusammentut, der keiner Moral folgt, der keine Prinzipien kennt, der keine sogenannten Werte befolgt, der völlig chaotisch ist und dem Leben und seinem Chaos absolut vertraut. Was immer das Leben bringt, ist deshalb gut für mich.

Schau dir diese Dinge an und sieh, wie deine Beziehung zu mir durch seinen Tod beeinträchtigt wird, warum dein Vertrauen erschüttert ist, was du dir erhofft hattest. Dahinter muß eine tiefere Absicht gestanden haben, und diese Absicht ist gestört. Wenn du jetzt meditieren kannst, wirst du sehr frisch und neu daraus hervorgehen, und du wirst ihm dafür dankbar sein. Und mach dir keine Sorgen um ihn: Er ist bereits wiedergeboren; er hat wieder eine Mutter gefunden. Es gibt genug törichte Frauen auf der ganzen Welt – man kann nicht umhin, wiedergeboren zu werden! Darum mach dir keine Sorgen. Es besteht eine große Chance, daß er in zwei, drei Jahren als Kind wieder hier auftaucht. Der Tag wird kommen, an dem ich erkläre: »Da ist er!« Warte nur ab! (95)

Ich habe mehrmals versucht, Selbstmord zu begehen, und fühle mich vom Tod stark angezogen. Das beunruhigt mich, aber gleichzeitig habe ich auch Freude daran. Würdest du etwas darüber sagen?

Das ist großartig! Man kann nur einmal Selbstmord begehen, und du hast es gleich mehrmals versucht – aber du lebst noch! Deine Versuche waren nicht echt. Sie waren alle Humbug, und du hast es schon damals gewußt.

Ich habe gehört: Mulla Nasruddin wollte Selbstmord begehen. Als ein Mann von großer Schlauheit traf er sämtliche Vorkehrungen; er ließ keine Schlupflöcher. Wahrscheinlich hat noch nie jemand auf diese Weise Selbstmord zu begehen versucht. Er stieg auf einen Berggipfel und nahm auch eine Pistole mit. Unterhalb des Berges war eine tiefe Felsenschlucht mit einem reißenden Fluß. Auf dem Berg stand ein Baum, und er hatte ein Seil mitgebracht. Er hatte an alles gedacht, um ganz sicher zu gehen, daß der Selbstmord auch klappte. Und er hatte auch einen großen Kanister mit Kerosin dabei.

Er hängte sich an dem Baum auf, aber weil er noch so vieles andere machen wollte, konnte er die Füße nicht vom Boden wegnehmen, sonst hätte er die anderen Dinge nicht tun können. So hing er an dem Baum, mit den Füßen auf der Erde. Dann übergoß er sich mit Kerosin; ein Feuerzeug hatte er auch dabei. Er entzündete eine Flamme und setzte das Kerosin in Brand. Aber weil er ein Mann war, der nichts dem Zufall überließ, schoß er sich auch noch eine Kugel in den Kopf. Die Kugel durchschnitt aber das Seil, er stürzte hinunter in den Fluß, und das Wasser löschte das Feuer!

Verzweifelt war er gerade nach Hause zurückgekommen, als ich ihn traf. Ich fragte: »Wie – du lebst noch, nach all diesen Vorkehrungen?«

Er sagte: »Was kann ich machen? Ich kann schwimmen!« – Alles war schiefgelaufen.

Du sagst, du hast mehrere Selbstmordversuche gemacht. Eines ist sicher: Du willst gar nicht Selbstmord begehen, du willst nur mit dem Gedanken spielen. Du spürst Angst vor dem Tod, aber auch eine gewisse Freude. Das ist nicht nur deine Situation. Es ist ein sehr verbreitetes menschliches Phänomen. Das Leben ist eine Qual, eine Last; es ist eine Tortur. Man will es loswerden. Es loszuwerden würde bedeuten, diese ganze Tortur, die Verzweiflung, die Hoffnungslosigkeit, die Sinnlosigkeit loszuwerden – diese Frau, diesen Mann, diese Kinder, diesen Job. Darum hat der Tod eine Anziehung, denn der Tod wird all deinem Leiden ein Ende setzen. Aber er wird auch *dir* ein Ende setzen – und das macht Angst.

In Wirklichkeit willst du leben, und zwar ewig leben, aber du willst im Paradies leben. Und du lebst in der Hölle! Du willst die Hölle loswerden, aber du willst nicht dich selbst loswerden. Und ich möchte dich darauf hinweisen, daß die Hölle du selbst bist. Darum ist der Selbstmord auf der einen Seite attraktiv, weil er all deinen Leiden ein Ende bereiten wird, aber auf der anderen Seite macht er große Angst: Er wird auch mit dir Schluß machen.

Gibt es nicht irgendeinen Weg, wie du deine Leiden beenden und intensiver leben kannst? Auch ich lehre dich eine bestimmte Art von Selbstmord, der dir helfen kann: den

Selbstmord des Egos, nicht deinen eigenen Selbstmord. Laß das Ego sterben, und dann sieh, wie mit ihm alle Probleme verschwinden. Du bleibst zurück voller Freude, voller Segnungen, und in jedem Augenblick öffnen sich neue Türen zu neuen Geheimnissen. Jeder Augenblick bringt neue Entdeckungen – es ist ein Abenteuer ohne Ende.

Du hast so viele Male versucht, Selbstmord zu begehen. Dieses Mal begehe Selbstmord nach *meiner* Methode! Und überhaupt, du hast dabei so oft versagt, daß du inzwischen zum Experten im Versagen geworden bist. Und genaugenommen willst du gar nicht sterben, weil du Angst hast vor dem Tod – was natürlich ist. Warum sollte man seinem Leben ein Ende setzen, wenn man das Leben noch nicht einmal gelebt hat? Du hast noch nicht einmal davon gekostet, hast die vielfältigen Schönheiten, Freuden und Segnungen des Lebens noch gar nicht erforscht. Natürlich hast du Angst. Aber dennoch probierst du es weiter, weil du nicht weißt, wie du all dein Leiden loswerden sollst. Selbstmord scheint die einfachste Lösung zu sein. Du bist gespalten – eine Hälfte deines Verstandes sagt: »Begehe Selbstmord und mach Schluß mit all diesem Quatsch – es reicht jetzt.« Der andere Teil trachtet deine Versuche zu sabotieren, denn der andere Teil will leben. Du hast noch gar nicht gelebt.

Selbstmord wird dir nicht helfen. Nur ein intensiveres, ein reicheres Leben kann helfen. Dieses Mal töte also das Ego und sieh, wie das Wunder geschieht. Wenn das Ego verschwunden ist, gibt es kein Leiden mehr, keine Qual – und damit verschwindet die Notwendigkeit, Selbstmord zu begehen. Wenn das Ego fort ist, werden alle Türen, die das Ego verschlossen gehalten hatte, plötzlich geöffnet, und du wirst erreichbar für die Sonne, für den Mond, für die Sterne. Und dies ist einfacher, denn um das Ego zu töten, brauchst du keine Pistole, kein Kerosin, kein Seil zum Aufhängen des Egos, kein Feuer, um es zu verbrennen, und – falls alle Stricke reißen – keine tiefe Schlucht mit Fluß, um dem Ego den Rest zu geben. Du brauchst keines von diesen Dingen, denn das Ego ist nur eine Schöpfung der Gesellschaft, der Religionen, der Zivilisation.

In der Tat existiert es überhaupt nicht. Du mußt nur tief genug hineinschauen; es ist ein Schatten. Wenn du tief genug hineinschaust, wird es nicht mehr da sein. Meditation ist einfach eine Methode, um hineinzuschauen, was das Ego eigentlich ist. Und jeder, der nach innen geschaut hat, hat es nicht gefunden. In der ganzen Geschichte der Menschheit hat noch ausnahmslos jeder, der nach innen geschaut hat, dort kein Ego gefunden.

Das bedeutet der Selbstmord des Egos. Man muß nichts tun, als nur ein wenig nach innen zu gehen. Und wenn du einmal weißt, daß es nicht da ist, dann werden all die Leiden, die du wegen des gar nicht vorhandenen Egos mit dir herumgeschleppt hast, verschwinden. Sie bekommen keine Nahrung mehr. All diese Dinge wurden dir durch Konditionierung, durch Programmierung ins Hirn gesetzt; das hat die Gesellschaft in dir zuwege gebracht. In unserer ganzen Geschichte haben wir auf eine so häßliche Art und Weise gelebt.

Du denkst, du bist ein Christ? Es ist nur ein Gedanke, der dir eingepflanzt wurde. Du denkst, es gibt Gott? Eine Idee, die dir eingepflanzt wurde. Du denkst, es gibt Himmel und Hölle? Es ist nichts als ein Programm. Ihr alle seid programmiert.

Meine Arbeit besteht darin, euch zu deprogrammieren. Und ich mache euch aufmerksam auf all die Programmierungen – tagtäglich, ohne Unterlaß –, auf all die Dinge, die euch stumpf und stupide werden ließen, ja, die euch sogar zum Selbstmord, zum Tod hingezogen haben. Meine Religion ist in dieser Hinsicht einzigartig. Sämtliche Religionen der Vergangenheit haben die Menschen programmiert. Ich deprogrammiere euch und überlasse euch dann euch selbst.

Die Leute haben mich gefragt: »Worin besteht deine Religion? Worin besteht deine Philosophie? Kannst du uns nicht etwas geben wie den christlichen Katechismus, damit wir deine Prinzipien verstehen können?«

Ich habe keine, denn das würde euch wieder neu programmieren. Was geschieht, wenn aus einem Hindu ein Christ wird? Die Christen deprogrammieren den Hindu und programmieren ihn neu als Christen. Es macht keinen Unterschied. Er ist von einem Graben in den anderen Graben gefallen. Vielleicht wird ihn das Neue ein paar Tage lang glücklich machen, aber bald wird er nach einem neuen Graben suchen. Er ist süchtig geworden nach Gräben! Und auf diese Weise gräbt er sein eigenes Grab. Das ist der letzte Graben, in den er fallen wird.

Ich deprogrammiere euch und gebe euch kein neues Programm. Ich lasse euch damit allein – leer, nur eine Null. In dieser Null verschwindet das Ego, und all die Segnungen beginnen auf euch herabzuregnen. (96)

Kannst du etwas darüber sagen, was mit Vimalkirti geschieht, der seit einer Woche im Koma liegt?

Nichts geschieht mit Vimalkirti – genau das: Nichts, denn das Nichts ist *nirvana.* Der Westen hat keine Ahnung von der Schönheit des Nichts. Die ganze westliche Einstellung ist extravertiert, nach Dingen ausgerichtet, nach dem Tun ausgerichtet. »Nichts« klingt nach Leere – aber so ist es nicht. Es ist eine der größten Entdeckungen des Ostens, daß das Nichts nicht leer ist. Im Gegenteil – es ist das genaue Gegenteil von Leere: Es ist Fülle, es ist ein Überfließen. Teilt man das Wort *nothing* in seine zwei Teile und macht es zu *no-thingness* (keine Dingheit), dann verändert sich plötzlich seine Bedeutung, dann tut sich eine andere Sehweise auf.

No-thing ist das Ziel von Sannyas. Man muß in einen Seinszustand kommen, wo *no-thing* geschieht: Alles Geschehen ist verschwunden. Das Tun ist fort, der Tuer ist fort, der Wunsch ist fort, das Ziel ist fort. Man *ist* einfach – nicht die kleinste Welle kräuselt sich auf dem See des Bewußtseins, kein Ton.

Die Zen-Leute nennen es den Ton einer klatschenden Hand. Nun, eine einzelne klatschende Hand kann keinen Ton erzeugen – es ist der tonlose Ton, *omkar,* die reine Stille. Aber die Stille ist nicht leer, sie ist sehr voll. In dem Augenblick, in dem du absolut still bist, absolut eingestimmt auf das Nichts, senkt sich das Ganze auf dich herab, das Jenseits durchdringt dich.

Doch der westliche Verstand hat sich der ganzen Welt bemächtigt. Wir sind zu Arbeitssüchtigen, zu Workaholikern geworden. Und meine ganze Bemühung geht dahin, euch zu helfen, zu Nullen zu werden. Die Null ist die vollkommenste Erfahrung im Leben; es ist die Erfahrung der Ekstase.

Vimalkirti ist gesegnet. Er war einer der wenigen meiner auserwählten Sannyasins, der nie auch nur einen einzigen Augenblick schwankte, dessen Vertrauen total gewesen ist während der ganzen Zeit, die er hier war. Er stellte nie eine Frage, schrieb nie einen Brief, kam nie mit einem Problem an. Sein Vertrauen war so groß, daß er nach und nach absolut mit mir verschmolzen ist. Er hat eines der seltensten Herzen. Diese Qualität des Herzens ist aus der Welt verschwunden. Er ist wirklich ein Prinz, wirklich königlich, wirklich aristokratisch. Aristokratie hat nichts mit der Geburt zu tun, sie hat etwas mit der Qualität des Herzens zu tun. Und ich erlebte ihn als eine der seltensten, schönsten Seelen auf dieser Erde. Es ist überhaupt keine Frage, seinetwegen zu fragen: Was geschieht mit ihm?

Natürlich neigt man dazu, in der alten Weise zu denken, in der man aufgewachsen ist, zumal wenn man Deutscher ist!

Ich habe gehört: Ein Deutscher kommt in den Himmel. Er klopft ans Tor, ein kleines Fenster öffnet sich, und Petrus schaut heraus. Er fragt: »Wie alt bist du?« Dann schaut er in seinen Büchern nach und ist sehr erstaunt, als der Deutsche sagt: »Siebzig.«

Petrus sagt: »Das kann nicht stimmen. Nach dem Protokoll deiner Arbeitsstunden mußt du mindestens hundertdreiundvierzig Jahre alt sein!«

Der Deutsche ist ständig am Arbeiten. Er repräsentiert das Nonplusultra des westlichen Verstandes – so wie der Inder das Nonplusultra des östlichen Verstandes repräsentiert. Der Inder sitzt immer still da, tut gar nichts und wartet darauf, daß der Frühling kommt und das Gras von allein wächst. Und es wächst wirklich!

Der kleine Hans sitzt draußen unter einem Baum, da hört er seine Mutter vom Haus her rufen: »Hansi, was tust du?«

»Nichts, Mama«, antwortet er.

»Also wirklich, Hansi, was tust du?«

»Ich sag doch, ich tu gar nichts.«

»Lüg mich nicht an! Sag mir, was du tust!«

Da macht Hansi einen tiefen Seufzer, hebt einen Stein auf und wirft ihn ein paar Meter weit. »Ich werfe mit Steinen!« sagt er.

»Das hab ich mir doch gedacht! Hör sofort damit auf!«

»Mensch«, sagt Hans bei sich. »Kann man denn nicht mal mehr in Ruhe gar nichts tun!«

Irgend etwas muß man tun ... Niemand hält es für möglich – und *ihr* werdet es mir auch nicht glauben, wenn ich euch sage, daß Vimalkirti gar nichts tut; er *ist* nur.

An dem Tag, als das Blutgerinnsel passierte, machte ich mir ein wenig Sorgen um ihn. Deshalb sagte ich meinen Sannyasin-Ärzten, daß sie ihm helfen sollten, noch mindestens sieben Tage im Körper zu bleiben. Es war alles so gut und so wunderbar gelaufen mit ihm, und jetzt die Arbeit so plötzlich unvollendet abzubrechen ... Er stand gerade auf der Kippe – ein kleiner Schubs, und er konnte eins werden mit dem Jenseits.

Tatsächlich ist das der Grund, warum ich in der Kommune die modernsten medizinischen Einrichtungen haben möchte. Wenn jemand gerade auf der Kippe steht und man ihn durch medizinische Hilfe noch ein paar Tage im Körper halten kann, braucht er nicht wieder in ein neues Leben zurückzukommen.

Man hat mir viele Fragen gestellt, was ich davon halte, jemanden durch künstliche Methoden am Leben zu erhalten. Nun, er wird künstlich beatmet. Er wäre sonst am selben Tag gestorben – er *ist* beinahe gestorben. Ohne diese künstlichen Methoden wäre er jetzt schon wieder in einem neuen Körper. Er hätte sich einen neuen Mutterschoß gesucht. Aber dann würde *ich* nicht mehr hier sein, wenn er wiederkommt. Wer weiß, ob er dann in der Lage wäre, einen Meister zu finden? – Und einen so verrückten Meister wie mich! Wenn jemand einmal so tief mit mir verbunden gewesen ist, wird ihm kein anderer Meister genügen. Sie werden ihm alle so platt und langweilig, so tot vorkommen! Darum wollte ich, daß er noch ein wenig länger dableibt. Und gestern abend hat er es geschafft: Er hat die Grenze vom Tun zum Nicht-Tun überschritten. Jenes »Etwas«, das noch in ihm gewesen war, fiel von ihm ab. Jetzt ist er bereit; jetzt können wir ihm adieu sagen, jetzt können wir feiern, jetzt können wir von ihm Abschied nehmen. Gebt ihm ein ekstatisches *Bon Voyage!* Laßt ihn weggehen mit eurem Tanzen, mit eurem Singen!

Als ich ihn besuchte, hat sich zwischen ihm und mir folgendes zugetragen: Ich wartete mit geschlossenen Augen an seiner Seite – er war ungeheuer glücklich. Sein Körper ist überhaupt nicht mehr zu gebrauchen. Die Chirurgen, die Neurochirurgen und die anderen Ärzte waren beunruhigt. Sie fragten immer wieder, wollten wissen, was ich beabsichtigte, warum ich ihn im Körper erhalten wollte, denn es schien keinen Sinn zu haben. Selbst wenn es ihm irgendwie gelänge zu überleben, würde sein Gehirn nie wieder richtig funktionieren. Und diesen Zustand hätte ich ihm nicht gewünscht – es ist besser, er geht. Sie waren beunruhigt, weil ich wollte, daß er weiter künstlich beatmet wird. Gelegentlich hörte auch sein Herz zu schlagen auf und mußte künstlich wiederbelebt werden. Gestern versagten die Nieren, und sein Schädel ist aufgebohrt – innen war eine große Geschwulst. Es war angeboren, es mußte zwangsläufig passieren – das Programm war in seinem Körper.

Aber er hat es großartig geschafft. Bevor es passierte, hat er sein Leben noch für das höchste Erblühen genutzt. Nur ein kleines Stückchen fehlte noch, und gestern abend vollendete sich auch dies.

Als ich gestern abend zu ihm sagte: »Vimalkirti, jetzt kannst du ins Jenseits gehen, mit all meinem Segen«, da schrie er beinahe auf vor Freude: »*Far out!*«

Ich sagte zu ihm: »Mal langsam!« und erzählte ihm eine Geschichte ...

Die Krähe trifft den Frosch und sagt zu ihm: »Im Himmel geben sie 'ne Riesen-Party!«

Der Frosch öffnet sein großes Maul und sagt: »F-a-a-r out!«

Da sagt die Krähe: »Und es soll tolles Futter und coole Drinks geben!«

Und der Frosch antwortet: »F-a-a-a-r out!«

»Und 'n paar heiße Frauen. Und die Rolling Stones spielen!«

Der Frosch macht sein Maul noch weiter auf und ruft: »F-a-a-a-a-r out!«

Da fügt die Krähe hinzu: »Nur, Leute mit großem Maul dürfen nicht rein!«

Da spitzt der Frosch die Lippen und flötet: »Da wird das arme Krokodil aber enttäuscht sein!«

Vimalkirti geht es bestens. Er braucht nicht wieder in einen Körper zurückzukommen. Er geht als ein Erwachter, er geht als ein Buddha.

Darum sollt ihr euch alle freuen, ihr sollt tanzen und singen und feiern! Ihr müßt lernen, wie man das Leben feiert und wie man den Tod feiert. Das Leben ist letzten Endes nicht so großartig, wie der Tod es sein kann, aber der Tod kann nur dann großartig sein, wenn man den vierten Zustand, *turiya,* erreicht hat.

Normalerweise ist es schwierig, die Identifikation mit dem Körper, dem Gehirn und dem Herzen aufzugeben, aber für Vimalkirti ist es ganz leicht gewesen. Er konnte nicht anders, als die Identifikation aufzugeben, denn sein Körper war bereits tot. Er ist seit fünf Tagen tot. Das Gehirn funktionierte nicht mehr, das Herz war weit weg. Dieser Unfall sieht nur für Außenstehende wie ein Unfall aus; für Vimalkirti erwies er sich als ein verborgener Segen. Mit einem solchen Körper kann man sich nicht mehr identifizieren: Die Nieren haben versagt, der Atem hat versagt, das Herz hat versagt, das Gehirn ist völlig zerstört. Wie könnte man sich mit einem solchen Körper identifizieren? Es ist unmöglich. Mit ein wenig Gewahrsein kann man sich davon lösen. Und soviel Gewahrsein hatte er, soviel Wachstum hatte er erlangt. Darum wurde ihm sofort klar: »Ich bin nicht der Körper, ich bin nicht der Verstand, ich bin auch nicht das Herz.« Und wenn ihr über diese drei hinausgeht, wird das vierte, *turiya,* erreicht – und das ist eure wahre Natur. Wenn sie erlangt wird, geht sie nie wieder verloren.

Er hat immer meine Witze geliebt, und dies wird der letzte Vortrag für ihn sein. Darum zwei Witze für ihn:

Ein italienisches Ehepaar hat größte Eile, ins Krankenhaus zu kommen, weil bei der Frau die Wehen eingesetzt haben. Unterwegs gibt es einen schrecklichen Autounfall, und der Ehemann landet im Spital im Koma. Als er endlich wieder zu sich kommt, sagt man ihm, er habe drei Monate im Koma gelegen, seiner Frau gehe es gut und er sei stolzer Vater von Zwillingen, einem Knaben und einem Mädchen.

Sobald er das Krankenhaus verlassen kann, fährt er heim zu seiner Familie. Gespannt fragt er seine Frau, welche Namen sie den Kindern gegeben habe. Die Frau antwortet: »Namengeben ist-a Sache für-a Männer. Aber du warst-a im Koma, und so hat es gemacht-a dein Bruder.«

Als der Ehemann das hört, wird er sehr nervös und ruft: »Mamma mia! Dieser Idiot-a! Also welche Namen?«

Die Frau sagt: »Den Jungen nannte er Angelo.«

»Che bello! Gar nicht schlecht-a!« sagt der Mann. »Und la bambina?«

»Das Mädchen heißt-a Koma!«

Abi Einstein besitzt eine Firma in Ohio, die Nägel herstellt. Seine Geschäfte gehen so gut, daß er es sich leisten kann, Winterurlaub in Miami zu machen. Das einzige Problem ist: Er hat Zweifel, ob sein Sohn Max schlau genug ist, das

Geschäft in seiner Abwesenheit allein zu führen. Schließlich kann ihn sein Freund Mosche doch überreden, sich den Winter freizunehmen – mit dem Argument, daß Max ohnehin eines Tages das Geschäft erben wird und ruhig mal Gelegenheit haben soll, sich zu beweisen.

Abi erholt sich prächtig in Miami, bis er eines Tages per Post die neueste Ausgabe von *Nägel & Schrauben* erhält. Darin findet er ein ganzseitiges Farbinserat für »Einsteins Nägel«. Es zeigt Jesus am Kreuz, und darunter steht: »Sie nahmen Einsteins Nägel!«

Abi telefoniert sofort mit Max: »Untersteh dich, so was noch einmal zu machen!«

Max besänftigt den Vater und schwört ihm hoch und heilig, daß er es nicht wieder tun wird. Abi ist beruhigt. Als er das nächste Heft von *Nägel & Schrauben* erhält, schlägt er auf: Jesus unter dem Kreuz, am Boden liegend, und darunter: »Sie nahmen nicht Einsteins Nägel!«

Das sind die »drei L« meiner *philosia:** Liebe, Leben, Lachen. Leben ist nur das Saatkorn, Liebe ist die Blume, Lachen ist der Duft. Lediglich geboren zu werden, ist nicht genug. Man muß die Kunst des Lebens lernen; das ist das A der Meditation. Dann muß man die Kunst des Liebens lernen; das ist das B der Meditation. Und dann muß man die Kunst des Lachens lernen; das ist das C der Meditation. Und Meditation hat nur drei Buchstaben: A, B, C.

Ihr müßt also heute Vimalkirti einen schönen Abschied geben. Feiert ihn mit viel Lachen. Natürlich weiß ich, daß ihr ihn vermissen werdet – auch *ich* werde ihn vermissen. Er war so sehr Teil dieser Kommune geworden, war so tief verbunden mit allen. Ich werde ihn mehr vermissen als ihr, denn er war der Wächter vor meiner Tür, und es war immer eine Freude, aus meinem Zimmer herauszukommen und

* Osho hat den Begriff philosia (Liebe zum Sehen) geprägt, zum Unterschied von *philosophia* (Liebe zur Weisheit, zum Denken). – *Anm. d. Übers.*

Vimalkirti da stehen zu sehen, der immer lächelte. Jetzt wird es nie wieder möglich sein. Aber er wird hier sein unter uns, in eurem Lächeln, in eurem Lachen. Er wird hier sein in den Blumen, in der Sonne, im Wind, im Regen, denn nichts geht je verloren – niemand stirbt wirklich. Man wird nur Teil der Ewigkeit.

Wenn Tränen kommen, so laßt es Tränen der Freude sein – Freude über das, was er erlangt hat. Denkt nicht an euch, und daß ihr ihn vermissen werdet. Denkt an ihn: Er hat die Erfüllung erlangt. Und dies ist etwas, was ihr lernen könnt, denn früher oder später werden noch viele Sannyasins auf die Reise zum anderen Ufer aufbrechen, und ihr müßt lernen, ihnen einen schönen Abschied zu geben. Früher oder später werde auch ich gehen müssen, und auf diese Weise werdet ihr lernen, auch meinen Abschied mit Lachen, Tanzen und Singen zu feiern.

Mein ganzer Ansatz besteht im Feiern. Religion ist für mich nichts anderes als das ganze Spektrum, der ganze Regenbogen des Feierns, sämtliche Farben des Regenbogens. Nutzt es als eine große Gelegenheit für euch selbst, denn indem ihr sein Weggehen feiert, können viele von euch zu höheren Dimensionen, zu neuen Gipfeln des Seins aufsteigen. Es wird dadurch möglich. Dies sind die Augenblicke, die man so total wie möglich ausschöpfen sollte.

Ich bin glücklich über ihn ... Und viele von euch machen sich auf dieselbe Weise bereit. Ich bin wirklich glücklich über meine Leute! Ich denke nicht, daß es je einen Meister gegeben hat, der so viele schöne Jünger hatte. Jesus war sehr arm in diesem Sinne – nicht ein einziger Jünger wurde erleuchtet. In der Vergangenheit war Buddha am gesegnetsten, doch ich bin fest entschlossen, Gautam Buddha zu übertreffen! (97)

13. KAPITEL

Aids

*Kannst du bitte etwas über Aids sagen?**

Ich weiß noch nicht einmal etwas über »*First Aids*« (Erste Hilfe), und du befragst mich über *Last Aids* …

Aber es sieht so aus, als müßte ich etwas darüber sagen. Und in einer Welt, wo Leute, die nichts über sich selbst wissen, über Gott reden können, wo Leute, die nichts über die Geographie der Erde wissen, über Himmel und Hölle reden können, ist es für mich nicht undenkbar, etwas über Aids zu sagen, obwohl ich kein Arzt bin. Aber auch die Krankheit, die man jetzt Aids nennt, ist nicht nur eine Krankheit; sie ist mehr als das, sie geht über den Wirkungskreis des Arztberufes hinaus.

So wie ich es sehe, ist es keine Krankheit von derselben Kategorie wie andere Krankheiten, und darin liegt ihre Gefahr. Vielleicht wird Aids mindestens zwei Drittel der Menschheit töten … Aids ist im Grunde die Unfähigkeit, Krankheiten abzuwehren. Man entdeckt, daß man langsam immer anfälliger für alle möglichen Infektionen wird und daß man keine innere Abwehrkraft mehr hat, gegen diese Infektionen zu kämpfen.

Für mich bedeutet das, daß die Menschheit ihren Lebenswillen verliert.

Immer wenn ein Mensch seinen Lebenswillen verliert, läßt seine Abwehrkraft nach, denn der Körper folgt dem Geist. Der Körper ist ein sehr konservativer Diener des Geistes, ein frommer Diener des Geistes. Wenn der Geist den Lebenswillen verliert, wirkt sich das so auf den Körper aus, daß ihn die Widerstandskraft gegen Krankheit und Tod verläßt.

Natürlich kümmert sich kein Arzt um den Lebenswillen;

* Frage und Antwort stammen bereits aus dem Jahre 1985. – *Anm. d. Übers.*

und deshalb dachte ich, es ist besser, wenn ich etwas darüber sage.

Es wird ein so enormes Problem auf der ganzen Welt werden, daß jede Erkenntnis, gleich aus welcher Dimension, ungeheuer hilfreich sein kann.

Allein in Amerika sind in diesem Jahr vierhunderttausend Menschen von Aids betroffen, und jedes Jahr wird sich die Zahl verdoppeln: Nächstes Jahr werden es achthunderttausend sein, und dann eine Million sechshunderttausend; auf diese Weise wird sie sich immer weiter verdoppeln ... Allein in diesem Jahr wird Amerika fünfhundert Millionen Dollar brauchen, um diesen Leuten zu helfen. Und doch gibt es nicht viel Hoffnung für ihr Überleben.

Am Anfang dachte man noch, daß es nur eine Homosexuellenkrankheit sei. Überall auf der Welt unterstützten Forscher die Vorstellung, es habe etwas mit Homosexualität zu tun – es wurde mehr bei Männern als bei Frauen festgestellt.

Doch erst gestern änderte ein Bericht aus Zentralafrika die ganze Perspektive. Zentralafrika ist stark beteiligt an der Erforschung dieser Krankheit, denn Zentralafrika ist das am stärksten betroffene Gebiet. Es scheint, daß Schwarze nahezu doppelt so anfällig sind für diese Krankheit wie Weiße. Zentralafrika leidet unter einer großen Aids-Epidemie; deshalb haben sie dort Untersuchungen angestellt. Es ist eine Frage von Leben und Tod.

Dieser Bericht ist sehr merkwürdig. Er behauptet, daß Aids überhaupt keine Homosexuellenkrankheit sei; es sei eine Krankheit der Heterosexuellen, und sie tritt dann auf, wenn die Leute ständig ihre Partner wechseln – wenn sie mit vielen Frauen, mit vielen Männern zusammen sind und immer wieder die Partner wechseln. Dieser ständige Wechsel sei die Ursache der Krankheit. Es habe nichts mit Homosexualität zu tun, behauptet der Bericht. Nun vertreten alle Forscher in Europa und Amerika die eine Auffassung, und der Bericht aus Zentralafrika sagt das genaue Gegenteil.

Für mich ist das sehr aufschlußreich. Es hat weder etwas mit Heterosexualität noch mit Homosexualität zu tun, aber es hat zweifellos etwas mit Sex zu tun. Und warum hat es etwas mit Sex zu tun? Weil der Lebenswille im Sex verwurzelt ist. Wenn der Lebenswille verlischt, dann ist der Sex der verwundbarste Bereich des Körpers, um den Tod einzuladen.

Vergeßt nicht: Ich bin kein Mediziner, und alles, was ich sage, kommt von einem völlig anderen Standort.

Trotzdem sind die Chancen weitaus größer, daß das, was ich sage, wahr ist, als was die sogenannten Forscher sagen, denn ihre Forschung ist oberflächlich. Sie denken nur an »Fälle«, sie sammeln bloß Daten und Fakten. Das ist nicht meine Art. Ich bin kein Faktensammler.

Meine Arbeit ist nicht die der Forschung, sondern die der Erkenntnis. Ich versuche, in jedes Problem so tief wie möglich hineinzuschauen. Ich ignoriere einfach das Oberflächliche – die Oberflächenbereiche der Forscher.

Meine Arbeit könnt ihr Innenforschung nennen, nicht Forschung. Ich versuche tief einzudringen, und ich sehe klar, daß Sex das Phänomen ist, das am stärksten mit dem Lebenswillen verbunden ist. Wenn der Lebenswille nachläßt, wird der Sex verwundbar. Und es ist keine Frage von Heterosexualität oder Homosexualität.

In Europa und in Amerika sind sie darauf gekommen, weil die ersten Fälle zufällig unter Homosexuellen vorkamen.

Vielleicht haben Homosexuelle ihren Lebenswillen mehr verloren als Heterosexuelle.

Die gesamte Forschung war zunächst auf Kalifornien beschränkt, und die meisten Opfer waren Juden. Und so war es naheliegend, daß die Wissenschaftler zu dem Schluß kamen, es habe mit Homosexualität zu tun. Wenn man einen Heterosexuellen fand, der die Symptome hatte, dann wurde natürlich angenommen, daß er es von irgendeinem Homosexuellen hatte.

Und Kalifornien ist ein so dummer Teil der Welt – und was den Sex angeht, ist es der perverseste. Man kann es auch Avantgarde nennen, progressiv, revolutionär – aber diese schönen Worte können über die Tatsache nicht hinwegtäuschen, daß Kalifornien am meisten pervertiert ist.

Und wie kommt es zu dieser Perversion? Und warum kommt es gerade in Kalifornien dazu? Weil die kalifornische Gesellschaft eine der kultiviertesten, zivilisiertesten und wohlhabendsten ist. Natürlich haben sie alles, was man sich nur wünschen kann, alles, wonach man nur verlangen kann; und genau daraus entsteht das Problem mit dem Lebenswillen.

Wenn man hungrig ist, denkt man nur daran, wie man an Arbeit und Essen kommt. Man hat keine Zeit, über Leben und Tod nachzudenken, man hat keine Zeit, über den Sinn der Existenz nachzudenken – unmöglich. Ein hungriger Mensch kann nicht an Schönheit, an Kunst, an Musik denken. Führt jemanden, der nichts im Magen hat, der am Verhungern ist, in ein Museum voller schöner Kunstwerke. Meint ihr, er wird dort irgend etwas von der Schönheit wahrnehmen können? Sein Hunger wird ihn daran hindern. Es ist ein Luxus! Erst wenn alle seine Grundbedürfnisse erfüllt sind, muß sich der Mensch den wirklichen Problemen des Lebens stellen.

Arme Länder kennen die wirklichen Probleme gar nicht. Wenn ich daher sage, daß der reichste Mann der ärmste ist, könnt ihr verstehen, was ich damit meine. Denn erst der reichste Mann stößt auf die unlösbaren Probleme des Lebens, und er weiß nicht weiter. Es geht jetzt nirgendwo mehr hin. Der arme Mann hat noch so viel zu tun, so viel zu erreichen, so viel zu werden ... Was soll er mit Philosophie, Theologie, Kunst? Das ist ihm alles ein paar Nummern zu groß. Er ist an ganz profanen Dingen interessiert, an den alltäglichen Kleinigkeiten. Und es ist ihm unmöglich, sein Bewußtsein auf sich selbst zu richten und sich Gedanken über die Existenz, über das Sein zu machen und darüber nachzusinnen – völlig ausgeschlossen!

Kalifornien befindet sich unglücklicherweise in einer ausgesprochen glücklichen Lage, in jeder Hinsicht: Es hat die schönsten Menschen, das schönste Land, und es hat den höchsten Gipfel des Luxus erreicht. Und da entsteht die Frage: Man hat schon alles gemacht – was bleibt jetzt noch übrig? Das ist der Punkt, wo die Perversion anfängt.

Man hat viele Frauen gehabt, und man ist zu der Einsicht gelangt, daß es alles das gleiche ist.

Sobald du das Licht ausmachst, ist eine Frau wie die andere. Wenn das Licht ausgeht, und die Frau geht nach nebenan, und statt dessen kommt deine eigene Frau herein, ohne daß du es merkst, könnte es dir glatt passieren, daß du anfängst, mit deiner eigenen Frau zu schlafen, daß du ihr die schönsten Dinge sagst, weil du nicht merkst, daß es gar nicht deine Frau ist. Was machst du da! Wenn jemand wüßte, daß du so schöne Dinge sagen kannst, wie du es aus den Hollywood-Filmen gelernt hast ... und noch dazu deiner eigenen Frau! Er würde zweifellos denken, du tickst nicht mehr ganz richtig. So was sagt man zu den Ehefrauen anderer Männer, aber doch nicht zur eigenen Frau!

Aber im Dunkeln ist eins wie das andere. Sobald ein Mann viele Frauen kennt, eine Frau viele Männer kennt, steht eines fest: daß es immer dasselbe ist, Wiederholung. Die Unterschiede sind minimal, und was den Sex selbst angeht, so macht es keinen Unterschied. Eine etwas längere Nase, ein wenig blondere Haare, ein blasseres Gesicht oder ein bißchen mehr Sonnenbräune ... doch was macht das beim Sex schon für einen Unterschied?

Ja, vorher, da spielen alle diese Dinge eine große Rolle. Und sie spielen auch weiterhin eine Rolle in Ländern, wo Monogamie noch die Norm ist. Zum Beispiel kann die Krankheit Aids sich in einem monogamen Land wie Indien nicht so ausbreiten, unmöglich – aus dem einfachen Grund, weil die Leute ihr ganzes Leben lang nur die eigene Frau, den eigenen Mann kennen. Und die Neugier bleibt immer bestehen, wie es wohl mit der Frau des Nachbarn wäre ... Eine große Neugier bleibt immer, aber Perversion hat keine Chance.

Für die Perversion bedarf es einer Grundvoraussetzung: daß man es überdrüssig ist, die Frauen zu wechseln. Man möchte etwas Neues. Dann probieren die Männer es mal mit Männern – der Reiz des Neuen; und die Frauen probieren es mit Frauen – der Reiz der Abwechslung. Aber für wie lange? Bald ist auch das wieder dasselbe, und die Frage stellt sich von neuem. Das ist der Punkt, wo man alles mögliche ausprobiert, aber nach und nach macht sich eine Erkenntnis breit: Es ist alles zwecklos.

Die Neugier verschwindet. Was hat es nun für einen Sinn, für das Morgen zu leben? Es war die Neugier, daß morgen vielleicht etwas Neues passieren wird. Jetzt weiß man, daß morgen nie etwas Neues passiert. Alles ist alt unter der Sonne. Das Neue ist stets eine Hoffnung, die sich nie erfüllt. Man hat sämtliche Moden mitgemacht – bei Möbeln, Häusern, Autos, Kleidern –, aber alles erweist sich letztendlich als zwecklos.

Wenn alles zwecklos ist und keine Hoffnung auf morgen mehr besteht, kann der Lebenswille nicht mit der gleichen Begeisterung, Beharrlichkeit und Macht weitergehen; er fängt an, sich nur noch dahinzuschleppen. Das Leben scheint an Saft zu verlieren. Man lebt, weil man nichts Besseres weiß, und man beginnt, an Selbstmord zu denken.

Sigmund Freud soll einmal gesagt haben: »Ich habe noch nie einen Menschen getroffen, der nicht mindestens einmal in seinem Leben an Selbstmord gedacht hat.« Aber Sigmund Freud ist längst überholt und heute nicht mehr zeitgemäß. Was er sagte, betraf psychisch kranke Menschen – die Leute, mit denen er zu tun hatte.

Meine eigene Erfahrung ist, daß Arme nie an Selbstmord denken. Mir sind Tausende von armen Leuten begegnet – sie denken nie an Selbstmord. Sie wollen leben, denn sie haben noch gar nicht gelebt. Wie können sie an Selbstmord denken? Das Leben hat so vieles zu bieten, und wenn man sieht, wie alle Spaß haben an den vielen Dingen des Lebens, und man selbst hat noch nicht gelebt, dann ist da ein großer Drang, ein Drängen nach dem Leben. Es gibt noch so vieles zu tun, noch so vieles zu erreichen.

Der ganze weite Himmel des Ehrgeizes steht ihnen offen, und sie haben noch nicht einmal den ersten Spatenstich getan. Kein Bettler denkt je daran, Selbstmord zu begehen.

Logischerweise müßte es genau umgekehrt sein: Jeder Bettler müßte an Selbstmord denken, aber kein Bettler denkt je daran – nicht einmal ein Bettler, der keine Augen hat, der blind ist, der gelähmt ist, verkrüppelt ist ...

In armen Ländern denkt niemand an Selbstmord. In armen Ländern stellt sich die Frage nach dem Sinn gar nicht. Es ist eine Frage für den Westen: Worin besteht der Sinn des Lebens? Im Osten fragt keiner danach. Der Westen ist an einem Sättigungspunkt angekommen. Alles, wofür es sich zu leben lohnt, hat man schon gelebt. Was nun? Wenn man den Mut dazu aufbringt, wird man Selbstmord begehen – oder einen Mord.

Wenn diese Krankheit Aids sich erst einmal ausbreitet – und sie ist schon auf dem besten Wege dazu, sie nimmt schon epidemische Ausmaße an, auch in Amerika ... Die Politiker verheimlichen es, die Priester verheimlichen es, denn das Problem ist allzu groß, und keiner weiß einen Rat, eine Lösung. Deshalb ist es besser, man verheimlicht es. Doch wie lange kann man es verheimlichen?

Das Problem weitet sich aus, und wenn es weiter zunimmt und weite Kreise zieht, wird man sich noch wundern: Die Berufsgruppe, die in dieser Aids-Sache an der Spitze steht, werden die Priester, die Nonnen, die Mönche sein. Sie werden die Spitze bilden, die am meisten davon Betroffenen, weil sie am längsten von allen sexuelle Perversionen praktizieren. Kalifornien ist noch neu darin. Die Mönche und Nonnen leben schon seit Jahrhunderten in »Kalifornien«.

So wie es sich mir darstellt, ist Aids eine spirituelle Krankheit. Die Menschen sind an dem Punkt angekommen, wo ihnen aufgeht, daß die Straße zu Ende ist. Zurückgehen ist zwecklos, denn alles, was sie gesehen und erlebt haben, zeigt ihnen, daß es sich nicht lohnt – alles hat sich als bedeutungslos erwiesen. Zurückgehen hat keinen Sinn; doch nach vorne geht die Straße nicht weiter. Sie stehen vor einem Abgrund. In dieser Situation ist es kein Wunder, wenn sie den Wunsch zu leben, den Lebenswillen verlieren.

Man hat experimentell nachgewiesen, daß Kinder, die nicht von liebevollen Menschen aufgezogen werden – von Mutter, Vater, den kleinen Geschwistern –, daß solche Kinder, die nicht bei liebevollen Menschen aufwachsen, trotz bester Ernährung körperlich klein bleiben. Selbst wenn sie mit allem Nötigen versorgt werden, wenn alle medizinischen Bedürfnisse erfüllt werden und man ihnen jede Fürsorge angedeihen läßt, werden diese Kinder irgendwie verkümmert sein. Ist das eine Krankheit? Ja, für das medizinische Denken ist alles eine Krankheit: Es muß eine Störung vorliegen! Man wird die Fakten untersuchen – wie es dazu kommt. Aber es ist keine Krankheit.

Der Lebenswille dieser Kinder ist nicht geweckt worden. Sie brauchen liebevolle Wärme, lachende Gesichter, tanzende Kinder, die Körperwärme der Mutter – ein bestimmtes Klima, in dem das Gefühl entstehen kann, daß das Leben ungeheure Schätze in sich birgt, die es zu erforschen gilt, daß es ganz viel Freude, Tanz und Spiel enthält, daß das Leben nicht bloß eine Wüste ist, sondern ungeahnte Möglichkeiten bereithält.

Ein Kind muß diese Möglichkeiten in den Augen um sich her sehen können, in den Körpern um sich her gespiegelt sehen. Nur dann wird der Lebenswille emporsprudeln – er ist wie eine Quelle. Sonst wird das Kind verkümmern und sterben – nicht an einer körperlichen Krankheit; es wird einfach verkümmern und sterben.

Ich bin in Waisenhäusern gewesen ... Einer meiner Freunde leitete ein Waisenhaus – etwa hundert, hundertzehn Waisen waren dort. Und es kamen Waisen, die waren zwei, drei Tage alt; die Leute legten sie einfach vor die Tür des Waisenhauses. Mein Freund wollte, daß ich es mir ansehe. Ich sagte: »Ich will's mir später einmal ansehen, denn ich weiß, was ich da zu sehen bekomme, wird mich unnötig traurig machen.«

Doch er bestand darauf, und so ging ich einmal hin.

Und was ich sah ... Man gab sich alle Mühe, und er steckte sein ganzes Geld in diese Kinder, aber sie alle waren jeden Moment reif zum Sterben. Es gab Ärzte, es gab Schwestern, es gab alle medizinischen Einrichtungen, es gab Essen – alles. Er hatte seinen eigenen schönen Bungalow dafür hergegeben und war selbst in einen kleineren gezogen; es gab einen schönen Garten – alles war da. Nur der Lebenswille fehlte.

Ich sagte zu ihm: »Diese Kinder werden langsam dahinsterben.« Er sagte: »Wem sagst du das! Seit zwölf Jahren leite ich dieses Waisenhaus. Hunderte sind schon gestorben. Wir haben alles mögliche versucht, um sie am Leben zu erhalten, aber nichts scheint zu funktionieren. Sie werden immer weniger, und eines Tages sind sie einfach nicht mehr da.« Wäre es eine Krankheit gewesen, hätte der Arzt helfen können; doch es gab keine Krankheit. Diese Kinder hatten einfach nicht den Wunsch zu leben.

Als ich ihm das sagte, wurde es ihm klar. Gleich noch am selben Tag überschrieb er das Waisenhaus der Regierung, und er sagte: »Ich habe zwölf Jahre lang versucht, diesen Kindern zu helfen. Jetzt weiß ich, es ist unmöglich. Was sie brauchen, kann ich ihnen nicht geben. Deshalb ist es besser, die Regierung übernimmt es.« Er sagte zu mir: »Ich bin so oft an diesen Punkt gelangt, aber ich bin nicht so artikuliert und konnte mir einfach nicht erklären, woran es liegt. Doch irgendwie hatte ich das Gefühl, daß ihnen etwas abgeht und sie deswegen sterben.«

Aids ist das gleiche Phänomen, nur am anderen Ende. Das Waisenkind verkümmert und stirbt, weil sein Wille zum Leben sich nie entfaltet, nie hervorsprudelt, nie zu einem fließenden Strom wird.

Aids passiert am anderen Ende: Man fühlt sich plötzlich als existentielles Waisenkind. Dieses existentielle Gefühl, ein Waisenkind zu sein, hat zur Folge, daß der Lebenswille verschwindet. Und wenn der Lebenswille verschwindet, wirkt es sich als erstes auf den Sex aus, weil unser Leben mit Sex anfängt, eine Folgeerscheinung des Sex ist.

Solange man also lebt, voller Hoffnung und Ehrgeiz pulsiert und das Morgen noch als die Utopie sieht, die einen alles Gestrige vergessen läßt, das bedeutungslos war, die einen auch das Heute vergessen läßt, das genauso bedeutungslos ist ... aber morgen, bei Sonnenaufgang, wird alles anders sein! Sämtliche Religionen haben diese Hoffnung in euch genährt.

Die Religionen haben versagt. Auch wenn ihr weiter das Etikett behaltet – Christ zu sein, oder Jude, oder Hindu –, es ist nur ein Etikett. In eurem Innern habt ihr die Hoffnung aufgegeben; die Hoffnung ist verlorengegangen.

Die Religionen haben keine Hilfe gebracht; sie waren eine Täuschung. Die Politiker haben keine Hilfe gebracht. Es war nie ihre Absicht zu helfen; es war bloß eine Strategie, um euch auszubeuten. Aber wie lange kann diese falsche Utopie – ob politisch oder religiös – euch helfen? Eines Tages, früher oder später, werden die Menschen reif werden.

Und genau das geschieht jetzt. Die Menschen werden reif, sie werden sich bewußt, daß sie von den Priestern, den Eltern, den Politikern, den Pädagogen hinters Licht geführt worden sind. Sie sind schlichtweg von allen betrogen worden; man hat falsche Hoffnungen in ihnen genährt.

An dem Tag, an dem die Menschen reif werden und dies erkennen, fällt der Wunsch zu leben in sich zusammen. Und das erste, was dabei verletzt wird, ist die Sexualität. Für mich ist das die Bedeutung von Aids.

Wenn die Sexualität sich zurückzieht, hofft man in Wirklichkeit, daß etwas passieren wird, damit man ins ewige Schweigen, ins ewige Verlöschen eingehen kann. Es ist keine Widerstandskraft mehr vorhanden. Aids zeigt keine anderen Symptome, als daß die Widerstandskräfte immer mehr nachlassen. Wenn man Glück hat und sich keine Infektion holt, hat man bestenfalls noch zwei Jahre zu leben. Jede Infektion wird unheilbar sein, und jede Infektion wird einen mehr und mehr schwächen. Zwei Jahre ist die längste Zeit, die ein Aids-Patient erleben kann; aber er kann auch schon früher gehen. Und keine Behandlung wird helfen, denn keine Behandlung kann den Lebenswillen wiederherstellen.

Was ich hier mache, ist multidimensional. Ihr seid euch nicht vollkommen bewußt, was ich hier eigentlich mache, und vielleicht wird es euch erst bewußt werden, wenn ich nicht mehr da bin. Was ich versuche, ist nicht, euch eine Hoffnung für die Zukunft zu geben – denn das hat nicht funktioniert. Ich versuche, euch eine Hoffnung für das Hier-und-Jetzt zu geben. Wozu sich um das Morgen sorgen? – denn das Morgen hat nie etwas gebracht. Seit Jahrhunderten bewirkt das Morgen nur, daß ihr euch gerade so dahinschleppt, und es hat euch so viele Male im Stich gelassen, daß ihr euch jetzt nicht länger daran klammern könnt. Es wäre schiere Dummheit. Wer sich immer noch daran klammert, beweist nur, daß er geistig zurückgeblieben ist.

Ich versuche, euren gegenwärtigen Augenblick zur Erfüllung zu machen – zu einer so tiefen Befriedigung, daß ihr auf den Lebenswillen verzichten könnt. Ein Lebenswille ist nur notwendig, wenn ihr nicht lebendig seid. Dann hebt euch der Wille immer wieder vom Boden auf. Ihr rutscht immer wieder aus, und der Wille richtet euch wieder auf. Ich versuche nicht, euch einen neuen Lebenswillen zu geben. Ich versuche einfach nur, euch zu zeigen, wie ihr ganz ohne jeden Willen – und freudig – leben könnt. Es ist das Morgen, das euch ständig vergiftet. Vergeßt alles Gestern, vergeßt alles Morgen. Dies ist unser Tag – laßt uns ihn feiern und ihn leben. Und nur indem ihr ihn lebt, werdet ihr so stark sein, daß ihr auch ohne Lebenswillen allen Arten von Krankheiten und allen selbstmörderischen Haltungen Widerstand leisten könnt.

Völlig lebendig zu sein, hat eine solche Macht, daß ihr nicht nur leben werdet, sondern auch andere damit anstecken und in Brand setzen könnt.

Es ist eine bekannte Tatsache ... In Zeiten großer Epidemien hat man sich immer schon gewundert, wieso Ärzte und Schwestern und andere Personen sich nicht infizieren. Sie sind Menschen wie ihr auch; sie sind überarbeitet und müßten anfälliger sein für Infektionen, weil sie ständig übermüdet sind. Wenn eine Epidemie auftritt, kann man sich nicht auf einen Fünf- oder Sechsstundentag oder eine Fünftagewoche berufen. Eine Epidemie ist eine Epidemie. Sie kümmert sich nicht um Feiertage oder Überstunden. Man muß durcharbeiten – und die Leute arbeiten sechzehn, achtzehn Stunden täglich, und das monatelang. Trotzdem werden die Ärzte, die Schwestern, die Leute vom Roten Kreuz nicht infiziert.

Wo liegt das Problem? Wieso infizieren sich die anderen? Es ist dieselbe Sorte Mensch. Sollte etwa das rote Kreuz auf dem Hemd ...? Dann malt doch ein rotes Kreuz auf jedermanns Hemd, und ein rotes Kreuz auf jedes Haus! Wenn das rote Kreuz die Infektion verhindern könnte, wäre die Sache einfach – aber daran liegt es nicht.

Nein, diese Leute sind so stark engagiert, anderen zu helfen, daß sie nicht ans Morgen denken. Dieser gegenwärtige

Augenblick nimmt sie so sehr in Beschlag; sie haben kein Gestern. Sie haben keine Zeit, nachzudenken oder sich Sorgen zu machen: »Ich könnte mich anstecken.« Es ist ihr Engagement ... Wenn Millionen Menschen sterben, wie kann man da an sich selber denken, an sein eigenes Leben und den eigenen Tod? Die ganze Energie geht dahin, den anderen zu helfen und zu tun, was man tun kann. Man vergißt sich selbst, und weil man sich selbst vergißt, kann man sich nicht anstecken. Die Person, die sich anstecken könnte, ist gar nicht mehr vorhanden; sie ist so engagiert, etwas zu tun, sie ist völlig in ihrer Arbeit aufgegangen.

Es spielt keine Rolle, ob du malst oder bildhauerst oder einem sterbenden Menschen dienst. Es spielt keine Rolle, was du tust. Das einzige, was zählt, ist: Gehst du völlig auf im Hier-und-Jetzt?

Wenn du im Hier-und-Jetzt aufgehst, bist du gänzlich aus dem Bereich herausgetreten, wo eine Ansteckung möglich ist. Wenn du so ganz darin aufgehst, bekommt dein Leben die Macht eines Wildbaches. Und dann kann man erleben, daß sogar ein bequemer Arzt in Zeiten einer Epidemie, wenn Hunderte von Menschen sterben, seine Bequemlichkeit plötzlich vergißt. Und ein alter Arzt vergißt plötzlich sein Alter.

Nur Meditation kann eure Energie im Hier-und-Jetzt freisetzen. Und dann besteht keine Notwendigkeit mehr, für irgendeine Hoffnung, irgendeine Utopie, irgendein Paradies irgendwo zu leben.

Dann ist jeder Augenblick schon das Paradies.

Aber was meine Qualifikation angeht, so bin ich nicht qualifiziert, etwas über Aids zu sagen. Ich habe noch nicht einmal einen Erste-Hilfe-Kurs besucht!

Verzeiht mir also bitte, wenn ich mich da in etwas einmische, was nicht meine Domäne ist. Aber das tue ich immer. Und ich werde es auch weiterhin tun. (98)

14. KAPITEL
Esoterik

Wilhelm Reich sagt in seinem Buch »Rede an den kleinen Mann«, daß sich nach seiner Beobachtung die Lebensenergie des Menschen ausdehnt, wenn er sich wohl fühlt und voller Liebe ist, und daß diese Energie schrumpft, wenn er Angst hat. Reich sagt, er habe entdeckt, daß diese Lebensenergie, die er »Orgon« nannte, außerhalb des Körpers in der Atmosphäre vorkommt. Er sagt, es sei ihm gelungen, sie zu sehen, und er entwickelte einen Apparat, der sie verstärkte. Sind seine Beobachtungen richtig?

Wilhelm Reich war eine von den herausragenden Intelligenzen, die in diesem Jahrhundert geboren wurden. Was er entdeckte, kennt man im Osten als Aura. Ihr habt es bestimmt schon an Statuen von Buddha oder Mahavira oder Krischna gesehen: den runden Strahlenkranz um den Kopf herum. Diese Aura ist eine Realität.

Was Wilhelm Reich da sagte, war authentisch und wahr, doch die Leute, zu denen er sprach, waren nicht die Leute, die so etwas verstehen konnten. Sie hielten ihn für verrückt, weil er Leben als eine Energie beschrieb, die den Körper umgibt. Aber genauso ist es.

Leben ist eine Energie, die deinen Körper umgibt. Und nicht nur deinen Körper, sondern auch die Blumen, die Bäume ... alles hat seine eigene Aura. Und diese Aura, diese Energie, die dich umgibt, schrumpft zusammen oder dehnt sich aus, je nach der Situation, in der du dich befindest.

Jede Situation, in der die Energie schrumpft, sollte man als schlecht, als ungesund ansehen. Und jede Situation, in der die Energie sich ausdehnt, sollte man gutheißen und lieben.

Wenn du liebst, dehnt sich deine Energie aus, wirst du lebendiger. Und wenn du Angst hast, schrumpft deine Energie, verlierst du an Lebendigkeit.

Die Amerikaner haben den armen Wilhelm Reich für verrückt gehalten, weil er diese Energie nicht nur verstärkte – er hatte auch ein paar Übungen herausgefunden, mit denen diese Energie sich verstärken ließ –, sondern weil er diese Energie sogar in einem Kasten eingefangen hat, in einem großen Kasten, in den man hineingehen konnte. Wenn ein Kranker sich in einen solchen Kasten setzte, kam er heil und gesund wieder heraus. Natürlich mußte man einen solchen Mann für verrückt halten! Er verkaufte diese Kästen, leere Kästen – aber sie waren nicht leer. Er hatte Methoden gefunden, wie sich die Energie, die in der Atmosphäre vorhanden ist, darin einfangen ließ. In der Nähe eines Baumes könnt ihr spüren, wie diese Energie ausstrahlt, aber ihr könnt sie nicht mit bloßem Auge sehen.

Nachdem man ihn für verrückt erklärt und ins Gefängnis gesteckt hatte, gelang es einem anderen Mann in der Sowjetunion, diese Energie sogar zu fotografieren. Inzwischen wird dort die Tatsache, daß Leben eine Aura hat, von der Psychologie anerkannt. Dieser Russe, Kirlian, entwickelte eine lichtempfindliche Platte, mit der man die Aura fotografieren konnte. So machte er zum Beispiel eine Aufnahme von einer Hand, und auf dem Foto konnte man ihre Aura sehen. Und seltsamerweise zeigten seine Fotos sogar, daß der Betreffende in den nächsten sechs Monaten krank werden würde. Im Moment gibt es zwar keine Anzeichen von Krankheit, aber an einer bestimmten Stelle schrumpft die Aura ... Und wenn die Aura an einer bestimmten Stelle schrumpft, wird der Betreffende vielleicht taub – oder blind, wenn die Aura seiner Augen schrumpft. Und er hatte immer recht mit seinen Fotografien. Wenn er sagte: »Dieser Mann ist in Gefahr, sein Augenlicht zu verlieren« – auch wenn es keinen sichtbaren Beweis dafür gab, keinen Grund zu dieser Annahme, dann wurde dieser Mann innerhalb von sechs Monaten tatsächlich blind.

Heute ist die Kirlian-Fotografie in der sowjetischen Psychologie offiziell anerkannt. Und sie verbreitet sich auch in anderen Ländern. Mit ihr kann man einen Menschen heilen, noch ehe er krank wird. Die Kirlian-Fotografie macht sehr gute

Voraussagen. Sie zeigt mindestens sechs Monate im voraus, was geschehen wird.

Im Osten ist es seit Jahrhunderten eine bekannte Tatsache, daß du vor deinem Tod – sechs Monate vorher – deine Nasenspitze nicht mehr sehen kannst. Weil deine Augen anfangen, sich nach oben zu richten, können sie die Nasenspitze nicht mehr sehen. Wenn du also eines Tages feststellst, daß du deine Nasenspitze nicht mehr sehen kannst, bedeutet das, daß sich innerhalb von sechs Monaten die Energie zurückziehen und zu ihrer Quelle zurückkehren wird. Yoga kennt die Aura schon seit fünftausend Jahren – ohne jede Fototechnik! Aber jetzt kann sie auch auf wissenschaftlicher Grundlage anerkannt werden.

Wilhelm Reich war ein einzigartiges Genie. Er konnte Dinge sehen und fühlen, die man normalerweise nicht sehen und fühlen kann. Aber wenn du sehr meditativ bist, wirst du anfangen, die Auras von Menschen zu sehen, sogar deine eigene Aura. Du wirst deine Hand mit den Lichtstrahlen sehen können, die von ihr ausgehen. Und wenn du gesund bist, spürst du, wie deine Aura sich ausdehnt. Wenn du krank bist, spürst du, wie deine Aura schrumpft – etwas in dir zieht sich zusammen.

Wenn du mit einem kranken Menschen beisammen bist, hast du das eigenartige Gefühl, daß er dich irgendwie krank macht, denn ein Kranker entzieht, ohne es zu wissen, anderen Menschen Aura-Energie. Er braucht mehr Leben, und er nimmt es sich von jedem, der in seine Nähe kommt und Leben hat.

Und aus eigener Erfahrung weißt du, auch wenn du es nicht verstehst, daß es Leute gibt, denen du lieber aus dem Weg gehst, weil du dich in ihrer Gegenwart schlecht fühlst. Du fühlst dich in ihrer Nähe so, als würde dir etwas weggenommen. Und es gibt Leute, mit denen du gerne zusammen bist, weil sich in ihrer Nähe etwas in dir weitet, weil du dich lebendiger fühlst.

Wilhelm Reich hatte recht, aber leider akzeptiert die breite Masse niemals ihre eigenen Genies. Im Gegenteil, man verurteilt sie. Wenn nämlich Wilhelm Reich recht hat, dann müssen alle anderen geradezu blind sein! Und aus Zorn schrieb er das Buch *Rede an den kleinen Mann.* Aber es ist ein großartiges Buch, und sein Zorn ist entschuldbar, denn der »kleine Mann«, die Masse, hat ihn sehr schlecht behandelt. Man hielt ihn für verrückt und brachte ihn ins Irrenhaus, wo er auch starb.

Im Osten wäre er ein Gautam Buddha geworden. Er hatte die Qualitäten und die Einsicht dazu. Aber eine falsche Gesellschaft, von lauter kleinen Männern, von kleinkarierten Leuten und Kleingeistern, die sich das Große nicht vorstellen können, das Geheimnisvolle nicht vorstellen können ...

Die ganze Atmosphäre ist voller Leben, und wenn du deine eigenen Lebensquellen verstehen lernst, wirst du plötzlich erkennen, daß die Vögel lebendig sind, daß die Bäume lebendig sind, die Gräser lebendig sind – alles strotzt vor Leben! Und du kannst mit diesem Leben tanzen, du kannst Zwiesprache mit der blauen Luft halten. Natürlich werden die Leute denken, du bist verrückt, denn die Leute sind immer noch die gleichen. Die gleichen Leute haben Jesus gekreuzigt, die gleichen Leute haben Wilhelm Reich mit Gewalt ins Irrenhaus gesteckt, die gleichen Leute haben Sokrates vergiftet ... aber diese kleinen Leute sind in der Überzahl.

Wilhelm Reichs Zorn ist berechtigt, aber dennoch meine ich, daß der kleine Mann statt Zorn eher Mitgefühl nötig hat. Reich war wütend, weil sie ihn schlecht behandelten, weil sie sein ganzes Leben zerstörten. Anstatt ihn zu verstehen – er hätte ihnen neue Türen zu neuen Erfahrungen, zur Liebe, zum Leben geöffnet –, haben sie den Mann völlig kaputtgemacht. Es ist verständlich, daß er zornig war.

Aber im Osten gibt es genau die gleichen kleinen Leute, nur daß das östliche Genie niemals auf sie wütend gewesen ist. Statt Wut bringt es ihnen Mitgefühl entgegen, Mitgefühl für ihre Blindheit, und versucht auf jede erdenkliche Weise, ihnen etwas Licht zu bringen, ein wenig mehr Einsicht in ihre Herzen zu bringen. (99)

Neulich hast du gesagt, daß das dritte Auge ein Tor für die Verbindung mit dem Selbst und mit der Existenz ist. Immer wenn ich fühle, daß ich offen bin – im Fluß, in Verbindung mit dir, mit anderen Menschen, mit der Natur oder mit mir selbst –, dann fühle ich es vor allem im Herzen als Stille und einen sich ausdehnenden Raum, manchmal auch als strahlendes Licht. Ist das dieselbe Art von Erfahrung, von der du gesprochen hast, oder macht es einen Unterschied, ob man die Verbindung durch das dritte Auge oder durch das Herz herstellt? Oder gibt es verschiedene Stufen?

Deine Erfahrung ist an sich wertvoll, aber es ist nicht die Erfahrung des dritten Auges. Das dritte Auge ist ein wenig höher als deine Erfahrung.

Die Mystiker des Ostens haben die Evolution des Bewußtseins in die Kategorien von sieben Zentren unterteilt. Deine Erfahrungen gehören zum vierten, zum Herzzentrum. Es ist eines der wichtigsten, denn es liegt genau in der Mitte. Drei Zentren liegen unterhalb und drei Zentren oberhalb. Darum ist die Erfahrung der Liebe so harmonisierend.

Du beschreibst es so: »*Immer wenn ich fühle, daß ich offen bin – im Fluß, in Verbindung mit dir, mit anderen Menschen, mit der Natur oder mit mir selbst –, dann fühle ich es vor allem im Herzen als Stille und einen sich ausdehnenden Raum, manchmal auch als strahlendes Licht.*«
Und du fragst: »*Ist das dieselbe Art von Erfahrung, von der du gesprochen hast, oder macht es einen Unterschied, ob man die Verbindung durch das dritte Auge oder durch das Herz herstellt? Oder gibt es verschiedene Stufen?*«

Ich sprach über das dritte Auge, das oberhalb des Herzens liegt. Es gibt drei Zentren über dem Herzen. Eines ist in der Kehle, das Zentrum der Kreativität. Eines liegt exakt in der Mitte zwischen den beiden Augenbrauen; es wird das dritte Auge genannt. So wie du zwei Augen hast, um die äußere Welt zu erkennen ... das dritte Auge ist nur ein Sinnbild, doch es geht um die Erfahrung, sich selbst zu erkennen, sich selbst zu sehen.

Das letzte ist *sahastrar,* das siebte Zentrum; es liegt an der höchsten Stelle des Kopfes. Wenn das Bewußtsein weiter nach oben aufsteigt, erkennt man zuerst sich selbst, und als nächsten Schritt erkennt man das ganze Universum. Man erkennt das Ganze, und sich selbst als Teil davon.

In der alten Sprache steht das siebte für »das Erkennen Gottes«, das sechste für »das Erkennen des Selbst«, das fünfte für »Kreativsein«, und das vierte für »Lieben, Teilen und andere Erkennen«. Ab dem vierten wird die Reise zur Gewißheit: Es ist garantiert, daß man das siebte erreicht. Vor dem vierten besteht noch die Möglichkeit, daß man vom Weg abkommt.

Das erste Zentrum ist das Sexzentrum, das für die Fortpflanzung zuständig ist – damit das Leben weitergeht. Gleich darüber das zweite Zentrum. Die sexuelle Energie kann zum Aufsteigen gebracht werden, und das ist eine großartige Erfahrung. Zum ersten Mal genügt man sich selbst. Sex hat immer den anderen nötig. Das zweite Zentrum ist das Zentrum der Zufriedenheit, der Unabhängigkeit: Man ist sich selbst genug. Im dritten Zentrum fängt man an zu erforschen: »Wer bin ich? Wer ist dieses sich selbst genügende Wesen?« Jedes dieser Zentren hat seine eigene Bedeutung. In dem Moment, in dem du erkennst, wer du bist, öffnet sich das vierte Zentrum, und du entdeckst: Du bist Liebe.

Die Reise beginnt schon vor dem vierten, aber es besteht die Möglichkeit, daß man sie nicht zu Ende bringt. Man kann in die Irre gehen. Zum Beispiel kann man, sobald man entdeckt, daß man sich selbst genug ist, zufrieden dort verweilen; es besteht keine Notwendigkeit, weiterzugehen. Vielleicht wird man nicht einmal mehr die Frage stellen: »Wer bin ich?« Die Zufriedenheit ist so groß, daß sämtliche Fragen verschwinden.

In solchen Momenten wird ein Meister benötigt, damit du dich nicht irgendwo in der Mitte niederläßt, bevor das Ziel erreicht ist. Und es gibt wunderschöne Plätze, um sich niederzulassen. Wenn du dich zufrieden fühlst, warum solltest du weitergehen? Aber der Meister wird dich weiter vorantreiben; er will, daß du erkennst, wer du bist. Du magst zufrieden sein, aber finde wenigstens heraus, wer du bist. In dem Moment, wo du erkennst, wer du bist, öffnet sich eine neue Tür, denn du erlangst Bewußtsein über das Leben, die Liebe, die Freude. Du kannst dort bleiben. Es ist so viel; es besteht keine Notwendigkeit, weiterzugehen. Aber der Meister lockt dich weiter: »Komm weiter zum vierten! Solange du noch nicht die reinste Energie der Liebe gefunden hast, kennst du nicht die Herrlichkeit der Existenz.«

Nach dem vierten kannst du nicht mehr vom Weg abkommen. Wenn du erst einmal die Herrlichkeit der Existenz erkannt hast, erwacht deine Kreativität ganz von selbst. Du kennst jetzt die Schönheit, du willst sie auch selbst erschaffen. Du willst ein Schöpfer sein. Eine ungeheure Sehnsucht nach Kreativität entsteht. Jedesmal, wenn du Liebe fühlst, kannst du sehen, daß Kreativität ihr wie ein Schatten folgt. Ein schöpferischer Mensch kann nicht immer nur nach außen schauen. Gewiß, es gibt viel Schönheit außen ... aber er wird sich bewußt: Genau wie es einen unendlichen Himmel da draußen gibt, muß es zum Ausgleich die gleiche Unendlichkeit auch innen geben. Es ist gut, wenn ein Meister vorhanden ist. Wenn kein Meister verfügbar ist, wird die Erfahrung selbst dich weiterführen.

Sobald dein drittes Auge sich öffnet und du dich selbst erblickst – die ganze Grenzenlosigkeit deines Bewußtseins –, bist du dem Tempel Gottes sehr nahe gekommen; du stehst davor auf den Stufen. Du kannst die Tür sehen und kannst der Versuchung nicht widerstehen, in den Tempel einzutreten, um zu sehen, was darinnen ist.

Dort findest du das universale Bewußtsein, dort findest du die Erleuchtung.

Dort findest du die letzte und höchste Befreiung.

Dort findest du deine Unsterblichkeit.

Das also sind die sieben Zentren – willkürlich geschaffene Kategorien, damit der Sucher systematisch von einer Stufe zur nächsten weitergehen kann. Sonst besteht die Möglichkeit, daß man in Verwirrung gerät, wenn man allein arbeitet. Besonders vor dem vierten Zentrum gibt es Gefahren, und selbst nach dem vierten Zentrum ...

Es hat viele Dichter gegeben, die im fünften, im Zentrum der Kreativität, gelebt haben und nie weitergegangen sind, viele Maler, viele Tänzer, viele Sänger, die große Kunstwerke hervorgebracht haben, aber nie das dritte Auge erreicht haben. Und es hat Mystiker gegeben, die beim dritten Auge stehengeblieben sind, die ihre eigene innere Schönheit erkannt haben. Sie ist so erfüllend, daß sie dachten, sie wären angekommen. Es ist jemand nötig, der euch sagt, daß noch mehr vor euch liegt; sonst läßt sich nicht vorhersehen, was ihr in eurer Unwissenheit tun werdet.

Paddy hat sich entschlossen, zur Polizei zu gehen, und tritt zur Aufnahmeprüfung an. Als der Polizeibeamte, der die Prüfung durchführt, erkennt, daß es sich bei dem Bewerber um einen Iren handelt, beschließt er, ihm eine leichte Frage zu stellen: »Wer hat Jesus Christus umgebracht?«

Paddy schaut besorgt drein und bleibt stumm. Der Prüfer sagt, er soll sich keine Sorgen machen, und gibt ihm einen Tag Zeit, um darüber nachzudenken. Auf dem Heimweg trifft Paddy seinen Freund Mike.

»Na«, sagt Mike, »bist du jetzt bei der Polizei?«

»Nicht nur das«, sagt Paddy. »Sie haben mir sogar schon meinen ersten Fall gegeben.«

So wie die Menschen sind, brauchen sie jemanden, der den Weg kennt, der all die Fallgruben kennt und die schönen Plätze, wo man hängenbleiben kann, und der genug Mitgefühl hat, um euch ständig weiterzuschubsen – sogar gegen euren Willen –, bis ihr auch die höchste Stufe eures Potentials verwirklicht habt. (100)

Vor einigen Jahren habe ich mich auf sehr emotionale Weise zum Ausdruck gebracht, fühlte mich dabei aber unzentriert. Damals sagtest du mir, ich solle meine Energie innen behalten und ins Hara bringen. Könntest du bitte etwas mehr über das Hara sagen und mir weitere Hinweise geben?

Das Hara ist jenes Zentrum, von wo das Leben den Körper verläßt. Es ist das Todeszentrum. Das Wort *hara* ist japanisch, und in Japan heißt der Selbstmord *hara-kiri*. Dieses Zentrum liegt drei Fingerbreit unterhalb des Nabels. Es ist ein sehr wichtiges Zentrum, und fast jeder Mensch auf der Welt fühlt es, aber nur die Japaner haben sich tiefer damit befaßt.

Selbst in Indien, wo man ungeheuer viel mit den Zentren gearbeitet hat, wurde das Hara nicht beachtet. Der Grund, warum man es übergangen hat, ist darin zu suchen, daß die Inder dem Tod nie eine so große Bedeutung beigemessen haben. Die Seele ist ja unsterblich – warum sollte man sich daher um ein Zentrum kümmern, welches nur dazu dient, die Energie aus dem Körper freizugeben, die dann in einen anderen Körper eingeht? Für die Inder war das Sexzentrum die Basis, das Lebenszentrum. Sie haben mit sieben Zentren gearbeitet, aber das Hara wird in den indischen Schriften nicht einmal erwähnt.

Jene Leute, die seit Jahrtausenden so intensiv mit den Zentren arbeiten, haben das Hara nicht einmal erwähnt – das kann nicht bloß ein Zufall sein! Der Grund dafür ist, daß sie den Tod nie ernst genommen haben. Diese sieben Zentren sind Zentren des Lebens, und jedes Zentrum betrifft eine höhere Stufe von Leben als das vorhergehende. Das siebente ist das höchste Lebenszentrum – wenn man fast göttlich geworden ist.

Das Hara liegt ganz nahe beim Sexzentrum. Wenn man nicht zu den höheren Zentren aufsteigt – in Richtung siebentes Zentrum im Kopf – und wenn man sein ganzes Leben lang im Sexzentrum bleibt, dann wird man am Ende seines Lebens durch das Hara den Körper verlassen, weil es dem Sexzentrum so nahe ist.

Warum habe ich dir das damals gesagt? Du hattest sehr viel Energie, aber du warst dir deiner höheren Zentren nicht bewußt. Deine ganze Energie war im Sexzentrum, und du warst am Überfließen. Es ist gefährlich, wenn Energie vom Sexzentrum überfließt, denn sie kann anfangen, vom Hara aus freizuwerden. Und wenn sie anfängt, aus dem Hara freizuwerden, dann wird es schwieriger, sie nach oben zu bringen. Darum mußte ich dir sagen, du sollst deine Energie innen behalten und nicht so expressiv sein: Behalte sie innen! Ich wollte, daß dein Hara-Zentrum, das sich zu öffnen begann – was sehr gefährlich hätte werden können –, sich völlig schloß.

Du hast dich daran gehalten und bist ein völlig anderer Mensch geworden. Wenn ich dich jetzt sehe, kann ich es kaum glauben, wie expressiv du damals warst, als ich dich zuerst sah. Jetzt bist du zentrierter, und deine Energie bewegt sich in den richtigen Bahnen, zu den höheren Zentren hin. Sie ist nun fast im vierten Zentrum angekommen – dort ist das Zentrum der Liebe, ein sehr ausgleichendes Zentrum. Drei Zentren liegen darunter und drei Zentren darüber.

Sobald jemand das Zentrum der Liebe erreicht hat, ist es kaum möglich, daß er zurückfällt, denn er hat einen Geschmack von den Gipfeln bekommen. Danach kommen ihm die Täler sehr dunkel und häßlich vor; er hat sonnenbeschienene Höhen gesehen – nicht allzu hoch, aber hoch genug. Jetzt geht seine ganze Sehnsucht dahin …

Das ist das Problem aller Liebenden:

Sie wollen mehr Liebe, denn sie verstehen nicht, daß ihre wahre Sehnsucht nicht mehr Liebe ist, sondern etwas, das mehr ist als Liebe.

Ihre Sprache endet bei der Liebe. Sie wissen keinen Weg, der über die Liebe hinausführt, denn die Liebe befriedigt nicht. Im Gegenteil, je mehr man liebt, um so mehr dürstet man danach.

Im vierten, dem Zentrum der Liebe, fühlt man eine ungeheure Befriedigung, sobald die Energie anfängt, ins fünfte Zentrum zu fließen. Das fünfte Zentrum liegt in der Kehle, und das sechste ist das dritte Auge. Das siebente Zentrum, *sahastrar,* ist an der Spitze des Kopfes. In jedem dieser Zentren wohnen unterschiedliche Ausdrucksformen und unterschiedliche Erfahrungen.

Wenn die Liebe zum fünften Zentrum aufsteigt, werden all deine Talente frei, wird jede kreative Dimension für dich möglich. Es ist das Zentrum der Kreativität. Das gilt nicht nur für Lieder, nicht nur für Musik; es gilt für jegliche Kreativität.

In der Hindu-Mythologie gibt es eine schöne Geschichte. Es ist eine Legende, aber eine schöne Geschichte, und besonders, weil sie euch das fünfte Zentrum näherbringen kann. Nach der indischen Mythologie liegen die bösen Kräfte im ständigen Streit mit den guten Kräften. Beide Parteien hörten davon, daß sie sich auf die Suche nach dem Nektar im Ozean machen konnten, und wer diesen Nektar fand und von ihm trank, würde Unsterblichkeit erlangen. Also trachteten alle, ihn zu finden. Aber so wie im Leben alles ausgewogen ist, so auch hier. Bevor sie den Nektar fanden, stießen sie auf Gift, das den Nektar unter sich verbarg. Keiner war bereit, es zu probieren; sein bloßer Anblick rief Übelkeit hervor. Schließlich kam einer auf die Idee, der erste Hippie der Welt könnte vielleicht dazu bereit sein: Gott Shiva. Also baten sie Shiva: »Probier du es.« Und er sagte: »Okay.«

Er probierte nicht nur davon, sondern trank alles aus, und es war das reinste Gift. Er behielt es aber im Hals, im fünften Zentrum. Das fünfte Zentrum ist das schöpferische Zentrum. Es wurde völlig vergiftet, und so wurde Shiva zum Gott der Zerstörung. Die Hindus haben drei Götter: Brahma, den Welterschaffer, Vishnu, den Welterhalter, und Shiva, den Weltzerstörer. Seine Destruktivität rührt daher, daß das Zentrum seiner Kreativität vergiftet wurde. Und weil das Gift so stark war, konnte es keine kleine Zerstörung sein: Er kann nur die Existenz als Ganzes zerstören.

Shiva wurde zum Zerstörer der Welt, weil sein fünftes Zentrum das ganze Gift der Existenz in sich angesammelt hatte. Es ist unser kreatives Zentrum, darum haben Liebende eine starke Neigung zur Kreativität. Wenn du dich verliebst, spürst du plötzlich den Drang, etwas zu erschaffen – da ist ein enger Zusammenhang. Mit der richtigen Anleitung kann deine Liebe zu einem großen schöpferischen Akt werden. Sie kann dich zum Dichter machen, sie kann dich zum Maler machen, sie kann dich zum Tänzer machen. Sie kann bewirken, daß du in jeder beliebigen Dimension nach den Sternen greifst.

Das sechste Zentrum, das sogenannte »dritte Auge«, liegt zwischen den beiden Augen. Es bringt dir Klarheit, eine Sicht all deiner vergangenen Leben und aller zukünftigen Möglichkeiten. Wenn deine Energie das dritte Auge erreicht, bist du der Erleuchtung so nahe gekommen, daß sie anfängt, sich irgendwie bemerkbar zu machen. Ein Mensch des dritten Auges strahlt etwas davon aus und beginnt zu fühlen, daß er zum siebten Zentrum hingezogen wird.

Wegen dieser sieben Zentren hat Indien sich nie um das Hara gekümmert. Das Hara liegt nicht auf dieser Linie; es liegt direkt neben dem Sexzentrum.

Das Sexzentrum ist das Lebenszentrum, und das Hara ist das Todeszentrum. Zuviel Aufregung, zuviel Unzentriertheit, zuviel Verschleudern deiner Energie in alle Richtungen ist gefährlich, denn es zieht die Energie zum Hara. Und sobald die Energie diese Bahn nimmt, wird es schwieriger, sie nach oben zu bewegen. Weil das Hara so nahe beim Sexzentrum liegt, kann die Energie von dort sehr leicht hinfließen.

Es ist eine großartige Entdeckung, die die Japaner da gemacht haben. Sie fanden, daß es unnötig ist, sich den Hals abzuschneiden oder in den Kopf zu schießen, um sich umzubringen – das bringt unnötige Schmerzen. Mit einem kleinen Messer, das man genau ins Hara-Zentrum stößt, läßt sich das Leben kurz und schmerzlos beenden. Man macht lediglich eine Öffnung in dieses Zentrum, und das Leben entweicht – so wie eine Blume sich öffnet und ihren Duft verströmt.

Man sollte das Hara verschlossen halten. Darum sagte ich dir damals, daß du zentrierter werden mußt, daß du deine Gefühle nach innen nehmen und im Hara sammeln sollst. Wenn du deine Energien bewußt im Hara kontrollieren kannst, können sie nicht entweichen, und du wirst anfangen, eine enorme Gesammeltheit, eine Stabilität, eine Zentriertheit zu spüren, und das ist eine Grundvoraussetzung, damit die Energie aufsteigen kann.

Ein Pole geht auf der Straße und kommt an einem Eisenwarengeschäft vorbei. Im Schaufenster wird eine Motorsäge zum Verkauf angeboten, mit der man in sieben Stunden siebenhundert Bäume fällen kann. Der Pole denkt: »Das ist ja enorm«, und beschließt, sie zu kaufen.

Am nächsten Tag bringt er die Säge wieder zurück und beschwert sich beim Verkäufer: »Das Ding hat nicht annähernd so viele Bäume umgelegt, wie Sie behauptet haben.«

»Na gut«, sagt der Verkäufer, »dann wollen wir's mal testen.« Er schnappt sich einen Holzbalken, zieht am Starterseil, und die Säge heult laut auf.

»Wieso macht'n die so 'n Krach?«, fragt der Pole.

Er muß mit der Hand gesägt haben, dabei war es eine elektrische Säge!

Dein Hara-Zentrum hat so viel Energie, und wenn es richtig angeleitet wird, ist die Erleuchtung gar nicht so weit entfernt!

Hier sind also meine beiden Vorschläge: Bleibe so zentriert wie möglich. Laß dich nicht durch Kleinigkeiten aus der Ruhe bringen. – Jemand hat eine Wut auf dich, beleidigt dich, und du denkst stundenlang darüber nach. Deine ganze Nachtruhe ist hin, weil jemand etwas zu dir gesagt hat... Wenn das Hara mehr Energie zu speichern vermag, kann dieses Plus an Energie anfangen aufzusteigen. Das Hara hat nur eine bestimmte Speicherkapazität, und alle aufsteigende Energie geht durch das Hara. Aber das Hara muß zu sein.

Die eine Sache ist also, das Hara geschlossen zu halten. Die zweite Sache ist, daß du immer auf die höheren Zentren hinarbeiten solltest. Wenn du zum Beispiel fühlst, daß du oft wütend wirst, dann solltest du mehr über die Wut meditieren, damit sie verschwindet und ihre Energie sich in Mitgefühl verwandeln kann. Wenn du jemand bist, der alles haßt, dann solltest du dich auf den Haß konzentrieren. Meditiere über den Haß, dann wird dieselbe Energie zu Liebe. Geh immer weiter nach oben, strebe nach immer höheren Sprossen auf der Leiter, damit du den höchsten Punkt deines Seins erreichen kannst. Und es sollte keinen Energieverlust im Hara geben.

Aus demselben Grund hat man sich in Indien zuviel Gedanken um den Sex gemacht. Auch durch Sex kann Energie nach außen verlorengehen. Sex nimmt Energie weg ... aber zumindest spielt er sich im Lebenszentrum ab. Auch wenn er Energie wegnimmt, wird er irgendwo anders Energie hinbringen, und das Leben kann weiterfließen. Aber das Hara ist das Todeszentrum.

Die Energie darf nicht aus dem Hara aussickern. Man kann eine Person, deren Energie durch das Hara abfließt, sehr leicht erkennen. Zum Beispiel gibt es Leute, bei denen man sich erstickt fühlt, bei denen man sich so fühlt, als ob sie einem Energie absaugen. Wenn sie weg sind, fühlt man sich erleichtert und entspannt, obwohl sie einem nichts Böses getan haben.

Umgekehrt kennt ihr bestimmt Leute, in deren Gegenwart ihr mehr Freude und Wohlbefinden spürt. Wenn ihr traurig seid, verschwindet eure Traurigkeit; wenn ihr wütend seid, verschwindet eure Wut. Bei solchen Leuten fließt die Energie zu den höheren Zentren, und ihre Energie hat einen Einfluß auf eure Energie. Wir beeinflussen uns ständig gegenseitig. Ein bewußter Mensch wird seine Freunde und seinen Umgang so wählen, daß sie seine Energie zum Aufsteigen bringen.

Macht euch eines deutlich: Es gibt Menschen, die euch auslutschen – meidet sie! Es ist besser, sich darüber im klaren zu sein und sich von ihnen zu verabschieden. Man braucht sie nicht zu erdulden, denn solche Leute sind gefährlich; sie können auch euer Hara öffnen. Ihr Hara ist offen, darum erzeugen sie solch ein saugendes Gefühl in euch.

Die Psychologen haben das noch nicht zur Kenntnis genommen, aber es ist von großer Wichtigkeit, daß man psychisch kranke Menschen nicht zusammenbringt. Aber genau das macht man auf der ganzen Welt. Die psychisch Kranken werden zusammen in psychiatrische Anstalten gesteckt. Sie sind bereits psychisch krank, und man tut sie in eine Gesellschaft, die ihre Energie noch tiefer hinunterzieht. Und die Ärzte, die mit psychisch Kranken arbeiten, sind dafür selbst der beste Beweis. Mehr Psychoanalytiker begehen Selbstmord als jeder andere Berufsstand, mehr Psychoanalytiker werden verrückt als jeder andere Beruf. Und jeder Psychoanalytiker muß sich von Zeit zu Zeit von einem anderen Psychoanalytiker behandeln lassen. Was passiert mit diesen Bedauernswerten? Umgeben von lauter psychisch Kranken, die sie ständig auslutschen, haben sie keine Ahnung, wie sie ihr Hara zumachen können.

Es gibt Techniken und Methoden, um das Hara zu verschließen, genauso wie es Meditationsmethoden gibt, um die Energie nach oben zu bringen. Die einfachste und beste Methode ist: Versuche, in deinem Leben so zentriert wie möglich zu bleiben. Die Leute können nicht mal still sitzen; ständig ändern sie ihre Stellung. Sie können nicht still liegen; die ganze Nacht drehen und wenden sie sich. Das ist ihre Unruhe, eine tiefe Ruhelosigkeit ihrer Seele. Man muß lernen, ruhig zu werden, dann bleibt das Hara bei solchen Kleinigkeiten geschlossen. Vor allem Psychologen sollten darin ausgebildet werden. Und vor allem sollte man die psychisch Kranken nicht zusammenstecken.

Im Osten, vor allem in den japanischen Zen-Klöstern, wo man vom Hara-Zentrum weiß, gibt es keine Psychologen in unserem Sinne. Aber es gibt in manchen Zen-Klöstern kleine Hütten – in einiger Entfernung vom Hauptkloster, in dem die Zen-Mönche leben, aber im selben Wald oder in derselben Berggegend. Wenn ein psychisch Kranker zu ihnen gebracht wird, bekommt er dort eine Hütte, und man sagt ihm, er soll sich ausruhen und entspannen, soll es sich gut gehen lassen und im Wald spazierengehen – aber nicht reden. Es ist ohnehin niemand da zum Reden! Nur einmal am Tag kommt jemand, der das Essen bringt, aber mit dem darf er auch nicht reden, und selbst wenn er es tut, bekommt er keine Antwort. So wird seine ganze Energie zurückgehalten. Er darf nicht einmal sprechen, er darf niemanden treffen.

Es ist erstaunlich, doch was die Psychoanalyse in Jahren nicht erreicht, erreicht man dort in drei Wochen. Nach drei Wochen ist die Person wieder normal und gesund. Und man hat gar nichts gemacht – keine Technik, nichts. Man hat sie nur alleingelassen, so daß sie mit niemandem reden kann. Man hat sie alleingelassen, so daß sie sich ausruhen und wieder sie selbst sein kann. Es wird nicht von ihr erwartet, daß sie die Erwartungen anderer Leute erfüllt.

Du hast gut gearbeitet. Mach nur weiter wie bisher und sammle deine Energie in dir. Das Sammeln von Energie bringt sie automatisch zum Aufsteigen. Und wenn sie höher aufsteigt, wirst du dich friedlicher fühlen, liebevoller, heiterer, überfließender, mitfühlender, kreativer. Der Tag ist nicht mehr weit, an dem du voller Licht sein wirst, an dem du das Gefühl haben wirst, daß du nach Hause zurückgekommen bist. (101)

15. KAPITEL

Gesundheit und Erleuchtung

Was ist der Unterschied zwischen Irrsinn und Erleuchtung?

Da gibt es einen großen Unterschied, aber auch eine große Ähnlichkeit. Man muß die Ähnlichkeit zuerst verstehen, weil es sonst schwierig ist, den Unterschied zu verstehen.

Beides – Irrsinn ebenso wie Erleuchtung – liegt jenseits des Verstandes. Die Erleuchtung ist höher als der Verstand. Aber beide sind außerhalb des Verstandes. Darum sagt man auch von einem Irren, er sei »nicht bei Verstand«. Denselben Ausdruck könnte man auch auf einen Erleuchteten anwenden; auch er ist »nicht bei Verstand«.

Der Verstand funktioniert logisch, rational, intellektuell. Weder Irrsinn noch Erleuchtung funktionieren intellektuell. Darin besteht die Ähnlichkeit. Im Wahnsinn fällt man tiefer als die Vernunft, in der Erleuchtung steigt man höher als die Vernunft, aber beide sind irrational. Darum wird manchmal im Osten ein Geisteskranker für erleuchtet gehalten. Das kommt von dieser Ähnlichkeit.

Und im Westen hält man gelegentlich – obwohl es kein alltägliches Phänomen ist, aber hie und da kommt es auch im Westen vor – einen Erleuchteten für geisteskrank, denn der Westen begreift nur eines: Wenn man nicht bei Verstand ist, muß man verrückt sein. Der Westen hat keine Kategorie für die Ebene über dem Verstand. Er kennt nur die eine Kategorie, die Ebene unter dem Verstand.

Im Osten rührt dieses Mißverständnis daher, daß es dort seit Jahrhunderten Menschen gegeben hat, die »nicht bei Verstand« waren, gleichzeitig aber über den Verstand hinausgelangt sind; darum sind sie den Verrückten ähnlich. Für die breite Masse im Osten erzeugt das Verwirrung, erzeugt es ein Problem. Sie halten lieber einen Irren für erleuchtet, als einen

Erleuchteten für irrsinnig – denn was verliert man schon, wenn man einen Irren für erleuchtet hält? Gar nichts. Wenn man aber einen Erleuchteten für geisteskrank hält, läßt man sich zweifellos eine riesige Chance entgehen. Aber dieses Mißverständnis ist möglich aufgrund der Ähnlichkeit.

Ein Geisteskranker kann manchmal Einblicke haben, die einem normalen Menschen nicht zugänglich sind, weil ein Geisteskranker aus dem Mechanismus des Verstandes ausgestiegen ist – natürlich auf der falschen Seite, durch die Hintertür –, aber dennoch befindet er sich außerhalb des Verstandes. Selbst durch die Hintertür kann er noch Einblicke haben, die einem normalen Menschen, der das Haus nie verläßt, versperrt sind. Natürlich ist er nicht so gut dran, wie wenn er durch die Vordertür gegangen wäre. Dazu sind größere Anstrengungen nötig.

Irrsinn ist eine Krankheit. Sie geschieht von allein – man braucht keine Anstrengungen zu unternehmen, um verrückt zu werden. Es ist eine Krankheit, und sie ist heilbar.

Erleuchtung geschieht durch ungeheure Bewußtheit und mühevolle Arbeit.

Erleuchtung ist der Gipfel der Gesundheit.

Man muß das Wort »Gesundheit« richtig verstehen. Es hat nicht nur eine physiologische Bedeutung. Natürlich hat es auch eine physiologische Bedeutung, aber nicht nur. Es hat auch noch eine viel höhere Bedeutung.

Gesundheit bedeutet die Heilung aller Wunden.

Das englische Wort *health* kommt aus derselben Wurzel wie Heilen. Wenn eure Physiologie Heilung benötigt, bietet sich die Medizin an. Wenn eure Spiritualität Heilung benötigt, bietet sich die Meditation an. Seltsamerweise stammt das Wort *health,* Gesundheit, von derselben Wurzel wie das Wort *wholeness,* Ganzheit.

Health bedeutet, der Körper ist heil und ganz, *whole;* es fehlt ihm nichts. Und von *wholeness* kommt das Wort *holy,* heilig: Die Spiritualität ist heil und ganz, es fehlt ihr nichts.

Ebenso stammen das Wort Medizin und das Wort Meditation aus derselben Wurzel – das, was heilt.

Die Medizin heilt Wunden in eurer Physiologie, und die Meditation heilt Wunden in eurer spirituellen Existenz, in eurem höchsten Sein.

Die Sufis nennen den Geisteskranken *masta,* und *masta* bedeutet betrunken. Der Irre und der Erleuchtete müssen beide ein bestimmtes Stadium durchmachen, wenn sie die Vernunft, den Verstand hinter sich lassen. Sie müssen dieselbe Grenzlinie überschreiten. Durch die falsche oder durch die richtige Tür überschreiten beide dieselbe Grenzlinie, und indem sie diese Grenze überschreiten, werden beide zu Betrunkenen, *masta*. Der Erleuchtete erlangt aber sein Gleichgewicht bald wieder, denn er hat jede Anstrengung unternommen, um aus dem Verstand herauszukommen. Er ist darauf vorbereitet, aus dem Verstand herauszukommen; er ist reif dafür, aus dem Verstand herauszukommen. Der Irre ist unvorbereitet aus dem Verstand herausgekommen. Er war nicht reif dafür. Er ist lediglich aus dem Verstand herausgefallen – rein zufällig. Die Erleuchtung geschieht nie zufällig.

Außerdem ist der Erleuchtete immer glückselig. Ich gebrauche ein anderes Wort, damit ihr es nicht verwechselt. Der Irre ist immer glücklich. Aber es besteht die Möglichkeit, daß er geheilt wird; dann wird er unglücklich sein, dann wird er anfangen, sich Sorgen zu machen. Er wird sich mehr Sorgen machen als ihr, denn er weiß, daß er verrückt war. Jetzt wird er Angst haben, er könnte wieder verrückt werden. Als er verrückt war, machte er sich überhaupt keine Sorgen; es war ihm völlig egal. Jetzt wird er sich Sorgen machen, weil er verrückt war, und er wird Angst haben, daß es morgen wieder passieren könnte, weil es ja schon einmal passiert ist.

Seht den springenden Punkt: Selbst wenn man unter die Ebene des Verstandes fällt, ist man glücklich. Es ist der Verstand, der in euch vielfältiges Leid und Elend, Eifersucht, Haß, Wut, Gewalt und Gier erzeugt. Und alles das läßt euch mehr und mehr Schmerzen an euch selbst erleiden. Ihr fangt an, überall Schmerzen zu spüren; jeder hat überall Schmerzen. Selbst wenn man also unter die Ebene des Verstandes fällt – was bedeutet, unter die Ebene des Menschseins zu fallen, denn darin besteht der einzige Unterschied zu den Tieren ... ein Irrer fällt tatsächlich in die Welt der Tiere zurück. Er ist aus der Evolution ausgestiegen, ist zurückgegangen und hat Charles Darwin den Rücken zugekehrt. Er hat gesagt: »Tschüs, ich pfeife auf die Evolution!« Er ist auf ein untermenschliches Niveau zurückgefallen.

Tiere sind nicht glücklich, aber sie sind auch nicht unglücklich. Habt ihr schon mal ein Tier unglücklich gesehen? Gewiß, ihr werdet sie nicht glücklich sehen. Sie können nicht glücklich sein, weil sie nicht wissen, was es heißt, unglücklich zu sein. Aber wenn ein Mensch vom menschlichen Niveau auf das untermenschliche Niveau zurückfällt, wird er glücklich sein, weil er das Unglücklichsein kennt. Er ist nicht im selben Zustand wie das Tier, bevor es Mensch wurde. Er ist eine ganz neue Spezies: ein glückliches Tier. Es gibt keine glücklichen Ochsen, keine glücklichen Esel, keine glücklichen Affen. Tiere sind nicht glücklich, weil sie das Unglücklichsein nicht kennen. Aber ein Irrer ist einfach grundlos glücklich. Das ist ein guter Beweis für das, was ich euch sage: Wenn ihr den Verstand hinter euch lassen könnt – aber nicht bloß durch einen Zufall, nicht durch einen Schock –, dann werdet ihr glückselig sein.

Der Erleuchtete ist »nicht bei Verstand«, doch er behält die volle Kontrolle über seinen Verstand. Und er braucht dazu keinen Schalter – seine bloße Bewußtheit genügt. Wenn ihr irgendeine Sache sehr genau beobachtet, könnt ihr eine kleine Erfahrung davon bekommen, wie es sein mag, erleuchtet zu sein – nicht die vollständige Erfahrung, aber einen kleinen Vorgeschmack, eine kleine Kostprobe. Wenn ihr eure Wut sehr genau beobachtet, wird sie verschwinden. Wenn ihr einen sexuellen Drang verspürt und ihn aus der Nähe beobachtet, wird er bald verschwinden. Wenn schon durch euer bloßes Beobachten diese Dinge sich auflösen, um wieviel mehr dann erst bei einem Menschen, der sich ständig auf einer höheren Warte, außerhalb seines Verstandes aufhält, der sich ständig seiner gesamten Psyche bewußt ist?

All die häßlichen Dinge, die ihr so gerne loswerden wollt,

werden sich dann ganz einfach auflösen. Und bedenkt: Sie alle enthalten Energie. Wut ist Energie. Wenn die Wut sich auflöst, wird die zurückbleibende Energie sich in Mitgefühl verwandeln. Es ist dieselbe Energie. Durch das Beobachten verschwindet die Wut – sie war der Ausdruck, die Form, in die die Energie sich kleidete –, und was zurückbleibt, ist die reine Energie. Jetzt hat sich die Energie der Wut, von der Wut befreit, in Mitgefühl verwandelt. Wenn der Sex verschwindet, ist das, was zurückbleibt, die immense Energie der Liebe. Jedes häßliche Ding in eurem Verstand läßt, wenn es verschwindet, einen großen Schatz zurück.

Ein Erleuchteter braucht nichts loszuwerden, und er braucht auch nichts zu üben. Alles Falsche fällt von allein von ihm ab, weil es seiner Bewußtheit nicht standhält, und alles Gute entsteht von allein, weil Bewußtheit dafür der Nährboden ist.

Einem Verrückten kann sehr leicht geholfen werden, denn er hat einen Vorgeschmack davon bekommen, wie es ist, außerhalb des Verstandes zu sein – man muß ihm nur die richtige Tür zeigen.

In einer besseren Welt werden unsere Irrenhäuser nicht bloß versuchen, die Geisteskranken wieder geistig gesund zu machen – das ist bedeutungslos; statt dessen werden sie versuchen, den Geisteskranken zu helfen, diese Chance zu nutzen und durch die richtige Tür zu gehen. Ein Verrückter, der ins Irrenhaus geht, wird dann als Erleuchteter wieder herauskommen – und nicht als dasselbe alte, unglückliche, leidende Selbst.

Für mich hat Irrsinn also eine ungeheure Bedeutung. Er kann ein Pfad zur Erleuchtung werden. (102)

Wenn der Glaube Berge versetzen kann, wieso kannst du dann nicht deinen eigenen Körper heilen?

Ich habe keinen Körper.

Dieses Gefühl, einen Körper zu haben, ist absolut falsch. Der Körper gehört dem Universum, er gehört nicht dir; er ist nicht dein Eigentum. Ob der Körper nun krank oder gesund ist: Das Universum kümmert sich darum. Und ein Mensch, der meditiert, sollte Zeuge bleiben – egal, ob der Körper gesund ist oder krank.

Der Wunsch, gesund zu sein, ist Teil deiner Unwissenheit. Der Wunsch, nicht krank zu sein, ist ebenfalls Teil deiner Unwissenheit. Und es ist keine neue Frage; es ist eine der ältesten Fragen. Sie wurde Buddha, sie wurde Mahavira gestellt. Seit es Erleuchtete gibt, haben die Unerleuchteten immer wieder diese Frage gestellt.

Sieh mal ... Jesus sagte, der Glaube kann Berge versetzen, und doch starb er am Kreuz. Er konnte das Kreuz nicht wegbewegen. Du selbst, oder jemand ganz wie du, muß damals dabei anwesend gewesen sein und wird gewartet haben. Die Jünger haben gewartet, denn sie kannten Jesus. Hatte er nicht immer und immer wieder gesagt, daß der Glaube Berge versetzen kann? Also warteten sie auf ein Wunder – und Jesus starb einfach am Kreuz! Aber genau das war das Wunder: Er konnte seinen eigenen Tod als Zeuge miterleben. Und der Augenblick, in dem man Zeuge seines eigenen Todes wird, ist der großartigste Augenblick im Leben.

Buddha starb an Lebensmittelvergiftung. Sechs Monate lang litt er ständig, und viele Jünger erwarteten, daß er ein Wunder vollbringen würde. Aber er litt und starb schweigend. Er akzeptierte den Tod. Einige Jünger versuchten, ihn zu kurieren; er erhielt viele Medikamente. Jivaka, ein berühmter Arzt jener Tage, war Buddhas Leibarzt und reiste mit ihm überallhin. Bestimmt haben die Leute oft gefragt: »Warum ist dieser Jivaka immer mit dabei?« Aber es war Jivakas eigenes Anhaften. Er reiste immer mit Buddha wegen seiner Identifikation, weil er anhaftete, und auch die Jünger, die sich bemühten, Buddhas Körper wenigstens für ein paar Tage länger in dieser Welt am Leben zu erhalten, auch sie waren identifiziert. Was Buddha selbst betraf, so machten Krankheit und Gesundheit für ihn keinen Unterschied.

Das heißt nicht, daß Krankheit ihm keine Schmerzen verursachte. Schmerzen sind da. Schmerz ist ein körperliches Phänomen. Es tritt auf, aber es stört nicht die Bewußtheit im

Innern. Die innere Bewußtheit bleibt ungetrübt; sie bleibt so ausgeglichen wie immer. Der Körper leidet, aber das innere Sein bleibt Zeuge des ganzen Leidens. Es kommt zu keiner Identifikation – und *das* nenne ich ein Wunder. Das macht der Glaube möglich. Vergeßt nicht, es gibt keinen größeren Berg als die Identifikation. Der Himalaja ist nichts dagegen. Eure Identifikation mit eurem Körper ist der größte Berg. Der Himalaya mag durch den Glauben versetzt werden oder nicht, das ist unwesentlich, aber eure Identifikation kann aufgelöst werden.

Doch wir können uns nichts vorstellen, was wir nicht kennen. Wir können nur das denken, was unserem Verstand gemäß ist. Unser Denken entspricht unserem inneren Standort; das Raster bleibt das gleiche.

Manchmal ist mein Körper krank, und die Leute kommen zu mir und fragen: »Wieso bist du krank? Du dürftest nicht krank sein; ein Erleuchteter dürfte nicht krank sein.« Aber wer sagt denn, daß es so sein sollte?

Ich habe noch nie von einem Erleuchteten gehört, der *nicht* krank war. Krankheit gehört zum Körper. Sie kümmert sich nicht um euer Bewußtsein oder darum, ob ihr erleuchtet seid oder nicht.

Und manchmal kommt es vor, daß Erleuchtete kränker sind als unerleuchtete Menschen. Dafür gibt es Gründe ... Nun, da sie nicht mehr zum Körper gehören, kooperieren sie nicht mehr mit ihm. Im tiefsten Innern haben sie sich vom Körper losgesagt. Daher bleibt zwar der Körper, aber die Identifikation, die Verbindungsbrücke ist unterbrochen. Viele Krankheiten entstehen durch diese Trennung. Sie leben im Körper, aber es fehlt ihre Mitwirkung. Aus diesem Grund sagt man, daß ein Erleuchteter nicht wiedergeboren wird: weil er überhaupt keine Verbindung mit einem Körper mehr herstellen kann. Die Verbindung ist abgerissen. Noch während er in seinem Körper lebt, ist er in Wirklichkeit in gewisser Weise bereits tot.

Buddha erlangte die Erleuchtung, als er um die vierzig war. Er starb mit achtzig, lebte also noch vierzig Jahre weiter. Am Tag, als er starb, fing Ananda an zu weinen und sagte: »Was wird jetzt aus uns? Ohne dich werden wir in Dunkelheit versinken. Du stirbst, ehe wir erleuchtet sind. Du stirbst, und unser eigenes Licht ist noch nicht angezündet! Geh noch nicht fort!«

Buddha soll darauf gesagt haben: »Wie? Was sagst du da, Ananda? Ich bin schon vor vierzig Jahren gestorben. Diese Existenz war nur eine Scheinexistenz, eine Schattenexistenz. Sie ist irgendwie weitergegangen, aber der Antrieb war nicht mehr da. Es war nur noch die Schwungkraft der Vergangenheit.«

Wenn du in die Pedale eines Fahrrades trittst, und dann hörst du zu treten auf und gibst dem Fahrrad keine weitere Unterstützung, dann wird es noch eine kleine Weile in Fahrt sein, allein durch den Schub, durch die Energie, die du in der Vergangenheit in Bewegung gesetzt hattest.

In dem Moment, wo ein Mensch erleuchtet wird, hört seine Mitwirkung auf. Von da an folgt der Körper seinem eigenen Kurs. Er hat noch eine gewisse Wucht. Von den vielen vergangenen Leben wohnt ihm noch eine gewisse Schwungkraft inne. Er hat seine eigene Lebensspanne, die sich vollenden wird, aber weil der innere Antrieb nicht mehr da ist, wird der Körper jetzt mehr zu Krankheiten neigen als gewöhnlich. Ramakrishna starb an Krebs; Raman Maharshi starb an Krebs. Für die Jünger war das ein großer Schock; aufgrund ihrer Unwissenheit konnten sie es nicht begreifen.

Noch etwas muß man verstehen: Wenn jemand erleuchtet wird, ist dies sein letztes Leben. Dann müssen alle vergangenen Karmas und das ganze Kontinuum in diesem Leben zur Vollendung gelangen. Das Leiden – falls er noch Leiden erleben muß – wird sehr intensiv werden. Für euch besteht keine Eile; euer Leiden kann sich über viele Leben hinziehen, aber für einen Raman ist es das letzte Leben. Alles, was aus der Vergangenheit noch übrig ist, muß vollendet werden. Alles erlangt eine besondere Intensität, sämtliche Karmas. Dieses Leben wird sehr komprimiert sein. Manchmal – und das ist schwierig zu verstehen – ist es möglich, in einem einzigen Augenblick die Leiden vieler Leben zu erleiden. Ein einziger

Augenblick wird mit großer Intensität erlebt, denn die Zeit kann sehr komprimiert sein, aber auch sehr gedehnt.

Ihr kennt es sicher, daß ihr manchmal träumt und beim Erwachen feststellt, daß ihr nur ein paar Sekunden geschlafen habt. Dabei habt ihr einen so langen Traum gehabt! Es ist möglich, sogar ein ganzes Leben in einem einzigen Traum zu erleben. Was passiert da? Wie kann man in einem so kurzen Zeitraum einen so langen Traum sehen? Es gibt nicht, wie wir das normalerweise annehmen, eine einzige Zeitschicht, sondern es gibt viele Zeitschichten. Die Traumzeit hat ihre eigene Existenz. Selbst wenn wir wach sind, verändert sich die Zeit ständig. Nach der Uhr wird sie sich nicht verändern, denn die Uhr ist ein mechanisches Ding, aber die psychologische Zeit ändert sich ständig.

Wenn du glücklich bist, vergeht die Zeit schnell. Wenn du unglücklich bist, vergeht sie langsamer. Eine einzige Nacht kann zur Ewigkeit werden, wenn man leidet, und ein ganzes Leben kann zu einem einzigen Augenblick werden, wenn man glücklich und ekstatisch ist.

Wenn ein Mensch die Erleuchtung erlangt, muß alles abgeschlossen werden. Es ist eine Zeit des Abschließens. Viele Millionen Leben müssen abgeschlossen und die Konten bereinigt werden, denn später gibt es dazu keine Gelegenheit mehr. Nach der Erleuchtung lebt ein Erleuchteter in einer völlig anderen Zeit, und alles, was ihm widerfährt, hat eine völlig andere Qualität. Aber er bleibt Zeuge.

Mahavira starb an Magenschmerzen – vielleicht war es ein Magengeschwür; er litt viele Jahre darunter. Seine Jünger müssen damit Probleme gehabt haben, denn sie haben dazu eine Geschichte erfunden. Sie konnten nicht verstehen, daß Mahavira leiden mußte, deshalb erfanden sie eine Geschichte, die mehr über die Jünger aussagt als über Mahavira. Sie behaupten, daß ein gewisser Goshalak, ein sehr böswilliger Mann, die Ursache für Mahaviras Leiden war. Er habe seinen bösen Geist auf Mahavira geworfen, und Mahavira absorbierte ihn aus schierem Mitgefühl – und deshalb mußte er leiden. Das besagt nichts über Mahavira, sondern über das Problem seiner Jünger. Sie konnten es nicht fassen, daß Mahavira leiden mußte, darum suchten sie anderweitig einen Grund.

Einmal hatte ich eine Erkältung – die ist mein ständiger Begleiter. Jemand kam zu mir und sagte: »Du mußt dir die Erkältung von jemand anders geholt haben.« Das besagt nichts über mich, es besagt etwas über ihn. Es war schwierig für ihn, sich vorzustellen, daß ich leide. Also sagte er: »Du mußt dir die Erkältung von jemand anders geholt haben.« Ich versuchte ihn davon abzubringen, aber es ist unmöglich, Jünger von etwas abzubringen. Je mehr man versucht, sie von etwas abzubringen, um so mehr glauben sie sich im Recht. Schließlich sagte er zu mir: »Egal was du sagst, ich werde nicht auf dich hören. Ich weiß es! Du hast dir die Krankheit von jemand anders geholt.«

Was kann man da machen? Gesundheit und Krankheit des Körpers sind seine eigene Angelegenheit. Wenn man etwas dagegen machen will, ist man immer noch identifiziert. Es nimmt seinen eigenen Lauf; man braucht sich darüber nicht viel Gedanken zu machen.

Ich bin nur ein Zeuge. Der Körper wird geboren, der Körper stirbt; nur das Zeugesein bleibt, und es wird für immer bleiben. Nur das Zeugesein ist etwas absolut Ewiges – alles andere verändert sich ständig, alles andere ist im Fluß. (103)

16. KAPITEL

Zukunftsperspektiven

Vor kurzem hast du über die Wissenschaft geredet, und daß sie es uns möglich macht, einen neuen Menschen hervorzubringen, der intelligenter, kreativer, gesünder und freier sein wird. Das klingt faszinierend, und gleichzeitig finde ich es beängstigend, weil es den Eindruck von einer Art Massenproduktion erzeugt. Kannst du etwas über die Angst sagen, die diese Vorstellung in mir auslöst?

Es ist absolut faszinierend, und es ist unnötig, Angst davor zu haben. In der Tat ist das, was wir schon seit Millionen von Jahren tun, die reinste Massenproduktion – eine zufällige Massenproduktion.

Weißt du denn, was für ein Kind du in die Welt setzt? Weißt du denn, ob es blind, verkrüppelt, geistig behindert, krank oder schwächlich und sein Leben lang anfällig für die verschiedensten Krankheiten sein wird? Und weiß denn dein Geliebter, was er tut? Während ihr Liebe macht, habt ihr nicht die geringste Ahnung, nicht einen blassen Schimmer! Ihr setzt Kinder in die Welt, wie es die Tiere tun, aber ihr habt keine Angst, ihr habt keine Befürchtungen deswegen. Und wie man sieht, ist die ganze Welt voll von zurückgebliebenen, verkrüppelten, blinden, tauben, stummen Menschen. So viel Ausschußware! Und wer ist dafür verantwortlich? Ist das etwa keine Massenproduktion?

Meine Vorstellung von der wissenschaftlichen Geburt eines Kindes besteht darin, ganz bewußt, aufmerksam und wissentlich einen neuen Besucher auf diese Erde zu holen. Wir werden wissen, wer er sein wird, was er sein wird und was aus ihm einmal werden wird, wie lange er leben wird und wieviel Intelligenz er besitzen wird. Wir werden jede Möglichkeit ausschließen können, daß es blinde Kinder, taube

Kinder, stumme Kinder, irgendwie zurückgebliebene Kinder, ob physisch oder psychisch, geben wird. – Und davor hast du Angst? Sei nicht töricht!

Die wissenschaftliche Geburt eines Kindes ist alles andere als animalisch. Kinder auf wissenschaftliche Art und Weise in die Welt zu setzen, bedeutet, das Tier zu transzendieren. Es ist eine faszinierende Sache, die größte, die faszinierendste Sache weit und breit. Und wir können es zuwege bringen; es ist bereits eine wissenschaftliche Realität. Wir können gesündere Menschen zustande bringen, die so lange leben werden, wie wir wollen, und wir können sie mit so viel Intelligenz ausstatten, wie sie für ihre Arbeit benötigen.

Ein Paar kommt in ein wissenschaftliches Labor und sagt: »Unser Kind soll wie Albert Einstein sein, aber besser, und es sollte zweihundert Jahre leben, und es sollte nie krank sein, es sollte stark sein.« Die Wissenschaftler im Labor wählen das passende Ei und den passenden Samen aus der Bank, und das Kind wird unter allen notwendigen Vorkehrungen im Reagenzglas produziert.

Man wird das Kind adoptieren müssen, man kann es nicht selbst produzieren. Das Produzieren von Kindern ist etwas Animalisches. Man wird sein Wunschkind adoptieren können. Schließlich wünscht sich doch jeder, daß ein Shakespeare geboren wird; jeder wünscht sich, daß sein Kind ein großer Dichter, ein großer Musiker, ein großer Tänzer wird. Jede Mutter hofft, daß ihr Kind irgendwie übermenschlich sein wird, und jede Mutter ist frustriert – das Kind erweist sich als Versager. Es verliert sich in der Riesenmenge auf diesem übervölkerten Planeten. Wenn das keine Massenproduktion ist!

Wenn das Kind adoptiert wird, kann man sich alle Qualitäten, die es haben soll, vorher überlegen. Man kann den Rat von Experten einholen, welche Eigenschaften für das Leben des Kindes von Nutzen sein könnten: Soll das Kind besonders fähig sein zu lieben? – Wollt ihr einen Romeo? Ihr könnt einen Romeo haben! Es ist nur eine Frage der Chemie. Ein Romeo hat mehr männliche Hormone als andere, er ist reicher; darum reicht eine einzige Frau für ihn nicht aus.

Oder soll es ein Dichter werden, der alle Dichter der Vergangenheit in den Schatten stellt? Ein Wissenschaftler, im Vergleich zu dem sämtliche Wissenschaftler der Vergangenheit sich zwergenhaft ausnehmen werden? Ein Musiker, der das Unbekannte, das Unsichtbare durch Klänge für euch erfahrbar macht? Ein Dichter, der Lieder der Freude und des Feierns singt, wie sie noch keiner vor ihm gesungen hat? Man kann alles bestellen; es muß nur ausgearbeitet werden. Es muß ermittelt werden, welches weibliche Ei und welcher männliche Same einen solchen Menschen hervorbringen kann.

Der Same wird nicht von dir sein, das Ei wird nicht von deiner Frau sein; ihr werdet das Kind nur adoptieren. Auf diese Weise könnt ihr genau das bekommen, wovon die Menschheit schon immer geträumt hat: Es ist die Geburt des Übermenschen – ein Mensch wie aus Stahl. Euer Muhammad Ali der Große wird ihm nicht das Wasser reichen können – ein Schlag auf die Nase, und er ist erledigt.

Wovor hast du Angst? Willst du nicht über die Tiere hinausgelangen? Der Wunsch, daß es dein Same sein soll, daß es das Ei deiner Frau sein soll, ist einfach häßlich. Die Kinder gehören dem Universum. Welche spezielle Eigenschaft hat denn dein Same? Welchen Sinn hat es, einen verkrüppelten Menschen hervorzubringen, nur weil es *dein* Same ist? Die Wissenschaft vermag dich über die Animalität hinauszuheben – und es ist keine Massenproduktion. Es wird das genaue Gegenteil sein. Es wird kein Fließband geben wie bei der Autoproduktion. Es wird etwas sehr Individuelles sein, denn jedes Paar wird die Wahl und die Freiheit haben zu entscheiden, was für eine Art von Kind es haben will.

Wie kommst du auf die Idee, daß es eine Massenproduktion sein wird? Denkst du, jeder würde dieselbe Art von Kind haben wollen? Da hast du unrecht. Denkst du, die Labors werden Kinder nach eigenem Gutdünken erzeugen, die ihr dann adoptieren müßt? Das wäre Massenproduktion. Dafür bin ich ganz und gar nicht.

Ihr müßt absolut frei wählen können. So wie es jetzt ist, seid ihr absolut blind und tappt völlig im dunkeln. Jetzt seid ihr ganz einfach Sklaven der blinden Biologie.

Wollt ihr nicht frei werden von der blinden Biologie? Wollt ihr nicht hinausgehen über dieses stupide Festklammern an der Idee, daß das Kind aus eurem eigenen Samen und dem Ei eurer Frau entstanden ist? Diese Eier haben keine Ahnung, zu wem sie gehören. Und was ist denn so Besonderes an eurem Samen? Ihr wißt gar nichts darüber. Ihr seid euch überhaupt nicht bewußt, was für Leute sich in eurem Innern darum streiten, geboren zu werden. Ihr habt keine Wahl, ihr seid nur Sklaven.

Was ich über die wissenschaftliche Geburt sage, läßt euch über die Sklaverei, die Blindheit, die Dunkelheit hinausgehen. Es macht euch in gewisser Weise spiritueller, denn ihr seid nicht mehr darauf fixiert, daß euer Same und das Ei eurer Frau absolut notwendig sind für euer Kind. Ihr gebt eure Wünsche an und adoptiert das Kind. Und ihr könnt die Experten fragen, was das Beste für das Kind sein wird.

Möchtet ihr nicht auch, daß euer Kind ein einmaliges Genie wird? Wegen eures kleinkarierten Anhaftens begnügt ihr euch mit einem verkrüppelten Kind. Und wenn ihr ein verkrüppeltes Kind, ein blindes Kind zur Welt bringt – tut ihr dem Kind damit etwa einen Gefallen? Das Kind wird es euch nie verzeihen! Ihr seid dafür verantwortlich. Es wird ein Leben leben müssen, das überhaupt kein Leben ist.

Meine Vision gibt euch totale Freiheit – und natürlich auch eine große Verantwortung.

Gegenwärtig produziert ihr Kinder ohne jede Verantwortung.

Ihr werdet Methoden zur Verfügung haben, mit denen ihr bestimmen könnt, welche Hautfarbe das Kind haben soll, was für ein Gesicht – ein griechisches, ein römisches? ... Ihr könnt Kinder so schön wie Statuen hervorbringen, genial in einer bestimmten Dimension des Lebens, Kinder, die ein Leben voller Liebe leben werden und so intelligent sind, daß sie allen Priestern und allen Politikern eine Absage erteilen.

Sie werden keinem Führer nachfolgen; sie werden sich selbst genug sein.

Aber was macht ihr jetzt? Erst zeugt ihr im Dunkeln ein Kind in eurer Blindheit, ohne zu wissen, wie es sein wird. Danach zwingt ihr es, ein Sklave zu werden, indem ihr es zu einem Christen, einem Hindu, einem Moslem macht oder ihm eine politische Ideologie verpaßt – Sozialismus, Faschismus, Kommunismus. Und das Kind besitzt nicht genügend Intelligenz, um gegen all diese Versklavungen zu rebellieren.

In meiner Vision wird das Kind absolute Freiheit genießen.

Es wird zu keiner politischen Partei gehören, es wird zu keiner organisierten Religion gehören. Es wird seine eigene Religion haben, es wird seine eigene politische Ideologie haben. Welche Notwendigkeit gäbe es dann, ein Anhänger von Karl Marx, ein Kommunist zu werden, wo es doch viel besser denken kann als Karl Marx? – Und Karl Marx war kein großer Denker! Es wird ein so langes Leben haben, daß es sich nicht beeilen muß, irgend etwas zu erreichen. Es kann geduldig warten, denn es hat genug Zeit. Stellt euch vor, Albert Einstein hätte dreihundert Jahre gelebt! Die Welt hätte noch viele Wunder erlebt! Aber weil er in einem zufällig produzierten Körper lebte, mußte er sterben.

Wir können Krankheit und Alter ausschalten. Wir können das Leben auf jede erdenkliche Weise vorprogrammieren. Wir könnten sogar das Leben eines Menschen so vorprogrammieren, daß er erst dann stirbt, wenn er zum Sterben bereit ist, und bis dahin weiterlebt. Wenn er das Gefühl hat, daß er noch nicht genug vom Lebenssaft gekostet hat, wenn er das Gefühl hat, daß es für ihn noch Dimensionen zu erforschen gibt, wenn er das Gefühl hat, daß er noch mehr Zeit braucht: Er ist der Meister und kann selbst bestimmen, wie lange er noch leben will.

Bisher habt ihr im Durchschnitt siebzig Jahre gelebt – abgesehen von einigen Gegenden auf der Welt, wo dic Menschen hundertfünfzig Jahre alt werden. In Rußland gibt es Leute, die schon über hundertfünfzig sind, aber immer noch vital. In dem von Pakistan besetzten Teil Kaschmirs gibt es

Leute, die mit Leichtigkeit hundertfünfzig, -sechzig, -siebzig Jahre alt werden. Es ist erstaunlich – und ich habe diese Menschen selbst gesehen: Ein Mann von hundertfünfzig Jahren arbeitet noch genauso auf dem Feld wie mit fünfzig, mit derselben Kraft, mit derselben Lust.

Alles, was dazu nötig ist, sind eine bessere Planung und bessere Züchtungsmethoden. Das ist eine allgemein bekannte und verbreitete Tatsache, was Tiere betrifft. Seht ihr die vielen verschiedenen schönen Hunderassen auf dieser Welt? – Kleine, große, starke oder einfach schöne. Es macht Spaß, sie so herumspringen zu sehen. Denkt ihr, die blinde Natur hat sie hervorgebracht? Nein, seit Jahrhunderten werden Hunde gezüchtet.

Wie ihr wißt – und die ganze Welt akzeptiert diese Tatsache –, sollte ein Mann nicht seine eigene Schwester heiraten. Warum nicht? Das müßte doch eine einfache Sache sein, die eigene Schwester zu heiraten. Schließlich liebst du sie; von Geburt an seid ihr zusammen, und ihr kennt euch. Weshalb haben sämtliche Kulturen es verboten? Alle Kulturen sind dafür, daß eine Ehe nur zwischen weiter entfernten Personen stattfinden sollte, die nicht aus demselben Familienstamm kommen, denn je größer die Entfernung, desto besser das Resultat. Wenn ein weißer Amerikaner eine Farbige heiratet, wird ein viel besseres Kind dabei herauskommen, als wenn ein weißer Amerikaner eine andere weiße Amerikanerin heiratet, oder ein Farbiger eine andere Farbige, denn die Entfernung zwischen ihnen ist riesig – sie sind Jahrhunderte auseinander. Sie sind in einer unterschiedlichen Atmosphäre aufgewachsen; ihre Programmierung ist gänzlich verschieden. Wenn zwei so völlig verschiedene Kulturen, Traditionen, Konventionen, Lebensformen sich mischen, kommt ein besserer Mensch dabei heraus, der ein zweifaches Erbe in sich trägt: das Erbe der schwarzen und das Erbe der weißen Amerikaner. Im Labor kann man Eier und Samenzellen miteinander kombinieren, die so weit wie nur möglich voneinander entfernt sind. Durch Kreuzung können wir einen völlig neuen Menschen hervorbringen.

Daran ist nichts Beängstigendes. Es ist keine Massenproduktion.

Das Paar sollte selbst bestimmen, was für eine Art von Mensch es als Kind haben will. So wird jeder Zufall ausgeschlossen. Und so können wir den universalen Menschen hervorbringen – keinen chinesischen, keinen indischen, keinen englischen, sondern einen universalen Menschen.

Seid also bitte fasziniert, und habt keine Angst und keine Befürchtungen. Es gibt nichts zu befürchten.

Ihr habt ja gesehen, wie in der Vergangenheit die Kinder produziert worden sind. Seit Millionen von Jahren machen wir dasselbe – mit welchem Resultat? Das Resultat entscheidet über den Wert dessen, was man tut. Hie und da hat es mal einen Albert Einstein oder einen Bertrand Russell gegeben – hie und da! Das ist nicht gut. Es sollte die Regel sein, eine alltägliche Sache! Dann wird höchstens hie und da eine Ausnahme passieren – durch die Unachtsamkeit, Unaufmerksamkeit eines Wissenschaftlers. Ansonsten sollte jeder Mensch ein Genie sein.

Stellt euch mal vor: die ganze Welt voller Leute wie Rabindranath Tagore, Jean-Paul Sartre, Karl Jaspers, Martin Heidegger! Und wir könnten verhindern, daß solche Monster wie Adolf Hitler, Benito Mussolini oder Josef Stalin geboren werden – solche Katastrophen für die Menschheit! Wir könnten das Tor zumachen für alle Dschingis-Khans, Tamerlans, Nadir Shahs – all diese monströsen Ungeheuer, deren ganzes Leben ein einziges Brandschatzen, Töten und Niedermetzeln von Menschen war.

Die Art und Weise, wie wir bisher gelebt haben, hat sich als völlig verkehrt erwiesen. Wir sind umgeben von einem Heer von Pygmäen – *davor* solltest du Angst haben!

Einen Garten voller Genies zu haben, voll von kreativen Menschen, einen Garten, aus dem alle Fanatiker, Idioten und Politiker entfernt worden sind – kurz, einen Garten, aus dem wir alle Gifte, alle Umweltverschmutzung beseitigt haben …

Welch ein Potential steckt in diesem Gedanken!

Wie viele Menschen leiden, weil sie eine Stupsnase haben?

Ihr ganzes Leben haben sie Minderwertigkeitskomplexe. Und wie viele Menschen leiden, weil sie *nur* eine Nase haben? Wenn man sie ansieht, sieht man nur die Nase – alles andere ist winzig im Vergleich zur Nase ...

Dazu fällt mir eine Geschichte ein ... Es war einmal ein Millionär, der hatte eine sehr große Nase und ganz kleine Augen, aber er war der reichste Mann im Ort. Die Leute machten sich heimlich über ihn lustig, doch keiner wagte es ...

Einmal war er bei einer Familie zum Abendessen eingeladen. Die Leute machten sich nur um eines Sorgen: Ihr Junge war der geborene Philosoph und stellte über alles und jedes Fragen.

Von morgens früh schärften sie ihm ein: »Du kannst alles fragen, aber wenn der reiche Herr kommt, darfst du ihn nichts über seine Nase fragen.«

Sie sagten es ihm so oft, daß er anfing, sich dafür zu interessieren: »Was ist denn so toll an seiner Nase?«

Noch nie hatte man ihn gehindert, irgendwelche Fragen zu stellen. Was war denn so Besonderes an dieser Nase? Er war sehr neugierig geworden und wartete gespannt auf den Besucher.

Als dieser eintrat, lachte der Junge laut heraus und sagte zu seinen Eltern: »Der Mann besteht ja nur aus einer Nase und nichts anderem! Und deswegen sollte ich nichts sagen? Es ist doch ein seltenes Exemplar!« Er machte ihre ganze Bemühung zunichte.

Aber so sind die Leute ... Fast jeder leidet unter der einen oder anderen Sache. Einer leidet unter seiner Hautfarbe, ein anderer leidet unter seiner Größe; der eine ist zu groß, der andere zu klein. Was habt ihr bisher produziert? *Das* ist Massenproduktion – reine Zufallsprodukte, im Dunkeln gezeugt. Wenigstens der Mensch – die Krone der Schöpfung – sollte nicht länger unter Minderwertigkeitskomplexen leiden! Die einzige Lösung besteht in der wissenschaftlichen Reproduktion von Kindern. Darin liegen ungeheure Möglichkeiten!

Zum Beispiel, wenn ein Kind nach wissenschaftlichen Kriterien im Labor produziert wird, kann man das gleiche Kind zweimal herstellen. Das zweite Kind wird im Labor großgezogen – parallel mit dem anderen Kind, das von einer Familie adoptiert wird, nur daß das zweite im Labor heranwächst. Die bloße Existenz eines zweiten Kindes bringt ungeahnte Möglichkeiten! Du brichst dir zum Beispiel ein Bein ... Dann braucht man den Bruch nicht mehr einzurenken – man kann einfach das Bein deines Doppelgängers nehmen und es dir einsetzen. Oder wenn in deinem Kopf eine Schraube locker wird, braucht man nicht mehr all die Psychologen, Psychoanalytiker und Psychiater zu bemühen. Man entfernt einfach deinen Kopf und gibt dir einen frischen! Dein Doppelgänger kann sein ganzes Leben lang unter Narkose im Tiefkühlfach aufbewahrt werden. Er kriegt überhaupt nichts mit von dem, was passiert. Er ist nur eine Reserve für den Fall, daß etwas mit dir schiefläuft – und viele Dinge im Leben laufen schief, trotz aller Vorsichtsmaßnahmen. Irgend etwas kann immer schieflaufen, denn das Leben ist eine langwierige Sache. Du kannst einen Autounfall haben ... das läßt sich durch die wissenschaftliche Geburt von Kindern nicht verhindern.

Aber alles wird davon abhängen, ob wir genügend Mut aufbringen, uns über unser ängstliches Selbst zu erheben. Wir müssen über unsere Ängstlichkeit hinausgehen. Du solltest vom neuen Menschen fasziniert sein! Der neue Mensch braucht eine neue Art von Geburt. Der neue Mensch braucht eine neue Art von Leben, eine neue Art von Liebe, eine neue Art von Tod. Er wird in jeder möglichen Hinsicht neu sein. Er wird an die Stelle der Auslaufmodelle treten, die heute diesen Schrottplatz Erde übervölkern. Sie werden nicht mehr gebraucht.

Es geht um den einfachen Vorgang, die erste Zelle zu programmieren. Und nur die erste Zelle läßt sich programmieren, denn dann reproduziert sie sich von selbst weiter. Es ist ein autonomer Vorgang. Man kann sie auf alles programmieren. Derzeit ist es noch schwierig; sie ist auf alle Arten von Krankheiten programmiert, sie ist auf den Tod, auf das Alter programmiert. Wir haben darüber keine Kontrolle. Es gibt keine Möglichkeit, das Programm jetzt noch zu ändern, denn alle Zellen haben dasselbe Programm. Wenn sie auf eine bestimmte vererbbare Krankheit programmiert sind, wird man an dieser Krankheit leiden. Man könnte es ändern, doch nur beim ersten Zusammentreffen der männlichen und der weiblichen Zelle. Alles kann programmiert werden, und man kann eine exakte Kopie von dir im Labor aufbewahren. Wenn dein Herz nicht richtig funktioniert, ist das neue Herz schon vorhanden, das genau zu dir paßt, weil es von deiner Kopie, von deinem Zwilling stammt.

Alles Neue macht Angst, aber es macht nur den Feiglingen Angst.

Alles Neue fasziniert, aber es fasziniert nur die Mutigen.

Habt Mut, denn was wir brauchen, ist eine neue, eine mutige Welt. (104)

Ich bin Forschungswissenschaftler. Seit elf Jahren wirke ich an einem medizinischen Forschungsprogramm zur Entwicklung künstlicher Organe – wie Herzen, Haut und Blut – mit. Ich habe Spaß an meiner Arbeit, aber ich sehe keinen rechten Sinn in dem, was ich tue, weil natürliche Organe immer besser sind. Ich fühle tiefe Liebe und Respekt für die Natur, und es gibt so viel zu tun, um das natürliche Gleichgewicht zu erhalten, von dem du sprichst; aber ich kann keine Institution oder Organisation finden, wo Forschung aus Respekt und Liebe heraus betrieben wird. Bitte hilf mir, einen Ausweg zu finden – oder einen besseren Weg nach innen.

Ich kann deine Schwierigkeit verstehen.

Es gibt auf dem ganzen Planeten Erde keine Organisation oder Institution, wo Forschung mit Respekt und Liebe für die Natur betrieben wird. Genau das Gegenteil ist der Fall.

Die Forschung dient dazu, die Natur zu erobern. Sogar ein Mann von der Intelligenz eines Bertrand Russell schrieb ein Buch *Die Eroberung der Natur*. Es ist einfach unglaublich: Da ist man ein Teil der Natur, ein kleiner Teil, ein winziger Teil, und versucht, das Ganze zu erobern – als ob einer meiner Finger versuchen würde, meinen ganzen Körper einzunehmen.

Der Mensch ist auch Natur.

Wo immer du auch bist, kümmere dich nicht um die Organisation oder die Institution oder ihre Einstellung, sondern verrichte deine Arbeit mit tiefer Liebe und Respekt. Du arbeitest *nicht* gegen die Natur.

Und denke an eins: Warum wurde dir Intelligenz gegeben? Es ist natürliches Wachstum. Die Natur versucht, sich selber durch deine Intelligenz zu verbessern.

Momentan mag es sein, daß natürliche Organe besser sind als künstliche. Aber denke daran, daß die künstlichen Organe besser sein können als die natürlichen, aus dem einfachen Grund, weil die Natur blind arbeitet.

Durch den Menschen versucht die Natur, Augen zu bekommen. Das natürliche Herz kann gewiß durch ein künstliches Herz ersetzt werden. Das künstliche Herz wird keine Herzanfälle haben, und das künstliche Herz wird leicht zu entfernen und zu ersetzen sein.

Bald werden wir dringend menschliches Blut brauchen. Ihr müßt die Natur verbessern, denn wenn die religiöse Krankheit Aids sich in der Welt verbreitet, wird die Blutübertragung immer gefährlicher werden. Durch Bluttransfusionen kannst du ein Opfer von Aids werden.

Und Aids ist nicht ein Name für eine Krankheit. Es ist ein anderer Name für Tod. Denn weder kennt der Tod eine Heilung, noch kennt Aids eine Heilung.

Wenn man etwas nicht heilen kann, ist es falsch, von Krankheit zu sprechen. Und die Wissenschaftler sind sich einig, daß Aids niemals heilbar sein wird.

Es ist also ein langsamer Selbstmord. Es ist auf viele Arten übertragbar: Die größte Gefahr ist die Bluttransfusion.

Künstliches Blut wird reiner sein, denn das künstliche Blut wird nicht religiös sein, und nicht homosexuell. Es wird keine Quelle für deinen Tod sein – und was für ein Tod! – häßlich; in deinen eigenen Augen wirst du fallen.

Glaube also nicht, daß du gegen die Natur arbeitest. Niemand kann gegen die Natur gewinnen.

Alle Erfolge der Wissenschaft sind nicht Eroberungen, wie Bertrand Russell sie beschreibt. Alles, was wir entdeckt haben, geschah aus Mitgefühl der Natur, die uns erlaubt, ihre Geheimnisse zu entdecken.

Und wir sind Teil der Natur, ihr bester Teil.

Und die Natur möchte durch das menschliche Bewußtsein zu neuen Gipfeln vordringen.

Die Wissenschaft ist nicht gegen die Natur, kann es nicht sein. Sie muß den Naturgesetzen folgen, sie kann nicht gegen die Naturgesetze gehen. Also dreht sich alles Entdecken und Forschen darum, herauszufinden, wie die Natur funktioniert, was ihre Gesetze sind.

Und ihr habt Intelligenz, von der Natur verliehen; und die Natur ist bereit, dieser Intelligenz ihre Geheimnisse zu offenbaren. Folgt den Gesetzen der Natur, und ihr werdet sogar die Natur verbessern können.

Intelligenz ist der Versuch der Natur, sich selbst zu verbessern. Bisher hat sie blind gearbeitet. In der Intelligenz des Menschen liegt eine Hoffnung.

Mache dir also keine Sorgen, daß du etwas gegen die Natur tust. Tu es mit großer Liebe, Respekt, mit großer Dankbarkeit und auf eine meditative Art; und sei dir sicher, daß es die Natur selbst ist, die durch dich versucht, sich selbst zu verbessern.

Am Anfang werden deine künstlichen Organe natürlich nicht so gut sein. Aber das ist nur der Anfang. Es gibt ungeheure Möglichkeiten für weitere Verbesserungen.

Bald wird Blut benötigt werden, und künstliches Blut wird besser sein. Wenn Dinge wie Aids sich vielleicht wie Buschfeuer ausbreiten, dann haben wir nur die einzige Alternative, Kinder in Reagenzgläsern zu reproduzieren, wo sie geschützt werden können.

Andernfalls werden sie Aids schon mit auf die Welt bringen. Schon drei Kinder wurden in Europa mit Aids geboren.

Was für eine häßliche Welt schaffen wir eigentlich für unsere Kinder? Daß Aids schon auf dem Wege der natürlichen

Geburt kommen kann, heißt nicht, daß wir nichts daran ändern können.

Ich habe nicht gescherzt, als ich gestern zu euch sagte, daß wenigstens die Frauen lesbisch werden sollten, jede Frau.

Und jeder Mann sollte vor dem Krankenhaus Schlange stehen, um getestet zu werden. Wenn festgestellt wurde, daß jemand Aids-positiv ist, muß man etwas für den armen Mann tun: etwas, damit er keinen Sex mehr braucht, einige biologische Veränderungen. Denn sonst – er wird noch zwei Jahre leben – was wird er mit seiner Biologie tun? Mit seiner Physiologie, mit seinem männlichen Samen?

Etwas muß getan werden, und das kann nur durch wissenschaftliche Untersuchungen geschehen: Wie kann man den alten, blinden, biologischen Prozeß der Samenerzeugung im Mann umleiten? Wenn wir für zwei Jahre die Samenproduktion in diesem Mann anhalten können, kann er ohne Unterdrückung leben, er kann diese beiden Jahre mehr als jeder andere genießen.

Jeder wird einmal sterben – und dieser Mann hat es besonders gut. Denn der Tod gibt ihm eine Vorwarnung. Du stirbst vielleicht morgen, und alles bleibt unerledigt. Alle sind auf dieser Welt gestorben und haben alles unerledigt hinterlassen. Denn niemand weiß, wann der Tod kommt und an deine Tür klopft.

Aber der Mann mit Aids – falls die Wissenschaft ihm dabei helfen kann, keine sexuelle Energie zu produzieren oder sie in andere kreative Richtungen zu lenken, denn es *ist* kreative Energie – wird vielleicht für diese beiden Jahre dankbar sein.

Er wird nicht unglücklich sein wegen Aids. Vielleicht ist er sogar stolz darauf. Denn in diesen zwei Jahren wird er malen, Musik machen, einen Roman schreiben können – alles, was er immer schon tun wollte. Aber es gab immer so viel zu tun – und jetzt hat er glatte zwei Jahre Zeit. Er kann meditieren.

In der normalen Welt ist es schwierig, einen so langen Zeitraum – zwei Jahre – zu finden, um still zu sitzen, nichts zu tun und nur ein Zeuge zu sein. Er kann es.

Dann wird Aids zu einem verborgenen Segen.

Die Männer, in deren Samen kein Aids oder andere Krankheiten festgestellt wurden, können ihre Samen dem Krankenhaus spenden. So wie es Blutbanken gibt, sollte es Samenbanken geben.

Und wenn wir wollen, daß die Menschheit weiterbesteht – und das wollen wir mit Sicherheit –, dann wird die künstliche Besamung der einzige Weg sein, um Kinder zu produzieren – entweder im Reagenzglas oder, wenn die Frau glücklich und bereit dazu ist, in ihrer Gebärmutter. Und dann bestehen weitaus bessere Chancen für die Kinder. Sie werden die Krankheiten nicht mitbringen.

Du tust also einen großen Dienst für die Menschheit und für die Natur. Geh tiefer in die Forschung hinein. Mach es nicht einfach als Job, mach es mit Hingabe. Diese Dinge werden bald gebraucht werden ...

Wenn ihr heute einen Knochenbruch habt, dann tragt ihr sechs Wochen lang einen Gipsverband. Nicht nötig: Sobald wir künstliche Organe herstellen können, und es ist ein Bein gebrochen, dann ist es besser, es zu ersetzen. Warum sich mit morschen Dingen abgeben?

Ersetzt es einfach durch ein neues, ein nagelneues Bein, und das geht ohne weiteres. Und das künstliche Bein kann so stark sein, wie wir wollen. Es kann stahlhart sein, ohne Gefahr, daß es bricht.

Das steht völlig im Einklang mit der Natur. Nur eines darfst du nicht vergessen: Was immer du auch tust, es darf nicht im Dienst der Zerstörung geschehen; es muß im Dienst der Kreativität geschehen. (105)

Siehst du die Experimente mit menschlichem Leben, wie die künstliche Geburt und den Ersatz von Herzen und Gehirnen, als Fortschritt oder als Eingriff in die Natur?

Alles hängt davon ab, *wer* es macht. Wenn die Politiker oder die sogenannten Religionen es machen, dann ist es gegen die Natur. Sie können nichts Natürliches machen; sie sind widernatürlich. Aber wenn es von einer internationalen Akademie von Wissenschaftlern gemacht wird – ich betone, *internationalen* Akademie von Wissenschaftlern –, dann kann es ein ungeheuer fortschrittlicher Schritt sein, und es wird nicht gegen die Natur sein. Es wird eine Weiterentwicklung der Natur sein. Aber es hängt alles davon ab, wer es macht. Die Experimente an sich sind neutral. Kein Experiment hat ein innewohnendes Interesse, es ist neutral. Man kann sich mit Gift das Leben nehmen, doch dasselbe Gift kann von Ärzten eingesetzt werden, um dich zu retten. Alles hängt davon ab, wer es macht.

Zum Beispiel war die Entdeckung der Atomenergie ein großer Schritt, ein ungeheurer Fortschritt, ein Quantensprung. Man hatte einen Schlüssel gefunden, um die Erde in ein Paradies zu verwandeln. So viel Energie in einem winzigen Atom. Und es gibt sie überall! Allein in einem Tautropfen gibt es Millionen von Atomen. Und jedes Atom setzt bei einer Explosion so viel Energie frei, daß davon die ganze Erde im Überfluß leben könnte. Oder aber man kann ein Hiroshima und Nagasaki kreieren, wo Tausende von Menschen innerhalb von Sekunden starben. Weil aber die Atomenergie nach ihrer Entdeckung den Politikern in die Hände fiel, geriet sie in den Dienst des Todes. Heute gibt es sogar noch weiter entwickelte Nuklearwaffen, die die ganze Erde vernichten können. Die bereits existierenden Waffen würden ausreichen, um diese Erde mindestens siebenmal zu vernichten. Man wundert sich, warum die Staaten mehr und mehr Kernenergie erzeugen. Ist die siebenfache Vernichtung der Erde nicht genug? In der Tat kann man die Erde nur einmal vernichten.

Der wissenschaftliche Fortschritt gerät aber in die Hände der Politiker, weil nur sie ausreichende Finanzen zur Verfügung stellen können, um diese Entdeckungen zu ermöglichen. Die Wissenschaftler auf der ganzen Welt sollten darüber nachdenken: Ihre Genialität wird von Idioten benutzt! Die Wissenschaftler sollten sich von allen Nationen freimachen – egal, ob Sowjetunion oder Amerika. Sie sollten eine internationale Akademie der Wissenschaften gründen. Und das ist nicht schwierig. Wenn sämtliche Wissenschaftler der Welt zusammenarbeiten, können die Gelder verfügbar gemacht werden, und ihre Entdeckungen können ein ungeheurer Segen für die Menschheit werden.

Die Wissenschaft sollte nicht das Monopol irgendeines Staates, irgendeiner Nation sein. Diese ganze Idee ist unsinnig. Wie kann man die Wissenschaft zu einem Monopol machen? Jedes Land versucht, seine Wissenschaftler zu monopolisieren und ihre Erfindungen geheimzuhalten. Das verstößt gegen die Menschheit, gegen die Natur, gegen die Existenz. Alles, was durch Genialität entdeckt wird, sollte im Dienste des Ganzen stehen.

Du fragst, ob Entdeckungen wie der Ersatz von menschlichen Herzen oder menschlichen Gehirnen als Fortschritt anzusehen sind. Sie sind von großer Wichtigkeit, um eine neue Menschheit auf diese Erde zu bringen. Wenn Einsteins Körper nicht mehr lebensfähig ist, glaubst du nicht, es wäre gut, wenn man sein ganzes Gehirn einem jungen, gesunden Mann einpflanzen könnte? Der neue Mann würde ein Einstein werden, denn Einsteins Genialität würde in einen jüngeren Körper verpflanzt.

Auf diese Weise könnten die Körper wechseln, aber wir könnten das Genie eines Albert Einstein über Jahrhunderte weiter wachsen lassen. Wenn ein Mensch in siebzig Jahren Leben so viel zu geben vermag, könnt ihr euch vorstellen, wie groß der Nutzen für die Menschheit, für das ganze Universum sein wird, wenn sein Gehirn mehrere Jahrhunderte weiterfunktioniert? Es ist wirklich eine Vergeudung: Der Behälter wird morsch, und du wirfst ihn samt Inhalt weg. Der Körper ist nur ein Behälter. Wenn der Behälter schmutzig geworden ist, alt und unbrauchbar, dann wechsle den Behälter, aber wirf seinen Inhalt nicht weg. Ein genialer Verstand kann in alle Ewigkeit in verschiedenen Körpern leben; das ist nicht gegen die Natur. Wenn dein Herz anfängt, Probleme zu machen, und du bist sehr wertvoll für die Menschheit ... Warum solltest du Angst haben, das Herz auszutauschen? Vielleicht stirbt gerade jemand an Krebs, und sein Herz ist völlig in Ordnung. Dieses

Herz kann man einem Menschen einpflanzen, der ein begabtes Genie und gesund ist, aber kein so starkes Herz hat. Das ist einfach; daran ist nichts Widernatürliches.

Aber weil die Politiker alle Macht in der Hand haben, hat sich jeder Fortschritt zwangsläufig gegen die Natur gekehrt. Alles, was der geniale menschliche Geist entdeckt und erfunden hat, gerät früher oder später in den Dienst des Todes. Das gilt auch für die Priester. Die Wissenschaft ist heute den Kinderschuhen entwachsen und braucht nicht mehr von anderen abhängig zu sein. Die Wissenschaft ist heute reif genug, sie ist erwachsen geworden. Nur ein wenig Mut ...

Ich sende diese Einladung an alle Wissenschaftler auf dieser Welt: Wir haben hier den Platz, wir haben die intelligenten Menschen hier, die euch in jeder erdenklichen Weise unterstützen können. Es wird eine große Revolution in der Geschichte der Menschheit sein. Die ganze Macht wird in den Händen der Wissenschaftler liegen – und sie haben nie jemandem etwas Böses gewollt. Und wenn erst die ganze Macht in den Händen der Wissenschaftler liegt, werden die Politiker sich von selbst in Luft auflösen. Sie haben die Wissenschaftler für ihre eigenen Zwecke ausgebeutet, und es ist kein Akt der Würde, sich von jemandem ausbeuten zu lassen.

Die Wissenschaftler sollten ihre Würde wahrnehmen, sie sollten ihre Individualität wahrnehmen. Sie sollten erkennen, daß sie jahrhundertelang von den Priestern und den Politikern ausgebeutet worden sind. Jetzt ist die Zeit gekommen, zu erklären, daß die Wissenschaft auf eigenen Füßen stehen wird. Es wird eine große Freiheit bedeuten. Dann werden all die Experimente, wie zum Beispiel die Retortenbabys, von einem anderen Kaliber sein; man wird es arrangieren können, was für eine Art von Genie man hervorbringen will. Bisher war alles rein zufällig, und weil es zufällig war, hatten neunundneunzig Prozent der Menschheit keinen Beitrag zu leisten; sie können nur zu den Problemen der Welt beitragen. – Was hat denn Äthiopien zur Welt beigetragen? Was haben die armen Länder zur Welt beigetragen? Oder die reichen Länder? Außer Problemen und Kriegen haben sie keinen Beitrag geleistet.

Aber wenn man Kinder im Labor auf wissenschaftliche Weise hervorbringen kann ... Das ist möglich, es ist kein Problem. Sex wird zum ersten Mal nur noch Spaß sein! Die Kinder werden im Labor erzeugt. Sie werden allen gehören. Und wenn ihr die Kinder nicht mehr auf die alte Weise erzeugt – das sollte als ungesetzlich und kriminell erklärt werden und mit Gefängnis bestraft werden –, dann werden viele eurer Lebensprobleme ganz einfach verschwinden.

Warum legen die Männer so viel Wert darauf – seit eh und je bestehen sie darauf –, sicherzugehen, daß das Kind, das aus dem Bauch der Ehefrau geboren wird, wirklich ihres ist? Warum? Wer seid ihr denn? Es geht um die Besitzfrage, weil euer Kind all eure angehäuften Besitztümer erben wird. Ihr wollt sicher sein, daß es euer Kind ist und nicht das Kind des Nachbarn. Die Frauen hat man geradezu in einem Gefängnis gehalten aus Angst, daß sie mit anderen zusammenkommen und es dann schwierig werden könnte, zu entscheiden, wem das Kind gehört. Nur die Mutter wird es wissen – oder nicht einmal sie.

Wenn die Hervorbringung des Lebens in die Hände der Wissenschaft übergeht, wird sich der Sex transformieren. Dann werdet ihr nicht mehr eifersüchtig sein, dann werdet ihr kein Monopol beanspruchen, dann wird die Monogamie absurd. Dann wird Sex einfach Spaß sein – genauso, wie ihr Spaß an Tennis habt. Und dann wird es nicht mehr so wichtig sein, ob die Partner monogam sind – zwei Körper, die einander genießen ... Und die Angst vor Schwangerschaft mit all den finanziellen und anderen Problemen fällt weg. Sex wird kein Problem mehr sein für die Bevölkerungszahl der Welt; er wird kein Problem mehr sein für den Priester.

In der Tat, wenn die Kinder im Labor erzeugt werden, werden viele Probleme der Welt aufhören. Und wir können die besten Menschen hervorbringen: schöne, gesunde Menschen, die so lange leben werden, wie sie wollen. Altern wird unnötig sein. Ein Mensch kann lange jung und gesund und ohne Krankheit sein. All die Spitäler und das viele Geld und die vielen Menschen, die damit zu tun haben! Wißt ihr, daß Amerika mehr Geld für Abführmittel ausgibt als für die Schulbildung? Großartige Idee! Wer braucht schon Schulbildung? Abführmittel sind gefragt!

Aber grundlegend muß man sich eines merken: Die Wissenschaftler müssen den Mut aufbringen, zu erklären, daß sie zu keiner Nation, zu keiner Religion gehören, daß alles, was sie tun, für die ganze Menschheit bestimmt ist. Und ich sehe nicht, daß das unmöglich sein sollte.

Ich bin ganz und gar für alle fortschrittlichen Erfindungen, die den Menschen glücklicher, langlebiger, jünger, gesünder machen können, und die sein Leben mehr zu einem Spiel, zu einem Spaß machen und weniger zu einer qualvollen Reise von der Wiege bis zum Grab. (106)

17. KAPITEL

Lachen und Gesundheit

Könntest du uns etwas über das Lachen sagen – seine meditativen Kräfte, seine chemische Wirkung auf das Gehirn, seine transformierende und heilende Kraft?

Das Lachen hat meditative und es hat medizinische Kräfte. Es verändert zweifellos eure Körperchemie, es verändert eure Gehirnwellen, es verändert eure Intelligenz – es macht euch intelligenter. Diejenigen Teile eures Verstandes, die geschlummert haben, wachen plötzlich auf. Das Lachen erreicht die innersten Teile eures Gehirns und eures Herzens. Ein Mensch des Lachens kann keinen Herzinfarkt bekommen. Ein Mensch des Lachens kann nicht Selbstmord begehen. Ein Mensch des Lachens lernt automatisch die Welt der Stille kennen, denn wenn das Lachen aufhört, ist plötzlich die Stille da. Und mit jedem Mal, da das Lachen tiefer wird, folgt ihm eine tiefere Stille.

Zweifellos hat es eine reinigende Wirkung – es reinigt euch von allen Traditionen, von allem Schrott der Vergangenheit. Es gibt euch eine neue Sichtweise des Lebens. Es macht euch lebendiger, strahlender, schöpferischer.

Auch die medizinische Wissenschaft weiß inzwischen, daß das Lachen eines der wirksamsten Heilmittel ist, die die Natur dem Menschen mitgegeben hat. Wenn ein Kranker lachen kann, wird er schneller wieder gesund werden. Wenn ein Mensch nicht lachen kann, selbst wenn er gesund ist, dann wird er früher oder später seine Gesundheit verlieren und krank werden.

Lachen bringt Energie von eurer inneren Quelle an die Oberfläche. Die Energie fängt an zu fließen, sie folgt dem Lachen wie ein Schatten nach. Habt ihr es beobachtet? – Wenn ihr wirklich lacht, in diesen wenigen Augenblicken seid ihr in einem tiefen meditativen Zustand. Das Denken kommt zum Stillstand. Es ist unmöglich, zu lachen und gleichzeitig zu denken. Sie sind diametral entgegengesetzt; entweder könnt ihr lachen oder ihr könnt denken. Wenn ihr wirklich lacht, hört das Denken auf. Wenn ihr dabei immer noch denkt, wird das Lachen nur halbherzig und lauwarm sein, und es wird hinterherhinken. Es wird ein verkrüppeltes Lachen sein. Wenn ihr wirklich lacht, verschwindet mit einemmal das Denken. Und die ganze Methode des Zen besteht darin, wie man zum Nicht-Denken kommt. Lachen ist eines der wunderbaren Tore, wie man dorthin kommt.

Soweit ich weiß, sind Tanzen und Lachen die besten, natürlichsten, am leichtesten zugänglichen Tore zum Nicht-Denken.

Wenn du wirklich tanzt, hört das Tanzen auf. Du machst weiter und weiter, du drehst und drehst dich, und du wirst zu einem Wirbel – alle Begrenzungen, alle Trennungen lösen sich auf. Du weißt nicht mehr, wo dein Körper aufhört und wo die Existenz anfängt. Du löst dich in die Existenz auf, und die Existenz löst sich in dir auf; die Grenzen verschwimmen. Und wenn du wirklich tanzt – wenn du es nicht kontrollierst, sondern zuläßt, daß es dich packt, wenn du zuläßt, daß es von dir Besitz ergreift – wenn du wie besessen bist vom Tanz, hört das Denken auf. Und wenn du ein paar Augenblicke des Nicht-Denkens kennengelernt hast, werden diese Kostproben dir noch viele weitere Belohnungen versprechen. Du mußt nur immer mehr in diese Eigenschaft, in diese Qualität des Nicht-Denkens hineinwachsen. Nach und nach muß das Denken fallengelassen werden. Lachen kann eine wunderbare Einführung in einen Zustand des Nicht-Denkens sein.

In manchen Zen-Klöstern müssen die Mönche ihren Morgen mit Lachen beginnen und ihren Abend mit Lachen beenden – das Erste und das Letzte! Versuche es mal. Es ist etwas sehr Schönes. Es wird ein bißchen verrückt aussehen – denn rundherum sind so viele ernsthafte Leute. Sie werden es nicht verstehen. Wenn du glücklich bist, wollen sie immer wissen, warum. Die Frage ist dumm! Wenn du traurig bist, fragt dich keiner, warum. Die Leute nehmen es hin – wenn du traurig bist, ist es okay. Jeder ist traurig. Was ist daran neu? Selbst wenn du darüber reden willst, ist keiner daran interessiert, denn sie wissen schon alles darüber; traurig sind sie selber. Wozu also eine lange Story erzählen? Mach's kurz! Aber wenn jemand grundlos lacht, horchen sie auf: Da stimmt etwas nicht! Dieser Typ scheint ein bißchen geistesgestört zu sein, denn nur Geistesgestörte lachen ohne Grund; nur in Irrenhäusern findet man lachende Leute – die Verrückten. Das ist traurig, aber wahr.

Es wird nicht leicht sein. Wenn du ein Ehemann bist oder eine Ehefrau, wird es dir schwerfallen, frühmorgens plötzlich loszulachen. Aber versuch es trotzdem – es lohnt sich ungemein. Es gibt kaum eine schönere Stimmung, als mit einem Lachen aufzustehen, mit einem Lachen aus dem Bett zu kommen. Und völlig ohne Grund! – denn es gibt keinen. Einfach nur wieder da zu sein, noch am Leben zu sein, ist ein solches Wunder! Es erscheint so lachhaft – wozu lebst du noch? Und immer noch existiert die Welt. Deine Frau schnarcht noch ... dasselbe Zimmer, dasselbe Haus. In dieser Welt, in der sich ständig alles verändert – was die Hindus *maya* nennen –, soll sich eine ganze Nacht lang überhaupt nichts geändert haben? Alles ist noch beim alten. Du kannst den Milchmann hören, und den beginnenden Verkehr – dieselben Geräusche. Wenn das kein Grund ist zum Lachen!

Eines Tages wirst du morgens nicht mehr da sein. Eines Tages wird der Milchmann klingeln, deine Frau wird schnarchen, nur du wirst nicht mehr da sein. Eines Tages wird der Tod kommen. Bevor er dich hinwegrafft, lache nach Herzenslust. Solange noch Zeit ist, lach mal so richtig drauflos. Und sieh, wie lächerlich das alles ist!

Wieder fängt der gleiche Tag an. Du tust die gleichen Dinge, immer und immer wieder, dein ganzes Leben lang. Wieder schlüpfst du in deine Pantoffeln, stolperst ins Badezimmer – wozu? Du putzt dir die Zähne, duschst dich – wozu? Wo willst du hin? Machst dich fertig – wofür? Ziehst dich an, beeilst dich ins Büro – wozu? Um morgen genau das gleiche wieder zu tun?

Sieh die Komik von dem ganzen – und dann lach, was das Zeug hält. Mach die Augen nicht gleich auf. In dem Augenblick, wo du merkst, daß der Schlaf weggeht, fang an zu lachen und öffne erst später die Augen.

Es wird deine Stimmung für den ganzen Tag heben. Wenn du frühmorgens lachen kannst, kannst du den ganzen Tag über lachen. Du hast eine Kettenreaktion in Gang gesetzt; ein Schritt führt zum nächsten. Lachen führt zu mehr Lachen. Doch fast immer habe ich beobachtet, wie die Leute genau das Verkehrte tun. Vom frühen Morgen an steigen sie jammernd, wehklagend, düster, gereizt, deprimiert und unglücklich aus dem Bett. Dann führt eines zum anderen – und sie werden wütend wegen nichts und wieder nichts. Das ist sehr schlecht, weil es die Atmosphäre für den ganzen Tag verdirbt; es legt den Trend für den restlichen Tag fest.

Die Zen-Leute sind da viel normaler. Bei all ihrer Verrücktheit sind sie normaler als ihr. Sie fangen den Tag mit Lachen an. Dann sitzt den ganzen Tag das Lachen locker und sprudelt bei jeder Gelegenheit hervor. Und es gibt ständig so viele komische Situationen! Gott muß sich ja kringeln vor Lachen – seit Jahrtausenden, seit aller Ewigkeit –, wenn er die ganze Lachhaftigkeit dieser Welt sieht. Die Menschen, die er erschaffen hat, und all ihre Absurditäten – es ist wahrhaftig eine Komödie! Er muß sich ja totlachen.

Wenn du die Stille nach dem Lachen erfährst, wirst du eines Tages auch Gott lachen hören. Du wirst die ganze Existenz lachen hören – die Bäume und die Steine und die Sterne lachen mit dir.

Der Zen-Mönch geht abends wieder mit einem Lachen zu Bett. Der Tag ist vorüber, das Drama zu Ende. Mit einem Lachen sagt er: »Adieu! Und wenn ich diese Nacht überlebe, werde ich den morgigen Tag wieder mit einem Lachen begrüßen.«

Probier es aus! Beginne und beende deinen Tag mit einem Lachen, und nach und nach wirst du erleben, daß dazwischen mehr und mehr Lachen passiert. Und je mehr Lachen in dein Leben kommt, um so religiöser wirst du sein. (107)

Millionen von Menschen haben das Lachen verlernt. In der Sowjetunion sind Psychologen dabei, Handbücher zu verfassen, nach denen man den Leuten in Schulen, Universitäten und Spitälern das Lachen beibringen will. Man hat nämlich herausgefunden, worauf ich euch ständig hinweise: Liebe und Lachen gehören zusammen, und Lachen ist die beste Medizin. Gleichzeitig ist es auch eine ausgezeichnete Meditation. In der Sowjetunion arbeitet man sehr intensiv daran, zu erforschen, was beim Lachen geschieht: Der Blutkreislauf ändert sich, die Gehirnzellen werden aktiviert, der Herzschlag wird rhythmischer. Die Wissenschaftler haben erkannt, daß das Lachen von ungeheurer Wichtigkeit ist – aber sie gehen sehr töricht damit um. Sie denken, man müsse es trainieren; jedes Schulkind müsse man im Lachen trainieren.

Und wenn in der Sowjetunion alle im Lachen trainiert werden, wird keiner mehr etwas zu lachen haben. Jetzt soll in jedem Krankenhaus eine spezielle Abteilung eingerichtet werden, eine Humorstation, wo die Patienten sich gegenseitig Witze erzählen und lachen müssen. Es ist gut kalkuliert: Dort, wo ihre Medizin nichts ausrichtet, soll das Lachen etwas ausrichten. Doch in meinen Augen vermag ein antrainiertes Lachen zwar etwas auszurichten, aber es wird niemals jene totale Transformation bringen, durch die in einem einzigen Augenblick dein ganzes Sein aktiviert, gereinigt und verjüngt wird – ganz ohne Nebenwirkungen!

Gerade heute habe ich erfahren, daß ein Drittel aller Krankheiten auf der Welt von Ärzten verursacht wird – nicht wissentlich, sondern nur durch die Nachwirkungen der Medikamente, die sie verschreiben. Für den Moment mögen sie helfen, aber sie können deine Chemie, deine Hormone, deine Biologie verändern. Und du wirst es vielleicht nie damit in Zusammenhang bringen. Du hattest nur ein Aspirin wegen deines Kopfwehs genommen – um die Wahrheit zu sagen, wegen deiner Frau! –, doch dieses Aspirin hat seine eigenen Wirkungen, und du bist ein komplexes Phänomen.

Was für eine arme Menschheit, die man im Lachen trainieren muß! Wie häßlich wäre der Tag, an dem Vögel sagen:

»Erst müßt ihr uns trainieren, dann singen wir für euch.« Und wenn die Pfauen sagen: »Was kümmert uns der Regen? Zuerst trainiert uns, dann werden wir unser Rad schlagen.« Doch die Pfauen tanzen, wenn die Regenzeit beginnt. Dafür gibt es kein Training, keine Tanzschule für Pfauen. Kein Training für die Vögel, kein Training für die Blumen – warum sollte man die Menschen in allem trainieren müssen? Warum sollte man ihnen nicht zugestehen, daß sie spontan sein können?

Aber Spontaneität macht Angst, weil spontanes Verhalten nicht vorhersehbar ist. Kann sein, du lachst jemanden an, aber er schaut zurück, als wärst du ein Vollidiot. Er muß dein Lachen nicht beantworten; er ist spontan, und ihm ist danach, dich wie einen Idioten anzuschauen. Daran ist nichts falsch; es ist sein Problem. Du hast gelacht; das war dein Problem. Wozu sich verwickeln? – Um solche Situationen zu vermeiden, hat man die Menschen in allem trainiert: Wie man geht, wie man spricht, was man sagt und wann man es sagt. Natürlich werden sie nach und nach sehr gekünstelt sein – wie Schauspieler in einem Theaterstück, die ihren Part herunterspielen.

Ich besuchte einmal ein Priesterseminar, das größte in Asien, wo Missionare ausgebildet werden, die den ganzen armen Osten bereisen, um die Leute zum Christentum zu bekehren. Der Direktor war ein Freund von mir, und er führte mich in der Schule herum. In einer Klasse traute ich meinen Augen nicht! Was ich sah, war so absurd, daß es mir fast die Sprache verschlug. Der Professor unterrichtete nahezu sechzig Studenten, die kurz davor standen, ihre Missionarstätigkeit zu beginnen. Er sagte ihnen, welche Gesten, welchen Gesichtsausdruck sie benutzen sollten, wenn sie einen bestimmten Satz von Jesus predigten ... wann es Zeit war, auf den Tisch zu hauen, und wann es Zeit war, leise zu flüstern: »Gott ist Liebe.«

»Und wenn ihr vom Paradies redet, beschreibt es nicht bloß in Prosa. Macht ein strahlendes Gesicht; laßt jedes Wort wie Honig sein, die reine Poesie.«

Ein Schüler fragte: »Und was machen wir, wenn wir über die Hölle reden?«

Der Professor sagte: »Wenn ihr über die Hölle redet, seid einfach so, wie ihr seid – das genügt.«

Für die Hölle gibt es kein Training, denn ihr seht schon so aus, als wäret ihr in der Hölle.

Ich fragte den Direktor: »Kannst du nicht sehen, was für ein Unsinn das ist? Diese Leute fühlen gar nichts, aber du nötigst sie, beim Sprechen einen bestimmten Ausdruck im Gesicht, mit den Augen, mit den Händen anzunehmen.«

Ich habe nie ein Training erhalten, aber wenn es nötig ist, wissen die Hände, was zu tun ist. Die Worte wissen, wann es Zeit ist aufzuhören und wann sie der Stille weichen sollen. Die Augen leuchten von allein, wenn du etwas aus deiner eigenen Erfahrung beschreibst. Dann brauchst du dich nicht anzustrengen.

Alles, was man den Menschen sagen muß, ist: Seid spontan. Wenn ein Lachen kommt, stoppt es nicht. Und wenn kein Lachen kommt, braucht ihr nicht wie Jimmy Carter zu sein. Ich habe ein einziges Bild von Jimmy Carter gesehen, nachdem er vom Präsidententhron herunterkam, und jetzt ist er ein Bild der Hölle. Sein altes Lächeln, das von einem Ohr zum anderen reichte, ist nun verschwunden. Es war antrainiert, eine politische Notwendigkeit: »Egal, was passiert: Lächle, als ob du alles unter Kontrolle hättest, damit keiner sich Sorgen zu machen braucht. Solange Jimmy Carter lächelt, besteht kein Grund zu Depression oder Verzweiflung. *Er* weiß Bescheid.«

In jenen Tagen, so habe ich gehört, mußte ihm seine Frau abends die Lippen zusammenpressen, weil er immer weiterlächelte, und wie kann man mit einem Mann schlafen, der die ganze Nacht grinst? Und es gab Anekdoten darüber ... Eines Tages rief sie den Arzt an: »Kommen Sie, schnell! Dem Präsidenten ist eine Ratte in den Mund gelaufen!«

Der Arzt sagte: »Ich komme, so schnell ich kann. Machen Sie in der Zwischenzeit eines: Hängen Sie ein Stück Käse als Köder auf, um die Ratte nach draußen zu locken.«

Als der Doktor endlich kam, traute er seinen Augen nicht, denn Jimmy Carters Frau hatte statt eines Stücks Käse eine Ratte aufgehängt!

Er sagte: »Was ist passiert?«

Sie sagte: »Sie fragen, was passiert ist? Sie haben so ewig lang gebraucht, daß der Ratte eine Katze hinterhergelaufen ist. Jetzt versuche ich die Katze herauszukriegen. Die Ratte spielt im Moment keine Rolle. Die Hauptsache ist, die Katze rauszukriegen!«

Aber dieses Lächeln ist mit einem Schlag verschwunden. Es war antrainiert. Auf dieser Welt ist alles unecht geworden, weil ihr an das Unechte glaubt.

Seid einfach, seid nur ihr selbst. Kein Grund, Theater zu spielen. Was auch immer als spontane Handlung kommt, laßt es kommen und genießt die Spontaneität. Dann werdet ihr eine Schönheit, eine Zentriertheit, eine Einfachheit erleben, etwas Authentisches – nicht unecht, nicht geheuchelt. Alles ist so simpel.

Ein Bauer hatte auf seinem Hof einen Hahn, der war so faul, daß er, statt morgens bei Sonnenaufgang zu krähen, wie es sich gehört, bloß wartete, bis irgendein anderer Hahn krähte – und dann nickte er zustimmend.

Aber wenn es spontan ist, hat es seine eigene Schönheit. Wozu sich anstrengen? – Jemand anderer wird es schon tun. Ich bin ganz und gar derselben Meinung wie dieser Hahn. Ich habe mein ganzes Leben lang nichts getan. Wenn jemand anderer es zufällig tut ...

Zur Feier ihres goldenen Hochzeitstages beschließen Saul und Sylvia Shulman, noch einmal genau dieselben Dinge zu machen wie in ihren Flitterwochen. Sie fahren in dasselbe Hotel und nehmen dasselbe Zimmer. Sylvia benutzt dasselbe Parfum und zieht sich dasselbe Negligé an. Genau wie in der Hochzeitsnacht geht Saul ins Badezimmer, und Sylvia hört ihn lachen – genau wie er vor fünfzig Jahren gelacht hatte. Als er wieder herauskommt, sagt Sylvia: »Honey, es ist phantastisch! Alles ist genau wie damals. Ich kann mich noch erinnern, als ob es gestern gewesen wäre. Vor fünfzig Jahren bist du auch ins Badezimmer gegangen, und du hast genauso gelacht. Damals habe ich mich nicht getraut, dich zu fragen, aber jetzt sag mir: Warum hast du gelacht?«

»Weißt du, Sweetheart«, sagt Saul, »als ich in der Nacht damals vor fünfzig Jahren pinkeln mußte, habe ich die Decke naßgemacht. Und heute nacht hab ich mir die Füße naßgemacht.«

Seid einfach und unschuldig. Dieser Mann muß sehr spontan gewesen sein. Er sagte die Wahrheit – er hatte nichts zu verbergen. Aber die meisten von euch hätten nicht gewagt, die Wahrheit zu sagen.

Die Wahrheit ist sehr einfach. Sie braucht kein Training, keine Übung, keine Probe. Du bist einfach, was du bist. Akzeptiere es und zeige es vor der Welt. (108)

Über Osho

Von seiner frühesten Kindheit in Indien an war Osho ein rebellischer und unabhängiger Geist, der alle herkömmlichen religiösen, gesellschaftlichen und politischen Werte in Frage stellte und darauf bestand, selber die Wahrheit herauszufinden, statt einfach das Wissen und die Überzeugungen anderer Leute zu übernehmen.

Im Alter von einundzwanzig Jahren, am 21. März 1953, wurde Osho erleuchtet. Er sagt von sich: »*Ich suche nun nicht mehr, suche nichts. Die Existenz hat mir all ihre Türen geöffnet. Ich kann nicht einmal sagen, daß ich der Existenz angehöre; denn ich bin einfach eins geworden mit ihr ... Wenn eine Blume aufblüht, blühe ich mit ihr auf. Wenn die Sonne aufgeht, gehe ich mit ihr auf. Das Ego in mir, das die Menschen davon abhält, ist nicht mehr. Mein Körper ist Teil der Natur, mein Sein ist Teil des Ganzen. Ich bin kein losgelöstes Wesen.*«

Mit höchsten Auszeichnungen machte er sein Examen im Fach Philosophie an der Universität von Sagar. In seiner Zeit als Student war er gesamtindischer Sieger im Debattieren und Gewinner der Goldenen Medaille gewesen. Nach neunjähriger Lehrtätigkeit als Philosophieprofessor an der Universität Jabalpur nahm er seinen Abschied, um kreuz und quer durch Indien zu reisen; er hielt Vorträge, forderte die orthodoxen religiösen Führer des Landes zu öffentlichen Debatten heraus und schockierte durch seine Angriffe auf die überlieferten Glaubensinhalte die Hüter des Status quo.

Im Laufe seiner Arbeit hat Osho sich zu praktisch jedem Aspekt der Entwicklung des menschlichen Bewußtseins geäußert. Von Sigmund Freud bis Tschuang Tse, von George Gurdjieff bis Gautam Buddha, von Jesus Christus bis Rabindranath Tagore hat er von jedem Großen der Geistesgeschichte die Essenz herausdestilliert – das, was für die spirituelle Suche des modernen Menschen von Wichtigkeit ist. Dabei läßt er sich nicht vom intellektuellen Verständnis, sondern von seiner eigenen existentiellen Erfahrung leiten.

Er gehört keiner Tradition an: »*Mit mir beginnt ein vollkommen neues religiöses Bewußtsein*«, sagt er. »*Bitte stellt keinen Zusammen-*

hang zwischen mir und der Vergangenheit her; sie ist es nicht einmal wert, daß man sich an sie erinnert.«

Seine Vorträge vor Freunden und Suchern aus aller Welt sind in mehr als sechshundertfünfzig Büchern erschienen und wurden in mehr als dreißig Sprachen übersetzt. Dabei sagt er: »*Meine Botschaft ist keine Ideologie, keine Philosophie. Meine Botschaft ist eine gewisse Alchimie, eine Wissenschaft der Transformation; nur diejenigen also, die bereit sind, so, wie sie sind, zu sterben und neu geboren zu werden als etwas so Neues, daß man es sich jetzt noch nicht einmal vorstellen kann ... nur solche mutigen Leute werden bereit sein zuzuhören, denn schon das Zuhören wird riskant sein. Indem du zuhörst, hast du schon den ersten Schritt in Richtung Neugeburt getan. Sie ist also keine bloße Philosophie, aus der du dir einen neuen Mantel schneidern und damit angeben kannst. Sie ist keine Doktrin, die dir tröstende Antworten auf quälende Fragen finden hilft ... Nein, meine Botschaft ist keine bloße Wortmitteilung. Sie ist weit riskanter. Sie ist nichts Geringeres als Tod und Neugeburt.«*

Osho hat seinen Körper am 19. Januar 1990 verlassen. Nur wenige Wochen zuvor war er gefragt worden, was aus seinem Lebenswerk werden würde, wenn er einmal nicht mehr da wäre. Er sagte: »*Mein Vertrauen in die Existenz ist absolut. Wenn in dem, was ich sage, irgendeine Wahrheit steckt, wird es Leben haben ... Diejenigen Menschen, die weiterhin an meiner Arbeit interessiert sind, werden einfach die Fackel weitertragen, ohne irgend jemandem etwas aufzuzwingen ...*

Ich werde für meine Leute eine Quelle der Inspiration bleiben. Und genau das werden die meisten Sannyasins spüren. Ich möchte, daß sie von sich aus Eigenschaften entwickeln wie Liebe – die sich durch keine Kirche einmauern läßt –, wie Bewußtheit – auf die niemand ein Monopol hat –, wie Lebensfeier und Lebensfreude und das Bewahren der funkelnden Frische von Kinderaugen ...

Ich möchte, daß meine Leute sich selber kennen und nicht so sind, wie andere es gern hätten. Und der Weg führt nach innen.«

Entsprechend seinem Rat gedeiht die Kommune, die sich um ihn gebildet hat, in Poona (Indien) weiter, wo sich zu allen Jahreszeiten Tausende von Jüngern und Suchern einfinden, um an den einzigartigen Meditationen und anderen dort angebotenen Programmen teilzunehmen.

Anmerkungen der Übersetzerin

Osho hat kein einziges Buch geschrieben, doch er ist Autor von mehreren hundert Büchern und wurde in mehr als dreißig Sprachen übersetzt. Er sagte einmal: *»Keiner der erleuchteten Meister hat je ein Wort niedergeschrieben. Übereinstimmend haben sie alle – in unterschiedlichen Kulturen, zu unterschiedlichen Zeiten – immer das gesprochene Wort benutzt. Das gesprochene Wort besitzt eine Wärme; das geschriebene Wort ist kalt und tot. Das gesprochene Wort atmet, es hat einen Herzschlag.«** So sind alle Bücher Oshos aus spontan gehaltenen Vorträgen entstanden, die anfangs auf Tonband, später auch als Videos aufgezeichnet und übertragen wurden.

Die vorliegende Textzusammenstellung ist eine Auswahl von Antworten Oshos auf Fragen, die ihm von seinen Schülern – den Sannyasins – und Suchenden aus aller Welt über einen Zeitraum von etwa zwanzig Jahren zu den verschiedensten Aspekten des Themas »Heilung und Gesundheit« gestellt wurden.

Beim Lesen dieses Buches sollte man nicht außer acht lassen, daß die einzelnen Textabschnitte aus einem größeren Zusammenhang herausgenommen sind, denn daraus ergeben sich manche Widersprüche, Wiederholungen, Sprünge in der Thematik und stilistische Uneinheitlichkeiten.

Auf seine Widersprüchlichkeit angesprochen, sagte Osho einmal: *»Widersprüche sind unvermeidlich, aber es sind eigentlich keine Widersprüche. Sie kommen nur daher, daß ich verschiedenen Menschen auf verschiedene Weise mit verschiedenen Worten antworte. Jeder bekommt das, was er braucht. Die Frage ist nur ein Vorwand. Hinter jeder Frage stellt ein lebendiger Mensch … und ich antworte dem Menschen, nicht der Frage.«**

Für mich als Übersetzerin ist es eine große Herausforderung, möglichst viel von der Wärme und Lebendigkeit, vom Rhythmus, von der Poesie und dem »Herzschlag« von Oshos gesprochenem Wort in die geschriebene Sprache hinüberzubringen.

* Quelle der Zitate: *Light on the Path*

Ein völliges Ding der Unmöglichkeit aber ist es, Oshos einzigartigen, unnachahmlichen Sprechstil aufs Papier zu bannen: Er redet oft sehr langsam, mit vielen langen Pausen, in denen der Zuhörer allmählich in einen Zustand tiefer, wacher Entspanntheit und Stille hineinsinkt. Ich habe Osho viele Male sagen hören, seine Worte seien nur ein Vorwand, ein Hilfsmittel, um uns in die Stille zu führen – in jenen Zustand des Nicht-Denkens, der Meditation, in dem Heilung auf der tiefsten Ebene geschieht.

Der Originaltitel des englischen Buches, *From Medication to Meditation,* stammt von Osho selbst. Den Gedanken, das neue Schlagwort »Meditation statt Medikation« zum Titel dieser deutschsprachigen Ausgabe zu machen, habe ich schnell verworfen, weil es zu dem Mißverständnis führen könnte, Osho plädiere für eine Abkehr von der Schulmedizin zugunsten des »Allheilmittels« Meditation.

Das ist aber keineswegs der Fall. Osho unterstreicht ausdrücklich den Wert der modernen wissenschaftlichen Medizin und hat die westlichen psychotherapeutischen Methoden auf eine neue, revolutionäre Weise als Vorbereitung für die Meditation eingesetzt. Vor allem aber befürwortet er die Öffnung für die uralte Weisheit des Ostens, durch die wir zu einem tieferen, auch die seelischen und spirituellen Aspekte des Menschen einbeziehenden Verständnis von Gesundheit und Heilung gelangen können – zur »Psychologie der Buddhas«.

Ma Prem Raje
Januar 1995

Quellennachweis

Die Quellenangaben beziehen sich auf die Titel der Originalvortragsserien, die fast alle in Englisch als Buch erschienen sind. Soweit eine deutsche Ausgabe vorliegt, sind Titel und Verlag in Deutsch angegeben.
Ein Verzeichnis der lieferbaren deutschen und englischen Bücher von Osho ist erhältlich bei:
Osho Verlag, Venloer Str. 5–7, D 50672 Köln, Tel. 02 21-5 74 07 43.

1. Kapitel: Was ist Gesundheit?

1 From Bondage to Freedom
2 Zen: The Path of Paradox, Vol. 3
3 Das Orangene Buch, Osho Verlag, Köln 1994
4 The Hidden Splendor
5 Hidden Mysteries of Eastern Temples
6 The Rajneesh Bible, Vol. 4
7 Socrates Poisoned Again After Twenty-Five Centuries

2. Kapitel: Verschiedene Zweige der Medizin

8 Yoga: The Alpha and the Omega, Vol. 10
9 The Open Secret
10 The Shadow of the Whip
11 Sat Chit Anand
12 Take It Easy
13 Sermons in Stones

3. Kapitel: Denken, Körper und Gesundheit

14 The Transmission of the Lamp
15 Just Like That
16 God's Got a Thing About You
17 Om Shantih, Shantih, Shantih
18 The Messiah, Vol. 2
19 Aus einem privaten Gespräch
20 Satyam Shivam Sundram

4. Kapitel: Spannung, Streß, Depression

21 Esoterische Psychologie, Osho Verlag, Köln 1991
22 Dynamics of Meditation
23 The Razor's Edge
24 The Transmission of the Lamp
25 The Book of the Books, Vol. 1
26 Don't Bite my Finger, Look Where I'm Pointing
27 I Say Unto You
28 The Transmission of the Lamp

5. Kapitel: Die Einstellung zur Krankheit

29 That Art Thou
30 The Revolution
31 Philosophia Perennis, Vol. 1
32 Sufis: The People of the Path, Vol. 2
33 The Rajneesh Upanishad
34 The Rajneesh Upanishad
35 The Great Pilgrimage
36 The Razor's Edge
37 Tao: The Three Treasures, Vol. 4
38 Zen: The Special Transmission
39 Sprengt den Fels der Unbewußtheit, Osho Verlag, Köln 1993
40 Satyam, Shivam, Sundram

6. Kapitel: Therapie, Therapeut, Heiler

41 Om Mani Padme Hum
42 The Invitation
43 The Invitation
44 The Path of the Mystic
45 The Passion for the Impossible
46 The Great Pilgrimage – From Here to Here

7. Kapitel: Körperarbeit

47 The Sound of Running Water
48 Beloved of My Heart
49 Zarathustra – The Laughing Prophet
50 Sprengt den Fels der Unbewußtheit, Osho Verlag, Köln
51 Won't You Join the Dance?
52 The Shadow of the Whip
53 Nothing To Lose But Your Head

54 Dance Your Way To God
55 Aus einem privaten Gespräch
56 The Passion for the Impossible
57 Far Beyond the Stars

8. Kapitel: Funktionen des Körpers

58 Above All Don't Wobble
59 The Secret of Secrets
60 And Now, and Here, Vol. 1
61 Vigyan Bhairav Tantra
62 Ancient Music in the Pines
63 Sufis, The People of the Path, Vol. 2
64 Don't Just Do Something, Sit There
65 Sprengt den Fels der Unbewußtheit, Osho Verlag
66 The Rebellious Spirit
67 For Madmen Only
68 The Rajneesh Bible, Vol. 3
69 The Great Pilgrimage: From Here to Here
70 The Razor's Edge
71 The Rebel
72 The Rajneesh Bible, Vol. 1

9. Kapitel: Ernährung

73 The Book of Wisdom
74 Yoga: The Alpha and the Omega, Vol. 6
75 The Shadow of the Whip
76 Yoga: The Alpha and the Omega
77 Tao: The Pathless Path, Vol. 1
78 The Rajneesh Bible, Vol. 4
79 Vedanta: Seven Steps to Samadhi
80 Nirvana: Die letzte Hürde auf dem Weg, Rajneesh Services, Köln 1985
81 Only Losers Can Win In This Game
82 Neither This Nor That

10. Kapitel: Sucht

83 The Razor's Edge
84 The New Dawn
85 The Diamond Sutra
86 Jenseits von Psychologie, Band I, Osho Verlag, Köln 1994
87 Das Orangene Buch, Osho Verlag, Köln 1994

88 India: Coming Back Home
89 Meditation: The Art of Ecstasy

11. Kapitel: Altern

90 The Golden Future

12. Kapitel: Tod, Euthanasie, Selbstmord

91 Jenseits von Psychologie, Band I, Osho Verlag, Köln 1994
92 Sufis: The People of the Path, Vol. 2
93 The Razor's Edge
94 Socrates Poisoned Again After Twenty-Five Centuries
95 Believing the Impossible Before Breakfast
96 From the False to the Truth
97 Zen, Zest, Zip, Zap and Zing

13. Kapitel: Aids

98 Sexualität und AIDS, Rajneesh Services, Köln 1986

14. Kapitel: Esoterik

99 Das Zen Manifest: Freiheit von sich selbst, Osho Verlag, Köln 1990
100 The Golden Future
101 The Golden Future

15. Kapitel: Gesundheit und Erleuchtung

102 The Rajneesh Bible, Vol. 3
103 Vigyan Bhairav Tantra, Vol. 5

16. Kapitel: Zukunftsperspektiven

104 From the False to the Truth
105 Sexualität und AIDS, Rajneesh Services, Köln 1986
106 From the False to the Truth

17. Kapitel: Lachen und Gesundheit

107 Yaa-Hoo: The Mystic Rose
108 Yaa-Hoo: The Mystic Rose

Die Osho Commune International

Die Osho Commune International ist nach wie vor das größte spirituelle Wachstumszentrum der Welt. Internationale Besucher strömen zu Tausenden herbei, um sich hier inmitten von üppigem Grün und gepflegten Anlagen zu entspannen, an Meditationen, Therapien, körperlichen Regenerationsprozessen und kreativen Programmen teilzunehmen – oder einfach den Geschmack eines »Buddhafeldes« kennenzulernen.

Die Osho Multiversity der Kommune bietet Hunderte von Workshops, Gruppen und Trainings an, geordnet nach neun verschiedenen Fakultäten: *Osho School for Centering; Osho School of Creative Arts; Osho International Academy of Healing Arts; Osho Meditation Academy; Osho School of Mysticism; Osho Institute of Tibetan Pulsing; Osho Center for Transformation; Osho School of Zen Martial Arts; Osho Academy of Zen Sports and Fitness.*

All diese so verschiedenartigen Programme sind dazu da, jedem auf seine Art die Chance zu bieten, das Aha-Erlebnis der Meditation zu erfahren – jenen Trick, einfach nur unbeteiligter Zeuge der eigenen Gedanken, Emotionen und Handlungen zu sein, ohne zu urteilen oder sich zu identifizieren.

Anders als in alten östlichen Traditionen ist Meditation in Oshos Kommune keine isolierte Disziplin, sondern untrennbar mit dem Alltag verbunden – Teil der Arbeit, des Umgangs mit anderen, der Lebensprozesse schlechthin. Die Folge davon ist, daß die Menschen hier sich nicht von der Welt abkehren, sondern vielmehr ihren Geist der Wachheit und des Feierns in sie hinaustragen, in tiefer Achtung vor dem Leben.

Weitere Informationen:
Osho Commune International
17 Koregaon Park
Poona 411001 MS, Indien
Tel. 0091-212-628 561/62, Fax 0091-212-624 181

Osho Uta Institut
Venloer Str. 5–7
50672 Köln
Tel. 0049-221-57 40 730
Fax 0049-221-52 39 30

Osho Tao Zentrum
Klenzestr. 41
80469 München
Tel. 0049-89-202 40 90
Fax 0049-89-240 13 918